U0557107

实践与探索

Practice and Exploration

姜凝 主编

纪念山东农业综合开发实施25周年

经济科学出版社
Economic Science Press

图书在版编目（CIP）数据

实践与探索/姜凝主编. —北京：经济科学出版社，2014.1
ISBN 978 – 7 – 5141 – 4176 – 4

Ⅰ. ①实… Ⅱ. ①姜… Ⅲ. ①农业综合发展 – 研究 – 山东省 Ⅳ. ①F327.52

中国版本图书馆 CIP 数据核字（2013）第 310333 号

责任编辑：柳　敏　于海汛
责任校对：王肖楠
版式设计：齐　杰
责任印制：李　鹏

实践与探索

Practice and Exploration

姜　凝　主编

经济科学出版社出版、发行　新华书店经销
社址：北京市海淀区阜成路甲 28 号　邮编：100142
总编部电话：010 – 88191217　发行部电话：010 – 88191522
网址：www.esp.com.cn
电子邮件：esp@ esp.com.cn
天猫网店：经济科学出版社旗舰店
网址：http://jjkxcbs.tmall.com
北京盛源印刷有限公司印装
787×1092　16 开　31.5 印张　650000 字
2014 年 1 月第 1 版　2014 年 1 月第 1 次印刷
印数：0001—5000 册
ISBN 978 – 7 – 5141 – 4176 – 4　定价：69.00 元
（图书出现印装问题，本社负责调换。电话：010 – 88191502）
（版权所有　翻印必究）

目 录

改革与发展

关于绩效考核的几点认识 ··· 济南市农发办 陈思斌（3）

牢记使命 开拓进取 推动农发工作再上新水平 ··· 淄博市农发办 姜延海（8）

实施农业综合开发 推动社会主义新农村建设 ··· 枣庄市农发办 刘 伟（13）

实施黄河三角洲农业综合开发土地治理项目要做好结合的文章 ··· 东营市农发办 田树雨（17）

大力实施农业综合开发 推动农业健康可持续发展 ··· 烟台市农发办 刘宝革（20）

规范制度强管理 创新模式增效益 ··· 泰安市农发办 张道民（25）

强农惠农写华章
——潍坊市农业综合开发回顾与展望
··· 潍坊市农发办 韩国庆（29）

充分发挥农业综合开发职能 全面促进农业农村经济发展 ··· 威海市农发办 于晓绵（36）

立足七个强化 全面提升农业综合开发水平 ··· 日照市农发办 陈修坤（42）

农业开发托起沂蒙老区农民的致富梦
——临沂市农业综合开发综述
··· 临沂市农发办 莫凤玲（46）

实践与探索

德州市农业综合开发的实践与对策
　　……………………………… 德州市农发办　王　炼　包方龙（51）

群众路线是农业综合开发的立足点
　　………………………………………… 聊城市农发办　颜　善（58）

关于滨州市农业综合开发的思考和建议
　　……………………………………… 滨州市农发办　李双安（61）

弘扬黄淮海精神　再谱农发新篇章
　　……………………………………… 禹城市农发办　张仁财（69）

"沂蒙小调"秀出绿色发展"好声音"
　　——蒙阴县农业综合开发侧记
　　……… 蒙阴县农发办　张　成　徐　鹏　乔善刚　张　芹　马洪伟（77）

桓台农发妙笔谱写现代农业厚实华章
　　——桓台县农业综合开发25周年发展纪实
　　………………… 桓台县农发办　史元明　徐东明　黄树增（81）

风景这边独好
　　——泗水县农业综合开发助推现代农业发展纪实
　　……………………………………… 泗水县农发办　孔祥梅（86）

搞好山区开发　提高综合生产能力　推进农业和农村经济结构的战略性调整
　　………………………………… 烟台市农发办　于希明　高钰梅（92）

滨州农业综合开发引领黄河三角洲建设
　　………………………………… 滨州市农发办　李双安　宋迎敏（96）

关于完善农业综合开发产业化项目两大实施主体管理与扶持措施的调研报告
　　……………………………… 济南市农发办　李延辉　房兆军（100）

广饶县农业综合开发25年回顾与展望
　　………………………………… 广饶县农发办　贾延杰　聂　静（104）

回顾25年开发路　振兴德州看今朝
　　……………………………………… 德州市农发办　刘梦令（109）

济南市农业综合开发现状与思考
　　………………………… 济南市农发办　丁　颖　杜国庆　赵维山（113）

加大对新型农业经营组织扶持力度　加快推进现代农业建设
　　……………………………………… 东营市农发办　张希霞（121）

加强机制建设　完善管理办法
　　——莱阳市农业综合开发资金管理的几点做法和建议
　　………………………………… 莱阳市农发办　王文胜　崔玉刚（126）

"聚焦"高标准农田建设　保障粮食产量"十连增"
　　……… 滨州市农发办　李双安　宋迎敏　杨延才　李树安　王文昌（130）

目 录

临朐县山区农业综合开发流域治理之路
　　……………………………………… 临朐县农发办　谭润民（136）

陵县农业综合开发取得的成效与经验
　　………………………………………… 陵县农发办　罗广义（142）

罗庄区农业综合开发助推城郊型农业发展
　　………………………………… 临沂市罗庄区农发办　李　群（146）

农业开发结硕果　黄河故道变绿洲
　　……………………………………… 聊城市农发办　刘法正（149）

农业兴　天下安　百姓欢
　　——滕州市农业综合开发工作纪实
　　……………………………………… 滕州市农发办　杜泽湘（151）

农业综合开发工作所思所想
　　………………………………………… 德州农发办　郭度祥（155）

农业综合开发为现代农业发展插上腾飞的"翅膀"
　　——山东省高青县25年持续加大农业综合开发力度提高农业综合产能纪实
　　………………………… 高青县农发办　孙旭光　李　鹏　王　雷（163）

农业综合开发助力平邑特色产业发展
　　……………………………………… 平邑县农发办　孙　静（168）

平原县农业综合开发发展的现状与对策
　　……………………………………… 平原县农发办　王德政（171）

千里海岸　农业综合开发谱华章
　　……………………………………… 荣成市农发办　刘雪梅（178）

山登绝顶我为峰
　　……………………………………… 德州市农发办　唐乐平（181）

山乡巨变
　　——山亭农业综合开发纪实
　　………………………………… 枣庄市山亭区农发办　周忠辉（183）

在希望的田野上
　　——鱼台县农业综合开发工作纪实
　　……………………………………… 鱼台县农发办　孙厚强（186）

扎实工作　力求先行　高歌续写农发工作新华章
　　……………………………………… 肥城市农发办　荆学忠（189）

水浒故里绽奇葩
　　——梁山县农业综合开发综述
　　………………………… 梁山县农发办　张振涛　张玉红　李春景（192）

· 3 ·

邹平县农业综合开发惠及民生
　　……………………………邹平县农发办　张　雷　杨延才（197）

实践与探索

搞好小流域治理　荒山变成聚宝盆
　　——沂水县小流域治理情况的调查与启示
　　………………………………………山东省农发办　袁文兵（205）
以建促管　建管并重　农发工程管护实现新突破
　　………………………淄博市农发办　李东标　张昌生　张国栋（210）
浅谈农业综合开发工作发展思路
　　………………………………………枣庄市农发办　常　盛（214）
农业综合开发　拉升博山区整建制有机农业区建设
　　……………………淄博市博山区农发办　郑志斌　王绪玉　孙宏杰（218）
连续扶持　规模开发　夯实现代农业基础
　　——东营区牛庄镇连续4年实施农业综合开发经验浅谈
　　……………………东营市东营区农发办　隋连江　杨庆军　石　静（226）
蓬莱市农业综合开发专题调研报告
　　………………………………………蓬莱市农发办　潘少丽（231）
综合开发助力　结出硕果累累
　　——龙口市农业综合开发扶持葡萄和葡萄酒产业成绩斐然
　　……………………………………龙口市农发办　王　雪（237）
安丘市农业综合开发探索　创新现代农业发展
　　………………………………………安丘市农发办　高焕智（242）
巧为大山做"嫁衣"
　　——青州市农业综合开发山区治理纪实
　　……………………………………青州市农发办　刘福金（251）
汶上县抓好五个着力点　农发资金管理实现"五化"
　　………………………………汶上县农发办　侯　凯　何　华（255）
切实采取措施　积极引导农村土地流转
　　………………………………威海市农发办　王树栋　张　禹（258）
创新指标体系　威海市土地治理项目绩效评价工作取得显著成效
　　………………………威海市农发办　王梓清　张　禹　丛　蕾（264）
发挥土地治理项目优势　做强做大优势产业
　　………………………………………沂南县农发办　邱增云（269）

·4·

目 录

风劲正扬帆　海阔任远行
　　——栖霞市农业综合开发纪实
　　……………………………… 栖霞市农发办　衣燕华（273）

高标准农田建设的乐陵样本
　　……………… 乐陵县农发办　张仲义　乐陵市委宣传部　刘　敏（275）

关于对高标准农田建设的几点理解
　　……………………………… 东阿县农发办　井昊哲（278）

关于农业综合开发　内外资管理比较情况的报告
　　……………………………… 曲阜市农发办　陈　龙（282）

关于完善县级农发项目绩效管理的思考
　　……………………………… 荣成市农发办　刘　青（285）

加强绩效管理　提高农发资金效益
　　……………………………… 临沂市农发办　张云彩（290）

建立精细化科学化管理体系　提高农业综合开发工作水平
　　……………………………… 商河县农发办　李　静（293）

建设高效节水农田　助推龙头企业发展
　　……………………… 博兴县农发办　李树安　焦武昌（299）

紧紧把握"五个环节"　提高绩效管理水平
　　……………………… 桓台县农发办　黄树增　王晓璇（302）

莒南县把项目放在"园"上　把"园"建在项目上助推现代农业发展
　　……………………… 莒南县农发办　孙明亮　宋　磊（308）

两类项目结合让滨城麦产品走向世界
　　………………… 滨城区农发办　宋迎敏　王际灵　王清清（312）

农发项目工程监理存在的问题及对策
　　……………………………… 沂水县农发办　孙照青（317）

农业开发搭起群众"致富金桥"
　　——来自临朐县龙岗农业综合开发项目区的调查
　　……………………………… 临朐县农发办　倪　伟（320）

农业综合开发工程管护存在的问题及对策思路
　　……………………… 威海市农发办　张明波　戚伟波（325）

农业综合开发土地治理项目的调查与问题思考
　　……………………………… 招远市农发办　于玲玲（330）

农业综合开发项目区农业结构调整的调研与思考
　　……………………………… 泰安市岱岳区农发办　王建新（336）

浅谈如何做好农业开发管理档案工作
　　……………………………… 聊城市农发办　张锡厚（342）

实践与探索

强化县级报账制度　提高资金管理水平
　　……………………………威海市农发办　王德兰　贺　蓉　马红喜（345）

丘陵地区农业综合开发工作的新探索
　　………………………………………………烟台市福山区农发办　逄　玮（350）

全程强化管护提升农业综合开发效益
　　……………………………………金乡县农发办　刘秀江　靳魏魏（355）

设施农业区实施中低产田改造项目的实践及启示
　　………………………………………………………昌乐县农发办　滕继华（358）

实施农业综合开发促进农业持续健康发展
　　………………………………………………………鄄城县农发办　孟宪振（361）

实施农业综合开发　助推新农村建设
　　………沾化县农发办　李金军　杨金军　殷炳政　周　彬（365）

实现精细化管理搞好项目绩效评价　切实提高农业综合开发项目总体效益
　　………………………………………………………文登市农发办　林宏兰（370）

农发项目资金的"绩效管理"
　　……………………………………………东营市河口区农发办　王志勇（373）

土地治理项目机井及配套工程施工及管护经验
　　………………………………………………………商河县农发办　朱家松（376）

威海市农民合作组织发展情况及对策分析
　　………………………………威海市农发办　丛　蕾　王梓清　张　禹（380）

文登市高标准农田示范工程建设调研报告
　　………………………………………………………文登市农发办　刘承军（386）

依托农业综合开发打造高效"希望田园"
　　……………………………………………临沂市兰山区农发办　洪　波（393）

枣庄市山亭区2012年度农业综合开发项目绩效调查评价报告
　　……………………………………………枣庄市山亭区农发办　刘　涛（397）

周村区实行绩效管理实现农业综合开发工作新突破
　　……………………………………………淄博市周村区农发办　曲　娜（402）

筑起"五道"防线确保项目资金安全
　　………………………………………………………新泰市农发办　张富强（407）

抓好"七个落实"　提高项目绩效
　　——聊城市产业化经营项目实施工作的基本做法
　　………………………………………………………聊城市农发办　刘保国（410）

综合开发点石成金　玉米产业成就糖城
　　………………………………………………………禹城市农发办　李振明（414）

耕耘与收获

让梦想开花
　　——东营市河口区农业综合开发纪实
　　　………………………………………… 东营市河口区农发办　马洪涛（421）

"水把头"的护水情结
　　——莒县阎庄镇尹营村排灌站管护员尹勋记事
　　　…………………………………………………… 莒县农发办　陈维强（427）

爱岗敬业　团结奋进　共谱农业综合开发新篇章
　　——蓬莱市农发办人物纪实
　　　………………………………………………… 蓬莱市农发办　潘少丽（430）

身退心不离　农发情未了
　　——献给农业综合开发实施25周年
　　　………………………………………………… 潍坊市农发办　郝夕升（432）

为了大地的丰收
　　………………………………………………………… 聊城市农发办　李立泰（435）

我的农业综合开发工作十八年
　　……………………………………………… 济宁市任城区农发办　薛秀玲（437）

我深爱着这片土地
　　……………………………………………………… 青州市农发办　张敬霖（440）

许身农发不言悔
　　……………………………………………………… 高密市农发办　张尔志（442）

追逐梦想的岁月
　　………………………………………………… 威海市环翠区农发办　王福军（444）

散落田间的记忆
　　……………………………………………………… 无棣县农发办　丁宝冲（448）

江南在望
　　………………………………………… 寿光市农发办　肖庆臣　李同忠（450）

农发颂
　　……………………………………………………… 平原县农发办　李德锋（452）

如果我走了
　　——从事农业综合开发工作二十年感怀
　　　………………………………………………… 宁阳县农发办　殷　涛（454）

· 7 ·

| 实践与探索

独爱农发情
...... 临沂市河东区农发办 马 芳(456)

江城子·农业综合开发
...... 威海市农发办 张 禹(457)

开发述怀
...... 章丘市农发办 王延凤(458)

农发人
...... 临朐县农发办 井明伟(460)

农发人之歌
...... 临沭县农发办 景善华 李守鹤(462)

农业综合开发颂
——为纪念农业综合开发25周年而作
...... 日照市农发办 周加成(463)

大地不会忘记
——献给农业综合开发工作者
...... 新泰市农发办 薛 莲(465)

沁园春·颂潍城农发
...... 潍坊市潍城区农发办 宫益东(468)

沁园春·遥忆农发
...... 曲阜市农发办 王 帅(469)

水调歌头·颂农业综合开发
...... 肥城市审计局 杨瑞波(470)

岁月如歌
——农业综合开发托起"富农梦"
...... 淄博市临淄区农发办 文吉超(471)

田野放歌
——河口区农业综合开发礼赞
...... 东营市河口区农发办 张学杰(473)

望·走过的路
...... 茌平县农发办 祁伟伟(477)

我想说……
...... 临清市农发办 金增国(479)

写给东昌府区农开办(外4首)
...... 聊城市东昌府区农发办 孙振春(480)

· 8 ·

目 录

走在乡间的小路上
………………………………………… 菏泽市财政局 刘传轩（484）

最美农发人
………………………………………… 胶州市财政局 陈 岩（488）

昨天 今天 明天
——农业综合开发侧记
………………………………………… 济宁市农发办 王克柱（490）

改革与发展

关于绩效考核的几点认识

济南市农发办 陈思斌

绩效考核是对农业综合开发工作进行综合评价的一种管理措施,有效的绩效考核可以鼓励先进、激励后进,增加凝聚力,增强发展动力,促进和谐发展,提高农业综合开发水平。相反,绩效考核如果做不好,绩效考核有可能流于搞形式、走过场,要做好农业综合开发绩效考核工作必须抓住以下几个重点,才能提高绩效考核的作用。

一、抓住考核重点,提高绩效考核的针对性

考核重点也即工作重点,农业综合开发的工作重点:一是改善农业基本生产条件,建设高标准农田,提高农业综合生产力,保证国家粮食安全;二是大力发展农业产业化经营,推进农业和农村经济结构的战略性调整,促进农民增收、农业增效。而这些工作任务是通过项目的实施来实现的,农业综合开发的一切工作都是围绕项目和资金管理展开的,因此绩效考核的重点就是项目和资金管理。

在项目管理中,考核的重点是项目计划的制定和实施方案的编制。项目管理的主要工作流程:一是进行项目调研,编制项目建议书,评审通过的项目存入项目库;二是经审核合格的项目建议书组织专家编制项目可行性研究报告,逐级向上申报;三是根据上级农发办批复的项目编制项目实施方案和实施计划,这是农业综合开发工作中的重中之重,良好的工作计划是取得成功的关键,没有好的计划就不可能有好的工作效果,还会造成大量财政资金的浪费,并影响项目后期效益的充分发挥;四是实施方案经批复后进入项目实施阶段;五是项目验收管护阶段。项目验收评价是进行项目考核的基础和主要参考依据,农业综合开发工作做得如何,其结果都通过项目的最后验收体现出来。工程管护是项目实施的后延工作,是保证项目持续稳定发挥效益的前提。从工作流程中可以看出项目计划和实施方案的编制是农业综合开发工作的重中之重,也是绩效考核的关键。

在资金管理中,考核的重点是农业综合开发资金管理制度执行情况。俗话说:

"无规矩不成方圆"。资金管理是项目顺利实施的保证，只有严格执行农业综合开发资金管理制度才能保证专款专用，防止违纪问题的发生，有效防止腐败。

与项目和资金管理相对应的工作如信息宣传、日常工作等，虽然也是农业综合开发工作必不可少的一部分，但不应与资金和项目管理同等赋分，那样就失去了工作的主次，尤其是不能因分支而否定了主干。

在抓住重点的同时，一定要兼顾绩效考核的全面性，不能顾此失彼。长期以来，绩效考核一直以一种矛盾的状态存在，绩效考核在一定程度上能激励人们的积极性，但有时也产生一些负面影响，束缚了人们的思维。一方面，考核内容仅限于重要性的工作，即考核规定少，往往促使多数人偏于做加分或加分多的工作，一些基础的、服务性的工作无人去做；另一方面考核规定过多，又往往影响人们创造性思维的发挥，工作很难有大的突破。在进行绩效考核时，一定要尽量避免负面作用的发生，慎重制定考核办法，正确把握绩效考核方法，充分发挥绩效考核的作用。

二、完善考核标准和考核方法，提高绩效考核的准确性

考核结果的准确性是对考核制度的总体评价，关系着考核制度实施的成败。考核结果的准确性与多方面的因素有关，如考核内容与标准、考核方法、考核人员的业务素质等。

（一）恰当选择和调整考核内容和考核标准，提高绩效考核与实际工作的密切度

首先，由于工作性质不同，考核内容和考核标准也应不同。如信息宣传、日常工作，其考核办法就不能应用项目与资金管理的考核方法。即使相同的工作因其任务量不同，或因地理环境不同造成的工作难易程度不同，考核标准也应不同。就像打仗一样，虽然历史上胜仗无数，"官渡之战"、"淝水之战"、"空城计"，却独负盛名，这是因为评价的标准不同。其次，绩效考核要根据发展形势和项目情况的变化不断调整和完善考核内容及考核指标，提高考核指标的针对性。再次，根据工作内容、工作环境的不同划分不同的考核标准，使考核结果更准确地反映各市的实际工作。

（二）制定和选择适当的考核方法，准确反映考核结果

要不断调整和创新工作方法，考核方法不合理，易造成考核结果不能真正评价工作情况的优劣，优者不优，劣者不劣，使考核流于搞形式、走过场，最后导致领

导、群众、个人都不满意。因此，要不断探究、创新考核方法，真实反映被考核者的工作情况。绩效考核方法要量化打分与综合评价相结合，短期评价与长期评价相结合，当前工作与未来发展相结合。

农业综合开发绩效考核方法可以根据可量化和不能量化的工作不同划分基础加分法和特别贡献加分法。

基础加分法就是对项目和资金管理、信息宣传、日常工作等可以量化的工作，采用记分法。项目和资金管理可以用满分制倒扣分法。满分为100分，一项指标不达标扣一项分，低于60分，整个农发工作直接记为不合格。信息宣传和日常工作采用累计加分法，每完成一项工作加一项分，最高分为100分。

特别贡献加分法就是根据各市在农业综合开发工作中取得的突出成绩或做出的突出贡献适当加分，不设上限。特别贡献加分法可以有效地鼓励农发系统人员破除各种束缚，进行大胆改革和创新，极大地促进农发事业的发展。

（三）加强考核工作培训，提高考核人员的业务素质

考核人员首先必须要有较高的道德素质，严格执行考核标准，考核打分不受个人因素的影响，客观真实反映工作情况，不能掺杂个人情绪观念、凭一时的印象和人缘地缘关系来考核。其次考核人员必须熟悉掌握考核内容和考核指标，对农业综合开发事业的发展具有一定的前瞻性，只有这样才能正确评价各市的工作。

三、绩效考核要公开、公平、公正，增强绩效考核的公信力

公开。公开考核内容、考核指标及考核量化赋分方法。在固定的时期内，对一个农业综合开发循环周期进行打分，并将考核组织、打分情况进行网上公开，与各市农发办进行充分沟通，接受群众监督。特别是额外加分的，一定要充分说明加分的原因，突出成绩和特别贡献要有足够的证明，取得广泛认可，做到以理服人。

公平。指绩效考核赋分要合理。现在的绩效考核一般执行以各地农发机构为基本考评单位，以倒扣分的形式进行总计分，这就意味着项目越多的单位扣分越多，项目少的扣分少，无项目的不扣分，既工作任务越多，得分越少，偏离了进行绩效考核的最初目的。绩效考核可以考虑以项目为计分单位，取各项目得分平均记入市项目和资金管理得分。

公正。可以量化的绩效考核要严格按照绩效考核办法和标准进行打分，不能量化的，如总体工作谋划、工作研究、未来发展潜力等，可以由上一级农发部门领导成立专门考评组织，也可以请专业的、熟悉农业综合开发工作的中介机构进行常态的、定期的、长期的考评。

四、与奖励、利益挂钩，提高绩效考核的影响力

绩效考核要以奖励为主，奖励措施一定要与个人利益密切相关，对被考核者具有足够的吸引力，与利益、晋升不挂钩的考核是没有意义的考核。目前来看，国家、省制定的考核奖惩措施都是"财政资金的分配"，但这一措施对更多人来说不能形成足够的吸引力。一方面，这一奖励虽说对部门领导可能具有一定的吸引力，因为这在一定程度上反映了领导的成绩，但同时也意味着将面临更大的工作压力，需要调动员工更大的积极性。另一方面，对普通员工来说，"财政资金分配"的奖励，不但不具有吸引力，相反，还有一定的抵触性，因为更多的财政资金也意味着他们需要付出更多的劳动。

对一个普通工作者来说，最具吸引力的奖励措施主要有四方面。一是有利于个人事业的发展；二是与个人利益直接关联的薪酬；三是物质奖励或资金；四是荣誉奖励。对个人来说，目前我们能够实施的、最直接的奖励只有第三、四项措施。每个人都希望通过自己的努力，在事业上有一番成就并得到认可，绩效考核的作用就是通过考核奖励措施，认可和证明他们的努力以及取得的成就，给予晋升或一定的荣誉，以充分调动广大农发工作者的积极性。因此，在制定考核奖励措施时，除财政资金的分配外，不妨多设几个奖励措施，更大的、更多的激励农业综合开发工作者热爱农发事业、爱干农发事业，把农发事业当作自己的事情来抓。(1) 农发工作取得突出成绩或有重大贡献的人，除给予一定的物质奖励外，还可以破格提拔重用；(2) 工作完成好，工作态度积极的人给予记功奖励和晋升薪酬奖励；(3) 工作完成较好的可以给予一定的奖金、先进工作者或其他的荣誉奖励。评奖期限可以一年一评，三年一次总评选。

在制定奖惩措施时，一定注意奖惩措施的可行性和可实现性，奖励措施是否符合国家和当地政策，是否在自己的职责权限范围内，考核方法对大多数人来说是否公正合理。只有具有可行性和可实现性的奖励措施才是有效的。

相反，有奖必有罚，工作不积极、工作效率低、违纪违法的部门，除在网上进行公开通报外，还要受到其他应有的处罚。当然，绩效考核奖惩只是进行项目管理的手段，而不是最终目的，在进行考核奖惩时还要考虑多方面因素的影响，如果一个考核办法不考虑工作人员所处的工作环境和存在的困难，也不考虑工作人员的工作状态和工作强度，单纯的只要求完成某项工作任务或达到某种目标，达不到就惩罚，这种考核方法是不可能起到积极作用的，相反有可能使一些单位或工作人员的工作态度更加消极。

五、落实考核结果，提高绩效考核的影响力

"商鞅变法，立木取信"。一个考核制度无论制定得多么完美，无论奖励得多么诱人，惩罚多么恐怖，如果没有落实，都会成为一纸空文，不但起不到应有作用，还会失信于人，产生反作用。近年来，许多部门和单位制定的考核办法也不少，但始终没有效果，其原因之一就是考核结果没有落实。任何考核制度一定要取信于人，才能达到最初目标，因此，考核制度一旦制定实施，考核结果就要落实。

牢记使命 开拓进取
推动农发工作再上新水平

淄博市农发办 姜延海

实施农业综合开发以来，淄博市农发系统在上级部门指导下，奋发进取，努力拼搏，项目质量不断提升、开发效益不断提高。农业综合开发已成为淄博市强化农业基础地位、推动现代农业发展和新农村建设、增加农民收入的重要力量。25年过去了，弹指一挥间，淄博市农发系统一定要在总结前期工作经验的基础上，深入贯彻落实党的十八大精神，牢记使命、开拓进取，推动全市农业综合开发工作再上新水平。

一、牢记光荣使命，进一步深化对做好农发工作重要性的认识

实践证明，农业综合开发是提高农业综合生产能力最直接、最有效、最快捷的一项措施。中央农村工作会议和中央一号文件都多次提到农业综合开发工作，淄博市各级党委政府也都把农业综合开发工作摆上重要位置，寄予很高的期望，社会各界关心、支持和拥护农业综合开发的氛围更加浓厚。农业综合开发任务艰巨、使命光荣，要从贯彻落实党的十八大精神的高度，进一步增强对做好农业综合开发工作重要性的认识。农业综合开发通过改善农业生产条件和生态环境，增加的是农民收入，直接受益和得到实惠的是广大农民群众，是发展好、维护好、实现好农民群众根本利益的具体措施，体现了为民务实的理念。农业综合开发通过加强农业基础设施和生态环境建设，推进农业和农村经济结构的战略性调整，提高了农村的生产力水平；通过大规模的农民培训、先进适用技术的推广，以及新品种的试验示范，普及了文化知识，推广了先进技术，提高了农民群众的综合素质，体现了统筹城乡发展，统筹人与自然和谐发展的全面可持续发展的理念。因此，大力推进农业综合开发，不仅仅是国家支持和保护农业的重要举措，实质上就是深入贯彻习总书记"为民务实清廉"总要求的具体行动。

二、明确开发方向，进一步提高淄博市农发工作水平

做好淄博市新时期的农业综合开发工作，必须要紧密结合当地实际，坚持"规范开发、重点开发、效益开发"，全面支持有机农业、都市农业、精准农业等现代农业建设。

（一）突出规范开发，提高项目和资金管理水平

一是规范立项前的考察工作。市及区县要根据当地农业发展中长期规划和国家农业综合开发政策，在深入调查研究的基础上，高质量制定市县农业开发总体规划和阶段性开发方案。二是规范申报材料的编制和论证。项目可研报告或申报书由区县农发和财政部门指导编制，对项目建设的必要性、技术可行性、经济合理性、资金配套的可靠性，进行综合评估论证，提高项目申报质量。三是规范组织项目实施。按照国家有关规定，严格执行农发"六制"管理。四是严格规范项目资金管理。按要求做到"专人管理、专账核算、专款专用"，严格执行县级报账制，同时确保自筹资金足额及时到位。五是规范项目建后管护工作。不断创新完善管护政策、保障机制、运行机制、监管机制和管护员管理机制，通过管护长效机制的确立，保证管护效果。六是严格奖优罚劣。对开发工作绩效突出的区县，在开发规模和资金分配上要给予奖励，对工作不力的区县要给予削减。

（二）突出重点开发，提高项目建设与管护水平

1. 坚持因地制宜，合理安排土地治理项目。突出北部精准农业示范区、中部都市农业示范区和南部生态有机农业示范区"三大功能片区"建设，大幅度提高全市项目区农业综合生产能力。北部平原精准农业示范区，力争"十二五"期间，在桓台县、高青县和临淄区三个县区，通过集中连续开发，配合强有力的项目管护，形成淄博市北部30万亩左右粮、棉、菜高标准农田示范基地。中部都市农业示范区，依托农业综合开发项目和资金优势，重点围绕都市农业安排项目，在中心城区周边及张店、周村、桓台、高新区等城乡结合部选择几个具有资源优势、基层干部群众积极性高的区域，结合都市农业的需求建设农田基础设施，按照生态农业、观光旅游农业的要求发展种植产业，利用3~5年时间，支持建成淄博市都市农业的典型示范工程。南部生态有机农业示范区，充分利用南部山区淄川、博山和沂源三个区县发展有机农业的资源、产业优势，通过集中连片或以整条流域为单位，配套基础设施，引进有机农产品标准化生产技术，引进优质、高档品种，打造

一批有机农业标准化示范基地。

2. 建设完善农业产业体系，提高全市农业产业化经营水平。一是培植优势产业，积极推进特色高效种养基地建设。按照区域化布局、专业化生产、产业化经营的要求，重点培育特色明显、技术含量高、影响力大、竞争力强、辐射带动作用突出的农业产业化龙头企业或合作社，带动一批各具特色、效益发挥明显的标准化种植、养殖基地建设。二是完善产业链条，大力促进农产品结构升级。按照产业化经营发展要求，针对产业链条中的薄弱环节，加大对农产品初加工、深加工、储藏保鲜、市场流通和高科技生物产业的扶持力度，进一步拉长产业链，完善产业发展功能，推动农产品结构升级，提高扶持企业的整体效益和竞争力。三是健全完善利益联结机制，努力提高项目辐射效应。健全完善龙头企业、合作社与农民的利益联结机制，积极支持鼓励龙头企业、合作社建立完善土地流转、农民务工、订单收购、技术培训相结合的带动机制，探索建立龙头企业、合作社带动农民增收效果的目标考核机制，增强产业化龙头企业、合作社对农民增收的辐射带动能力。

3. 依法加强项目管护，确保工程长期发挥效益。项目管护工作要在高质量建设、高标准验收的基础上，建立项目管护责任制，强化项目乡镇的管护主体地位，稳定区县管护范围。要建立管护队伍，健全管护机制，按照《淄博市农业综合开发项目管护办法》加大管护执法力度，对破坏项目的行为和人员进行处罚。要加大对建成项目管护工作的日常督查力度，及时维修损毁工程。

（三）突出效益开发，提高农民收入水平

1. 加强农业基础设施建设，打牢农民增收基础，实现可持续增收。针对农业基础设施脆弱、农业成本过高制约农民增收的实际，坚持紧紧围绕群众根本需要搞开发，坚持高标准、高质量，重点解决项目区群众急需解决的一些问题，努力使建成的工程高效节能，方便实用，提高项目区抗御自然灾害的能力，改善农业生产基础条件和生态环境，为农业增效、农民增收夯实物质装备基础。

2. 实施农业产业化项目带动，拓宽农民增收空间，实现多渠道增收。按照国家和省农业综合开发产业化经营的方针政策，围绕区域主导产业发展需要，通过扶持具有明显竞争优势和带动作用的龙头企业和农民专业合作社，膨胀龙头企业和合作社发展规模，突破产业发展瓶颈，推动现代农业产业体系建设，以加工、储运、销售龙头带动生产基地共同发展，拓宽农民增收空间，实现多渠道增收。

3. 抓科技示范推广，调整优化农业结构，实现高效益增收。坚持以科技为支撑，把引进应用新品种、新技术和农民的科技示范引导贯穿于项目建设的全过程，提高项目区科技水平；抓好先进适用技术的普及应用，大力推广节水、节地、节能、节材先进适用技术，建立一批农业科技示范基地、科技示范园区；充分发挥农业综合开发政策资金优势和项目平台，按照因地制宜、搞好规划、积极引导、龙头

带动的工作思路，大力支持项目区有机农业发展。通过抓科技示范推广，把增收方式转到依靠科技进步和提高劳动者素质上来，提高农民自我发展的能力，实现高效益增收。

三、加强组织领导，创造良好的农发工作环境

农业综合开发是一项综合性比较强的工作，是一项系统工程。要做好这项工作，必须用合作的精神、协调的行动，共同推进淄博市农发事业的健康顺利发展。

（一）加强组织领导，为农发工作提供坚强的保障

各级政府、相关部门和单位，要深刻认识农发工作的内涵，明确自己的职责，要真正把农业综合开发工作纳入重要议事日程，主要领导要亲自过问，分管领导要花更多时间和精力研究农业综合开发工作。要全面落实责任，协调农业综合开发与农业、林业、水利、财政、审计等相关部门及项目镇乡，形成合力、协同推进。要帮助农业综合开发部门解决具体困难和问题，为农业综合开发创造良好的工作环境和条件。

（二）加强作风建设，夯实农发工作基础

进一步改进作风，是大力推进农业综合开发事业的有力保障。要增强"四个意识"：一要增强"改革意识"。就是要进一步解放思想，对现行不适应形势要求的农业综合开发体制机制进行大胆改革。二要增强"全局意识"。主动将农业综合开发置于全市"三农"工作全局，着力为淄博经济社会发展贡献力量。三要增强"创新意识"。坚持与时俱进，开拓创新，创造新经验，推进农业综合开发事业健康发展。四要增强"作为意识"。做到"小单位，大作为"，在全市"三农"工作中，特别是在农村基础建设、农业产业化经营、社会主义新农村建设等方面，争取更大的"作为"。同时，着力解决"三个问题"：即振奋精神、苦干实干、廉洁高效。

（三）加强农发宣传工作，营造良好氛围

宣传是农业综合开发工作的重要组成部分，是贯彻落实农业综合开发方针政策的有效途径，是推进新时期农业综合开发发展的重要手段。面对新形势、新任务，要不断创新宣传形式、丰富宣传内容、深化宣传内涵，紧紧围绕建设城乡一体化，

| 实践与探索

发展现代农业、建设社会主义新农村、构建和谐社会的大局，开展面向全社会的多渠道、多层次、多形式的宣传。大力宣传农业综合开发加快高标准农田建设和扶持产业化经营的做法，在发展现代农业、推进农业现代化建设进程中发挥的作用。大力宣传农业综合开发资金和项目管理的成功经验和有效做法。充分发挥宣传的导向作用和推动作用，为推动全市农业综合开发事业发展营造良好的舆论氛围。

实施农业综合开发
推动社会主义新农村建设

枣庄市农发办 刘 伟

建设社会主义新农村,是党中央国务院作出的重大战略决策。农业综合开发作为社会主义新农村建设的先锋队和生力军,"三农"工作的重要组成部分,肩负着稳步提高农业综合生产能力,促进农民持续增收,支持社会主义新农村建设的神圣使命。科学发展观是我们党对经济社会发展规律的新认识,是做好新时期农业综合开发工作的重要指导思想。树立和落实科学发展观,搞好农业综合开发,积极推动社会主义新农村建设,关键要在更新发展理念和创新发展思路上下功夫。只有坚持解放思想、实事求是、与时俱进,树立新的农业综合开发理念,才能确立新的发展思路,更好地把握发展大局,明确发展方向,加快发展步伐。

一、以人为本理念贯穿农业综合开发始终,实行民主开发,激发广大农民群众参与和支持开发的积极性和创造性

科学发展观的核心是以人为本。农民是农村物质财富和精神财富的创造者,也是农业综合开发的主体。坚持以人为本,体现到农业综合开发工作中,就是要一心一意为农民谋利益,让农业综合开发这束"公共财政照耀农村的阳光"更加灿烂。

坚持把促进农民增收作为农业综合开发支持新农村建设工作的根本。坚持以人为本,必须抓住农民增收这个根本,把农民是否增收作为衡量农业综合开发工作的重要标准。农业综合开发无论是提高综合生产能力的要求,还是提高农业产出效益的要求,都是为了帮助农民增加收入。要紧紧围绕农民增收这个根本目标,努力把建设高效农业、优化农业产业结构、促进农业产业化经营作为主攻方向,把项目区农田基础设施建设和项目区环境整治结合起来,把农业综合开发项目与新农村建设的各项要求结合起来。农业综合开发与扶贫帮困有联系也有区别,安排项目和选择项目,要兼顾对经济薄弱地区的支持,但更要坚持将有限的投资向开发效益好、带动农民增收能力强的项目倾斜,重点支持高效农业的发展,切实提高开发效益,使农业综合开发成为农民增收的重要支撑。

坚持让农民群众在开发中唱主角。这不仅是坚持以人为本的本质要求，也符合目前国际上普遍采用的参与式发展策略。土地治理项目要以"农民要干"为前提，产业化项目要以能够示范带动农民明显增收为前提，坚持以农民为主体，实行民办公助，逐步建立和完善政府推动、市场化机制、龙头企业带动、农民组合的开发运行机制。要充分尊重农民意愿，围绕群众需要搞开发，主动让农民参与项目规划、建设和运行的全过程，让农民有知情权、参与权和监督权，帮助农民办好农民想办的事，使开发项目与农民的需要更合拍，开发工程与农民的联系更密切，农民从农业综合开发中的受益更直接。要运用利益引导机制激发农民自觉自愿筹资投劳的积极性，群众有积极性的优先扶持，没有积极性的就暂不支持，真正体现政府为农民配套。及时在项目申报、实施、竣工验收三个阶段在项目区以公示栏、公示牌、公示墙等形式予以公示，自觉接受农民群众监督。

二、坚持统筹协调理念，实行产业开发，促进农业和农村经济全面发展

统筹协调理念是科学发展观的重要内涵，是解决当前农业效益差、农业生产组织化程度低、农业抗风险能力不强的关键。用科学发展观统领农业综合开发工作全局，必须改变农业生产与农产品加工、农产品流通相互割裂的封闭经营方式，将农业的产前、产中、产后统筹起来考虑，按照农业产业化的发展要求，着眼于整个产业开发，走出一条由单纯的产品开发到产业开发的新路子，实现从分散的项目建设目标向产业建设目标的根本转变，提高农村经济整体效益。

农业综合开发要成为扶持农业产业化龙头企业的生力军。建好一个龙头企业，就能带动一个产业，致富一方农民。农业综合开发要继续利用政策优势、投入优势、项目优势，把培育壮大龙头企业放到更加突出的位置。产业化项目的安排要坚持"五个优先"：即优先扶持与县域主导产业关联度高的龙头企业，优先扶持市级以上农业产业化龙头企业，优先扶持与农民利益联系紧密、带动农民增收的龙头企业，优先扶持银行资信度高的龙头企业，优先扶持通过招商引资、推动主导产业发展的龙头企业。鼓励企业加大科技投入，产业化经营项目投入的一半资金可用于企业技术研发。建立对农业龙头企业考核激励机制，对项目建设质量好、项目效益高的企业授牌予以重点扶持。根据龙头企业发展的实际需要，采取灵活多样的扶持方式。对需要贷款的企业可采取贴息、补贴的方式给予扶持。对需要扩大生产基地的企业，可以按照企业需要，帮助其建立配套的生产基地。

三、落实可持续发展理念，实行集约开发，推进农业增长方式转变

可持续发展是科学发展观的重要内容。农业综合开发必须坚定不移地走可持续发展的道路。要把提高质量、效益作为农业综合开发的中心环节，大力推进产业结构优化升级，加快转变农业和农村经济增长方式。要坚持开发利用资源和节约保护资源并重，在保护中开发，在开发中保护，着力在深度上下功夫，真正走内涵式开发资源、集约型使用资源的路子。要坚持保护环境和改善环境并重，综合运用工程措施、生物措施和各项科技措施，引导农民改进栽培、饲养方式，推行间作套种、水旱轮作、立体种养模式，发展保护性耕作，推行有机肥综合利用与无害化处理，培肥和提高地力。合理利用水资源，大力发展节水型农业。推动农产品初加工后的附产品及其有机废弃物的系列开发、深度加工，实现增值增效。要坚持改善农业生产条件和农民生活环境并重，把土地开发与农村水利建设、道路建设、植树造林和环境整治有机结合起来，改善乡村面貌，提高农民生活质量。

四、树立科技进步理念，实行科技开发，不断提高农业综合开发的科技含量

提高农业效益和竞争力，归根结底要靠重大农业技术创新和推广应用。用科学发展观指导农业综合开发工作，必须要以科技进步为重要支撑，使科技向产业聚集，技术向产品聚焦，不断提高农业发展的科技含量。农业综合开发项目区如果基础设施建得很好，标准也比较高，但种植的还是些常规、低效作物，则是低水平的开发。要努力在项目区内，建立科技推广新机制，加大新技术、新品种的推广应用力度，做到技术人员到户、科技成果到田。每个项目区至少要推广一个主导品种和一项主推技术。项目区农业优良品种覆盖率和先进成熟适用技术普及率要明显高于当地非项目区。根据项目区的实际要求，项目的科技依托单位实行公开竞争，择优选择。农业综合开发示范区项目的立项、实施和验收，必须把科技措施的选择和落实作为要件，努力建成新技术和新品种的示范区。要进一步强化科技推广工作的绩效评价，将工作业绩和科技推广经费挂钩，以充分发挥项目资金和农业科技成果对项目建设和农业结构调整的促进作用。

五、确立改革创新理念，实行多元开发，增强农业综合开发活力

改革创新既是解决农业综合开发深层矛盾和困难的根本出路，也是推动开发事业促进社会主义新农村建设的不竭动力。在目前财政资金增长有限的条件下，只有创新机制，才能吸引更多的社会资金和农业科技的投入。建立多元化投入机制是农业综合开发创新机制的核心和关键，产权关系清晰，利益关系明确，是项目建设具有发展动力的基础。只要符合国家农业综合开发政策规定并能带动农民致富，无论何种性质的企业，均可申请立项，给予支持。要积极探索优化开发主体的有效途径，鼓励和引导企业、农户和其他经济实体参与农业综合开发，把政府支持和开发主体自身利益紧密结合起来，以达到事半功倍之效。要建立土地增益、经营增效与农民的利益联结机制，通过支持开发主体，带动产业升级，带动农民增收。要继续探索项目工程管护机制，对小型农田水利设施以承包、租赁、拍卖等形式进行产权流转，吸引社会资金投入，以切实解决工程管护问题。对土地治理项目建设形成的、能带来一定经济效益的单个工程，如机井、排灌站和农田林网，可以通过拍卖、租赁和承包等方式，及时明晰产权，落实管护主体，提高单项工程的使用寿命和建设效益。

六、借鉴现代工业理念谋划农业综合开发，实行规模开发，大力推进现代农业发展

加快传统农业向现代农业转变，是我国农业发展的根本方向，也是贯彻落实科学发展观的基本要求。要把工业经济在长期发展中形成的适应社会化大生产、符合市场经济规律、能够有效提高资源利用效率的经营思想、管理方法、组织形式和生产方式等先进理念和发展要素，导入和应用到农业综合开发领域。

在推进农业产业化经营中，牢牢抓住龙头企业，充分发挥龙头企业的带动作用。一是加大优势龙头企业的培育扶持力度。选择一批产品具有影响力和竞争力，辐射带动作用明显的龙头企业，加大扶持力度，拓展外向型农业，在农业综合开发领域率先打造龙头企业的"航空母舰"。二是注重优势农产品基地建设，不断满足龙头企业对优质专用农产品原料的需求。充分利用农业综合开发资金的综合效益，建设一批专业化、规模化、标准化的优质农产品生产基地，为龙头企业的发展壮大提供动力源泉。三是完善多元化的利益联结机制。要以完善股份制和股份合作制、规范订单农业为重点，认真总结和推广各地行之有效的产业化经营利益联结形式，增强契约意识，提高合同履约率，使企业和农户之间形成"收益共享、风险共担"的利益共同体，切实保护企业和农户的利益。

实施黄河三角洲农业综合开发土地治理项目要做好结合的文章

东营市农发办 田树雨

东营市是黄河三角洲的中心城市，加快建设黄河三角洲高效生态经济区，农业综合开发部门责无旁贷。过去的二十多年，农业综合开发工作在黄河三角洲开发建设中做出了不可磨灭的贡献。土地治理是农业综合开发职责中工作量最大也是最重要的工作，重点是实施中低产田改造和高标准农田建设。土地治理项目基于平整土地、修建水利设施、建设田间机耕道路、植树造林、实施农业科技提升，是当前完善农田基础设施、提高种植业生产效率的重要手段，也是落实中央强农惠农富农政策的重要措施。土地治理项目的实施，涉及农业、水利、林业、科技等部门和县乡村各级政府和组织，也是各级党委政府开展秋冬农水会战的主战场。随着农业综合开发工作的日益深入，特别是贯彻落实国家办"两个聚焦"的要求，为提高农业综合开发土地治理项目的经济效益和社会效益，农业综合开发土地治理项目的实施和建设必须统筹兼顾做好结合的文章。

一是与农业园区建设结合。近几年，随着现代农业发展步伐加快，东营市农业园区如雨后春笋涌现出来，市委市政府规划建设的现代农业高新技术示范区和现代畜牧业示范区率先发展起来，现代农业高新技术示范区已成为继陕西杨陵之后的第二个国家级农业科技示范区，东营农业高新技术示范区被国家科技部批准为国家农业科技园区，投资10亿元的大地乳业种养加一体化项目等重点项目相继建成；畜牧业示范区也与泰国正大集团合作开展优质水稻种植、畜牧养殖加工等一系列项目实施，总投资20亿元的泰国正大集团东营现代农业科技生态园项目已开工建设；现代渔业示范区20万亩海水养殖已全部开发完成，累计完成投资18亿元；在连续四年农业开发土地治理项目实施的基础上，蓝海集团投资近亿元的农业生态园初具规模。据统计，截至目前，全市已建或在建现代农业综合类园区、产业类园区、精品类园区174个和一批家庭农牧场，规划建设总面积超过100万亩。上述园区都是在农业综合开发土地治理项目的基础上建设发展而成的。土地治理项目与农业园区建设结合，为农业园区建设沟渠路桥涵闸等基础设施，可大大加快园区建设步伐，也提高了农业综合开发的效益，实践证明建设农业园区是建设现代农业，走规模化、集约化、专业化的一条成功之路。

二是与农业产业化龙头企业的结合。随着现代农业的发展，近几年，与传统农业最密切的农业产业化龙头企业遍地开花，农业龙头企业的发展势必要带动种植基地建设，农业综合开发土地治理项目与产业化农业龙头企业结合，一方面帮助企业加快基地建设，解决原材料供应问题，同时也解决了种植户的产品销售问题。同时，还可以以企业为载体按照无公害、绿色、有机等粮食和蔬菜作物种植的不同的要求实施土地治理项目，提高农作物和产品的技术含量和附加值。今后，在完善农村土地使用权流转机制，促进土地向龙头企业种养殖基地集中的基础上，鼓励县乡将土地治理项目与农业龙头企业对接；也鼓励龙头企业承担土地治理项目，建设标准化、规模化、设施化的现代农业生产基地。

三是与农民专业合作组织发展的结合。农民专业合作组织是发展现代农业，提高农业市场竞争力，增加农民收入的有效组织方式。农民专业合作社是双层经营体制中统一经营的主要承担者，是创新农业经营体制机制、加快转变农业经营方式的主要推动者，是提高组织化程度、发展现代农业的主要组织者。小生产大市场的矛盾容易带来农产品价格的大起大落，单个的农民难以抵抗市场风险，农民必须联合起来。党的十八大和中央一号文件不再仅仅提农民专业合作社，首次提出农民合作社，意义重大。因为农民专业合作社只以某一个专业、品种为基础，农民专业合作社必须向综合发展，向多元化发展，形成综合农协，才能满足时代需要。土地治理项目与农民专业合作社或农业合作社结合，鼓励农民专业合作社完善体制机制，合理集中流转土地，结合土地、资金实际以及农作物生产特点，独立承担土地治理项目，有效改善生产条件，推动合作社不断扩大规模，增强市场竞争力和定价话语权，与龙头企业对接，与城市超市对接，尽快实现增产、增效和社员致富。

四是与特色种植基地建设的结合。农业综合开发土地治理项目的实施大大提高了农田的生产能力，特别是建设高标准农田对黄河三角洲改土治碱发挥重大作用，经过治理的农田不但大大提高了小麦、玉米、水稻等粮食作物产量，而且一些南方的果树、花卉等都已经栽种成功，为开展大规模特色种植提高农业生产效益奠定了基础。围绕特色种植基地建设实施农业综合开发土地治理项目，根据特色种植的个性化需要，进一步完善种植基地的基础设施，将大大提高特色种植的单位面积产量，扩大规模，提高农作物产量，增加农民收入。

五是与生态建设项目的结合。黄河三角洲高效生态经济示范区建设的两个核心目标就是高效和生态，生态建设更为重要。实施土地治理项目与生态建设项目结合能够大大提高资金使用效益和社会效益，提高土地治理项目质量，延长项目的使用周期。通过实施连续五年的三网绿化工程，取得了显著的成效，林木覆盖率上升了8%，黄蓝战略批复后，对生态建设的要求更高了，2011年东营市做出了生态林场建设的规划，三年建设十座生态林场。首批试点的面积为35万亩，现已全面动工，计划3年内全部完成，到2020年全市将新建、改（扩）建生态林场30处，增加造林面积80万亩，使林木覆盖率提升到25%。今后，我们将结合生态林场建设，认真研究论证实施沙化治理项目，充分实现农业综合开发在生态建设中的重要作用。

六是与大中型水利项目的结合。在开发工作中，我们体会到，土地治理项目工程量的70%属于农田水利基础设施，水源泵站、沟渠、闸门、渡槽等灌排体系投资大，是农田旱涝保收的关键设施，与大中型水利项目结合，解决水源的问题至关重要。首先，要与中型灌区节水改造项目结合。对农业开发部门来讲，中型灌区节水改造项目同属于土地治理项目，由农业综合开发部门组织实施，我们应统筹兼顾，统一规划。在灌区项目规划建设的同时，也应开展土地治理项目规划设计，因地制宜建设高标准农田或中低产田改造项目，及时搞好配套，充分实现土地治理项目的功能。其次，要与水利部门实施的其他大中型水利项目搞好结合，提高农业综合开发综合效益。最后，围绕蓄水工程建设规划土地治理项目，完善配套设施，减少重复投资提高效率。

大力实施农业综合开发
推动农业健康可持续发展

烟台市农发办 刘宝革

农业综合开发是国家为保护支持农业发展、强化农业基础地位所采取的财政支农的重要形式,是进一步转方式、调结构、发展农村生产力的有效途径,是提高农业综合生产能力和推动农业发展的重要措施。为适应新形势下农业综合开发工作的需要,充分发挥农业综合开发在全面建设小康社会和建设社会主义新农村中的作用,真正实现农业开发与可持续发展的结合,形成可持续开发,我们对全市农业综合开发的基本形势、基本做法,进行了深入细致的分析研究。

一、基本形势

近年来,烟台市农业综合开发在全面建设小康社会和建设社会主义新农村的形势下,深入贯彻落实科学发展观,加强农业基础设施建设,提高农业综合生产能力,大力扶持优势农产品生产,促进当地农业和农村经济结构调整,提高农业综合效益,增加农民收入。概括起来,主要有以下特点:

(一)基础设施建设明显改善

各类开发项目都把改善农业生产条件和流通、加工设施建设作为重点,综合运用工程、生物、农艺和管理措施,进行山水田林路综合治理,建成了一大批田成方、林成网、沟相连、路相通、旱涝保收的基本农田和功能齐全的农产品市场和流通设施。自烟台市实施农业综合开发以来,共立项开发土地治理项目132万亩;扶持产业化经营龙头企业和农民专业合作社项目140个。

(二)综合开发重点突出

项目区在搞好基础设施建设的基础上,围绕农民增收,以市场为导向,因地制宜，依靠科技进步，发挥区域比较优势，实行农林牧副渔综合开发、产业化经营，促进了全市农业区域布局的调整和优化，逐步形成了区域化、专业化、规模化的生产格局。目前，基本形成了以栖霞、龙口、招远、蓬莱为主的果品，以莱阳、海阳为主的蔬菜，以莱州、莱阳、蓬莱为主的畜牧养殖和加工，以牟平、栖霞为主的食用菌养殖，以龙口、蓬莱为主的葡萄及葡萄酒，以招远、龙口为主的粉丝加工等农产品加工、出口产业区和产业带。

（三）管理制度日趋完善

市县两级在农业综合开发项目的前期准备、申报审批、组织实施、竣工验收和运行管护等方面，按照市场经济规律和新形势要求，大胆探索，勇于创新，总结形成了竞标立项、工程招投标、工程监理、项目法人、工程预决算、县级报账等一系列新的管理制度，使农业综合开发走上制度化、规范化的管理轨道。特别是农业综合开发工作划归财政系统之后，依托投资评审和政府采购部门的资源优势，加强了项目验收、招标采购等环节的管理力度，使农业综合开发工作的运行过程更加规范、公开、透明。

二、经验和做法

在农业综合开发实践中，我们坚持与时俱进，改革创新，创造性地开展工作，积累了一定的经验和做法。总结起来有以下几点：

（一）坚持规模开发与结构调整相结合，促进产业结构不断优化

在搞好土地治理的同时，立足当地的资源条件，以市场为导向，实行规模化开发，建设各具特色的农产品基地，不断调整优化农业产业结构。在结构调整问题上，坚持的原则是：压缩供过于求的产品，增加短缺产品；压缩滞销产品，增加畅销产品；压缩劣质产品，增加优质产品；压缩普通产品，增加专用产品。使项目区逐步达到结构调优、品种调良、效益调高，对面上起到示范带动作用。

（二）坚持区域开发与产业开发相结合，促进产业化不断上档次

为适应新时期农业发展的需要，各地按照基地化开发、产业化经营、外向型发展的思路搞好项目区建设，以扶持龙头企业为重点，推行主导产业要选准、优势产业要做大、龙头企业要做强、运行机制要搞活的产业化经营模式，大力发展不同地

区资源优势突出、特色明显的主导产品和产业,促进区域产业升级和外向型农业的发展。按照"依托一个组织、振兴一个产业、致富一方百姓"的发展思路,重点围绕葡萄、苹果、绿茶、樱桃等产业,扶持发展、规范完善、整合壮大了一批农民专业合作经济组织,打造了"公司+基地+农户"的模式。市场牵龙头、龙头带基地、基地连农户的发展格局初步形成。

(三)坚持资源开发与科技开发相结合,促进科技开发不断上水平

以科技为先导,注重用高新技术嫁接、改造、开发传统产业,加大科技开发投入,不断完善科技服务体系,建立健全科技示范推广基地,提高了农业综合开发的科技含量。不仅每一个土地治理项目都承担了科技推广的任务,另外,每年全市都会承接独立的科技推广项目。以2011年、2012年为例,全市农业综合开发用于科技推广的资金共为430万元,培训35800人次,其中,烟台市蔬菜标准化综合配套技术推广项目和烟台市小麦新品种科技推广项目分别投入资金79万元和74万元。

(四)坚持广度开发和深度开发相结合,促进开发领域不断拓宽

紧紧围绕农业和农村经济发展,不断调整工作思路,使农业综合开发由单纯的土地开发,拓展到农林牧渔各业,由农产品生产向农产品加工、流通环节延伸,拉长产业链条,加深开发层次,实现了农产品的多次增值,提高开发的综合效益。近年来,农业综合开发扶持的产业化项目涉及种植基地建设、养殖基地建设、农产品加工、储藏保鲜和产地批发市场的建设。

(五)坚持标准化开发与生态建设相结合,促进经济和生态效益不断提高

在基础设施建设上,既注重农田基本建设,又注重生态环境的改善和利用。蓬莱农发办积极参与新农村建设,将项目区受垃圾污染的饮用水与农田灌溉管道接通,改作灌溉用水,把项目区新打的4眼甘泉井用于群众饮水,不仅完成了建设目标,又帮助项目区群众喝上了干净水。再如,栖霞、福山等县市区,把自身特色果业与旅游产业充分结合,以旅游的发展促进精品果园、观光果园的发展。

(六)坚持经济发展与机制创新相结合,促进开发不断走上良性发展的轨道

在开发工作中,立足新情况,解决新问题,勇于探索,敢于实践,大胆地进行

机制创新，使农业综合开发始终充满了生机和活力。我们在开发项目区内进行了一系列实践，并取得了很好的效果，如引导农民以土地入股合作社的股份制开发机制，土地治理项目与产业化经营项目相结合机制，土地治理项目与市菜篮子工程等其他项目资金相结合机制。

三、对策建议

调查中，我们感到全市农发系统都能认识到农业综合开发是促进农业可持续发展的一个重要推动力量，并进行了积极的探索和实践工作。根据国家关于农业综合开发工作的基本要求，结合烟台市农业发展和社会主义新农村建设的需要，下一步将加大资金投入，改善农业生产条件，提高农业生产能力，建设一批高标准农田；扶持一批科技含量高、经营效益好、市场占有率大的农产品龙头企业和农民经济合作组织，培育发展具有本地特色的名牌产品；加强生态农业建设，加大生态工程和生态项目支持力度。为了落实目标，真正实现培植扩大财源、推动农业现代化和新农村建设的要求，今后的工作需要重点强化以下几方面：

（一）通过稳定可靠的资金投入，为农业可持续发展提供保障

农业综合开发是以公共财政为主要资金来源的农业支持项目，具有专项投资量大，资金使用效果好，广大农民群众直接受惠的特点。通过实行"国家引导、配套投入、民办公助、流动开发"的投入机制，在国家财政资金引导下，带动地方财政、乡村集体和农民自筹资金等各项资金，不断加大对农业基础设施建设的投入力度。农业综合开发应当坚持"多予、少取、放活"的方针，不断增加对农业和农村的投入，尤其加大各级政府对农业和农村的投入力度，使农业在相对稳定的投入环境下，取得更加巨大的社会、经济和生态效益。

（二）通过科技的不断应用，为农业可持续发展提供支撑

农业综合开发针对我国农业可持续性发展的众多因素，需要持续加强农业技术的投入，提高农业项目的科技水平和广大农民群众的科学文化素质，为农业生产获得持续和稳定的技术支撑发挥作用。农业综合开发应当坚持把科学技术融入各个项目建设之中，并且逐步加大对科技推广示范项目和其他项目科技措施资金的投入，一方面购置农业机械和科技设备，提高农业机械化装备水平；另一方面进行科技培训，增强农民科技意识和技能。同时大力推广先进实用的新技术、新品种，加速农业科技成果转化，提高农民科学文化素质。

(三) 通过生态环境的改善,为农业可持续发展牢固根基

农村经济的健康协调发展,要求与生态环境的改善协调一致。这就需要在农业综合开发的过程中,通过土地治理项目、生态建设项目、水土保持项目等的实施,把山水田林路统一规划与农村生活设施建设有机结合,进行综合治理,以实现不仅创造美好的人文居住环境,还为农业的可持续发展创造良好的条件。

(四) 通过推动新农村建设,为农业可持续发展营造积极的社会环境

社会主义新农村建设需要一支新型的农民队伍,需要一个和谐文明的环境。农业综合开发顺应了新农村建设的要求,让农民在丰收中提高素质,在收益里分享和谐,以科技和教育对农民进行潜移默化的影响,有效地促进了乡风文明。以适用技术推广为手段,提高农民科学种田水平;以支持农业机械应用为载体,提高农民使用机械化的能力;以优良品种种植为抓手,提高农民学习掌握新知识的需求;以建设新型设施为示范,提高农民改造传统农业的要求。

规范制度强管理　创新模式增效益

泰安市农发办　张道民

近年来，泰安市农业综合开发办公室紧紧围绕"开发创一流，廉政无风险"的总体目标，积极加强体制机制建设，不断创新开发模式，全面实施绩效管理，开发工作取得显著成绩。2008年4月，原省委副书记、省长姜大明视察了东平县接山镇农业综合开发示范区；2008年5月，省政府在泰安市召开了全省农业综合开发现场会；2008年10月，世行官员、国家农发办组织山东、江苏、安徽、河南、河北、宁夏等六省（区）到肥城、宁阳世行项目区现场观摩；2012年11月，为全市冬春农田水利基本建设现场会提供了观摩现场，并在会上做了典型发言。市委市政府每年都对农业综合开发工作先进单位进行表彰奖励。

一、规范完善制度，强化精细管理

管理是提升农业综合开发工作水平的关键。工作中我们主要采取了以下三项措施：

（一）规范完善制度

在严格执行国家和省制定的各项农业综合开发政策规定的基础上，结合泰安市实际，先后制定编发了《农业综合开发宣传手册》、《农业综合开发"九制"管理手册》、《农业综合开发项目管理主要环节操作规程》、《农业综合开发项目管理流程细则》、《农业综合开发项目常见问题解决办法》、《农业综合开发政策汇编》、《泰安市农业综合开发项目和资金管理风险防控体系》等小册子，为搞好项目管理提供了规范的制度保障。

（二）强化精细管理

在项目建设和管理过程中，注重强化过程管理，严把"四个关口"。即在项目申报立项阶段，严把"择优立项关"；在项目组织实施阶段，严把"监督检查关"；在项目竣工验收阶段，严把"验收质量关"；在项目建后管护阶段，严把"运行管护关"。在绩效考评中特别注重过程管理，按项目实施年度，每年8月严格督查各县市区项目招投标情况；9月严格督查项目区清障和开工准备情况；11月严格督查项目阶段性实施情况；次年3月严格督查项目路系工程完成情况；4月严格督查项目水系工程完成情况；5月组织项目竣工验收。对农业综合开发项目规范化、程序化、精细化、科学化的管理起到了至关重要的作用。

（三）实行"三全"验收

对项目竣工验收，实行全程、全项、全面的"三全"验收办法，即实行单项工程阶段性验收与总验收相结合的验收方式，从项目申报立项、组织实施到建后管护实行"全过程验收"，有效地解决了问题不能及时发现、整改难度大的现象，实现了项目建设过程的全覆盖；对所有建设内容实行"全项验收"，有效地解决了项目漏查漏管、工程不实的问题，实现了项目建设内容的全覆盖；实行项目与资金交叉延伸验收，对各项工程及其记账凭证的真实性、合法性、有效性和完整性进行"全面验收"，有效地解决了项目与资金管理脱节分离的问题，实现了项目建设管理的全覆盖，确保了项目建设的高标准、高质量、高效益。2011年5月全省农业综合开发专项监督检查会议上，泰安市就上述做法作了经验介绍。

二、打造开发亮点，提升开发水平

农业综合开发土地治理项目点多面广量大，涉及多村多户，重建轻管的现象长期普遍存在，建后管护一直是困扰项目长期作用发挥的难题。对此，我们积极探索创新了管护组织协会化（专业化）、管护资金多元化、管护制度规范化的"三化"管护模式。市政府以泰政办发〔2008〕22号文印发了《泰安市农业综合开发高标准农田建设项目工程管护办法（试行）》，市财政每年在预算安排中列支50万元专项资金用于项目管护。自实施"三化"管护办法以来，全市共筹集管护资金近1000万元，建立管护协会及管护队伍46个，聘用管护人员480余人。目前，全市农业综合开发土地治理项目工程完好率达到90%以上。《中国农业综合开发》杂志2008年第11期刊发了泰安市《实行"三化"管护，建立长效机制》的做法；2010年9月，省审计厅以"泰安世行贷款灌溉农业项目效益显著，项目运行管理的做法值得借鉴"为题，推广了泰安市的经验。2012年9月财政部部长助理胡静林、国家农发办主任王光坤来泰调研时，评价该做法"值得学习借鉴"。

三、创新开发模式，追求最大效益

项目建设的宗旨是追求效益的最大化。在工作实践中，我们探索创新了"六位一体"的开发模式，即把农业基础设施建设、农产品基地培植、农合组织帮扶、农业龙头企业扶持、科技成果引进推广、新农村建设支持等六个方面融为一体，统筹来抓，取得明显成效。

1. 搞好农业基础设施建设。即搞好高标准农田建设，打牢"两个提高"（提高农业综合生产能力，提高农业综合效益）的基础。以水利建设为重点，加强水系（机电井、排灌站、暗管、渠道、输电线路）、路系（生产路、林网、路边沟、桥涵）等农业基础设施建设，把项目区建成"田地平整、路渠配套、土壤肥沃、节水高效、优质高产、安全环保、旱涝保收、林网环绕"的高标准农田。在此基础上，力促项目主体搞调整，建基地，扶农合，连龙企，壮产业，增收入，向产业化经营项目扩展延伸。

2. 搞好农产品基地培植。即搞好优质农产品基地培植，做大做强特色优势产业。围绕市委、市政府提出的"十四大主导产业"，着力搞好优质粮食、苗木花卉、有机蔬菜、畜牧养殖、优桑果茶等五大优势农产品基地培植。

3. 搞好农合组织帮扶。即加强农民专业合作经济组织帮扶，连紧龙头企业与基地农户的纽带。

4. 搞好农业龙头企业扶持。即加强农业龙头企业的扶持，抓住农业增效、农民和财政增收的关键。在组织建好项目的同时，力促其在高标准农田项目区建基地、壮产业、扶农合、带民富、强企业、增效益，向高标准农田建设项目扩展延伸。

5. 搞好科技成果引进推广。即加强现代农业科技推广，提升现代农业科技水平。搞好农业新品种、新成果的引进、试验、示范、推广和先进技术的组合配套，加快项目区良种良法良饲的推广应用。加强农民技能培训，提高农民素质，切实把项目区建成现代农业示范区。

6. 搞好新农村建设支持。加强对新农村建设的支持，积极推动城乡一体化发展。一是着力加强农业基础设施建设和农业产业化经营，为新农村建设提供强有力产业支撑。二是着力提高项目区农业综合开发效益，不断增加农民收入。三是着力加强项目区农业生态环境建设，为项目区农民提供良好的生产、生活环境。四是着力加强建设项目的民主管理，进一步加快项目区民主化进程。

近年来，改造、建设的中低产田和高标准农田，大大提高了农业综合生产能力。每亩提升粮食生产能力高的可到200公斤以上，低的也到100公斤以上。为确保粮食安全和重要农产品有效供给起到了重要作用；培植的优质农产品基地，大大增加了农民收入。如东平县接山镇项目区向农业龙头企业和种植大户流转土地上万亩，大力发展有机蔬菜和特色优质苗木基地，土地承包费亩收入由原来800元左右提高到1500元左右，户均收入由原来的6000元左右提高到现在的15000元左右；帮扶的农民专业合作社，有效地架起了农业龙头企业与基地农户的桥梁。如连续扶持的岱岳区天绿蔬菜专业合作社，通过采取"公司+合作社+农户"的运作模式，实行订单农业，发展有机、绿色蔬菜基地7000余亩，直接带动的2000户社员为农产品加工龙头企业提供原料1.5万吨，实现年销售收入12759万元，出口创汇1240万美元，实现利税1910万元，社员收入高的可达4万多元，低的可达3万多元。同时，间接带动了1000余人参与同项目相关的生产资料供给、交通运输、餐饮服务等产业的发展；扶持的农业龙头企业，有力地推进了农业产业化经营。如连续三次扶持的新泰市山东大宝养殖加工有限责任公司，年加工能力由4万吨提高到10万吨，年销售收入由3.9亿元提高到10亿元，年利税由近1000万元提高到近3000万元，直接安置劳动力就业2300余人，带动周边11000多农户发展鸡鸭养殖，户均增收3万元以上，该公司由原来的省级农业龙头企业升级为国家级农业龙头企业；推广的农业先进科学技术，大大提升了现代农业科技水平。如连续五次扶持的泰山区山东宝来利来生物工程股份有限公司，科技研发能力得到快速提升，先后主持和承担了6项国家"863计划"课题，研制出肽菌素、产酶益生素、生物E蛋白、青贮宝等5项国家重点新产品，"倍利素"被省政府列入"十二五"规划第一批重点扶持的新兴产业名录。2012年该企业被列为省级工程实验室（泰安市三个企业之一）；2013年4月和6月，山东省委书记姜异康和省委副书记、省长郭树清视察该企业农业综合开发扶持的相关项目。支持的新农村建设试点，推动了城乡一体化发展。如扶持的泰山区栗林村苗木基地、农田改造、道路整修等项目，为该村新农村建设提供了产业支持，美化了村居环境，改善了农户卫生，增加了农民收入，成为市、区新农村建设的样板村。上述"六位一体"的开发模式成效斐然。《中国农业综合开发》杂志2008年第4期刊发了我市《"六位一体"融合抓，追求效益最大化》的经验；省财政厅、农发办、审计厅先后推广了上述做法。

强农惠农写华章

——潍坊市农业综合开发回顾与展望

潍坊市农发办 韩国庆

1988年潍坊市列入国家农业综合开发范围。开发县从当年的7个增加到目前的11个，年投入开发资金由1988年的1644万元增加到2012年的10.01亿元，从当初的零星治理到现在的规模化连片开发，从当初的土地单一治理到现在的全方位综合开发……25个年头，从"小打小闹"到"重拳出击"，从增产粮棉的"一臂之力"到支持现代农业发展的"重要引擎"，农业综合开发在"三农"发展中的作用越来越突出。潍坊农业得益于农业综合开发的强大支持，潍坊农民铭记下农业综合开发带来的巨大实惠！

一、与时俱进 彰显开发活力

农业综合开发从"诞生"起就担负着重要历史使命，并在长期的开发实践中时刻跳动着时代的脉搏。1985年以后，全国农业生产徘徊不前，连续几年粮食产量在4000亿公斤左右徘徊，农业发展面临着新的挑战。在这种背景下，国务院决定自1988年开始设立土地开发建设基金（后改为农业综合开发资金），专项用于农业综合开发。潍坊市作为黄淮海地区的重要粮食主产区被列入首批开发范围，从此拉开了农业综合开发强农惠农富农的大开发序幕。

农业综合开发从开始实施到2012年，大体经历了四个发展阶段：

1988~1993年为第一阶段。这一时期的开发重点是通过山水田林路综合治理，进行大面积的中低产田改造，同时依法适量开垦宜农荒地，确保粮棉油等主要农产品产量的稳定增长，维护国家粮食安全。

1994~1998年为第二阶段。这一时期的开发主要是根据粮食增产但农民增收难的问题，把农业增产和农民增收有机结合起来，在坚持以改造中低产田为重点、适当开垦宜农荒地、提高农业综合生产能力的同时，搞活多种经营，发展养殖业，加大对优质高效经济作物的扶持力度，提高农业种植效益和农民收入。特别是潍坊市委市政府率先提出"确立主导产业，实行区域布局，依靠龙头带动，发展规模经营"的农业发展新战略以后，农业综合开发逐年加大对农业产业化的扶持力度，为潍坊农业走在全国前列做出了重要贡献。

1999～2008年为第三阶段。这一时期，农业综合开发适应农业发展新阶段的要求，在指导思想上实行了"两个转变"，一是由过去改造中低产田和开垦宜农荒地相结合，转到以改造中低产田为主，尽量少开甚至不开荒地，把提高农业综合生产能力与保护生态环境有机结合起来；二是由以往追求增加主要农产品产量为主，转到调整结构，依靠科技进步，发展优质高产高效农业上来。中国加入世贸组织以后，潍坊农业加快了向农业产业化、标准化、国际化发展步伐。适应这一形势，农业综合开发在强化基础设施建设的同时，加大了农业科技投入，注重农业结构的调优、调高、调外，集中对优势特色产业进行扶持。

2009年至今为第四阶段。这一时期是加快推进农业现代化的关键时期。农业综合开发适应农业转方式、调结构、促创新和规模化、产业化、标准化、品牌化、国际化发展要求，把重点转向了高标准农田建设、优势产业培育、龙头产业扶持、农民合作组织发展以及现代农业园区建设，确保农业综合开发在全市现代农业发展中更好地发挥示范带动作用。

二、强农惠农　数字看成效

加强农业基础设施建设，改善农业生产条件和生态环境，提高农业综合生产能力，始终是农业综合开发的首要任务。25年来，潍坊市规模化治理农田320万亩，占全市耕地面积的30.77%，其中改造中低产田310万亩，建设高标准农田10万亩。通过山、水、田、林、路、机、电综合治理，从根本上解决了农业生产的障碍因素，开发之处基本达到旱涝保收、高产稳产、节水高效的开发目标。开发项目区亩增综合生产能力20%以上，累计增加粮食产能5.1亿公斤。

扶持农业产业化是农业综合开发的重要内容。1993年以来，共扶持种植、养殖、农产品加工、农产品交易市场等产业化经营项目260多个，其中扶持农业龙头企业160多家，新增农产品加工能力500多万吨，产品出口20多个国家和地区。发展种养业基地310个，扶持农民合作组织50多个。重点培育了优质粮、肉鸡肉鸭、瓜菜、林果、食用菌等11个主导产业，"市场+龙头+合作组织+农户"的产业化组织形式全面推行，项目区80%以上的农户参与了一体化经营。

农业综合开发以实施农业产业化、标准化、品牌化、国际化，促进农业转型升级为己任，发挥优势，强力推进。通过政策引导、投资扶持、转型服务等综合措施，在项目区内建设各类示范园区210个，面积近10万亩。近10年来的开发项目区，80%以上的农田建设成了规模化优势农产品基地，累计注册"三品一标"品牌330个。

"三农"发展离不开科技支撑，特别是近几年适应农业转型发展的需要，农业综合开发进一步加大了科技投入。截至2012年，累计投入科技开发资金6000多万元，引进新品种110个，推广新技术新成果230项，配套科技仪器600台套，培训农民50万人次。

农业综合开发不论是搞土地治理，还是扶持产业化经营，最终受益的是农民群众。25年来，农业综合开发受益农民达到500多万人，每年的项目验收结果显示，开发前后受益农民人均增收都在20%以上。2012年完成建设高标准农田5万亩，改造中低产田8.2万亩，扶持产业化经营项目35个，收益农民44万人，人均纯收入达到13210元，高出全市平均水平12个百分点。同时，通过流转土地发展园区、扶持龙头扩大就业等，每年转移农村劳动力3万人以上。

三、锐意创新　推行"五制"管理

在长期的工作实践中，农业综合开发通过不断探索和借鉴国际先进管理理念，创建了"五制"管理模式，使农业综合开发逐步走向规范化、科学化、精细化管理轨道。这也是农业综合开发有别于其他财政支农项目的一个显著特点。

（一）资金报账制

资金投入，是实施农业综合开发的根本保障，也是全社会共同关注的问题。为切实管好用好农发资金特别是财政资金，全面落实了专人、专账、专户的"三专"管理制度。潍坊市自2002年以后逐步推行了财政资金县级报账制。即根据项目建设进度，由施工单位持合法凭证，经开发、财政部门审核后，到县级财政部门报账拨付资金。这一制度的推行，大大提高了资金利用效率，保证了专款专用，防止了资金浪费。

（二）项目法人制

开发项目立项后，开发部门与项目实施单位的法人代表签订项目建设责任书，把开发任务、开发目标、建设内容及建设标准、资金拨付方式、完成时间等逐一列明，以契约的形式进一步明确双方的权利和义务，增强管理部门和项目法人的责任感。

（三）工程监理制

为了加强农业综合开发土地治理项目的管理，提高工程建设质量，自2007年开始全面推行了工程监理制度，即通过公开招标选定监理单位，并受农发部门委托实施工程监理。通过工程监理，筑起工程建设"防火墙"，有效防止了偷工减料和粗制滥造现象发生，提高了工程质量和效益。

（四）招标投标制

推行招投标管理，是推进农业综合开发投资管理机制改革，提高项目建设质量和管理整体水平的又一创新举措。自2002年以来，潍坊市从项目的物料采购到工程建设，从单一采购到政府统一采购，逐步完善了招标投标机制，规范了程序，实现了农发项目招投标管理全覆盖。

（五）项目资金公示制

2005年以来，潍坊市全面推行了农业综合开发项目和资金公示制度，实行阳光操作，广泛接受群众监督。主要是通过立项公示、实施公示和竣工公示，把项目规划建设情况和资金使用告知农民群众，充分征求农民意见，接受农民监督，把农民的所想、所急、所盼融入农业综合开发工作中。

四、找准问题　在完善中提高

（一）"封闭式"开发现象依然存在

有的地方观念陈旧，思维没创新、方式不转变，依然停留在"就项目抓项目，就资金管资金"的"小开发"上。导致大局把握不住、中心体现不了，开发工作的生命力、作用力、感召力、影响力不强。

（二）农业综合开发资金投入总量不足

潍坊市目前尚有中低产田400多万亩，而每年农业综合开发的土地治理只有十几万亩。按照这个开发速度要实现潍坊土地的"全面升级"需要30年时间。全市现有龙头企业3000多家，其中市级以上龙头企业658家，农民专业合作社9685家，而每年农发支持的项目只有二三十家，总体支持比重明显太低。

（三）开发力量不集中，规模效应难凸显

一方面，土地治理和产业化两类项目结合不够紧密，"单打独斗"现象比较突出，导致农业综合开发的"综合"效益不能充分发挥。另一方面，为了扶持更多项目，有的地方把有限的资金撒了"芝麻盐"，扶持力量分散、弱化。从潍坊近几年财政补助的产业化经营项目来看，有的项目只有几十万元的投入，相对于农业龙头企业和农民专业合作社巨大的资金需求和生产规模，只是杯水车薪。

（四）国家统一的建设标准，不适应地方"个性化"开发实际

如潍坊市寿光、昌乐、青州等县市设施农业发达区，采用现行的土地治理项目建设标准，如"强行完善"农田林网、拆棚修路整方田等，不符合农民生产发展的实际需要，工作阻力较大。在山丘区安排的项目也很难落实现行的土地治理建设标准。

五、站在新起点　展望新未来

回首过去，我们看到了农业综合开发绽放的朵朵奇葩，看到了广大农民的张张笑脸；立足现在，我们认识到发展现代农业面临的诸多困难，认识到农业综合开发承担的重大责任；面向未来，有各级党委政府的坚强领导，有广大农民群众的鼎力支持，有伟大中国梦的召唤，实现美丽的农发梦就在明天！

党的十八大报告明确指出："解决农业农村农民问题是全党工作重中之重"，并提出了一系列新要求，国务院批复了《国家农业综合开发高标准农田建设规划》，潍坊市委、市政府做出了"建设现代农业示范基地，再造农业发展新优势"的重要部署，这都为潍坊市下一步的农业综合开发指明了方向。

（一）加快建设一批高标准农田

到2020年潍坊争取建设高标准农田240万亩。按照国家提出的"田地平整肥沃、水利设施配套、田间道路畅通、林网建设适宜、科技先进适用、优质高产高效"的总体要求，彻底消除了制约农业生产的关键障碍因素，进一步增强抵御自然灾害能力，确保农业特别是粮食综合生产能力稳步提高，以达到旱涝保收、高产

稳产的目标。努力提高项目建设标准和质量，着力增强可持续发展能力。加快推广优良品种和先进适用技术，使农业科技贡献率明显提高，主要农产品市场竞争力显著增强，为现代农业发展提供坚强保障。

（二）加快开发方式转变

一是自觉从"就项目抓项目，就资金管资金"的"小开发"中走出来，以农业规模化、标准化、品牌化、国际化"四化"开发为切入点，通盘协调，全面推进，加快推动农业转型发展。二是切实"跳出开发看开发，走出开发搞开发"。紧紧围绕中央和地方党委、政府工作大局选项立项，围绕现代农业发展制定建设标准，围绕激发经营活力设定机制，围绕农民增收确定切入点。三是努力搞好"前延后伸"开发。"前延"就是前期工作前移，把项目立项考察和项目库建设作为经常性工作。项目立项不仅要考察项目本身的可行性，更要考察引领性和示范性，要主动和当地政府中心工作相衔接；不仅要考虑项目本身效益，更要考察对社会、对农民增收的带动性；不仅要考虑提升建设标准，更要关注现代农业发展模式的设计。"后伸"就是搞好建成项目的跟踪服务。发挥项目平台，通过引资、引商、引企、引智等措施，扩大农发项目的后续效应。

（三）大力实施"农业综合开发项目效益提升工程"

这是潍坊市在对当前农业综合开发深入思考后采取的一项重要措施。农业综合开发的最终目标是实现综合效益最大化。要实现这一目标，必须抓住项目建设契机，多措并举，更多地引入"项目外"项目为农业综合开发"加油"。在土地治理项目中，要积极引导农业龙头企业进入项目区建基地、建园区；推行土地先流转后开发和项目承担主体多元化的开发机制，鼓励龙头企业、农民合作组织、种植大户和家庭农场参与土地流转并承担土地治理项目。在安排产业化经营项目时，对于流转土地多、基地建设效果好、示范带动能力强、发展潜力大的农业龙头企业和农民专业合作组织优先扶持，对优势项目实行连续扶持。坚持土地治理、产业化经营、扶贫开发、社会化开发"四位一体"开发，达到优势互补，互为融洽，使有限的资金和项目"抱团"开发，以取得最大效益。

（四）着力培育新型经营主体

新型经营主体是现代农业发展的新生力量，在继续加大对农业龙头企业和农民合作组织扶持力度的同时，因势利导，把资金投入向培育新型经营主体倾斜。

(五) 正确处理国家"宏观调控"和地方"个性化"开发的关系

我国地域辽阔,各地农业生产条件、发展水平、种植结构等差异较大,在全国推行统一的建设标准显失科学,要在国家大政策内,支持鼓励各地根据实际情况实行"个性化"开发。要做到这一点,需从管理机制上着手,即国家管政策,省级抓调控,市县定标准。

充分发挥农业综合开发职能 全面促进农业农村经济发展

威海市农发办 于晓绵

自1997年纳入国家开发计划以来,农业综合开发为威海市农业和农村经济发展做出了积极贡献。在新的形势下,全面总结成绩,认真查找工作中的不足,适时进行工作重点调整,对于进一步充分发挥农业综合开发引导和促进农业现代化发展的作用具有重要意义。

一、威海市当前农业农村经济发展基本情况

多年来,威海市坚持以转变农业发展方式为主线,以促进农业增效和农民增收为目标,以提高农业科技水平为驱动,以提升产业发展层次为着力点,不断完善现代农业产业体系,着力破解制约现代农业发展难题,提高农业现代化水平和农民生活水平,农业农村经济保持了良好的发展势头。2012年,全市第一产业实现增加值180.11亿元,比上一年度增长了5%;三次产业比重为7.7:53.4:38.9。具体表现为:一是农业生产保持稳中有增。全年粮食总产103.4万吨,与上年基本持平。花生单产323.6公斤、总产32万吨,单产、总产均创历史最好水平。二是农业科技支撑明显增强。在全国率先召开了国家现代农业示范区与农业院校科技结对活动,签订技术合作协议15份。科技培训农民11万人次,培育科技示范户2950户,辐射带动农户61500户。三是农业结构进一步优化。新建苹果高标准示范园120处,累计改造苹果郁闭园30.5万亩。新发展现代苹果园5.6万亩,现代果园规模迅速膨胀到10万亩。新建超市果蔬直供基地3.1万亩。在田蔬菜面积17.6万亩,同比增长3.4%。培植休闲观光示范点20个。四是产业化经营水平不断提高。新扶持发展市级重点龙头企业24家,省级重点龙头企业10家。全市规模以上农业龙头企业达到322家,其中省级56家、国家级10家,市级以上重点龙头企业193家。新注册农民专业合作社250个,总数达到2099个,入社社员10万户,辐射带动26万农户。五是农产品安全保持较高水平。新建标准化基地8万亩,总面积148万亩;新认证无公害农产品、绿色食品、有机食品58个,总数达到1099个,

居全省前列。组织抽检农产品样品25批次679个，合格率99.4%。六是农民收入稳步增长。2008~2011年，全市农民人均纯收入分别为8495.42元、9226.03元、10516.99元和12334.32元。在此基础上，威海市2012年农民人均纯收入比上年大幅增长12%，达到13814元。粮食生产和农民收入分别实现连续十年和九年稳定增长。

二、威海市农业综合开发在促进农业农村经济发展方面采取的措施

近年来，在圆满完成项目建设任务的同时，威海市农业综合开发围绕促进农业农村经济发展和农业现代化建设主要做了七个方面的工作。

（一）突出三大抓手，强力推进科技兴农

在2012年项目建设过程中，威海市农发办通过抓科技培训、教给农民干，抓推广普及、领着农民干，抓示范带动、干给农民看，强力推进科技兴农。全市投入专项资金351万元用于农业科技推广，举办培训班78场，印发农业科技资料2万余册；培训农民1.5万人次，引进推广新品种新技术18项，建立示范推广基地6000亩，有力提升了农民科学种田水平。

（二）集中资金，大力扶持优势特色产业

为支持无花果产业的发展，在国家和省农发办的大力支持下，2012年威海市农发办集中资金在经济区同时安排了3个农业综合开发项目。一是针对规模化程度不高的问题，立项了1个6000亩的土地治理小流域治理项目；二是针对农民合作组织薄弱的问题，立项了1个1000亩土地治理无花果农民合作组织项目；三是针对无花果深加工的问题，立项了紫光科技园8000吨无花果酒深加工项目。上述三个项目，共争取了各级财政资金922.5万元（其中省级以上资金830万元）；内容涵盖了无花果产业的各个方面；既有效解决了无花果种植所需资金问题，也改造了当地道路、水利等农业生产基础条件；使无花果产业链条更加完整，为经济区无花果产业的快速发展提供了有力支撑。

（三）大胆探索，积极引导农村土地流转

在2012年项目建设过程中，威海市农发办从全市农业和农村经济发展大局出

发，结合农业综合开发项目特点，充分发挥财政资金的带动优势，有针对性地从提升农业产业带动能力入手，采取三项措施，引导土地流转1.05万亩，占项目建设面积的22.3%，远高于7%的全市平均水平。一是积极扶持农民专业合作组织，引导农村土地流转。为充分发挥其促进农村土地流转方面的先天优势，威海市农发办通过土地治理项目，投入财政资金370万元，扶持3个农民专业合作组织进行生产基地建设，流转并改造中低产田3000亩；通过产业化经营项目，投入财政资金165万元，扶持4个农民专业合作组织扩大生产和加工能力，实现土地流转500亩。二者合计占年度项目建设面积的7.4%。二是鼓励引进农业龙头企业，引导农村土地流转。"龙头企业+基地+农民"是适应当前我国国情的农业产业化发展模式之一。在农业综合开发项目建设过程中，一直把为项目区招商农业龙头企业，建设生产基地，作为带动农村土地流转，全面提升项目区农业产业化水平的一项主要措施来抓。威海市共投入财政资金773.5万元，对8家农业龙头企业进行了专项扶持，涉及种植、养殖、加工和物流等多个领域，实现土地流转7000余亩，占年度项目建设面积的14.9%。三是支持农产品规模化生产，引导农村土地流转。在通过项目对农民合作组织和农业龙头企业进行专项扶持的同时，威海市在整体土地治理项目实施过程中，以支持优势农产品生产基地建设为指导思想，在项目规划和建设上，根据不同农作物特点，合理规划和布局平塘、大口井、高位水池等水源工程，积极推广应用管灌、滴管节水灌溉等先进技术手段，努力满足现代化农业生产需要。全市共投入财政资金5766万元，实施中低产田改造3.1万亩，高标准农田建设1万亩，小流域治理0.6万亩。在积极引导土地流转的基础上，全部项目区都已建设成优势农产品规模化生产基地，成为当地农业的精品工程、示范工程。

具体工作中，威海市农发办严格执行《威海市农业综合开发项目绩效评价办法》，通过强化对土地流转比例、农产品基地建设、龙头企业引入和农民合作组织扶持等绩效指标的事前评估和事后考核，严把项目立项审核和竣工验收首尾两关，有效推动了项目区土地流转工作。

（四）狠抓培训，资金管理水平大幅提升

在项目实施前和建设过程中，我们还专门举办了两次扩大培训班，对所有承担土地治理项目的乡镇、承担产业化经营项目的企业、承担科技推广项目的单位、承担监理任务的公司等主要负责人和财务人员，就农业综合开发项目资金使用和报账程序进行了专题培训，对提升资金管理水平起到了效果。

（五）落实制度，切实规范项目管理

在项目管理工作中，我们通过以下四项制度的落实使项目管理工作日趋规范。

一是落实项目库制度。要求所有土地治理和产业化经营项目的立项申报,都必须按照统一格式编制项目建议书,实行项目库管理,在全面审核评估后,择优立项。二是落实绩效评价制度。要求所有入库项目在提交项目建议书的同时,必须同时提交"绩效评价"报告,明确预设绩效指标,强化事前评估。所有项目在验收时必须同时提交"绩效自评报告",说明预设指标落实情况,强化事后监督。三是落实方案评审制度。要求所有项目在实施前都必须制定量化的实施方案,报市办审核批准后方可实施。四是落实招投标审核制度。要求土地治理项目主要工程施工都必须进行公开招标。招标内容、标段划分、评分标准、招标形式和流程等内容必须报市办审核批准。

(六)高度重视,宣传工作卓有成效

2012年,威海市农发办共完成各类调研报告10余篇。其中,《威海市探索丘陵山区实施农业综合开发的有效途径》在《中国农业综合开发》2012年第11期上发表;《关于农业综合开发项目园区建设的思考》在《山东财政研究》2012年第5期上发表;《威海市农村土地流转情况调研及农业综合开发在该领域的探索和实践》在《威海信息》上发表;《建设农业综合开发项目园区 引领威海现代农业发展》被省农发办评为优秀调研报告。上述工作对于宣传国家农业综合开发的强农惠农政策,树立威海市农业综合开发工作形象都发挥了积极作用。

(七)强化培训,不断提高人员素质

截至2010年8月,威海市及各市区农发办均完成了整体划归市县两级财政直接管理。其中,威海市农发办为威海市财政局下属正县级事业单位;荣成市农发办(编制5人、实有5人)为财政局下属正科级事业单位,实行职称管理;文登市(编制6人、实有6人)、乳山市(编制4人、实有4人)和环翠区(编制3人、实有3人)农发办则为财政局下属参公管理事业单位。其中,威海市农发办编制11人、实有15人;配主任1名,副主任2名;下设综合、项目和资金管理三个科室。多年来,威海市一直高度重视开发队伍建设,每年都至少举行2~3次业务培训班,对市及各市区农发办、所有项目承担单位、监理单位进行项目和资金管理的专题培训,为圆满完成项目建设任务,提供了坚实保障。

三、当前农业综合开发工作面临的问题及几点建议

虽然,农业综合开发工作在农业农村经济发展和农业现代化建设方面日益发挥

着突出的作用，但还面临一些新情况、存在一些新问题。

（一）应当高度重视重管理轻实效的工作倾向

目前，我国农业综合开发工作已经建成了一套完整的制度化管理机制。但这导致了两个直接问题。一是制度过多。由于农业综合开发涉及水利、农业、林业、项目和资金管理等多个领域、多个方面。要干好农业综合开发工作就必须熟练掌握数十项管理制度，"制度"压力太大。二是由于农发部门与其他部门一样存在正常的人员流动，而培养一名全面熟悉农业综合开发各项规章制度的人员又需要很长的周期，最终导致必要的人才缺乏。体现在工作中就是开始出现重管理轻实效的倾向。为了在制度上不出问题，各地不得不付出绝大部分精力，只能把较少精力用于项目宏观规划和建设掌控。因此，适度简化项目管理程序，加大对项目实效性的关注，从制度上为开发工作松绑，支持各地建设一批示范带动力大、有影响的开发项目，对于更好地发挥农业综合开发工作的职能优势具有重要意义。

（二）项目立项申报程序有待全面规范

目前，山东省在项目库建设、项目出库、可行性研究报告上报、项目初步设计、实施方案上报、计划上报与下达等一连串的程序上没有一个明确、清晰、统一的规定，导致可行性报告与计划脱节、实施方案与计划脱节。大量符合规定和不符合规定的变更使项目计划面目全非。现在甚至连变更的有关规定本身也迷糊不清。因此，我们有必要在充分分析国家有关规章制度的基础上，全面厘清工作流程、严格执行工作流程，切实维护项目计划的严肃性。

（三）资金管理办法有待进一步细化和完善

由于机构调整、项目类型增多以及财务管理制度更新等原因，原《山东省农业综合开发项目和资金管理办法》已经难以适应当前工作的需要。各地目前不得不纷纷自行研究解决办法，但其中难免存在政策理解上的误解和漏洞。因此，应尽早出台《山东省农业综合开发财政资金县级报账管理办法》，争取出台《山东省农业综合开发管理条例》，从制度上适应当前形势发展的需要，从法律上为开发工作提供坚实保障。

（四）项目过于分散的情况应当改变

虽然我们希望更多的企业、更多的乡镇能够得到农业综合开发资金的扶持，但撒芝麻盐式的资金分配方式已经严重影响了农业综合开发项目资金效益的发挥，甚至会弱化农业综合开发工作的地位。因此，在保持各地开发工作连续性的基础上，集中一定的资金，在大农业的各个领域，有选择地立项一批大项目，对于切实突出农业综合开发工作具有深远影响。

（五）土地治理项目资金比重过大

2007~2011年，山东省产业化经营项目资金在农业综合开发资金中的占比分别只有8.7%、7.0%、14.5%、13.5%和11.5%，一直与国家规定的不超过30%的控制指标有着极大的差距。这无疑是与我国农业产业化飞速发展的形势是极不相称的。某种程度来讲是对山东省产业化经营项目的忽视或不重视。而据我们2012年赴福建省调研了解，泉州市产业化经营项目资金在整个开发资金中占的比例接近34%；福建全省的比例也在20%以上。因此，在继续坚持以土地治理项目为主，把改造农业生产基础条件放在首位的前提下，适当调整山东省产业化经营项目资金在整个开发资金中所占的比例，增加产业化经营项目资金投入，已经势在必行。山东是我国农业产业化发展最快的省份之一，创造过很多好的经验和做法。为进一步支持山东省农业产业化的发展，我们建议在逐年增加山东省农业综合开发资金总量的前提下，将山东省产业化经营项目资金在开发总资金中的占比上调到30%，以适应农业产业化蓬勃发展的需要。

（六）项目评审程序有待进一步完善

开发项目与单一的工程项目（如水坝建设）技术措施不同，需要综合各方面大量的信息和技术。目前，无论是土地治理项目、还是产业化经营项目，省农发办都聘请了大量专家进行会审。但很多专家并不了解项目的立项初衷，只能从字面上对项目的财务指标以及一些细小技术指标进行"把关"，结果只能是只见树木不见森林，根本起不到应有的作用。因此，我们希望上级一是全面下放项目审批权力，由地方自主把关自主负责。二是在省级层面全面推行"项目绩效评价"制度。简而言之，省级根据形势发展需要，对各类项目要达到的宏观效果提出一些明确的指标，如农民增收幅度、土地流转比例增幅、高效农产品占比、带动农户数量增加、引进龙头企业数量、农产品基地占比等；通过对这些指标进行量化考核，切实将绩效评价工作落到实处，切实提升各地的项目规划水平和档次。

立足七个强化
全面提升农业综合开发水平

日照市农发办 陈修坤

近年来,日照市认真贯彻落实国家农业综合开发各项方针政策,紧紧围绕夯实农业基础,推进农业现代化,不断加大投入,科学规划,强化管理,精心实施,保持了良好的发展态势。在工作中,主要做到了"七个强化":

一、强化组织领导,提供组织保证

市委、市政府高度重视农业综合开发工作,把其列入全市农业农村工作的重要考核内容和镇域经济发展考核项目。市领导也对农业综合开发给予了很大关注。2012年5月,市委书记杨军视察了五莲县150吨绿色茶叶种植基地新建项目,对基地今后发展提出了要求。各区县党政有关领导经常听取农业综合开发工作汇报,协调有关事宜。各级财政部门对农业综合开发工作高度重视,要求在项目和资金管理上要为其他财政支农项目创新经验,树立样板,并在领导分工、经费安排等方面给予倾斜。各开发乡镇、项目单位都组织了专门班子,由主要负责人挂帅,明确了人员分工和责任,确保了组织协调到位。

二、强化立体督查,打造精品工程

一是市农发办把督查作为一项常态性的工作,经常深入项目区,及时掌握计划执行情况,发现问题,提出整改要求。每年都召开现场观摩会,推广经验,梳理问题,提出整改措施,使面上工作得到了整体推进。同时,2012年还组织了农业综合开发"回头看"活动,针对2009~2011年土地治理项目实施情况,进行了专题调研,总结了经验,查找了问题和不足,进一步理清了今后发展思路。二是区县农发办分片包点,定职责、定任务,节假日不休息,经常吃住在工地,充分发挥了监管职能。三是实行工程监理制,全市共选择了4家监理公司对项目进行监理。监理单位按照合同要求,安排监理人员履行监理职责,紧盯工程不放松,充分发挥了职能作用。四是充分发挥农民在农业综合开发中的主体作用和地利优势,聘请了项目区村群众威信高、责任心强的老干部、老党员作为义务"监督员",对项目建设进行了全过程、全覆盖、零距离旁站式的监督,收到了良好的效果。

三、强化制度落实,规范项目实施

一是实行项目法人负责制和工程质量追究制。项目法人对项目申报、实施和资金使用情况负全责,监理单位与工程施工单位对工程质量负全责,区县农发办与项目单位、监理单位签订工程质量保证合同,做到各司其职、各负其责。二是实行工程招投标制。由区县对土地治理项目财政投资10万元以上的重点单项工程进行捆绑招标。招标项目公告在网上发布,有关部门现场监督,做到公开、公正、公平。三是实行竣工验收制。对竣工工程,及时进行验收、登记造册,市级验收后及时移交,签订管护合同。四是严格执行公示制。项目实施严格实行开工前、建设中、竣工后三次公示,设立"永久、固定、醒目、规范"的标牌标记,成为宣传开发的重要窗口。

四、强化统筹协调,形成开发合力

在项目建设过程中,我们注重协调与各方面的关系,确保了项目顺利实施。一是较好地处理了与乡镇政府的关系。明确了乡镇政府是项目实施法人主体,明确了乡镇政府的职责,加强了对乡镇政府项目实施的指导,调动了他们的主观能动性。二是较好地处理了与施工单位、监理单位的关系。坚持合同管理,严格要求施工、监理单位按照规范开展工作,对出现质量问题,追究其责任,进一步增强了监理和施工人员的责任意识。同时,虚心听取他们的意见和建议,帮助他们协调解决工作中遇到的实际困难,激发了他们的工作干劲。三是较好地处理了与项目区农民的关系。通过大力宣传,把农业综合开发政策交给农民,争取了农民对农业综合开发的理解和支持,充分发挥了农民在项目建设上的"主人翁"作用。莒县阎庄镇项目区尹家营村有一位叫尹勋的农民,毫不顾及自身利益。修建大口井时,需要占用耕地,他把自己的地与他人交换,用在了排灌站建设上,自工程开工后,他一直吃住在工地。这不仅在当地传为佳话,也使我们农发工作者深受鼓舞和教育。

五、强化资金管理，确保资金安全

一是对农业综合开发项目市县级配套资金，年初列入财政预算，全部足额配套。上级下达的财政资金也及时进行全额拨付。二是认真落实《国家农业综合开发农民筹资投劳管理暂行规定》，鼓励和引导农民搞好筹资投劳。项目单位对筹资投劳情况建立了台账，进一步规范了农民筹资投劳的管理。三是加大了对资金支出的审核力度，对不符合支出要求、单据不规范、与实际建设内容不符合的支出拒绝报账。加强了对产业化经营项目承建单位的财务管理，严格按照财务会计制度处理账务，全面、真实、公正地反映了项目建设情况和资金流向。四是建立严格的工程预决算、验收制度，对每一单项工程支出，都有完整的工程预决算、工程监理、合同及工程验收单等资料。五是严格产业化经营项目资金拨付程序，对财政补助和贷款贴息项目，按照有关要求，对已补助的在企业提供发票上加盖"农业综合开发财政已补助"印章，对已贴息的贷款利息支付凭证加盖"农业综合开发中央财政已贴息"印章，防止了重复申报、虚报冒领、套取资金现象发生。

六、强化关键环节，提高工程效益

为了使工程建设长久发挥效益，日照市突出抓了三个环节：一是在项目安排上做到与发展优势产业紧密结合。如东港区陈疃镇项目区是日照市最大的蓝莓基地，莒县小店镇项目区是日照市最大的绿芦笋基地。五莲县户部乡项目区以农业综合开发项目为平台，打造了以果品为主的农业观光采摘园。产业化项目也都重点扶持了畜牧、茶叶、蔬菜、食用菌等优势产业项目。二是在工程设计上做到更加切合实际。农业综合开发工程要用得好，管得住，工程设计是一个关键环节。在前期规划中，为了不因时间仓促影响质量，我们坚持做到不等不靠，提前行动，在年中就考察下一年度的项目区，在秋季就开始前期规划设计。因为时间充裕，从而做到了仔细勘察，反复论证，多方征求意见，特别是广泛征求项目区村干部及村民的意见和建议，确保每一项工程科学实用，让群众满意。同时，聘请专家深入田间地头，进行细致的勘察，掌握了第一手水文、地貌资料，科学合理确定项目工程布局，有效地降低了工程造价，提高了工程使用效益。三是在工程建设上做到早开工、早见效。在下达土地治理项目计划时，就要求各区县本着"工程量不减少、工程标准质量不降低、工程设计效益全面发挥、按规定程序办事"的原则，对水源工程条件成熟的，允许提前开工建设，尽快发挥效益。东港区陈疃镇中低产田改造项目区属丘陵地形，水源工程建设至关重要，区开发办按规定要求报批后提前开工，投资240

多万元,建设大口井5眼,拦河坝4座,塘坝6座,为项目区农业生产提供了宝贵的水源。四是在运行管护上做到管护前移。在项目规划设计时,就考虑工程运行管护。如排灌站,设计了"三间屋、一个院",安排"一块小菜园、二亩承包田",做到有人管,有地方住,生活、生产方便。莒县小店镇政府印发了农业综合开发水利工程运行管护办法,明确了对项目区的10座排灌站,由受益村通过竞标方式确定承包人,以及责任与义务、收益与分配等。东港区陈疃镇项目区建设的排灌站,由涉及的村与项目区蓝莓种植大户签订管护使用合同,其他村则由水管员负责管理。有的开发乡镇还采取了租赁、拍卖等管护方式,保证了项目工程长期发挥。

七、强化综合管理,提高工作质量

一是开展综合考评。制定了《农业综合开发项目和资金管理绩效考评实施细则》、《农业综合开发日常管理绩效考评实施细则》和《农业综合开发信息宣传绩效考评实施细则》,进一步提升了全市农业综合开发综合管理水平。二是加强项目审核。市农发办对每个项目县的项目规划、立项申请、项目建议书等内容及时组织考察、评估,提出修改、调整意见,为项目顺利实施奠定了良好基础。三是严格执行项目计划。在项目年度计划下达后,要求各区县要严格执行项目计划。在实施过程中,对个别项目根据实际需要确需进行调整的,按照有关规定程序进行了报批。对工程招投标结余的资金,根据项目区实际需要,大部分用于生产道路硬化。四是严格档案管理。在项目实施过程中,严格按规定建立项目和资金管理档案,做到档案资料齐全,管理规范,查阅方便。

农业开发托起沂蒙老区农民的致富梦

——临沂市农业综合开发综述

临沂市农发办 莫凤玲

临沂市位于山东省东南部,下辖12个区县,是山东省面积最大、人口最多的地级行政区。临沂市不仅拥有厚重的历史文化,同时也是与井冈山、延安、太行山、大别山齐名的革命老区。"爱党爱军,开拓奋进,艰苦创业,无私奉献"。形成于革命战争年代,并在新时期进一步发扬光大的沂蒙精神,如同一座不朽的丰碑,始终激励着沂蒙儿女奋勇前行。

作为农业大市,临沂市委、市政府高度重视"三农"工作,并把农业综合开发作为加快发展现代农业和促进农业增效、农民增收的重要抓手。2008~2012年,全市累计投入开发资金7.62亿元,其中用于土地治理项目资金5.78亿元,改造中低产田43.8万亩,建设高标准农田7万亩,实施小流域治理5.9万亩。用于产业化经营项目资金1.84亿元,重点扶持了101个农产品加工、畜禽养殖等项目,扶持龙头企业78个,农民专业合作社23个。两类项目的实施,不仅使项目区农业生产条件和生态环境得到明显改善,而且取得了林茂粮丰的巨大成效。5年来,项目区新增粮食产量480万公斤,油料23万公斤,新增果品630万公斤,农民人均增收4500多元。农业综合开发以其创新发展的理念和实实在在的业绩,在沂蒙大地上书写了一篇篇锦绣华章。

一、改善生产条件强基固本

生产条件落后一直是制约老区农业发展的瓶颈问题。临沂市自实施农业综合开发以来,坚持山水田林路综合治理,沟渠桥涵闸一体化建设,着力解决项目区农民群众想办而办不了、办不好的突出问题,为发展现代农业奠定了坚实基础。

一是着力抓好基础设施建设。重点解决项目区水电路等方面存在的突出问题,5年来,全市项目区共修建电灌站187座、新打(维修)机电井1945眼、架设输变电线450公里，衬砌渠道308公里，埋设地下输水管道1565公里，配套桥涵闸等建筑物19953座，修建机耕路1473公里，营造农田防护林46.45万亩。通过项目建设，新增灌溉面积37.8万亩，改善灌溉面积18.9万亩。

二是实行集中连片规模开发。坚持按灌区、流域进行整体规划，集中投入，连片治理，实现规模效益。河东区围绕葛沟灌区下游太平、八湖、相公等粮食产区集中安排农发项目，以节水、增效为目标，合理工程布局，引进推广新技术、新成果、新工艺、新材料，充分提高水资源利用效率，建成了5万亩高标准优质粮生产基地。

三是坚持打造精品样板工程。各县区按照高起点规划、高标准设计、高质量建设、高效益运行的要求，严把选项立项关、规划设计关、项目实施关和竣工验收关。连续两年深入开展了"质量管理效益年"活动；建立由专业监理、业主单位、乡镇干部、村民代表构成的四级监管网络，对项目建设的质量、进度、安全进行全方位控制；每年都要召开多次项目建设推进会，通过现场观摩、联查联评等措施，促进项目建设整体水平的提高。全市相继打造出了一批如莒南县洙边镇中低产田改造项目，沂南县青驼镇高标准农田项目、蒙阴县野店镇小流域治理项目等群众满意的精品样板工程。

二、培育优势产业助农增收

这些年，临沂市农业开发围绕市委、市政府关于振兴全市八大农业特色产业的部署和要求，坚持把区域性资源开发与区域优势主导产业发展紧密结合起来。

一是合理规划布局。每个县区根据当地资源优势、产品优势、比较优势，选择1~3个优势特色产业进行重点扶持。在粮食优势产区，围绕打造粮食生产核心区，重点发展高产优质小麦、水稻和专用玉米，突出抓好优质、绿色、有机粮食生产及加工；在山区、丘陵及优势特色产业明显的地方，重点发展林果、蔬菜、黄烟、油料、金银花等高效经济作物，抓好种植及加工储藏。目前，全市农发项目区已初步形成"南部粮食蔬菜、北部粮果畜牧、西部粮果药花、东部粮油果茶"各具特色和优势的产业发展新格局。

二是抓好基地建设。把建立优质农产品生产基地作为推进生产标准化、经营规模化、营销品牌化的重要措施，不断加大推进力度。近五年来，全市项目区共建立优质粮油、高效蔬菜、名特林果等优质农产品生产基地36.5万亩。郯城县归昌高标准农田项目区依托姜湖贡米有限公司建设优质大米基地6000亩，每公斤大米价格比常规大米高出2元；沂水县沂城街道通过中低产田改造使项目区成为"梧桐树"，引入6家农业龙头企业、农民专业合作社和32个能人大户，共投入资金2200余万元，发展矮砧密集苹果5000多亩，农民人均增收5000多元。莒南县围绕茶叶等优势产业,统筹安排土地治理和产业化经营项目,实行连续重点投入,使茶叶产业不断做大做强。目前,该县优质绿茶面积达到5万亩,亩均效益8000多元,是原来种植小麦、地瓜等收入的5~6倍。

三是培育知名品牌。在基地建设的基础上,积极打造优质农产品品牌,郯城、苍山、河东三县区的有机富硒大米,蒙阴、平邑、沂水三县的优质苹果、蜜桃、黄桃、费县、莒南两县的金银花、茶叶,苍山、兰山、沂南三县的特色蔬菜等优势特色产业已初具规模,并相继打造了一批国内外知名品牌。如蒙阴蜜桃、莒南板栗、临沭杞柳、沂南黄瓜、苍山大蒜、平邑金银花和郯城银杏等18个农产品,均获得了国家地理标志商标注册和产品认证。"生态沂蒙山,优质农产品"的品牌效应日益凸显,有力提升了全市农产品的市场竞争力,带动了项目区农民持续增收。

三、培育新型主体带动发展

临沂市农业开发按照发展现代农业的要求,在培育新型农业经营主体,构建现代农业经营体系上不断加大工作力度。扶持农业龙头企业、农民专业合作社、种养大户和家庭农场,积极探索由新型经营主体实施农发土地治理和产业化项目的有效途径。通过推行"公司+农户"、"合作社+农户"、"公司+合作社+农户",以及股份合作、订单农业、最低保护价收购、二次返利等产业化经营的模式和方式,不仅保障了农民利益,而且这些新型农业经营主体也普遍成为了当地发展现代农业的新亮点和有力支撑。

平邑县农业开发立足当地果蔬加工产业优势,相继对康发、奇伟、玉泉等一批罐头食品加工企业进行了重点扶持,并在地方镇成功打造出一个罐头加工产业集群,被国家农业部命名为"中国罐头第一镇"。在有"江北肉鸭第一县"之称的沂南县,以肉鸭种鸭繁育、加工为主的山东农丰食品有限公司得益于农业开发的连续扶持,现已建成年存栏种鸭30万只的标准化养殖场,带动5000多农户养殖肉鸭,户均收入达3万多元。罗庄区扶持的临沂效峰菌业有限公司工厂化菌种繁育项目,为2000多农户无偿提供香菇菌棒,由农户进行林下种植,产品由公司统一回收加工销售,农户户均增收1.5万元。拥有社员3000多户、1万多人,涉及16个村庄的苍山县会宝山合作社,在开发资金的扶持下整山造地,建设优质果品基地1万亩,栽植各种果树40万株,打造鲜果品尝、生态旅游的综合观光园,带动社员户均增收万余元,使昔日的荒山野岭变成如今农民致富的聚宝盆。临港区壮岗镇中低产田改造项目,吸引龙头企业、合作社和种植大户到项目区流转土地2000多亩,成立了全市首家家庭农场——"蓝沂蒙"家庭种植农场,投入资金1000多万元,发展蓝莓、樱桃、木瓜等特色农产品,目前,发展的1200亩蓝莓,亩收入在10多万元,效益是原来的100倍。

四、创新运行机制增强活力

　　农业生产企业化是临沂市农发办基于项目区实践提出的发展现代农业新思路。即在保持现有家庭联产承包责任制不变的前提下，通过土地合理流转、股份合作、合作经营等形式，由农业龙头企业或合作经济组织实行规模化经营、企业化管理。推行农业生产企业化，首先，农民把土地经营权流转给农业龙头企业或农民专业合作社，可以获得稳定的土地租金收入。目前临沂市农业龙头企业与农民签订的土地租赁合同，租期一般为10~20年，每亩年租金800~1200元，远高于农民自己耕种土地的收入，而且是稳定的。其次，农民流转土地经营权后，一部分可以到企业基地打工，成为按月领薪的"农业工人"；另一部分则可外出务工或从事第二、第三产业，拓宽了收入渠道。第三，农户如果以土地入股或加入合作社，还可从基地收入中获得二次分红，再增加一块收入。此外，这种经营方式还有利于农发项目工程的管护使用，确保工程长期发挥效益。

　　推行土地托管同样是临沂农业开发大力推行的一种有效的土地经营模式。针对农民惜地，土地流转难；农户分散经营，规模效益难发挥；外出务工人员农忙时打工、种田难以兼顾等问题，近年来，临沂市在农发项目区积极试行土地托管模式，支持新型农业经营主体开展社会化服务。目前试行的主要有三种托管模式：第一是全程托管。一些常年外出务工、经商或无劳动能力的农户将土地委托给合作社全权管理，合作社提供从种到收全程服务，每年给农民定额分红或返还粮食。第二是半托管。水稻种植相比小麦、玉米而言，具有生产环节多、机械化程度低、劳动强度大、用工量大等特点。因此，一些劳动力不足，或机械化水平和科技水平较低的农户将水稻生产全权托付给合作社，到收获时，缴纳管理费收回粮食。第三是环节托管。一些因季节性外出务工，或特殊原因需要服务的农户，根据实际需要有针对性地选择托管项目，与合作社签订托管协议，明确托管事项、质量标准和服务费用，服务结束后由农户验收作业质量，合作社向农民结算服务费用。郯城县郯城镇依托育新农机合作社积极开展托管式农业经营服务，托管土地3000亩，既提升了项目区集约化、规模化发展水平，又推进了农村社会化服务体系建设，深受项目区农民群众的欢迎。特别是水稻种植托管具有更高的经济效益。原本农户自己种植一季水稻成本要970元，而合作社集约化生产每亩可降低成本245元。同时，由于专业化种植和科学化管理，每亩产量可提高200斤。

五、建设园区转变发展方式

　　"园区跟随产业走，项目建在园子上"。近年来，在临沂市沂水、苍山、费县、莒南等农业优势产业相对集中的县区，为促进农业发展方式的转变，农业综合开发扶持建设了一批示范带动效应明显的现代农业园区，成为当地农业的示范窗口和金字招牌。沂水县诸葛镇按照发展现代农业的理念，结合小流域治理项目的实施，以项目区为平台，整合资金建设了5000亩国家苹果产业体系示范基地。沂南县农业开发围绕市政府"百里滨河优质蔬菜长廊"发展规划，依托科研单位在辛集、大庄等地建设现代农业高科技示范园，引进蔬菜新品种，示范推广集成技术，带动周边地区蔬菜生产走向了高科技、高品质、高效益的发展道路。苍山县下庄镇农发项目区采取市场化运作机制，引进了20多家企业，120个种植大户，共投入1.5亿元，建成了全市一流以蔬菜为主的现代农业生态示范园，引领全县蔬菜产业的发展。近年来，全县共引进推广蔬菜新优品种200多个，有80多个品种形成了种植规模，100多项新技术得到推广应用，加快了苍山蔬菜产业的转型升级。目前，全县已发展无公害蔬85万亩，被评为"全国蔬菜产业十强县"，全县农民收入的60%以上来自蔬菜产业。

六、加强队伍建设提高素质

临沂的农发工作不断跃上新台阶，得益于有一支敢于拼搏、乐于奉献、团结奋进的团队。而这支队伍正是靠着不断加强能力建设、作风建设和廉政建设，一步步走向成熟。临沂市农发办以提高干部整体素质为目标，以增强业务工作能力为核心，完善学习制度，创新学习形式，加强教育培训。每年制定干部培训计划，开展各类培训活动，组织外出参观学习，举办业务知识竞赛，旨在开拓大家的工作思路，增强创先争优意识、培养胜任工作的能力和水平。连续几年深入开展"机关作风建设年"活动，不断提高服务意识、责任意识和工作效率。各级领导干部经常深入项目区督导检查，密切联系群众，了解民生民情。业务人员也积极转变服务方式，深入基层帮助解决实际问题，受到项目区干部群众的一致好评。同时，把党风廉政建设和反腐败工作摆在重要位置，每年都专题召开全系统党风廉政建设工作会议，研究制定廉政风险防控措施，规范资金分配办法和管理工作程序，坚持自重、自省、自警，树立了农发干部的良好形象。

临沂市农发办自成立以来，先后被评为市级文明单位、"创建'学习型机关'活动先进单位"和"优秀基层党组织"，2012年被市纪委、市委宣传部授予"廉洁勤政好机关"示范点荣誉称号。市委书记、市长多次在市农发办呈阅件上作出重要批示，对农发工作取得的成绩给予充分肯定。此外，近年来临沂市农发项目区还为全省各类农发工作会议多次提供了现场，临沂农发工作取得的成效，给上级领导和同行留下了深刻印象。

德州市农业综合开发的实践与对策

德州市农发办 王 炼 包方龙

德州作为全国农业综合开发的发源地，自1988年实施农业综合开发以来，在各级党委、政府的领导下，全市上下紧紧抓住这一历史性机遇，认真贯彻落实中央和省关于农业综合开发的方针、政策，把农业综合开发工作当作农业和农村经济工作的一个重要组成部分来抓，以基地化开发、产业化经营为核心，明确任务，突出重点，强化措施，狠抓落实。25年来，全市共改造中低产田401.5万亩，建设产业化经营项目217个，总投资278851.4万元。农业综合开发的实施，改善了项目区农业生产条件，提高了农业综合生产能力，支持了农业结构调整，促进了农民增收，取得了显著的经济、社会和生态效益。

一是建成了一大批高标准的基本农田，增强了农业发展后劲。自1988年以来，项目区开挖疏浚沟渠1.7万公里，动土13740万方，新建各种桥涵闸3.5万座，新修扬水站214座，新打修复机井39989眼，架设输变电线路2600公里，植树24.6万亩（折实）。通过开发治理，彻底改变了项目区开发前的那种靠天吃饭、等雨抗旱、旱涝不收、发展缓慢的被动局面。昔日的中低产田都基本变成了田成方、沟成网，井成排、树成行、渠相通、路相连、旱涝保收、高产稳产的高标准良田。项目区内外差异明显，农民收入拉开档次，项目区内群众拍手称赞，项目区外百姓热切期盼。

二是提高了农林牧渔的生产能力。项目区生产条件的根本改变，促进了农业生产能力的极大提高。据统计，改造后的中低产田单位面积产量明显增加，农林牧渔全面发展。一般每亩增产粮食150公斤以上，增产棉花50公斤以上。2009年德州成为全国首个"亩产过吨粮、总产过百亿"的地级市，2013年实现粮食生产"十一连增"。以奶牛养殖为重点的畜牧业，以名优特新稀果品、速生用材林为重点的林果业，海水淡养的水产养殖业迅速发展，已经形成气候，项目区农业结构调整步伐加快，综合生产能力大大提高。

三是创建了一批农业龙头企业和农副产品生产基地。农业发展靠开发，产业发展靠龙头。我们在项目区已建成粮食、油料、畜禽、果品、蔬菜、饲料加工等各类龙头企业207处，年创产值3亿多元，年平均上交税金4000多万元。龙头企业的发展拉动了相关产业的膨胀。项目区农林牧副渔产品通过项目链接，逐步形成产业化，带动区内群众致富，综合效益明显提高。另外还能安排数千名农村剩余劳力就业，促进了农村稳定。

四是促进了农业增产，财政增长，农民增收。实践证明，农业综合开发不仅能促进农业增产，而且能促进财政增长，农民增收，是名副其实的"三增"工程。2012年，项目区农民人均纯收入达10060元，比非项目区增加458元。新建的项目区已成为全市高产创建的核心区，品牌农业的示范区，极大地支持了财政收入的增长。

五是取得了显著的生态和社会效益。通过综合开发治理，项目区的农田面貌发生了很大的变化。林木覆盖率由开发前的31.5%提高到37.3%，作物良种普及率达到100%。通过多种形式的培训，项目区内广大农民的科技文化素质和科学种养加水平大大提高，并涌现出了一大批农业科技能手、致富状元和开发带头人。

一、主要工作实践

（一）切实加强领导，进一步增强搞好农业综合开发的责任感和使命感

农业综合开发项目实施以来，德州市各级党委、政府从实践"三个代表"和落实科学发展观的高度，始终把开发工作作为改善生产条件，增加农民收入的重要手段，进一步增强了搞好开发的责任感和使命感。一是市委、市政府高度重视。原副总理回良玉，省委书记姜异康，原省长姜大明等领导同志都曾前来德州市项目区检查指导。2013年4月10日，全省农业生产现场会在德州市齐河县农业综合开发项目区召开，赵润田副省长等领导对齐河高产创建示范区给予充分肯定，称赞示范区的建设要求高、起点高、标准高，为全省乃至全国的农业综合开发树立了典范。省农发办姜凝主任也曾先后到德州市齐河、禹城调研、指导。领导的指示和鞭策，大大激发了德州市各级领导抓开发、干开发的热情，进一步鼓舞了开发战线上的广大干部职工，全市农业综合开发工作不断出现新的高潮。二是县乡责任落实，形成合力。各县（市、区）始终把农业综合开发项目建设纳入重点工作进行安排部署，成立农业综合开发工作领导小组，由县（市、区）长任组长，分管县（市、区）长任副组长，农发、财政、农业、林业、水利等有关部门主要负责人任成员。党委政府负责同志直接调度项目实施情况，分管的负责同志具体解决开发中遇到的各种矛盾和困难。项目乡镇、村具体负责项目迁占、群众筹资投劳等突出问题，形成了一级抓一级的工作机制，为项目的顺利实施提供了有力的组织保证。

(二) 严格项目建设标准质量，提高开发整体水平

开发建设的标准质量，直接体现农业综合开发的整体水平。为此，我们着重抓了以下几个环节：一是狠抓了项目实施方案的科学编制。根据项目总体要求，各县（市、区）结合项目乡镇的实际情况，对项目区内的方田、沟渠路、农田林网、桥涵闸井等都进行指标量化。市农发办还组织精干力量，深入到每个县（市、区）的项目乡镇，对照方田建设标准和规划图进行实地检查指导。对不切实际和标准低的，帮助其重新修订实施方案，调优开发计划，研究落实措施。二是坚持标准，强化监督。为提高项目建设的标准质量，我们在程序上严格执行项目"六制"管理（法人制、公示制、招投标制、监理制、报账制、验收制），施工过程中，突出抓好项目的监理工作。通过公开招标，择优选定监理公司作为德州市土地治理项目建设监理单位，并签订委托监理合同。监理公司根据各县（市、区）项目实施特点，分别编写了《监理大纲和监理实施细则》，监理工程师恪尽职守、一丝不苟，对规定范围内的各个单项工程进行全过程旁站监理。同时，我们坚持市、县农发办，项目乡镇、村干部群众和监理公司"五位一体"的质量监督网络，全方位、多角度时时监控，确保项目建设质量。从实际建成的项目看，土地治理项目农业基本生产条件的改善，农业基础设施的全面提升，形成了一大批高标准的基本农田。例如，禹城市禹西生态开发项目，1996年被北京国际生态工程大会授予"平原生态工程"一等奖。2008年，平原县前曹镇项目区由于水系（机电井、排灌站、PVC管道、渠道、输变电）、路系（生产路、林网、路边沟）的高标准建设，被评为全省农业综合开发"十大优秀工程"。齐河县焦庙镇和刘桥乡项目区，土地平整，沟渠衬砌，道路硬化，林网纵横，机电井、桥涵配套齐全，实现了旱能浇、涝能排、粮食高产稳产。该项目区是农业部20万亩粮食高产创建的核心区，彰显了现代农业生产的新格局。三是大搞节水灌溉，提升开发档次。德州市处于鲁西北平原，面对水资源紧缺的严峻性和节约用水的紧迫性，为充分体现农业开发项目的节水效果，我们本着"以井保丰，以河补源"的思路，坚持"河灌井灌双配套，灌排同渠"原则，因地制宜兴建节水工程。乐陵市黄夹镇项目区全部采用"无井房+机井+地下电缆+PVC管道+射频器自动灌溉系统"，一台变压器带6~7台水泵，低压线全部采用地埋方式，提高了灌溉自动化水平和灌溉效率，灌溉水利用系数达0.8以上，使项目区节水20%，节能28%，省工30%。

(三) 突出结构调整，促进农民增收

支持和促进农业结构调整是现阶段农业综合开发的重要内容之一。近年来，市委、市政府提出了在全市发展品牌农业的要求，要培植新优势，全力创品牌，靠品

质保障农产品质量安全,提高市场竞争力和农业综合效益。发展品牌农业,综合开发先行,我们在搞好项目建设的基础上,紧紧围绕调整农业结构,大力扶持区域优势产业、特色产业和主导产业,从农业品质入手,使传统农业提档升级,培育农民新的增收点。一是发挥特色资源优势,增强产业发展后劲。在开发过程中,我们坚持把保护和发展特色优势产业作为选项和立项的基本依据。禹城市十里望项目区有传统种植盖韭的习惯,2010年开发前约1200亩,开发后由于农业生产条件的改善,种植规模扩大到2000亩,每亩增收约1万元。因为推广使用了地面肥、叶面肥和防虫剂等微生物肥,盖韭的发病率明显降低,韭菜的品质得到了提高,出售的价格比普通韭菜每斤高出0.2~0.5元,仅此一项,2000亩盖韭增收480万元。而且项目区土地身价也明显提高,开发前每亩土地的租赁费约1000元,目前已达到2000元以上。二是科技助推产业升级。德州市2011年度实施的科技推广项目,有力地推动了农业产业结构的调整升级。临邑县实施的优质玉米栽培配套技术示范推广项目,在玉米专家山农大张吉旺教授指导下,市农科院对玉米从播种施肥到病虫害防治实行保姆式服务。经验收,项目区亩增玉米155公斤以上。禹城市小麦高产栽培配套技术示范推广项目,通过深松深耕、秸秆还田、增施有机肥、平衡施肥等综合配套技术的应用,肥料利用率提高10%,农田生产效能提高15%。项目区小麦亩产提高10%以上。三是发展生态农业,突出综合开发。德城区黄河涯项目区立足城郊型农业的特点,发挥农业综合开发在建设现代农业中的主导作用,突出万亩桃园和万亩蔬菜基地特色,种植蜜桃、水果黄瓜、台湾小西瓜、樱桃西红柿、五彩椒等品种,打造集休闲度假、生态观光、"三高"农业为一体的低碳环保新片区,走出了一条创新开发资源的新路子。同时,项目区注重科技推广,引进8个新品种,推广5项新技术,项目区科技贡献率和技术转化率明显提高。

(四)扶持农业龙头企业,促进产业发展

实践证明,土地治理项目通过中低产田改造,能够改善农业生产条件,有效解决农业的增产问题,而大幅度增加农民收入,必须大力扶持农业产业化经营,壮大合作组织,着力打造产业化航母。为此,我们站在强农富民、建设社会主义新农村的高度,把产业化经营项目和土地治理项目放在同等重要地位,千方百计认真抓好。全市现有国家级龙头企业8家,省级龙头企业35家,市级龙头企业192家,其中农业综合开发扶持的企业占全市龙头企业的40%,培育了一批在国内叫得响、过得硬、受欢迎的农产品知名品牌。2010年扶持的乐陵市5000吨脱水蔬菜加工扩建项目,新增订单蔬菜种植基地1万亩,订单蔬菜种植农户2000户,订单基地亩均增收240元,户均增收1200多元,增加就业人数60人,增加非农业收入78万元,企业年增产脱水蔬菜5000吨,年实现销售收入3153万元。2012年扶持的德州(平原)大成食品有限公司蜡质玉米淀粉加工项目,利用先进的设备生产"龙

门牌"玉米淀粉,以订单农业的形式收购糯玉米,直接带动基地面积4万亩,带动农户5000户,新增就业人数110人,直接带动农民增收400万元。扶持的陵县粮食购销中心年产10万吨小麦专用粉项目,通过引导农民种植结构调整,形成"企业+基地+农户"的产业链条,企业年实现销售收入2.4亿元,增加就业81人,带动优质小麦种植基地30万亩,带动农户3万户,农户增收1200万元,促进了当地农业产业化的快速发展。

(五)加大科技开发力度,增加开发的科技含量

搞好农业综合开发,关键在于依靠科技进步,推广先进实用的组装配套技术,加强对农民的科技培训,从根本上解决农业生产的质量和效益问题。两年来,我们紧紧抓住农业科技这根主线,以农业高新技术的推广应用为突破口,切实增加了农业开发的科技含量。一是普及科技、搞好培训。工作过程中,全市农发系统通过实施项目,共培训农民技术员达10万人次,提高了广大农民群众的科技文化素质。禹城市在项目区大力实施科技推广"万、千、百、十"工程,即在项目区内培养10000名"绿色证书"持有者,1000个科技示范户,100名科技带头人,十大科技致富状元,效果十分明显。二是推广高新技术,争取品牌效应。德城区黄河涯镇项目区为弘扬"德州西瓜"这一名牌,引进、示范、推广全国名优特新西瓜品种十几个,培育出适合当地生产的西瓜品种6个,在国家工商总局注册商标并获得农业部颁发的绿色食品证书。三是科技示范见成效。德州市2012年度实施的禹城"向阳坡"科技推广项目,依托山东省农业科学院蔬菜研究所,采用作物秸秆反应堆技术、植物疫苗防病技术、臭氧杀菌技术、有机韭菜以菌杀菌等技术,充分显现了无农药、低成本、环保效应显著等优势。引进的紫色马铃薯甘薯、橘红系列白菜及紫色油菜等新奇蔬菜新品种,直接产生经济效益400多万元。项目的实施带动周边农民种植蔬菜3000亩,人均增收近千元。

二、今后对策

当前,农业农村发展进入了一个新阶段,面临新机遇、新挑战,贯彻中央关于"三农"工作的新部署,应对农产品供求关系"总量基本平衡、结构性短缺"的新变化,顺应农民实现收入倍增的新期盼,迫切需要把农业综合开发工作摆上更加重要的位置,实现更大发展。我们德州市位居京、津、济、石腹地,经济欠发达,农业不落后,靠农业综合开发促进农业发展是个非常现实的选择。借鉴这些年农业综合开发的经验,结合我们德州的实际,特提出如下对策。

(一)把提高综合生产能力、增加农民收入继续作为农业综合开发的主攻方向

坚持不懈地把改善农业生产条件、提高生产力作为重中之重来抓，加快以方田建设为中心的农田水利基础设施建设，从根本上解决制约农业生产发展的不利因素，提高农业抗御自然灾害的能力，使农民在综合开发中得到更多实惠。德州已实现粮食生产"十一连增"，农业综合开发功不可没，因此，以中低产田改造、高标准农田建设为中心的方向不能变，以促进粮食增产、农业增效、农民增收的目标不能变，农业综合开发仍需持久发力。

(二)把科技开发应用作为农业综合开发的强大动力

在大力推广应用先进技术、提高农产品的品质和产量的基础上，要有计划、有重点地建设一批农业综合开发科技示范园区，真正使农业高新技术的引进、示范、推广有机结合起来，并在项目区得到有效普及。要实行集中投入，按照种植业优势（特色）产品区域布局，以粮棉油果等大宗农产品为重点，将单个项目投资额度适当提高，解决规模效应不大的问题，每年选择1~2个科技含量高、对全局有示范带动作用、推广单位具有省级以上科研资质的项目进行重点扶持，打造一批农业综合开发的特色精品和亮点项目。

(三)把基地化开发、产业化经营作为开发重点突出出来

基地化开发、产业化经营是农业开发综合上档次、整体上水平的重要标志。一是要切实搞好基地化开发，把结构调整贯穿开发全过程，提高"菜篮子"工程的保证系数。我们计划从新的开发年度开始，每个土地治理项目区应至少保证1000亩左右的果蔬面积，引导农民依托农业开发项目，加快农业产业结构调整，走"一乡一业"、"一村一品"、"一户一项"的发展道路。二是进一步按产业化的思路来规划和组织实施农业综合开发，重点建设一批市场牵动力大、规模效益明显、档次较高并且能够促进农民增收的龙头企业。形成龙头企业连基地带农户的产业化链条，使项目区产品优势转化为商品优势，潜在的资源优势变成现实的产业优势。

(四)把项目建设质量作为农业综合开发的生命线

进一步树立超前意识，对项目区进行高标准规划、高标准设计和高质量建设，使各项开发工程成为实实在在的富民工程和各级党委政府的惠民工程。要继续坚持

建管并重，实现建管结合，把竞争机制、约束机制和激励机制引入项目管理中，提高项目管理的规范性、科学性和可持续性，使农业综合开发切实成为功在当代、利在千秋、惠及百姓、长期受益的伟大丰碑。

（五）把建立现代农业示范园区作为农业综合开发的突破口

对已经建立的生态农业示范区、节水灌溉示范区和科技推广示范区等，继续提高建设标准，增加新的开发内容，提高开发示范的整体水平。要按照集中、集聚、集约发展的要求，以及"大、高、新、特"的标准，着力支持现代农业示范园区建设，开发一批特色产业项目。用这些看得见、摸得着、学得来、用得上的示范典型，带动和促进面上的开发，进而把整个项目区建成方田建设的样板、农田水利建设的样板、农田林网的样板和农业科技推广的样板。

群众路线是农业综合开发的立足点

聊城市农发办 颜 善

二十五载的漫漫征途,农业综合开发已经成为运行规范、体制健全、成效明显的支持农业发展的重要举措之一。农业综合开发从开创探索到规范管理的过程,是国家支持农业发展并使之不断前进的历史写照。从盐碱涝洼荒地治理、中低产田改造到高标准农田建设以及现代农业始终伴随着农业发展的成长历史。从扶持农业加工企业到农民专业合作社和农业龙头企业,促进了农业产业化的发展和壮大。对保障国家粮食安全,提高农业综合生产能力,促进农业可持续发展,提高农民生活水平做出了很大贡献。农民期盼农发项目的热情日益高涨,惠及农民的满意度连年提升。这些成绩的取得,来源于农业综合开发始终坚持的科学理念引导下的群众路线。

一、一切为了群众

我国是农业大国,农业发展在国民经济中具有基础地位。农民的生活水平和幸福指数是关系国家安危的大事。农业综合开发巩固和加强了农业的基础地位,是国家支持农业发展的重要手段,是提高农业综合生产能力的有效措施。通过农业综合开发的持续发展,我国的农业国际竞争力稳步提高,农业、农村、农民的生产生活水平逐年提升。一切为了群众是贯穿农业综合开发的主线。

在开发初期,我国耕地较少,生产能力低下,盐碱涝洼,宜农荒地阻碍了农业发展的速度。为了扩大农业种植面积,提高农民种植业收入,我国进行了规模性的开发治理,可用耕地逐年增加,农业生产能力得到一定程度的提高。前十年,仅山东省就开垦宜农荒地290万亩,一般亩产粮食水平达到500公斤。

广大农民在农业生产中,受农业基础设施不完善的制约,生产能力未能快速提高,随着农业综合开发的发展,有组织、有计划的大规模土地治理(特别是中低产田改造)拉开序幕。项目区突出以方田建设为核心,做到沟渠路林桥涵闸井泵配套,改善农业生产条件,增强农业抗御自然灾害的能力,兴建一批农业龙头企业和农副产品生产基地,推进农业综合开发不断向纵深发展,优化农业和农村经济结构,形成企业基地与农民连接机制,加快了农民致富奔小康步伐,农业综合开发使农民得到了实实在在的物质利益。进一步密切了党群、干群关系,农民群众把农业综合开发誉为"富民工程"、"德政工程"。

二、一切依靠群众

农业综合开发坚持和推行了"国家引导,配套投入,民办公助,滚动开发"的资金投入机制,是党和国家实施的支农惠农政策措施,是与广大农民群众的生产生活息息相关的一项工程,做好农业综合开发工作必须依靠群众、深入群众,结合生产需要,实地勘查,科学规划,既要采用先进理念进行设计,又要与广大群众和谐共建。因为农业综合开发在各地的情况千差万别,本着对农民群众高度负责的态度把项目选准、建好、管好,并且要坚持量力、自愿的原则充分考量群众的承受能力。广大农民在长期的生产过程中发现了制约生产的关键因素,并且积累了一些经济实用的解决方法。只有在科学理念的指导下,深入群众、依靠群众,因地制宜地搞好项目规划,才能在项目实施时建好工程,建成民心工程。每一个项目的审批、选择、规划、实施、验收和管护都离不开群众的参与和投入。农民是农业综合开发的直接受益者,也是农业综合开发的主体,只有采用积极发动、政策引导、典型引路等多种形式,鼓励和引导农民群众多渠道投入搞开发,充分发挥农民的主动性和积极性。

农业开发工程长期发挥效益,必须依靠强有力的管护作保障。按照"谁受益,谁管护"、"以工程养工程"的原则,农民群众才是管护的主体。通过承包经营、租赁经营、拍卖经营使用权等形式,解决管护资金,落实管护措施,建立健全工程管护的运行机制,可见确保农业开发项目发挥持久效益的关键所在是依靠群众。

三、科学理念引导下的群众路线

农业综合开发按照"四高八化"的建设标准,集中连片,综合开发,综合治理,依靠科技进步,发展高产,优质高效农业,实现经济、社会、生态三大效益的全面提高。随着农业综合开发的不断深入和发展,拓宽思路,进行科学理念引导下的思想开发是必不可少的环节。本着"综合性、科学性、先进性、可行性"的原则,打破项目区原有的条条框框和传统模式,按照现代农业、可持续性农业的要求进行统一规划、统一设计。在这个过程中,首先依靠群众解决部分农民的小农意识,从发展的角度对待眼前的得失,只有坚持群众路线,才能保证农业开发项目迁占工作的顺利进行,拆迁和占地的无偿奉献是农民对农业综合开发工作的大力支持。譬如在项目区建设中我们对田间道路进行硬化，为了配合大中型农业机械雨季进出农田的需要，对原有3米左右的道路拓宽到5~6米，占用了2~3米耕地，农民群众在实际生产活动中深刻体会到道路不畅带来的损失和影响，从而积极配合解决工程占压问题，确保项目工程的顺利实施。只有把项目建设好，把农业生产能力提高到一个新水平，用高产稳产兑现开发宗旨。

  科学技术是第一生产力，把科技进步贯穿于开发的全过程，坚持良种良法引进，先进实用新技术推广，提高良种普及率、配方施肥、精量播种、模式化栽培等技术推广应用率。引导农民进行土地流转，实施集约化经营，降低生产成本，提高农民受益。陈集项目区前堂村农民通过土地流转，发展了一个千亩种植大户，土地流转费为800元/亩，种植大户优先雇用本村农民进行种养作业，农民又得到一份收入，实现了双赢的局面。随着农业国际竞争的加剧，提高农民科技素质，也是农业综合开发的必要措施，在充分利用现有教育资源基础上，进行农业技术培训，重点培养一批科技示范带头户，在中青年中培训一批农民技术员、科学种田能手，以现身说法的方式，辐射和带动周围群众，依靠科技致富。与农业院校，科研单位开展"科技合作"也是有效的途径。2008年，我们与聊城市农科所"联姻"进行高产玉米引进推广，专家教授经常深入到田间地头指导生产，有力地促进了先进实用技术在广大群众中的传播。以上种种科学理念的推行，既是服务于广大农民，又要依靠群众进行落实，才能在农业生产中生根、发芽、成长。

  25年的农业综合开发，实施了大量的农业基础设施建设，改善了农业基本生产条件，促进了农业产业化发展，农业综合生产能力显著增强，实现了农业增产、农民增收，加快了农民脱贫致富奔小康步伐，为我国农业和农村经济的快速健康发展做出了应有的贡献。25年开发历程，让我们深刻体会到做好开发事业必须贯彻党的群众路线，树立群众观点，密切联系群众，全心全意为人民服务，必须始终紧紧依靠群众，诚心诚意为人民群众谋福利，从人民群众中吸取前进的不竭力量。

  展望未来，农业综合开发工作任重而道远，我们充满信心，坚持以党的十八大精神为指导，按照国家发展农业的战略部署，一如既往地推进农业综合开发事业向更高水平迈进，为实现我国从农业大国向农业强国的跨越作出新的努力。

关于滨州市农业综合开发的思考和建议

滨州市农发办 李双安

党的十八大报告明确提出，加快发展现代农业，增强农业综合生产能力，确保国家粮食安全和重要农产品有效供给。坚持把国家基础设施建设和社会事业发展重点放在农村，深入推进新农村建设和扶贫开发，全面改善农村生产生活条件。着力促进农民增收，保持农民收入持续较快增长。这一重要论述，为滨州市农业综合开发建设乃至黄河三角洲开发指明了前进方向，提出了奋斗目标，确定了工作重点。滨州市组织实施农业综合开发25年来，做了大量工作。累计投入资金16.7亿元，其中各级财政资金11亿元。开发治理土地320多万亩，项目区修建防渗渠400多公里，修建桥涵闸等渠系建筑物2万多座，新打、维修机井5000多眼，新增灌溉面积105万亩，新增节水灌溉面积120万亩，农田防护林植树1340万株，建成了一批优势农产品生产基地和现代化农业示范区，扶持产业化经营项目150个。农业综合开发项目的实施给滨州市带来了巨大变化：一是农业综合生产能力大幅提高。据调查，农业综合开发项目区粮食亩产达到1100公斤以上，比开发前提高了270公斤。建成了一大批国家级、省级、市级产业化龙头企业，新增加工能力1.2亿吨，储藏能力30万吨，带动了全市产业发展、企业增效、农民增收。特别是在旱涝灾害面前，农业开发项目区显示了强大优势。2012年7月，滨州市部分县（区）遭遇了50年不遇的暴雨袭击，在周边地区几乎颗粒不收的情况下，所有项目区无一成灾。二是现代农业发展日新月异。农业综合开发项目的实施，为大力发展集约化、规模化、标准化生产，建设绿色、有机优质农产品基地，创造了条件。截至2012年底，市级以上农业龙头企业发展到366家，农民专业合作社发展到2227家，现代农业示范园区91家，园区面积达到24万亩，产值突破百亿元。三是农业科技水平显著提高。在全市综合开发项目区，农业新技术普及率、良种覆盖率达100%，农业科技含量达70%，农业科技贡献率为60%以上。博兴县国丰高效生态农业发展公司，利用先进的物联网应用技术，建立农产品安全追溯管理控制中心，对大棚蔬菜从种植到销售整个过程的全程监控，使消费者达到了真正意义的安全放心。四是困难和问题比较突出。比如，农业基础条件比较脆弱。部分水利设施老化失修，田间工程不配套，排灌不畅，抗御自然灾害能力较弱；立地条件较差，土地盐碱化程度高，耕地质量差，一半以上的耕地为中低产田，发展高效生态农业受到限制，等等，这些困难和问题，需要我们在实际工作中认真加以研究和解决。

根据党的十八大会议精神，结合实际情况，滨州市农业综合开发的指导思想应是：以科学发展观为统领，以高效生态为目标定位，以资源高效利用和生态环境改善为主线，以市场需求为导向，以示范基地建设为载体，按照高效、生态、创新的原则和发展现代农业的要求，着力优化农业产业结构，完善农业基础设施，转变农业发展方式，提高综合生产能力和核心竞争力，完善创新投入机制和运行机制，加强科学管理，为加快农业现代化，全面推进黄河三角洲开发建设做出新的贡献。

一、树立五种意识

农业综合开发工作事关国家建设发展总体布局的落实，事关全市经济社会的全面发展，事关黄河三角洲开发建设的成败，必须以党的十八大精神为指针，发挥我们党的政治优势，为各项工作的健康发展提供保障、奠定基础，为此必须树立五种意识：

（一）全局意识

根据党的十八大要求，黄河三角洲开发已经列入国家发展战略，并已成为滨州市超常规发展的重头戏，那么滨州市的农业综合开发必然是这一战略的重要组成部分，因此，我们必须树立全局意识，主动自觉地把全市农业综合开发的每一项任务、每一项目标、每一项措施与国家发展的布局、与全市经济社会发展的需要紧密结合起来，为实现"两个一百年"的宏伟目标，为"渤海粮仓"计划的实施做出应有的贡献。

（二）危机意识

滨州市是黄河三角洲地区面积最广阔、开发潜力最大、前景最好的地区，具有得天独厚的优势。国家实施黄河三角洲开发战略，为我们带来了千载难逢的机遇，同时我们也清醒地认识到，机遇不常有，并且稍纵即逝，机不可失，时不再来，而且处于这一地区的兄弟市，都在你追我赶、各显其能，我们稍有松懈就要落后，因此必须树立时不我待的危机意识，争分夺秒、责无旁贷地承担起时代赋予我们的历史重任。

(三) 创新意识

改革创新是历史发展的力量源泉，是经济社会进步的不竭动力。滨州市农业综合开发的过程也充分说明，什么地方、什么时候创新意识强，创新力度大，发展就健康、就迅速、就有成效，什么地方、什么时候因循守旧，畏缩不前，就停滞、就落后、就无建树。故此，在今后的改革发展中，必须一如既往地坚持在发展观念上、思路上、内容上、方式上，不断强化创新意识，推动全市农业综合开发不断迈上新的高度。

(四) 宗旨意识

立党为公、执政为民是我们党的根本宗旨，也是"三个代表"重要思想和科学发展观的核心内容。无论是作为第一要义的发展，作为核心的以人为本，作为基本内容的全面协调可持续，还是作为根本方法的统筹兼顾，无一例外地都要服从和服务于人民群众，所以，我们的农业综合开发，必须时时、处处以最广大人民群众的根本利益为出发点，以人民群众赞成不赞成、拥护不拥护、高兴不高兴、支持不支持作为衡量我们工作成效的最高标准。

(五) 法治意识

依法治国，建设社会主义法制国家，已经成为我国的基本治国方略。历史上那种靠拍脑袋作决策、靠批示解决问题、靠长官意志决定一切的做法，与时代和历史的进步、与现阶段经济社会的发展、与广大人民群众的需要，已经格格不入。人民群众法律意识在不断增强，因此，我们在实施农业综合开发战略，比如在迁占和项目建设等工作中，必须坚持有法必依，执法必严，违法必究，真正以我们依法办事的实际行动，取信于民，服务于民。

二、突出五项产业

实践证明，产业的选择至关重要，并且必须因地制宜、因时制宜。根据滨州市的实际情况，农业综合开发要在现有基础上继续发展，必须通过实施产业化经营项目，打造具有农业综合开发特点的区域特色产业，完善现代产业体系，形成产业聚集度高、经济效益好的优势产业区和经济隆起带，力促区域化布局、专业化生产、规模化经营新格局的尽早成型。

（一）粮棉油产业

粮棉油产业是滨州市的传统产业和优势产业，在农业综合开发中，必须继续突出这一产业。重点发展优质麦、专用玉米、优质水稻和可防性抗虫杂交棉、彩色棉等优质高效品种，建设全国重要的优质粮棉基地。特别要通过重点扶持滨州泰裕麦业有限公司 20000 亩高蛋白优质强筋小麦良种繁育基地建设、博兴县博农种业公司十万亩小麦良种繁育基地建设、滨州金汇玉米开发有限公司 45 万吨玉米储存加工等项目，发挥它们的产业优势和辐射带动作用，大力促进全市粮棉油产业的快速发展。

（二）蔬菜产业

蔬菜产业是滨州市农业综合开发产业扶持的重要组成部分，通过多年的建设和发展，已经创造了可观的效益，今后一定时期内，仍然要大力发展蔬菜产业，构建优质蔬菜产业体系，到 2015 年，蔬菜播种面积要稳定在 80 万亩，总产量 260 万吨以上。特别要通过重点扶持滨州市隆达食品有限责任公司生态示范农场建设、滨州绿福园食品有限公司 30 万吨农产品深加工冷冻储存、滨州亿华泰农业有限公司一万吨果蔬保鲜等一批蔬菜项目，发挥它们的龙头带动作用，促进全市农业综合开发乃至黄河三角洲开发上档次、上水平。

（三）畜牧产业

畜牧产业在滨州市的发展有着悠久的历史，并且在农业综合开发中占有重要的位置。今后，畜牧业的发展特别是生态畜牧产业体系的发展壮大，也必须引起高度重视。根据总体规划，到 2015 年，全市畜产品总量将达到 110 万吨，培植 80 个高效生态畜牧园区。为了保证这一目标的实现，应当加大对阳信县广富畜产品有限公司万头肉牛繁育、滨城区正元养鸭专业合作社 800 万只肉鸭的养殖、博兴县永胜养鸭专业合作社绿色肉鸭标准化养殖基地、邹平县万通达实业有限公司 100 万头/年高效生态有机生猪养殖加工一体化建设等重点优势项目的扶持力度，以带动全市畜牧业的发展，达到助推黄河三角洲开发的目的。

（四）林果产业

这一产业也是滨州市的优势产业和特色产业，沾化冬枣、阳信鸭梨等早已名声远播，发展后劲十足，潜力巨大，应当继续做大做强。特别是在绿色果品产业体系建设上，要稳定冬枣、鸭梨、金丝小枣、红富士苹果、蜜桃、水杏等优势果品面积，重点搞好品种改良和加工，保证实现 2015 年果品产量达到 120 万吨、苗木花卉种植面积达到 10 万亩的规划目标。为此，应当重点扶持和发展阳信县年产 4000 吨鸭梨浓缩汁技改、沾化万思顿农业产业园有限公司 5 万吨冬枣深加工扩建、博兴县华翼食品有限公司 4 万吨（鲜）果蔬脆片加工开发项目，使之成为广大农民致富奔小康的优势项目和黄河三角洲开发建设的有效助推力量。

（五）水产产业

滨州市地处沿海，拥有 240 公里的海岸线，同时境内淡水资源也比较丰富，发展水产产业具有优越条件，并且经过多年发展，已经有了一个坚实的基础。为此，必须立足建设现代渔业产业体系，大力发展水产业。根据规划，到 2015 年，水产品产量要达到 45 万吨，为了这一目标的如期实现，应当大力扶持鲁北滨海滩涂刺参养殖加工、山东省滨州港正海生态科技有限公司海洋微藻高效生产 DHA 工程化技术集成示范、滨州市兴德水产科技有限公司 50000 亩高效生态循环养殖等优势项目，带动全市水产产业的快速壮大和发展。

三、建设五大区域

农业是滨州市的基础产业，党的十八大提出，要坚持把国家基础设施建设和社会事业发展重点放在农村，深入推进新农村建设和扶贫开发，全面改善农村生产生活条件。根据这一重大战略部署，结合滨州市的实际情况，应当在前期工作和现有基础上，继续加快建设和完善五大农业产业区域：

（一）北部沿海生态综合治理农业经济发展区

该区域在构造地貌上以缓平坡地为主，地势平坦，土层深厚，但土壤肥力差，盐碱威胁大，今后的工作重点应当是，通过大力实施中低产田改造或高标准农田建设，大力实施荒碱地改造，积极发展畜禽养殖和水产养殖业，按照盐碱地和农业发展的自然规律与经济规律进行开发，达到社会、经济和生态的最佳综合效益的利用。

（二）长深高速两侧各 10 公里高效生态农业区

该区地势平坦、土层深厚、易于耕作，并且小开河引黄灌区贯穿南北，水利资源丰富，是滨州主要农业区和粮棉菜主产区。在今后的工作中，应当通过大力建设高标准农田、生态综合治理，打造黄河三角洲粮食增产区。同时发展民营园区建设，加快二、三产业发展，并发挥带动和示范作用，促进全市农业经济迅速发展。

（三）黄河以南农业经济高产区

该区域地势平坦、土壤肥沃、物产丰富，农业后备资源种类多，是滨州市的主要农业区和粮棉菜的高产区。要通过开展高标准农田建设，进一步强化农业基础设施，打造黄河三角洲粮食高产区。同时优化农业和农村产业结构，大力发展产业化经营，培植壮大主导产业和龙头企业，促使农业产业化升级，加快农业现代化和城乡一体化进程。

（四）沿黄高效生态农业示范区

黄河沿岸，土壤肥沃、气候适宜、淡水资源充足，基本保持了原生态，具备发展高效生态农业的独特地域资源优势和产业优势，应当通过开展高标准农田建设以及生态综合治理，发展绿色种植业、特色花卉业、生态养殖业基地和休闲观光农业，建设高效生态农业示范园区。

（五）滨惠大道两侧各5公里高效农业生产区

该区域土壤质地为沙壤和中壤，适宜多种农作物种植，应当通过实施高标准农田建设示范工程，发展绿色种植业，建设以小麦、玉米为主的优质粮标准化种植基地。

四、强化五项措施

农业综合开发是"三农"工作的重要组成部分，是党和政府推动农业发展方式转变和发展农业、繁荣农村、富裕农民的有效手段，是加强农业基础建设、提高农业生产能力、促进农业现代化的重要途径，总结滨州市的经验，要实现农业综合开发助推黄河三角洲开发的根本目标，必须突出以下五项措施：

（一）强化基础建设

滨州市二十多年的实践证明，基础设施建设是至关重要的一环，没有完善配套的基础设施，农业综合开发就没有后劲，即使一时有效，也不可能持久。因此，必须把土地治理作为最基础、最关键、最重要的一环，把抵御和抗拒自然灾害的能力放在第一位，特别要重视和做好以下几点：一是改善土质条件。针对部分土地土壤盐碱化程度较高、有机质含量较低、耕地质量差等问题，大力开展以耕改碱、以水压碱、挖沟排碱的工作，逐步提高地力，保证土地收益。二是完善排灌设施。针对部分县区农田水利设施脆弱老化、抗御自然灾害能力较差的问题，要在科学规划、合理布局的基础上，加大投入，调动方方面面的积极性，修渠挖沟，保证旱能浇、涝能排，建设高产稳产田。三是优化种植结构。在改盐治碱、修渠挖沟的基础上，要引导和鼓励广大农民改变种植习惯，将以种棉花为主改以种植粮食为主，从而不断增加收入，为"渤海粮仓"建设做出积极贡献。

（二）依靠科技支撑

党的十八大报告明确指出，科技创新是提高社会生产力和综合国力的战略支撑，必须摆在国家发展全局的核心位置。在滨州市农业综合开发中，科技支撑的地位和作用照样不可取代，必须将其放在科技兴农乃至科技兴滨的战略地位。比如在土地治理项目中，要进一步细化落实优势农业产业的科技扶持措施，积极引进吸收优良成熟的高效农业新品种，推广先进适用的配套技术和设施，努力解决现代高效农业发展过程中的关键性技术问题，大力推广节水、节地、节能、节材技术，促进资源综合利用，发展循环经济，努力形成节约型的经济增长方式。再比如，在重点项目建设上，要不断加大新技术的推广应用力度，支持发展绿色和有机农产品生产，提升农业发展的科技含量和产品附加值，重点支持良种、良法、良饲的推广应用，搞好先进实用技术的组合配套，使科技在农业综合开发中的地位和作用不断得到提升。

（三）发展优势产业

一是特色带动。要按照市委、市政府确定的"七个一批"主导产业发展规划，紧紧围绕粮油、蔬菜、林果、畜牧、水产等优势产业发展，因地制宜、科学布局，逐步将农业综合开发项目区建成绿色种植业、绿色林果业、生态畜牧业、生态渔业四大绿色农产品生产基地。二是园区带动。要充分发挥滨州现代高效农业园区的带动示范作用，以"五大示范带"为依托，大力发展高效农业，发展和壮大园区经济。三是龙头带动。经过多年的发展和壮大，滨州市已经形成了芳绿、龙升、华康、天禧、泰裕、广富等一大批龙头企业，今后一定时期的农业综合开发，必须充分利用他们的产业优势和示范作用，彻底改变一家一户的单打独斗，引导向规模化、集约化、产业化发展。四是项目带动。要加大产业化经营项目、特色优势项目、新型产业项目的扶持力度,大力扶持"产业化龙头带动"和"一县一特"项目,使之成为农业综合开发的亮点和农民增收新的增长点。

(四) 坚持多元投入

农业综合开发是一个系统工程,要积极探索建立市场经济条件下多种渠道、多个部门、多个主体参与的有效形式和机制,特别是在投入方面,依靠任何单一的方式和渠道都是不可能的,必须形成各尽所能的强大合力。首先要继续积极争取国家和省财政的资金投入。黄河三角洲高效生态区开发建设已经上升为国家战略,而滨州是黄河三角洲面积最大、人口最多的市,农业综合开发潜力也大,同时地理环境、立地条件较差,基础设施薄弱,因此必须继续争取和利用好这一发展机遇,争取更多的中央和省级财政资金。其次是市、县区两级必须继续加大投入。上级投资扶持是农业综合开发投资的主渠道,但地方政府的配套和投入也必不可少,并且随着财政收入的不断增加,理应在这方面不断加大力度,与上级的支持相对接、相协调。最后要吸引更多的社会资本参与农业综合开发。应当通过引导和扶持土地流转开发、土地使用权的合理流转等方式,吸引部门、金融、企业、合作社、专业大户等在资金、技术、人才、经营服务网络等方面加大投入力度,为农业综合开发提供强有力的物质基础和资金支撑。

(五) 完善制度管理

实践证明,在农业综合开发这样宏大的系统工程中,规范完善而切实有效的制度管理是必不可少的,比如在项目的论证和报批、资金的投向和使用等诸多方面,可以最大限度地防止主观随意性,避免人为因素的干扰。因此,在今后的开发建设中,必须按照《滨州市农业开发土地治理项目建设标准》、《滨州市农业综合开发产业化经营项目管理办法》、《滨州市农业开发项目监理意见》、《滨州市农业综合开发项目招投标实施办法》等一系列规范性文件,对农业开发的每项措施、每一环节都制定详细具体的实施标准和要求,实行统一化、标准化、数量化精细管理,狠抓项目立项、建设程序规范、档案资料规范、资金使用规范等工作,认真执行国家、省对农业开发工程有关标准质量要求,建立全面的质量监控体系,做到全过程、全系统、全方位、全时段监控,严格落实项目工程管理责任制,广泛接受群众对资金和项目工程建设的监督,保证农业综合开发沿着规范、健康的轨道运行。

弘扬黄淮海精神　再谱农发新篇章

禹城市农发办　张仁财

47年前，山东禹城"春天白茫茫，夏天水汪汪，年年白忙活，只见播种不打粮"。一大批科技工作者响应党的号召，在这里探索并开展了旱涝盐碱综合治理，他们扎根农村，创新实干，旱涝盐碱综合治理取得了巨大成功，也铸就了生生不息的"黄淮海"精神。25年前，国家决定在黄淮海平原大力推广禹城改碱治沙经验，从此，黄淮海平原农业综合开发开启了我国农业变革的新时代。19年前，国务院决定将黄淮海平原开发模式推广到全国，"黄淮海平原农业综合开发"也随之改为"国家农业综合开发"，从此，农业综合开发响遍大江南北，惠及千家万户，谱写着一篇篇富民强国的壮丽赞歌。

笔者作为这项壮美事业的见证者之一，值此纪念山东省农业综合开发25周年之际，将农业综合开发的来龙去脉进行梳理，以纪念老一辈农发人艰辛的奋斗岁月，激励后者重振"黄淮海"精神，再创农发新辉煌。

一、"农业综合开发"的由来：从禹城旱涝碱综合治理到黄淮海平原农业综合开发

禹城位于山东省西北部，因大禹治水而得名。4000多年前，黄河中下游地区西有洪水肆虐，东受海潮侵袭，自然灾害惨重。为治理洪患，大禹变堵为疏，治水成功。大禹治水三过家门而不入、一箭射千里、蓬莱定海疆等许多神奇故事在这里世代传颂，更为可贵的是为后人留下了为民、奉献、创新、实干的大禹精神。

大禹治水虽消除了水患，但千百年来这里的盐碱、渍涝、风沙、干旱等自然灾害仍然频发。20世纪60年代，全市80万亩耕地盐碱地最多时达35万多亩，风沙地2.6万亩，渍涝洼地5万亩。生态环境脆弱，农业生产水平低下，全县平均粮食单产90公斤。

为解决全国粮食问题。1966年初，根据周恩来总理的指示，国家科委副主任范长江带领国家科工委和中国科学院所属单位以及山东省科学技术委员会的120多

名科技工作者来到禹城。经过考察，在禹城建立了"井灌井排旱涝碱综合治理实验区"。当时，实验区总面积130平方公里，共124个自然村，4.8万人，耕地13.9万亩，其中，盐碱地占11万亩。从此，综合治理旱涝碱的科学实验工作全面展开。两年共打实验井310眼，通过"井灌沟排"降低地下水位，取得了治理旱涝碱的初步成果。

"文化大革命"期间，科技人员被撤回，改碱实验被迫停止。直到1975年，禹城重新成立了实验区改貌指挥部，并在山东省根治海河指挥部、山东林科所、山东农学院等有关科研单位的帮助下，认真总结了前几年的经验教训，开展多学科研究实验，提出了"井、沟、平、肥、林、改"六字措施，大力开展旱涝盐碱综合治理。1978年以后，先后承担了国家科委下达的科研课题"山东省禹城县盐碱地综合治理中间试验"、省科委下达的"5万亩玉米低产变中产增产技术开发试验"项目、"六五"国家科技攻关项目"禹城盐碱地综合治理技术体系区域试验"，并取得成功。1982年被农牧渔业部确定为华北平原农业引用外资项目县，与齐河、陵县一起实施了利用世界银行贷款进行旱涝碱综合治理项目。1986年，禹城决定扩大实验区范围，由原来的一片（原南北庄实验区）扩大到"一片三洼"（北丘洼、辛店洼、沙河洼，分别是碱、涝、沙三种不同类型的沙荒洼地），面积也由当初的13.9万亩，扩大到23万亩，后逐步辐射到全县，并由当初的以治水改土为重点，发展到农林牧渔综合开发，逐步向可持续发展迈进。

一是改变了自然面貌和生产条件，抗灾能力大大增强。地下水位下降到2米以下，基本上达到了连续降水150毫米不受涝，连续200天不降水保丰收的目标，林木覆盖率由建区时的3%提高到18%。使昔日"旱年赤地一片，涝年遍地行船，田间难见一棵树，到处取土熬硝盐"的不毛之地，变成了"沟成网，田成方，沟渠路旁树成行，旱能浇，涝能排，旱涝保收"的稳产田。二是盐渍危害逐年减轻，地力逐年培肥。土壤耕层有机质由治理前的0.5%上升到1.04%。三是农作物亩产逐年增加。1987年，实验区粮食亩产达到625公斤，比建区时增长5.6倍，比全县平均亩产高25公斤。棉花亩产达90公斤，增长14倍，比全县平均亩产高5公斤。区内人均收入达650元，增长15倍，比全县人均高87元。实验区由一个一遇灾害全靠吃国家供应粮食的贫困区，变成了每年向国家贡献商品粮400万公斤、商品棉6万担的富裕区，实验区实现了良性循环的农业生态体系。四是投资效益明显。直接用于改碱投资2270.8万元，其中，国家投资770.8万元，平均每亩投资160元，其中，国家投资56元。从1975年到1987年，累计增产粮食12237万公斤，棉花1842万公斤，增加总产值2.2亿元，是投资总额的17.6倍。五是人们的精神面貌发生了巨大变化。广大干部群众认识到了只要按照客观规律办事，实行科学治理，旱涝能抵抗，盐碱能改良，土地再多不是包袱，改造好了就是宝贵财富。

禹城市旱涝碱综合治理实验，经专家鉴定达到了国内先进水平，为黄淮海平原同类地区低产田改造提供了丰富的经验，在国内外产生了广泛的影响，来自38个国家 200 余人次的专家、学者和政府官员到禹城进行参观、考察和学术交流活动；来自国内 20 多个省、市、自治区的科研单位和省、地、县干部约 1700 人来到这里参观。

禹城的成就引起了国内外高度关注。1988 年 5 月下旬，时任国务委员的陈俊生来到禹城，看了实验区后，他说："禹城的经验是可贵的，展示了黄淮海平原的成功前景。黄淮海平原开发的潜力很大，搞好了，粮食、棉花和人均收入可以大幅度的增长，投资不高，回收期不长，两三年就可以收回成本，完全可以搞经营式开发，旱、涝、沙、碱都有了成功的治理经验，为大规模开发黄淮平原奠定了技术基础。"通过禹城的调查，陈俊生同志撰写了《从禹城经验看黄淮海平原开发的路子》，这是一篇对农业综合开发产生深远影响的经典文献。在这个报告中，他向中央提出，在推广禹城经验时，应当进一步改革创新，在开发的体制和办法上要放得更开一些，搞得更活一些，会发展得更快，收效更好，并提出了 8 个方面的具体建议。当时，国务院主要领导同志同意这个报告及所提建议。1988 年 6 月 16～18 日，时任国务院总理李鹏率领国家九个部委的主要领导人专程来禹城视察"一片三洼"农业开发，给予了很高的评价，充分肯定了禹城的做法，并亲笔题词"开发禹城"。

1989 年 12 月 28 日，在田纪云、陈俊生主持的国家土地开发建设基金管理领导小组第八次会议上，做出了一项重要决定，国家土地开发建设基金管理领导小组，从 1990 年 1 月 1 日起，更名为黄淮海平原农业综合开发领导小组。黄淮海平原农业综合开发领导小组既是负责黄淮海平原农业综合开发的领导指挥机构，也是国务院研究决策农业有关问题的领导机构。从此，"黄淮海平原农业综合开发"这一名称开始出现，并在其后响彻大江南北。

1993 年底，国务院机构改革决定不再设立黄淮海平原农业综合开发领导小组，但国务院批准继续保留黄淮海平原农业综合开发办公室，挂靠财政部。同时，建立了国家农业综合开发联席会议制度，成为国务院领导农业综合开发工作的重要形式。

1994 年 5 月，国务院决定将黄淮海平原开发模式推广到全国，"黄淮海平原农业综合开发"也随之改为"国家农业综合开发"，并一直沿用至今。

二、"黄淮海精神"：从旱涝碱综合治理伟大实践到创业者精神世界的不朽丰碑

从 20 世纪 60 年代起，中科院、农科院等众多科研机构的广大科技工作者，历尽艰辛，风雨同舟，在治理盐碱、风沙、旱涝灾害的伟大实践中，弘扬大禹精神，扎根最艰苦的环境，创新实践，积极探索，埋头耕耘，默默奉献，几十年如一日，

谱写了一篇篇感人至深的篇章，形成了广为传颂的"黄淮海精神"。"黄淮海精神"概括为四句话：就是艰苦奋斗的献身精神，协作攻关的团队精神，深入实际的务实精神，持之以恒的科学精神。这种精神在20世纪80年代后期"黄淮海"主战场上有了进一步的发扬和更为完美的体现。

艰苦奋斗的献身精神。黄淮海平原农业综合开发初期，正值国家三年困难刚刚过去，城乡生活仍很困难，特别是在自然灾害频繁发生的农村，生活靠救济，吃粮靠返销，没电、没干净水、没像样的路。广大科技工作者来到禹城，有的住在破庙里，有的住牛棚，有的住窝棚，有的住民房，早晚两餐基本是地瓜面窝头和咸菜，107人只配30辆自行车进行考察，大多数同志是步行调查，包括从实验区驻地到县城12公里的往来。70年代中期工作条件有所改善，科研人员下去仍要背三个包，一个包带文献资料，一个包是衣被，一个包带挂面和炸酱。相当多的同志长达七八个月远离妻儿老小。在这样的条件下，他们一心想的是工作。1981年10月16日，中科院地理所左大康所长等7人乘车来禹城时，遇上车祸，当场车翻人伤，有的人血流满面，经临时救治后，又继续前进。后经医生检查，院地学部吴长惠同志7根肋骨骨折，孟辉同志脊椎等多处受伤，其后遗症状况持续到现在。虽然条件艰苦，但科研工作者没有叫苦叫累、打退堂鼓的。中科院研究员、原禹城试验站站长程维新，在禹城实验区工作了30多年，退休后仍然在这里工作。2009年9月24日，在禹城召开的庆祝新中国成立60周年农业综合开发座谈会上，他表示"我的一生都交给了这片大地，去世后也要将骨灰洒在这片土地上。"

协作攻关的团队精神。黄淮海平原农业综合开发集聚了中科院、农科院等众多科研机构的专家和科技工作者，在禹城就有兰州沙漠所、南京湖泊与地理研究所等科研机构的专家和科技工作者。兰州沙漠所在辛店沙河洼建立实验基地，以治理风沙为重点。沙河洼原为黄河故道，沙丘起伏连绵，是名副其实的不毛之地，当地群众用一首民谣"无风三尺沙，有风沙满天，庄稼连根拔，一年要种好几茬"来形容风沙之猛。在离县城30公里的沙河洼，科技工作者和几万农民，修渠引水、平沙造田、植树造林、修桥建路，靠人挑肩扛平整沙丘2万多亩，成为全市的粮棉、花生、西瓜基地。南京湖泊与地理研究所在"旱了收蚂蚱，涝了收蛤蟆，不旱不涝一片碱疙瘩"的北丘洼建立试验站。科技工作者因地制宜、科学攻关，将低湿洼地挖池抬田，创造上粮下渔生产模式，使当年的不毛之地变成了禹城的鱼米之乡。

深入实际的务实精神。科技人员长期坚持在生产第一线，远离妻儿，吃住在盐碱窝，吃住在风沙地，同群众一起挖沟栽树，跟农民一样耕种收打，他们不是农民，胜似农民，唯一和农民不同的是，他们智慧的头脑和求真务实的精神。科学来不得半点马虎。为了测得可靠的科学实验数据，广大科研人员，不论白天黑夜，不论酷暑严寒，都要现场观测，记录下每一个实验数据。月复一月，年复一年，一片又一片低产田依靠科技开发成中高产田，一代又一代科技工作者在这个大园地里培育成长起来。

持之以恒的科学精神。科学成果需要时间的检验。特别是农业生产，由于受气候、土壤、水肥、良种良方等综合条件的影响较大，必须有一个漫长的过程进行验证。为保证黄淮海平原农业综合开发不断取得新成果，广大科研工作者几十年如一日。人员换了一茬又一茬，有的从学校门直接进入"禹城实验区"大门，一干就是几十年，但他们从不为艰苦的生活和工作条件所左右。即便是特殊情况也不例外。"文化大革命"中，科技人员被撤回，改碱实验被迫停止，中科院禹城试验站内一个水分蒸发池十几年的记录将面临中断，这将给科学实验带来难以挽回的损失。为了保持科学数据的连续性，禹城当地一名科技人员不计报酬，凭着对科技的执着精神，十年如一日，每天记录观测数据，为"文革"后继续开展实验区工作提供了大量的宝贵数据。

禹城实验区的发展凝结着中国科学院等单位科研人员的心血，这种忘我献身、艰苦创业、团结奋进、勇于攻难、持之以恒、执着追求的精神，就是"黄淮海精神"。1986年6月，陈俊生同志在调研期间对科技人员长期坚持一线工作给予充分肯定，并向中央建议对参加十年以上黄淮海工作的优秀同志给予国家级奖励。1988年7月27日，国务院作出了"关于表彰奖励参加黄淮海平原农业开发实验的科技人员的决定"。中国科学院21位同志分获一级、二级和荣誉奖，其中获一级奖的同志应国务院邀请，到北戴河休假，并受到李鹏等党和国家领导人的亲切接见。首都各大报纸于7月28日在头版头条刊登了这条消息，并一一介绍了获奖者的事迹。

三、从"禹城经验"看科技在推进农业综合开发中的巨大作用和潜力

农业发展一靠政策，二靠科技，三靠投入。农业综合开发从禹城改土治碱到四片区科技攻关，从禹城经验到黄淮海平原农业综合开发，无不彰显科技开发的力量。

在盐碱地治理上，经过长期的探索，科研人员发现了旱涝碱发生的演变规律，认识到盐随水来，盐随水去，水是改良盐碱的主要矛盾，控制地下水位是根本办法，培肥地力是巩固改良效果的有效措施。根据盐碱地的成因和水盐运动规律，确定了以工程措施和生物措施相结合，旱涝碱综合治理的方针，按照以井保丰、以河补源、井灌沟排的路子，采取了井、沟、平、肥、林、改综合治理的配套技术措施。即打井灌溉降低地下水位；挖沟排水控制地下水位；平整土地均衡抑盐；增施有机肥培肥地力；植树造林优化小气候；改革耕作制度，调整种植结构，实行科学种田，取得了比较理想的效果，使全市40万亩盐碱地全部实现了干支斗农毛五级排水沟配套，耕层土壤实现了由积盐向脱盐的转化。在沙荒地治理上，建立乔灌草防护林和沙地经济林相结合的防护体系，采用"水利先行、林草紧跟、先林后农、

用地养地、用养结合"的措施，综合治理沙荒地，粮食单产由 200 公斤提高到 550 多公斤。在低湿涝洼地治理上，采取鱼塘—台田生态工程措施，宜农则农，宜渔则渔，宜禽则禽，形成上粮下渔、上禽下渔、上菜下渔等多种种养模式，有效治理低洼地 6 万多亩。禹城的农业综合开发不仅彻底改变了禹城"生活靠救济，吃粮靠返销"的局面，也为全国盐碱地的治理提供了经验。1988 年，中央决定将中科院在治理盐碱、风沙、旱涝等灾害的科技成果向面上推广，中科院地理研究所和南京土壤所分别牵头山东、河南两省进行科技助推，为黄淮海平原农业综合开发的成功实践提供了强有力的科技支撑。

老一辈科技人员创造的成果依然是我们当前农业综合开发工作中的宝贵财富。土地治理项目中坚持的以方田建设为基础，沟、渠、路、林、桥、涵、闸、井、泵配套的开发模式，就是从"禹城经验"发展而来。至今在农业综合开发中被广泛应用。

农业开发无止境。40 多年来，禹城农业综合开发一直以中科院驻禹试验站为技术依托，不断探索新的增产增收新途径。在完成盐碱沙洼地治理的基础上，中科院的科研人员，根据现有农业生产技术水平和条件，又因地因时制宜，在中低产田改造中成功探索了夏免秋耕、间作套种、配方施肥、生物防治、过腹还田等农业新技术，并推广了农牧结合、产业合作等新的生产模式，使禹城农业生产不断迈上新台阶。2006 年，禹城成为德州市第一个吨粮县；德州市 2009 年实现了吨粮市，是全国第一个吨粮地级市。

近几年，中科院驻禹试验站以农业综合开发土地治理项目为科技实验平台，在 2007 年度世行三期项目区内先后搞了农田墒情自动监测体系，创新探索"四节（节能、节水、节药、节肥）一网（科技信息网络）两增（粮食增产和农业增效）"资源节约型现代农业新模式。"四节一网"技术体系体现了工程、装备、生物技术、现代信息技术、生产优化管理模式的有机结合，重点解决灌溉用水节约高效、耕作管理简约高效、农田高产安全生态、农业信息低成本个性化服务等问题。在此基础上，研究形成"山东省耕地保育的功能区划、主体模式与经济机制"发展报告。同时，现代农业技术集成试验示范促进山东省禹城市成为我国黄淮海平原资源节约型现代农业示范与辐射传播中心。2008 年，在中科院驻禹试验站的倡导下，禹城市成立了新农耕种植合作社，下设 35 个乡镇级分社，400 名村级技术推广员，覆盖全市 70% 的村庄。合作社以中科院驻禹试验站为技术信托，充分发挥社会资源优势，积极探索和创新农业技术推广服务机制，先后与登海种业、隆平高科、住商肥料、中科华凯等国内外著名涉农企业及其他地区合作社建立联盟，创建了科研主导、政府推动、企业联盟、合作社运作、新技术和新产品配套、全程服务的新型农业技术推广体系，形成了上连科研、政府部门，横向与涉农企业联合，下延乡村和农户的农业技术推广服务平台。几年来，推广资源节约型高效配套技术 40 万亩，平均每亩玉米增产 100 公斤，节约成本 125 元。探索出一条以农业科技体制创新、促进现代农业发展的新路子。这是驻禹科研工作者和禹城人民共同创造的新的"禹城经验",并被中科院专家称为"农业综合开发二代版"。这一经验对黄淮海平原农业开发由传统向现代、由基础设施配套型向高技术集约投入型转变提供了支撑,代表了农业综合开发的方向,必将引领全国农业开发跃上一个新的水平。

四、弘扬"黄淮海"精神,再谱农业综合开发工作新篇章

一要大力宣传老一辈科技人员的先进事迹,以激发当代农发人的艰苦奋斗的献身精神。当年,老一辈科技人员风里来雨里去、以荒野为家、不怕困难的奉献精神,感人至深,对我们当代农发人具有很好的学习意义。我们要通过各种形式,大力弘扬老一辈科技人员的奉献精神,让广大的农发人从中获取力量,增强大家的艰苦奋斗精神,对我们当前的农业综合开发工作再上新台阶一定会起到积极的促进作用。禹城农业综合开发办工程科科长、水利工程师丁振鹏,从事农业综合开发29年,几十年如一日。施工期间,他一天要走几十里路,半年穿破5双鞋,一年用完20多个笔记本,跑遍了禹城的角角落落,经他设计建设的项目已遍布大半个禹城。积劳成疾的他患骨髓炎20多年,就是在骨髓炎溃烂化脓的情况下,他仍拖着伤腿在工地上奔走不停。这位满头白发被大家称为"偓老头"的汉子其实年龄还不到50岁。

二要大力发挥科研院所的科技力量,弘扬当代农发人协作攻关的团队精神。要想将农业综合开发成果发挥最大化,必须要以科技为先导,只有在科技引领下的农业开发才真正具有生命力。多年来,禹城农发办紧紧依托中科院、农科院驻禹实验站的技术优势,以土地治理项目区为平台,注重发挥科研院所的科技力量,先后推广了夏免秋耕、间作套种、配方施肥、生物防治、过腹还田等农业新技术,给当代农业综合开发注入科技的力量,使农业综合开发工作结出丰硕成果。

三要从实际出发,实事求是干开发,努力培养当代农发人深入实际的务实精神。完善的制度是农业综合开发工作的保障,但面对中国无比复杂的地理环境,不可能仅凭完善的制度。农业综合开发工作是真正面向农民的实实在在的工作。老百姓最讲实际,来不得半点虚假,开发工作也是一样,一切都要从当地实际出发,实事求是地设计,真心实意地干工程,让农民得到实实在在的效益。

四要加大科技投入,丰富科技开发内涵,努力培养当代农发人持之以恒的科学精神。科技是农业综合开发的永恒动力。唯有加大科技投入,创新丰富科技开发内涵,培养广大农发人的科技开发积极性、主动性才能推动开发工作"常干常新"。一要加大科技开发资金占总资金的比重,加大科技开发的份量。二要丰富科技开发内涵,由当前抓培训、引良种的科技开发模式,逐渐向提高农业科技装备水平、鼓

励科研院所建设试验基地、扶持发展科技开发主体（科技带头大户、合作社、龙头企业）等模式转变，因地制宜、有针对性地帮扶农民增强科技意识、提高科学种养水平。三要设立农业综合开发科技创新激励机制。设立专门的科技开发基金，动员科研院所、科技专家、基层农发人积极参与农业综合开发科技创新活动，课题自主上报，成效由实践检验，成果由专家评定，奖励有功人员，以此激发大家热爱和参与农业综合开发工作的积极性，培养大家持之以恒的科学精神。

"沂蒙小调"秀出绿色发展"好声音"
——蒙阴县农业综合开发侧记

蒙阴县农发办　张　成　徐　鹏　乔善刚　张　芹　马洪伟

"人人那个都说哎沂蒙山好，沂蒙那个山上哎好风光"。一曲《沂蒙山小调》已经在沂蒙革命老区悠扬回荡了几十年。几十年沧海桑田，一代代老区人用勤劳的双手，在沂蒙山高低起伏的弧线间拨动着最美妙的音弦。如今，地处沂蒙山腹地的蒙阴县，犹如一颗璀璨的生态明珠，用农业综合开发这支"神笔"，将民谣变为了永恒的画卷。

蒙阴县因位于山东省第二高峰蒙山之阴而得名，曾是早年沂蒙抗日根据地的中心。全县总面积1605平方公里，其中山地丘陵占94%。改革开放初期，蒙阴县还是一个荒山面积42万亩、水土流失面积占70%、人均收入不足200元的国家重点扶贫县。如今，这里却成为县域面积林木覆盖率超70%，果树面积超100万亩，其中桃面积达到65万亩，果品年产量超23亿斤，生产总值超147亿元的山区经济强县，成为远近闻名的"全国果品综合强县"、"国家级生态示范区"和"中国宜居宜业典范县"。昔日的穷山恶水缘何变成了现在的青山绿水？老区人民有着自己的总结：得益于农业综合开发打造了现代农业发展平台，为蒙阴县特色农业发展带来巨大变化。

一、青山之肩跃起灵动音符

走进农发项目区，一条条蜿蜒的生产路、一片片平整后的良田、一株株苗壮的果树……犹如一个个美妙的音符在山间跳跃，这大概是多数山区项目县最初给人的印象。然而，与其他地方不同，这里的"音符"却几乎"跳"遍了视力所及的每个山头，可谓"成海成洋"。

集中连片、规模开发，为发展现代农业"强壮筋骨"，这是蒙阴县农业综合开发变"穷山"为"金山"所描绘的"第一笔"，这也为蒙阴农业的长远发展打下了扎实基础。

蒙阴县农发办对于每年每个项目的规划安排，都会邀请农业、林业、水利、果业、交通、旅游等部门共同参与。按流域统一规划，实行集中投入、规模开发，坚持一治一座山，一治一条峪，治一片绿一片，绿一片连一片，连一片成一片。例如，为了把2009年项目区与2007年、2008年项目区连成一片，他们跨高都、常路、蒙阴三个乡镇（街道），一鼓作气完成山地治理面积4.5万多亩；为了把2012年项目区与2010年、2011年项目区连在一起，又集中精力进行了3万多亩山地的治理。据统计，自2007年以来，全县农发项目区共完成山地治理面积7.5万多亩，架设输变电线路20.8公里、生产路231公里，采用机耕深翻、复种绿肥、秸秆还田、平整土地、测土配方施肥等措施改良土壤6.1万亩。真正实现了项目区内处处田成方、路成网、旱能浇、涝能排。同时，由于坚持连片规模开发，为各类特色农业产业的发展创造了更加有利的条件。在加强项目区基础设施建设的同时，蒙阴县农业综合开发注重发挥地域优势、气候优势和果品优势，着力培育优质果品生产基地。目前全县已建成16处果品精品示范园区，特别是"蜜桃"种植面积和产量已居全国县级首位，成为"中国农产品百强"知名品牌，蒙阴县也因此被誉为"中国蜜桃之都"。

二、绿水之畔流出动人旋律

"水在山窝里、树在山顶上，看得见可用不到。"一句闲语道出了蒙阴农业生产的无奈。与大部分山区一样，受地势条件制约，加之水资源分布不均，灌溉成了蒙阴农业快速发展的"拦路虎"和"绊脚石"。水是农业的命脉，更是发展现代农业的重要保障。解决水利问题，打破瓶颈制约，为现代农业快速发展"接通血脉"，这是蒙阴县农业综合开发变"恶水"为"金水"所设计的"第二笔"。

蒙阴县历届政府高度重视水利建设，"治水工程"经历了由除害到兴利，由治标到治本，由单项开发到综合治理的发展过程，取得初步成效。在实施农业综合开发过程中，为了实现旱涝保收，该县进一步加强了水利建设，并逐步形成较为完善的蓄、引、提、排等农田水利工程体系。立项开发至今，全县项目区共建成谷坊150座，蓄水池150个，增打机电井57眼，新建排灌站50座，溪流护岸9公里。涓涓溪流以其动人的音律为项目区农业生产带来了生机，也为各项基础设施发挥实效整合了能量。

石泉水库是蒙阴县的一座小（一）型水库，也是农发项目区的主要水源地。这几年，农业综合开发在水库周围共建设了3座电灌站，扬程均在100米以上，3座电灌站的灌溉面积达到2000亩。项目实施前，每逢干旱季节，老百姓只能用锦塑软管通过小型喷灌机灌溉少部分果园，距离较远的地块必须采用三级、四级提水才能灌上水。项目实施后,输水管道铺到了各个大小山头,每隔80~100米间距设置一个给水栓,接上锦塑软管就可灌溉,省时省力,非常方便。

三、智慧之手拨动致富金曲

调整优化农业产业结构,培育新型经营主体,为发展现代高效农业"聚集精气",这是蒙阴县农业综合开发的"第三笔",也是赢得当地农民群众信赖和支持,可谓最具人气的一笔。

发展现代农业的一个重要目的,就是要促进农业增效、农民增收。而要实现增效增收,必须立足资源优势,大力调整产业结构,发展特色产业。该地日照时间长,昼夜温差大,沙土地较多,透气性好,微量元素丰富,对于果品生产有着天然的地域优势。通过大力扶持发展果品产业,以桃、苹果为主的果品业得到迅速发展。如何将果品业发展成一门富民产业,单靠一家一户闯市场无法实现。经过多年实践,他们摸索出了一套通过扶持专业果品合作社,实现规模化、标准化、品牌化发展的增收路子。

蒙阴县宗路果品专业合作社目前有社员870余户,果品基地面积10000余亩,成为全县运作规范、效益较好、示范带动作用较强的专业合作社之一。2010年,该合作社承担土地治理项目,结合合作社社员的投入,对果品基地基础设施、生态环境进行改造提升,建设生产路40公里、拦水谷坊12个、扬水站6座、蓄水池12座、铺设管道30公里。该项目财政资金投入602万元,带动合作社社员投入175万元。

为解决果农卖果难问题,蒙阴县农业综合开发对宗路果品专业合作社2000吨气调库改造进行了扶持。项目总投资239.6万元,其中财政扶持51.6万元,建成了全县规模最大、设备最先进的果品冷藏库和第一座气调库,年库存能力达15000吨,增加社员销售收入350万元,并带动周边果品价格每斤提高0.3元,户均增收4000多元。

截至目前,全县共建起各种农民专业合作社2000多个,仅果品合作社就达1200个,吸引12万果农加入。依托这些合作社,全县建设大中型恒温库100多座,年储存能力达到10多万吨,每年可为农民带来2亿多元的经济效益。

四、生态之美奏响华丽乐章

近年来,蒙阴县农业综合开发围绕全县"科学发展、绿色崛起"的发展战略,走出了一条与生态文明建设互促互进、相得益彰的成功之路,为县域经济发展和社会进步画上了最具价值的点睛之笔。

依托农业综合开发,全县相继建成"万亩特色果品观光采摘园"、"百里生态旅游观光线";2011年,在山东新农村建设史上具有重要里程碑意义的全省生态文明乡村建设现场推进会在蒙阴召开;2012年,临沂市农业综合开发现场会放在了蒙阴;同年,全省农发办主任会议将蒙阴确定为参观现场。此外,蒙阴县农业综合开发小流域治理项目,还被评为全省小流域治理示范工程;全县11个乡镇全部成为省市级环境优美乡镇,其中9个乡镇成为省市级文明生态乡镇,312个村庄成为生态文明村;全县河流水质达标率、城市地表水达标率、城区环境质量优良率连续10年达到100%。

自立项以来,蒙阴县农业综合开发立足山区特色和林果产业优势,以建设生态和谐乡村、发展绿色富民产业为主题,大力推进项目建设。如今,生态已成为蒙阴这个山中小城最大的发展优势,"江北最美乡村"的县域品牌得到广泛认可。而这一切,农业综合开发发挥了不可替代的重要作用,做出了自己应有的贡献。"春天满山花、夏天满山绿、秋天满山果",这山区蔚为壮观的生态景象,无疑已成为蒙阴这一生态文明强县的真实写照!

桓台农发妙笔谱写现代农业厚实华章

——桓台县农业综合开发25周年发展纪实

桓台县农发办 史元明 徐东明 黄树增

一、序　　言

桓台县处黄淮海平原农业产业带，1986年被确定为全国首批商品粮基地县，1988年被列为全国黄淮海平原农业开发定点县。25年来，桓台县农业综合开发紧紧围绕中低产田改造，建设高标准粮田，推动传统农业向现代农业转变，实现了"藏粮于田"；围绕农业结构调整，发展农业产业化，带动传统农业提档升级，实现农业增效、农民增收。农发之笔，在桓台这片土地上描绘出一幅"粮丰林茂、北国江南"的优美画卷，谱写着现代农业的优美华章！

二、基础设施建设篇

——"问君哪得清如许？为有源头活水来。"

现代农业和粮食高产是桓台的绚丽名片，1990年建成江北第一个"吨粮县"；1992年，实现"双千县"；1996年，实现"小麦千斤县"。2009年、2010年荣获全国粮食生产先进县，被列入《全国新增千亿斤粮食生产能力规划》县。李克强总理（时任国务院副总理）、回良玉副总理等国家领导人，分别于2008年、2009年来桓台县检查指导现代农业和粮食生产情况，提出了发展现代、精准农业的殷切希望。2012年，全县农业增加值实现14.01亿元，增长4.5%，农民人均纯收入13413元，增长13.4%，小麦、玉米平均单产549公斤、620.4公斤，小麦单产居全省首位。这些成绩的取得，离不开农业综合开发持续不断的资金投入和连续多年中低产田改造的强力支撑。1988年农业综合开发开始列入县"七五"规划，黄淮海大开发大幕在全县范围拉开。25年来，从"七五"到"十二五"，桓台县农业综合开发土地治理项目辐射全县8个乡镇（乡镇合并前涉及13个乡镇），累计改造农田面积36万亩，累计投资1.4亿元，其中，财政投资1.05亿元。项目区水利、农业、林业、科技四项措施同步实施，管网、电网、渠网、路网、林网、路网"五网"建立健全，实现"沟、渠、路、林、桥、涵、闸、井、泵、房、机、电、管"综合配套，累计完成新建扬水站21座，新打井并配套847眼，配套旧井2303眼，安装变压器32台，埋设地下电缆246公里，疏挖排涝沟渠657公里，铺设防渗渠161.5万米，安装固定出水口4.3万个，新建桥涵3010座；新修田间砂石路828公里，布设防护林网109万株。这些硬件设施大大提升了现代农业的物质装备水平，培植了农业发展的内生力。如今，漫步项目区，田成方、林成网、沟相通、路相连、旱能浇、涝能排，"麦浪滚滚映晴川，风舒云翻卷碧空"，粮丰林茂的现代农业气息迎面吹来。

三、科技措施推广篇

——"随风潜入夜，润物细无声。"

现代农业靠科技。桓台县农业综合开发精心发挥项目区窗口作用、示范作用、引领作用，矢志不渝地推行科技措施，推动科技进步，提高科学水平。在支持良种良法的推广应用，搞好先进的组合配套，农民技能培训，农业科技入村入户，发展节约型、循环型和生态型农业等方面，立项目、引资金、做文章，将基础设施配套与科技措施推广综合运作，着力把项目区建成现代农业科技示范区和农业现代化的先行区。农业综合开发伊始，桓台就将农田治理和科技措施推广并行，促进劳动者由传统劳动者向新型农民转变，25载春秋，农业综合开发在科技措施方面，累计投入资金350万元，完成5个课题的实验，农业科技项目12项，涉及秸秆综合转化利用、面源污染防治、病虫害防治、新能源试验、良种培育等，累计建设1300亩良种基地，建仓库240平方米，晒粮场600平方米，购置植保机械、还田机、种子机、联合收割机、喷灌机、病虫害检测防治仪器、化验分析仪等新型科技器械达到192台（套），印发技术培训资料60000余份，组织培训40000人次。2008年，农业综合开发办公室与中国农业大学资源与环境学院合作，进行农田土壤的面源污染治理技术推广。农田氮磷流失控制、农业有机废弃物肥料化、秸秆长期还田优化3项关键技术得到推广应用，形成了区域农田污染防控的整体模式与示范样板，实现了农业有机废弃物无害化与肥料化的高效利用。春风化雨，润物无声，在科技措施不断的推广应用中，一批有文化、懂技术、会经营的新型农民站上了历史舞台，一整套完整有效的科研成果、前端技术得到转化利用，项目区高效、高产、高质的现代农业气息愈发浓郁。

四、农业产业化扶持篇

——"红雨随心翻作浪,青山着意化为桥。"

农业产业化是金桥、是富路、是现代农业的推手。农业综合开发通过财政补助项目、财政贴息、两类项目结合等方式,架起产业化前进的桥梁,托起产业化腾飞的翅膀。25年间,桓台县农业综合开发累计扶持产业化经营项目25个,投入财政资金1704万元,撬动项目投资8881万元,拉动山东梨花面业、山东华信面粉等一批粮食深加工,海王农牧、河东肉牛、巨惠奶牛等畜牧养殖,森源秸秆转化利用等多条产业链,新增加就业2500人,受益农户5万户。桓台是山东省两类项目结合试点县,在龙头企业与农民利益联结机制模式上,进行了新的探索,项目通过"龙头企业+种植合作社+农户"的利益联结模式运行,采用订单收购,小麦优质优价,实现农民增收企业增效的双赢。最近4年来,县农业综合开发投入财政资金近440万元,帮扶梨花面业完成6万吨高档小麦专用粉加工扩建项目和3万吨仓储设施扩建项目、2个产业化经营国家农业综合开发重点补助项目,新增建筑面积10200平方米,购置设备243台(套),建设优质专用小麦基地3万亩,发展订单农户1万家,有力地推动了农业产业化市场体系完善,拉伸了全县粮食产业精深加工,为企业强筋壮骨,为农民增收助力。躬身化桥,俯身为路,在农业综合开发扶持下,山东梨花面业、海王农牧集团跨入省重点龙头企业行列,其中,"梨花"品牌荣获中国驰名商标,形成了一批拳头企业、品牌企业、有影响力的企业,为现代农业发展和农民增收打造了新的平台。

五、项目运行管护篇

——"有志事易无志难,知难不畏绝壁攀。"

农业综合开发项目,建是基础,管是关键,也是难点。为确保已建项目长期稳定地发挥效益,桓台县农业综合开发迎难而上,逐步探索出一条行之有效的管护之路。明晰项目产权,每期项目竣工验收后,与项目镇签订《农业综合开发项目国有资产移交及授权协议书》,明确受益镇、村的权利和义务。路、渠、桥、涵等公用设施,确权给乡镇,由管护协会负责全天候管护;井、泵、房、地下防渗渠等具体设施,确权到村级集体和井片,明确管护责任;防护经济林木无偿确权给沿路的种田农户,按照"谁受益、谁负责"的办法,并以保有率、成活率给予奖惩。完善项目管护制度,按照《淄博市农业综合开发项目管护办法》规定,编制《实施方案》和《管护员手册》,及时下发至项目镇和管护员,做到制度上墙,手册在手，落实项目管护任务、目标和责任。组建管护网络和管护队伍，桓台县累计组建管护协会4个，管护协会会长负总责，下设副会长和片长，形成完整责任追究机制；按每万亩10人的标准配齐项目管护员，目前，在岗管护员达到30余人，与管护员签订聘用合同，缴纳人身意外保险，定期培训，按时上岗，保持高密度巡查，形成对蓄意破坏工程设施行为的高压。管护员由专人负责考勤，根据考勤情况由县开发办按季度拨付工资，每年用于管护员工资方面支出近10万元，从而实现常态化、规范化管理。充实管护资金，建立三方筹措机制，从每期新项目资金中列支一部分，市、县财政拿一部分，项目受益方筹一部分，农业综合开发每年用于管护的投资都在50万元以上，用于砂石道路整修、桥涵维修、林网补植等公益设施的修缮和维护。桓台农业综合开发通过不断创新管护方式，重建轻管老大难问题得以解决，真正做到了"上管三年，滚动开发"管护原则，保证了农业综合开发工程效益之花常开，群众长期得实惠。

六、新农村建设篇

——"财政支农谱新篇，情系三农导巨变。"

农业综合开发根植"三农"，坚持项目建设与新农村建设的"联姻"，坚持经济效益、社会效益、生态效益的有机统一，着力改善农业生产条件，改变农村居住环境，提高生态环境质量，成为社会主义新农村建设中的重要力量。农发项目区建成以后，田间格田与青色砂石路相映成趣，林网郁郁葱葱，全配套井房繁星点缀，万象全新，高产丰产，农业生态和生产条件俱改观，成为全县生态文明乡村建设的突出亮点。在项目实施中，做到农业生产设施与农村生活设施建设统筹运作。25年来，由农业综合开发牵头负责的连村路段高标准硬化达到15公里，涉及唐山、新城和马桥等3个镇12个村；同时，推行村庄绿化、美化、净化工程，完成项目区村庄容貌的改头换面，借开发之力，项目区先后建设沼气池20个，栽植美化树种1.5万余株，清理村头村内垃圾8000余方。唐山镇的薛庙村、西马村、古城村、东营村、后诸村、黄家村先后被列入全省、全市社会主义新农村建设试点村。桓台县农业综合开发首次提出整建制建设农业综合开发支持社会主义新农村建设示范镇课题，2006~2009年连续4年，原陈庄镇农业综合开发连续投入2035万元，实现全镇整建制农业综合开发，所有农田实现全覆盖无缝隙治理，全镇农民群众普得实惠，镇村面貌得到根本性转变。目前，桓台县荆家镇也已经完成2010~2012年连续三期农业综合开发，累计完成投资3294万元，朝着整建制农业综合开发示范镇迈进，成为该镇打造生态特色宜居现代农业强镇建设的中坚力量。

七、结　　语

　　百舸争流，千帆竞发，在新的征程上，桓台农业综合开发将紧紧围绕国家"高标准农田建设规划"，落实"两个聚焦"方针，按照全市都市农业发展规划和"一个中心、四个片区"县域规划部署，着力转变农业发展方式，加快结构调整步伐，为发展现代农业倾心尽力，为强基础、稳粮食，提供支撑，为兴产业、促增收，发挥引领。

　　雄关漫道，迈步从头，在新的历史起点上，桓台农业综合开发将牢抓自身建设，激情创业，科学发展，创新思维，拓宽思路。项目建设中，将进一步强化精细化、科学化、人性化管理，加快项目信息化、智能化、集约化建设步伐，打造贴近群众、贴近民生，经得起历史考验的精品项目、实在项目、亮点项目，展我开发风采，做出新的贡献！

风景这边独好

——泗水县农业综合开发助推现代农业发展纪实

泗水县农发办 孔祥梅

泗水县位于山东省中南部，是一个农业大县，济宁市唯一的纯山区县，也是典型的城郊型县份，人称济宁的"后花园"。自1988年实施农业综合开发以来，农业实现了长足发展，25年来共完成土地治理面积24.2万亩，累计完成投资14550万元；承担多种经营项目12个，累计完成投资3661万元，项目区涉及泗水县12个乡镇（街道）。多年来，泗水县农业综合开发始终坚持将以土地治理项目和推进农业产业化经营项目为基本任务，以改善农业生产基本条件为重点，创新农业综合开发模式，着力培育优势主导产业、开发特色高效农业，成为促进农业增产、农民增收、企业增效、财政增税、农业和农村经济稳定发展的重要推动力量，不仅带动了县域农业和农村经济健康稳定发展，同时也为新农村建设和现代农业发展做出了积极贡献。

一、以土地治理项目为平台，坚持典型引导、集中开发，打破县域、镇域界限，将土地治理项目与产业化经营项目有机结合，打造现代农业崭新格局

多年来，泗水县始终将农业综合开发项目作为建设现代农业示范区的平台，依托农发项目加强规划建设，坚持整体规划、分步实施、集中连片、规模开发的原则，结合开发的"综合"特点，坚持基础设施建设与产业发展同步扶持，积极整合资金，发挥资源优势。

（一）坚持典型引导，示范带动，以土地治理项目为平台，做大农业开发规模，放大农业开发效应，推动泗水县以特色农业、观光农业、休闲农业为主要发展模式的现代农业蓬勃发展

建设现代农业，发挥典型示范带头作用至关重要。泗水县农业综合开发坚持按

照突出重点、连片开发和集中力量办大事的原则,近几年将土地治理项目集中安排在辐射带动能力强的纯山区生态农业镇——泗张镇,通过树立样板,做给农民看,带着农民干。泗张镇坚持将农业综合开发与打造现代农业相结合,以现代农业示范园区建设为切入点,高起点规划、高标准配套,使园区逐步发展为规模农业的示范基地、农业产业的集聚平台和现代农业的展示窗口。截至目前,全镇共开发中低产田2.1万亩,累计投入资金2935万元,其中财政资金1915万元,新增农业产值1亿元,农民人均纯收入较非项目区增加500元以上。

一是围绕土地治理项目,坚持集中投入,实行规模开发,做大做强特色产业。泗张镇为丘陵山区,根据这一区域特点,按照高效农业规模化的思路,坚持集中投入,实行规模开发,打造出高效农业规模化的示范基地,推进了丘陵山区高效农业发展。因此农发办根据项目区立地条件,在项目区着力加强林果业的开发建设,加大经济林种植力度,推广优质、高产、高效特色新品种,扩大核桃、桃等经济林种植面积。截至目前,全镇共发展优质果园6万多亩,建生态林、防护林7.8万亩,林木覆盖率达69%,初步形成了以万亩桃园、万亩板栗园、3000亩核桃园、4000亩大樱桃园和5000亩葡萄园为主体的生态经济林区。2013年农业综合开发项目的实施将进一步提高灌区土地的利用率,建设经济林1000亩,其中苹果500亩、葡萄500亩,道路绿化栽植碧桃、甜柿1350棵。通过综合治理加快了项目区内农业结构的调整、农业现代化和产业化的进程,提高了农产品产量,增加了农民收入,2011年,泗张镇农业总产值达到4.5198亿元,完成财政税收501.2万元,农民人均纯收入达到5856元,实现了本地特色产业效益的最大化。

二是结合山区开发实际,发展节水农业。山区开发要想取得实质突破,水利是关键。丘陵山区的农业发展很大程度上受制于水利条件,因此,在项目区建设上本着综合性、超前性、可行性的原则,着重加强项目区水利建设,以农田水利建设为重点,加强土地综合治理,在项目区内大力建设井灌区、水库灌区、地下输水管道混凝土渠道灌溉,推行高效节水灌溉,发展节水农业和旱作农业。泗张镇近年来共治理河道4000余米,兴建小水库、人工湖、塘坝100余座,打大口井150余眼,兴建小农水项目600余项,新增节水灌溉面积7000亩,改善灌溉面积9000亩,从根本上解决了水资源缺乏对项目区农业发展的制约,成为山区农业发展的亮丽风景。

三是发挥资源优势,打造特色产业,优先发展观光农业、休闲农业。充分利用丘陵山区得天独厚的自然资源,因地制宜,积极发展观光旅游等特色产业,打造了丘陵山区开发新亮点。结合泗张镇每年一度的桃花旅游节,泗水县成功地将农业综合开发项目与旅游产业发展有机结合,打造成了集生产、观光、采摘、登山于一体的旅游观光农业。在农业综合开发项目区重点加强农田防护林建设,保护和改善农业生态环境,建立良性循环的生态系统,实现农业可持续发展,使山、水、林、田、路布局更加合理,有效改善项目区的自然环境,调节田间小气候,美化环境,优化招商环境，促进泗水县生态农业、农业观光旅游发展。2013年农业综合开发中低产田改造项目规划治理面积1500亩，计划总投资204万元，项目区依托地理环境和人文优势，本着继续做大旅游产业的目标，着力发展观光农业、休闲农业、生态农业等新兴特色农业，丰富了现代农业发展内涵，大大提升了现代农业发展质态。项目的建设与《泗水县旅游发展总体规划》打造南部圣源农业生态旅游区和《泗张镇旅游发展总体规划》打造鲁西南知名的休闲型养生旅游目的地、山东省最健康的旅游乡镇、国家级生态名镇、全国旅游强镇的目标相一致。项目建成后，能够与镇域内的安山景区、万紫园及将要开发的黄山林海、圣公山石林形成一条泗水县南部山区以生态农业旅游观光、休闲度假、自驾车营地于一体的黄金旅游线，必将推进泗张镇乃至整个泗水县生态旅游产业的发展。

在泗张镇，农业综合开发早已成为发展农业的一个窗口，辐射面越来越大，项目区通过发挥显著的经济、社会和生态三大效益，成为加快农村经济发展、加快农民致富步伐的有效途径，也为当地农业发展搭建了资金整合的平台，建成了农产品的高产稳产区、科技兴农的典型区、农业现代化建设的示范区和农民致富奔小康的先行区，对推动泗水县现代农业发展具有十分重要的突破、示范和导向作用。

（二）坚持统一规划，集中开发，打破县域、镇域界限，将土地治理项目与产业化经营项目有机结合，带动农业综合开发项目区内的产业调优和产业化发展

一是项目实施坚持打破县域、镇域界限，实行连续开发。在示范区谋划之初，就严格按照重点开发、区域开发、连续开发、有序开发、借力开发的思路，打破县域、镇域界限，统一规划，分期实施，逐年建设，滚动发展。2007年度泗水县农业综合开发生态治理项目涉及圣水峪和泗张两个乡镇，实施了综合治理，连片开发，成效显著，通过集中开发治理彻底解决了灌溉和道路建设问题，基本实现梯田化，地块基本平整，排灌工程配套齐全，林木覆盖率达到19%，产业结构得到合理调整，生态环境得到相应改善，为大力发展高产高效农业奠定了基础，创造了更高的经济效益。2013年的土地治理项目同样也是这一开发思路的延续和运用，项目安排在苗馆、泗张、星村、泉林等四个镇，规划治理面积1.1万亩，总投资1534万元，辐射带动农业劳动力1万余人，其中泗张镇、星村镇18个村均为省直单位"第一书记"帮扶的贫困村。其中，开发后的泉林镇和苗馆镇优质花生基地达到6130亩，农民纯收入增加4350元，拓宽了农民收入渠道，加快了农业结构调整，增加了农产品产量和农民收入。在连年的开发中泗水县逐步探索出了整体联动、优势互补、合理开发的路子，提高了农业综合开发水平。

二是推进土地治理项目与产业化经营项目相结合。在土地治理项目区基础设施完善的同时，鼓励龙头企业、农民合作社参与建设，截至目前，在土地治理项目、

内资项目扶持的专业合作社就有两个，总投资28万元，辐射社员户数1432户，其中农户社员数4923人，直接带动农户数1950户，直接带动农民数6760人，直接受益农民人均增收1000元。2006年由泗水利丰食品有限公司承担的年产2万吨方便湿粉条加工的投资参项目和2008年由泗水新绿食品有限公司承担的瓜菜批发市场扩建项目，就是组织引导以"公司＋基地＋农牧户"的形式推进的产业化经营项目建设，通过龙头企业积极参与，加快了科技成果产业化，提高了产品质量，增强了产品市场竞争力和产品抗风险能力，增加了农民收益。2009年泗张镇在实施土地治理项目过程中引进了彩色地瓜、红灯大樱桃，大大提升了项目区产业化水平，使项目区内农业产值达2000多万元；2012年土地治理项目中在元卜流域重点打造2000亩的高效农业示范区和2000亩的大桃基地，同样地加速了农业产业化进程，使农民受益颇丰。土地治理项目与产业化经营项目的有机结合，带动了农业综合开发项目区内的产业调优和产业化发展，促进了农民多渠道增收和现代农业发展，促使镇域经济发展走上了快车道。

农业综合开发项目间的相互渗透、互相扶助，更大程度上整合了开发资源，提高了资金利用率。通过综合治理，农业综合开发实施之处，路林成网，井电配套，节水灌溉，产业优化，种植高效，成为全县农业的亮点，初步呈现出现代农业的新格局。

二、扶持农业龙头企业、培植农民专业合作社，推进农业产业化经营和特色农业发展，增强现代农业发展后劲

泗水县是一个农业大县，农业龙头企业是农业产业化的重要支撑，是发展现代农业的有生力量。近年来，泗水县农业综合开发产业化项目坚持立足于农业、农民、市场和企业现有状况，围绕农业主导产业，依托区域比较优势，以优质高效农业为抓手，重点扶持省、市级农业产业化重点龙头企业再上生产规模；通过扶持农民专业合作经济组织培植新的经济增长点，增加农副产品的附加值，扶持生产、销售中的薄弱环节，实现了农业向产、加、销一体化经营的进程，进一步加快了农民增收步伐。2012年，全县实现农业总产值57.4亿元，农民人均纯收入达到7437元。

（一）倾力做大做强农业龙头企业，重点扶持带动作用强的农业龙头企业，搭接产业链条

龙头企业是产业化链条中的重要环节，是县级财政税源的基础，是解决农民买

难卖难和增产不增收的关键；另外，农业产业化经营的龙头企业具有开拓市场、赢得市场的能力，是带动结构调整的骨干力量。从某种意义上讲，农户找到龙头企业就找到了市场，龙头企业带领农户闯市场，农产品有了稳定的销售渠道，就可以有效降低市场风险，减少结构调整的盲目性。多年来，县农发办一直选准泗水县主导产业，着力加强薄弱环节建设，使农业产业化的各个链条有机连接起来。目前，泗水县龙头企业从业人数达1.6万多人，年销售收入达42亿元，实现利润3亿元。

一是通过农业综合开发产业化经营中央财政贷款贴息项目扶持龙头企业。泗水县围绕主导产业，坚持抓大放小的工作思路，走产业化之路。相继对山东田尔现代农业发展有限公司、泗水利丰食品有限公司、泗水新绿食品有限公司、泗水惠丰食品有限公司等一批龙头企业加以扶持，以此带动全县优质农产品基地建设，促进了农村劳动力就业，增加了农民收入，实现了龙头企业发展、基地拓展、农户获利的多赢局面。近3年来，产业化经营中央财政贷款贴息项目对这些龙头企业的扶持总额高达832.38万元，2013年积极争取完成对泗水利丰食品有限公司等四个龙头企业的银行贷款贴息，争取额度达416.58万元，尽管实际扶持力度资金还不高，但国家对企业的帮扶力度却逐年加大。在农业综合开发项目扶持下，一批龙头企业破茧化蝶，与农民互为依存，共生共荣，带动了泗水县特色产业向规模化、集约化方向快速发展，犹如一个"大引擎"，带动着现代农业发展，拉动着农民持续增收。

二是探索建立了产业化经营项目差异化扶持，促进高效农业产业化水平不断提高。结合泗水县实际，农业综合开发在对重点产业集中扶持的同时：首先，对生产经营县域主导产业、基础扎实的企业实行连续立项、连续投入。泗水县是地瓜生产大县，并且已经成为山区主导副业，遂将粉条产业作为农业开发重点，对省级龙头企业利丰食品有限公司申报的2万吨方便湿粉条加工项目连续3年立项扶持，累计争取农业开发资金798.18万元，分别用于扩大再生产、开拓市场、投入研发等，以新品开发拓展了增值空间，龙头带动能力进一步增强，推动了县域主导特产的经济产业化发展。其次，对起步较晚、成长性较好、带动农民增收明显的企业主抓基地建设，重点扶持新绿食品有限公司和田尔现代农业发展有限公司，近两年对其争取资金额度达313.63万元，主要用于扩建专业生产基地、投入研发、开拓国际国内市场等，初步形成龙头企业与生产基地产业链，项目区农民包生产，企业包收购、包加工，确保了企业有稳定的原料来源，农户有稳定销售渠道，化解了市场风险，实现了"培植一批龙头企业，带动一方百姓致富"的目标，企业的产品质量大幅提升，市场领域不断扩大。

经过多年的探索扶持，泗水县农业综合开发实施扶持龙头企业带动特色产业的发展战略，走出了一条山区农业产业化发展的新路子，谱写出了企业壮大、农民增收的传奇篇章。目前，全县规模以上农业龙头企业72个，其中省级农业龙头企业3个，市级农业龙头企业20个。

（二）坚持以扶持农民专业合作经济组织建设为突破口，利用项目立项和资金扶持的优势，培植、壮大一批农民专业合作社

在发展现代农业进程中为帮助农民更有效地提高应对市场竞争的能力、实现增效增收的目的，泗水县农发办积极引导农民组建专业生产合作社，发挥专业合作组织在体制、机制上的优越性，以此为抓手，推动全县专业合作经济组织发展壮大。

一是利用项目立项和资金扶持的优势，加强政策宣传，培植一批农民专业合作社。泗水县的农民专业合作社大多仍是初创时期，分散的农民、无序的竞争是市场经济条件下农业效益低下的关键所在，因此，一方面，大力宣传组建合作社的意义和作用，让广大农民认识到农业要增效、农民要增收必须着力培育市场竞争主体，把农民有效组织并联合起来，走集约化经营和产业化发展的道路。另一方面，为让农民意识到组建合作社的优越性，充分调动广大农民参与的积极性，形成"我要入社"的良好态势，大力宣传合作社产业化补助项目的成功经验，在统一认识的基础上，引导农民建立专业合作社。截至目前，全县共组建专业合作社达531个，遍布全县各个乡镇。2013年组织申报财政补助项目的专业合作社达14个之多，昭示着我县农民专业合作社大发展进入了新的时期。

二是选择了管理比较规范，管理层能力强、素质高，产业基础较好，发展空间较大，市场前景看好的农民专业合作组织，支持引导实施项目。泗水县2011年农民专业合作社财政补助项目是泗水泉圣养殖专业合作社承担的年存栏4500头生猪养殖扩建基地扩建项目，补助资金30万元。2013年产业化财政补助项目由泗水县华胥莲藕专业合作社、泗水县源泉水产养殖专业合作社、泗水县八步岭核桃种植专业合作社承担，争取财政补助资金132万元，有效带动了县域产业调优和产业化发展。在专业合作社的示范带动下，农民专业合作社成了当地农民快速增收致富的新途径，推进农业和农村经济结构的调整，提高了农业综合效益和比较效益，在构建现代农业产业体系中发挥了带动作用，成为当地推进新农村建设的强有力推手。

农民专业合作经济组织，把一家一户的小规模生产有效地组织起来，切实提高了农民的组织化程度，使农民在市场经济条件下实现了新的联合与合作，在更大范围和更高层次上实现了农业资源的优化配置，验证了农民专业合作社发展在当前新形势下具有较强生命活力和发展潜力，是现代农业发展的强有力支撑。

"稻花香里说丰年，听取蛙声一片。"拥有千年农耕历史的泗水县，通过科学实施农业综合开发，不断探索传统农业向现代农业转化的途径，找到了适合山区开发的独特路子，"开发前造势，开发中公示，开发后管护"的开发理念，激发了农民群众搞开发的积极性，也成功地变"要我开发"为"我要开发"，在全县形成了大搞农业综合开发的"大气候"。如今的泗水县，农业综合开发像一颗明珠镶嵌在山乡沃野，项目区已经真正成为发展现代农业的"孵化器"，农业增效、农民增收的"催化剂"和社会主义新农村建设的"助推器"。

搞好山区开发 提高综合生产能力 推进农业和农村经济结构 的战略性调整

烟台市农发办 于希明 高钰梅

烟台市地处胶东半岛的东部,山区丘陵多,其面积占全市耕地面积的 70% 以上,并且这部分耕地地形地貌复杂,土壤瘠薄,保水保肥性能差,农业生产主要是靠天吃饭,农业生产条件比较差,制约了农业结构的调整,制约了农业综合生产能力的提高和农民收入的增加。为此,近年来,烟台市把农业综合开发的重点转向山区丘陵开发上,加大资金投入,因地制宜,一治一条岭,一整一面坡,按照农业综合开发的有关要求,把山区丘陵建设成生态农业示范区、高效农业示范田。

一、总体思路和开发重点

总体思路是,以农民增收为目标,以推进优势农产品产业带建设、提高农业综合生产能力为主攻方向,因地制宜,创造特色,围绕区域化布局、规模化发展、基地化建设、标准化生产、产业化经营、外向化发展,加强农业基础设施建设和生态环境建设,提高农业综合生产能力;推进农业和农村经济结构战略性调整,提高农业综合效益。充分发挥项目管理优势和资金规模优势,集中力量建设一批规模大、标准高、效益好的优势农产品生产基地和加工基地,优化农业区域布局,带动全市农业和农村经济快速健康发展。

具体工作中,做到了"五个突出":一是突出以节水灌溉为重点的水利建设。干旱缺水一直是制约烟台市农业和农村经济加快发展的重要因素,在山区丘陵表现得尤为突出。经过前几年的结构调整,全市初步形成了高效经济作物产业优势和规模优势,只要解决了水利、道路等生产条件,提高了产品的产量和质量,农民增收的潜力很大。同时,通过开发治理后,农民也会自觉地进行大规模的结构调整。针对这种情况,根据当地的实际,因地制宜,通过打井、修明渠、建扬水站和蓄水池、铺设地下管道、建拦河坝等水利设施,开发新水源,改造老水源,发展节水农业，提高水资源的利用率，做到项目区水电配套，全部实行节水灌溉。二是突出产业结构调整。立足当地的资源优势、主导产业和优势农产品，围绕市场需求，积极引进农业新品种、新技术和新的管理经验，建设优势农产品产业带，做到开发一片，结构调整一片。同时把扶持产业化经营项目和与土地治理项目区的结构调整结合起来，引导龙头企业、外商和种植大户等在项目区建设各类生产基地，发展种养业，提高土地产出率，切实把项目区建设成结构调整的示范区、农民致富的"聚宝盆"。三是突出规模开发。按照流域或灌区集中连片统一规划，克服分散零散开发的现象，一治一面坡，一改一条岭，集中投入，成片开发，形成规模效益。四是突出资源节约型开发。以提高资源利用率和项目科技含量为中心，依靠科技进步，大力推广节水、节能、节材新技术，促进资源的综合利用，发展循环经济，把项目区建成节约型示范区。五是突出综合效益。既要努力提高粮食等主要农产品的综合生产能力，确保国家粮食生产安全；又要积极促进结构调整，增加农民收入。同时，加强生态环境保护，确保农业的可持续发展，实现经济、社会、生态效益的统一。

二、具 体 措 施

提高农业综合生产能力是党中央、国务院赋予农业综合开发的首要任务，是农业综合开发的立足之本和重要评价指标，也是确保国家粮食生产安全的长效措施。因此，在农业综合开发过程中，目标要瞄向提高农业综合生产能力，干劲使向提高农业综合生产能力，措施用向提高农业综合生产能力，进一步加大山区丘陵的开发力度，为保护和提高烟台的农业综合生产能力做出积极贡献。工作中，做到了"五个强化"。

（一）强化组织领导，进一步提高了对农业综合开发的认识

国家领导人在视察海南农业综合开发项目区时指出，农业综合开发着重抓好农田基础设施建设，解决农田灌溉问题，改善农业生产条件，对于保证粮食生产、增加农业效益和促进农民增收非常重要，要再接再厉地做好工作。为此烟台市高度重视农业综合开发工作，切实把农业综合开发工作牢牢抓在手上，列入工作的议事日程，定期研究解决开发工作中出现的新问题和新情况；不定期深入基层，深入开发第一线，搞好调查研究，掌握第一手资料，更好地指导开发工作；财政、水利、农业、林业等有关部门积极配合，形成了开发合力。

（二）强化科学规划，为高标准建设项目奠定了基础

按照农业综合开发的指导思想和方针政策，依据当地的国民经济与社会发展规

划、农业资源状况及农业综合开发"十一五"发展规划，立足当地实际，积极围绕农业综合开发项目建设标准，本着超前性、综合性、可行性的原则，针对制约项目区农业发展的主要因素，确立开发的重点，以重整山河的气魄，打破项目区原有的条条框框和传统模式，对项目区重新统一进行规划和设计，做到了规划起点高，可操作性强，建设内容详细具体，开发任务标准明确，集中连片，规模开发，一搞一大片，一治一条线，力争开发一片，成功一片，见效一片。

（三）强化资金投入，整合各类支农资金

山区丘陵治理难度大，开发改造需要投入大量的资金。目前，全市130多万亩中低产田，近80%是山区丘陵。以"十一五"期间为例，烟台市规划高标准、高质量改造中低产田50万亩，项目总投资需4亿多元，仅靠开发资金难以高标准完成。为此，近几年来，烟台市充分发挥农业综合开发资金"四两拨千斤"的作用，把农业综合开发资金和其他支农资金结合起来，集中投入，捆绑使用，实行"资金来源渠道不变，使用用途不变，各负其责，各记其功"，提高了项目建设的整体档次和质量。蓬莱南王山谷土地治理项目区与合作经济组织资金相结合，发展了1万多亩成方连片酿酒葡萄基地。有的项目区与建设社会主义新农村、发展旅游观光、建设生态示范区等资金相结合，有力地提高项目区的开发水平，极大地增加了农民收入。

（四）强化机制创新，不断增强开发的活力

机制创新的重点就是引入市场机制，利用市场手段，充分调动广大农民和全社会参与开发的积极性，形成人人想开发、干开发、干好开发的活跃局面。一是实行项目申报公示制。对土地治理项目，以农民要办为前提，尊重农民的意愿，在项目规划时，让农民参入，多与农民商量，扩大农民对项目的知情权和参与权。二是实行项目竞争立项机制。进一步建立健全了项目择优立项制度，实行竞争开发，切实把项目优先安排在那些想开发、会开发的地方。对一些乡镇经济实力比较强、群众开发积极性比较高、资金配套有保障的地方优先安排开发任务，全面体现先易后难的开发原则。三是实行项目预先运作机制。对已经按照开发的要求和标准，提前施工的建设单位，优先安排开发任务，形成了一种争先恐后干开发的局面。四是实行项目以奖代补制度。对一些有经营性开发收入的单项工程，如购买农业机械、建设苗圃、水利单项工程等，实行项目以奖代补制度，充分发挥了农业综合开发资金的导向作用，形成了全社会参与开发的良好局面。五是推行单项工程业主负责制。结合产权制度改革，在项目建设前，通过自愿、公开、透明的方式，对机井、排灌站等经营性单项工程，选择有条件的农户作为业主。业主获得了单项工程的使用权和

经营权，可介入工程规划、建设、运行和管护，为农户搞好服务，并从工程经营中受益。六是推行经济自立排灌区。主要是按照"谁受益、谁负担、以工程养工程"的原则，在一些条件具备、群众积极性高的地方，成立用水者协会，建立符合市场经济规则的农业灌溉管理模式和运作机制，实行水资源的合理开发和灌区的经济自立。同时，进一步完善项目的专家评审制、招投标制、项目法人制和监理制等一系列建设机制，把农业综合开发工作纳入科学化、规范化、程序化和制度化的轨道，推动了全市农业综合开发工作的健康快速发展。

滨州农业综合开发引领黄河三角洲建设

滨州市农发办 李双安 宋迎敏

滨州市位于黄河下游、鲁北平原,北临渤海湾,是黄河三角洲的核心区。全市版图面积9600平方公里,拥有海岸线240公里,黄河过境94公里,人口378万人,是黄河三角洲地区面积最大、人口最多的行政区域,是黄河三角洲高效生态经济区开发建设的主战场。在滨州市黄河三角洲开发建设的过程中,农业综合开发发挥了重要引领作用,为现代农业、特色产业发展树立了典范。

滨州历史悠久,物产丰饶,开发潜力巨大。近年来,滨州市农业综合开发围绕打造"粮丰林茂、北国江南"品牌,着力强化基础设施建设,科学开发和合理利用资源,重点改造中低产田、建设高标准农田、推进农业产业化,着力发展现代农业、特色农业、生态农业,大搞植树造林、农田水利建设、路域综合整治,扎实推进新农村建设。"十一五"以来的7年间,滨州市农业综合开发累计投入资金7亿多元,开发治理土地81.6万亩,修建防渗渠650多公里,修建桥涵闸等建筑物1万多座,新打、维修机井1600多眼,新增灌溉面积30万亩,改善灌溉面积52万亩,其中发展节水灌溉面积50万亩,农田防护林植树340万株,建成了一批优势农产品生产基地和现代农业示范区,扶持产业化经营项目86个,为黄河三角洲开发建设奠定了坚实基础并将继续为其向更高层次发展创造条件,积蓄力量,提供支撑。全市农业农村一直保持了良好的发展势头。2012年粮食种植面积300万亩,总产达到311万吨,实现"十连增";棉花种植面积199万亩,总产量15.17万吨,实现恢复性增长;蔬菜面积50万亩,总产量达190万吨,增长3.3%;水果总产量达113万吨,增长9.3%;农林牧渔增加值189亿元,增长5.1%;农民人均纯收入实现10047元,突破万元大关。

一、农业综合开发助推现代农业提质提速

现代农业要发展,基础设施是关键。多年来,由于滨州市农业基础条件比较脆

弱，部分水利设施老化失修，抗御自然灾害能力较差；加之，黄河三角洲地理特性，土地盐碱化程度高，一半以上的耕地为中低产田，地块零碎，机械作业困难，发展现代农业受到限制。而自国家实施农业综合开发以来，逐步实施中低产田和高标准农田建设，为大力发展集约化、规模化、标准化生产，建设现代农业创造了条件。特别是我们始终把土地治理作为黄河三角洲农业综合开发最基础、最关键、最重要的一环，把增强抵御和抗拒自然灾害的能力放在第一位：一是改善土质条件。针对部分土地土壤盐碱化程度较高、有机质含量较低、耕地质量差等问题，大力开展以耕改碱、以水压碱、以肥消碱的工作，逐步提高了地力。2013年，农业综合开发项目区粮食亩产达到1100公斤以上，比开发前提高了270公斤。二是完善排灌设施。在科学规划、合理布局的基础上，加大投入，修渠挖沟，特别是在项目区，大力发展节水灌溉技术，实现了旱能浇、涝能排的目标。邹平县九户镇从2009年开始，连续三年实施高标准农田建设项目，投资资金6900万元，把5万亩耕地全部建成成方连片高标准粮田，年新增粮食生产能力1000万公斤，直接受益农民年纯收入增加510万元。农作物轮灌期由开发前的15天，缩短到8天。三是优化种植结构。在改盐治碱、修渠挖沟的基础上，我们引导和鼓励广大农民改变种植习惯，以种植棉花为主改为种植粮食为主，从而不断增加收入。无棣县农业开发项目区棉改粮后，由原来亩产籽棉150多公斤，变为亩产小麦、玉米700多公斤，亩增纯收入500多元，同时也为国家"渤海粮仓"建设做出了积极贡献。四是建设标准化方田。土地治理项目区修建高标准生产路，全部建成方田，便于机械化生产作业，耕、种、收全部实现机械化。五是鼓励集约经营。2012年，山东博农农业发展有限公司根据国家农业综合开发政策和高标准农田示范工程建设的要求，流转土地1万亩，承担实施万亩高标准农田示范工程项目，实现了良种标准化生产。2013年又流转1.3万亩。根据公司规划，将以农业综合开发工程项目为基础，经过3~5年的努力，流转土地10万亩，选育或引进农作物新品种8~15个，尽快建成山东省骨干种子企业。

二、农业综合开发推动特色产业蓬勃发展

多年来，滨州市农业综合开发通过实施产业化经营项目，打造区域特色产业，完善现代产业体系，形成了产业聚集度高、经济效益好的优势产业区和经济隆起带，促进了区域化布局、专业化生产、规模化经营新格局的初步成型。比如我们充分发挥粮棉油产业优势，重点发展优质麦、专用玉米、优质水稻和可防性抗虫杂交棉、彩色棉等优质高效品种，努力建设全国优质粮棉基地，取得了显著成效。滨州泰裕麦业公司在农业综合开发政策扶持下，推广优质麦70万亩。他们采取合同订单的方式，免费统一供应优质小麦种子，统一免费播种和统一免费收割，并且在回

收小麦时参考当时小麦的市场价格加价10%全部回收，农民平均每亩地多收入300多元。沾化县适应冬枣产业发展的新形势，紧紧围绕农业综合开发的整体规划和布局，充分利用上级扶持政策和资金，"转方式、调结构"，不断拉长产业链条，提高产业抗御市场风险能力。目前，全县建成冬枣保鲜库1万多座，总储存保鲜能力达10万多吨。沾化浩华果汁冬枣深加工项目于2007年竣工投产，年可消化冬枣8万吨。目前全县已建起浩华果汁、金益园食品、国红枣业等40多家枣制品深加工企业，已研制和生产出了冬枣粉、冬枣汁、冬枣醋、脆冬枣、冬枣干红等产品，有效拉长了沾化冬枣产业链条。在畜牧产业发展方面，阳信县紧紧抓住农业综合开发的机遇，围绕"拼搏赶超求跨越、争先进位建强县"的总体目标，"远学江浙、近学邹博"，有力地促进了畜牧业发展，截至目前，存栏肉牛26.1万头，羊18万只，猪45万头，禽650万只，在2011年第六届中国牛业发展大会上，阳信被评为国家级肉牛标准示范县和全国适度规模化母牛养殖示范县。

三、农业综合开发推动龙头企业和合作组织方兴未艾

几年前，滨州市龙头企业聚集效应和带动能力比较差、加工产品档次低，大市场与小生产的矛盾比较突出，农民专业合作社运作不规范、市场开拓和承担风险能力弱，对农户带动作用不明显。但近几年来，随着农业综合开发力度的不断加大，一批国家级、省级、市级产业化龙头企业脱颖而出，新增加工能力1.2亿吨，储藏能力30万吨。截至2012年底，市级以上农业龙头企业发展到366家，其中国家级4家、省级61家、市级301家，农民专业合作社发展到2227家。发展现代农业示范园区71家，园区面积达到24万亩，产值突破百亿元。建标准化养殖场1350个，标准化种植养殖基地面积达到210万亩。无公害、绿色和有机食品认证达到327个。山东芳绿农业科技有限公司，是一家以发展食用菌为主的农业龙头企业。从2010年起，农业综合开发先后3次安排项目，争取政策性贷款3500万元，财政贷款贴息310万元，为企业发展增添动力和活力，帮助企业从小到大、从弱到强，发展到现在，已带动山洞栽培珍稀食用菌1.5万平方米，林间栽培食用菌3000余亩，大棚植菇基地20万平方米。带动食用菌专业户6000余户，年消耗农作物秸秆及农副产品下脚料10万余吨，为农民直接增收近30亿元，间接带动农村万名妇女实现就业。2009年10月17日，原党中央总书记、国家主席胡锦涛视察公司，对企业利用农作物秸秆等农业废弃物发展食用菌生产，带动农民致富的做法给予高度评价，并勉励企业："继续加大科技投入，切实搞好生产经营，为农民群众走向市场架起桥梁，帮助更多乡亲增收致富奔小康。"

四、农业综合开发促进农业科技水平迅速提升

滨州市农业综合开发始终把科技应用作为重要建设内容，不断加大投入，项目区科技推广能力显著提高。据调查统计，农业新技术普及率、良种覆盖率达100%，农业科技含量达70%，农业科技贡献率为60%以上。项目区每年培训农民50万人次，受训农民达28万人，农业科技含量和农民的科学文化素质普遍提高。博兴县国丰高效生态农业发展公司，利用先进的物联网应用技术，建立农产品安全追溯管理控制中心，对大棚蔬菜从种植到销售整个过程的全程监控，使消费者达到了真正意义的安全放心。为加大对这一技术的推广应用，2012年，为该公司安排了2000亩的中低产田改造项目。项目将按照建设高标准农田的要求，结合物联网技术，建成基础设施一流、科技领先、高效生态、环境优美的现代农业示范园区。

关于完善农业综合开发产业化项目两大实施主体管理与扶持措施的调研报告

济南市农发办 李延辉 房兆军

农业综合开发产业化经营项目中两大实施主体为农业产业化龙头企业和农民专业合作社。为了更好地分析研究当前农业综合开发扶持与管理产业化经营项目面临的形势和任务，有针对性地提出完善济南市农业综合开发产业化经营项目中两大实施主体管理与扶持措施，通过调研，对近3年来济南市农业综合开发产业化经营项目实施情况进行分析，提出问题及建议，为下一步农发工作更好的服务。

一、济南市农业产业化实施主体发展基本情况

截至2012年底，济南市在工商部门注册的农民专业合作社达3973家，其中国家级示范社7家、省级180家、市级360家；规模以上农业龙头企业473家，其中国家级4家、省级43家、市级366家。济南市以资源禀赋、地理环境、区位优势为基础，遵循要素集成、产业集约进行分类指导、区域协调，逐渐形成了以省会都市农业圈、南部山区生态观光农业带、中部平原特色精品农业带、北部设施高效农业带等"四大"农业产业区域板块。

二、农业综合开发产业化项目实施主体投入及效益

（一）全力争取上级支持，不断加大产业化项目扶持力度

2011~2013年，在国家和省大力扶持下，济南市共立项实施国家和省级农业综合开发产业化项目55个，其中国家财政补助项目30个，贷款贴息项目20个，省级产业化项目5个。3年来，济南市国家和省级产业化项目各级财政资金共投入

3712万元，带动两大实施主体——农业龙头企业和农民合作社自筹资金4039万元，拉动银行贷款投入7.13亿元。真正起到了"四两拨千斤"的杠杆作用。

图1、图2分别是济南市2011~2013年国家产业化项目县（市）区实施数量分配柱形图与财政扶持资金分配扇形图。

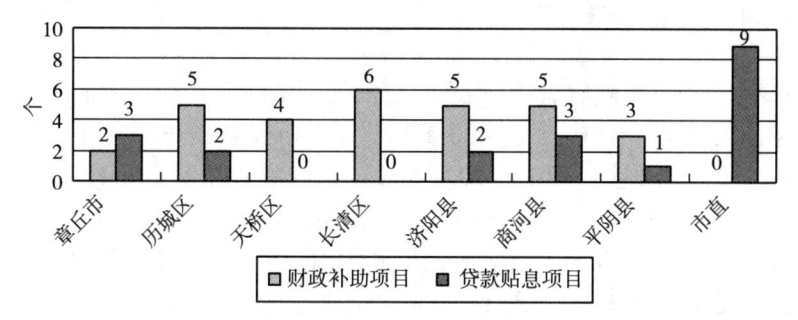

图1 2011~2013年济南市国家农业综合开发产业化项目各县（市）区实施数量分配

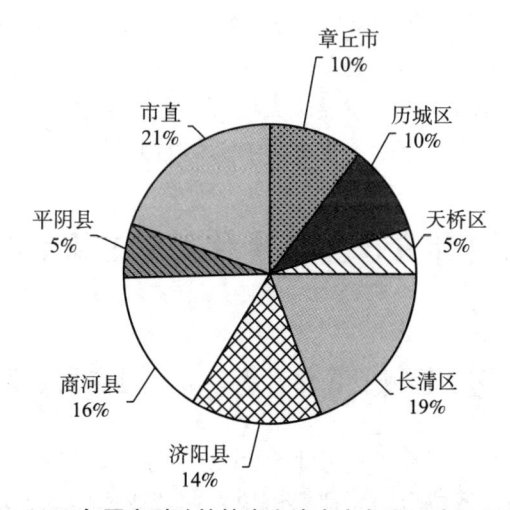

图2 2011~2013年国家财政扶持资金济南市各县（市）区分配扇形图

3年来，济南市农业综合开发将本地特色优势农业产业作为产业化项目的扶持重点，从建设高标准种植（养殖）基地、提升特色农产品深加工能力，到规范经营管理、提高科技水平等各个环节，加大了对特色优势农业产业的投入，有力地促进了历城、济阳设施蔬菜果品、商河设施花卉葡萄、章丘山区核桃、平阴鸡腿菇、玫瑰、天桥有机鸡蛋肉牛、济阳金针菇、徒河黑猪以及饲料加工、农副产品收购、流通等本地优势特色农业产业的发展。

通过55个国家和省财政补助、财政贴息产业化项目的扶持实施，农民专业合作社和农业龙头企业两大实施主体生产经营能力大幅提高，项目年增加产值10679万元，实现利润2194万元。年增加793.8万公斤蔬菜果品、353万株花卉种苗、35300头畜禽的种植（养殖）规模，以及年产39500万公斤粮油、1450万公斤果蔬、2000万公斤牛奶、310万头（只）畜禽、60万株花卉种苗的生产加工能力，扶大扶强了农民专业合作社和龙头企业，有效促进了农民增收。

（二）设立市级农业开发产业化项目，积极支持"第一书记"帮扶项目，推动产业化发展

按照济南市委、市政府对"三农"工作的总体部署，济南市财政局党委、农发办高度重视农业产业化项目，自2011年起设立市级农业开发项目，积极拓展推动济南市农业产业化发展。2011~2012年实施市级农业开发项目41个，扶持投入市级财政资金1002万元，有力推动了全市现代农业园区和农业产业化的快速发展。如市中区石崮寨村集体山地原本是济南近郊破损山体，生态破坏严重，农民自发成立都市农业生态园，种植干鲜果品，但是由于缺乏质量检测设施，农产品质量无法保证。通过实施"市中区石崮寨10万公斤优质农产品质量检测设施项目"，每公斤农产品均价提高5.6元，年增加收入56万元，人年均增收2000余元。同时结合当地村民生产生活需求，大力扶持实施了一批"第一书记"包村帮扶项目，通过修路、打井、发展节水灌溉、修建设施大棚等工程，促进当地农村经济的发展，积极拓展农业综合开发的扶持范围，提升了农业综合开发在社会中的影响力。

三、农业综合开发产业化项目实施主体的管理及督导

（一）狠抓实施主体管理，强化督促指导，设立项目建设跟踪检查制度

济南市农发办及时加强产业化项目工作的领导，要求各县（市）区农发部门明确职责，密切配合，形成合力，研究解决农业产业化项目工作中的重大问题。督促各县（市）区根据本县农业产业化项目发展特点和要求，制定发展规划，明确长远目标和阶段性工作重点。市农发办资金管理处不断深化项目管理，制定实施《济南市农业综合开发产业化项目执行管理操作规程》，明确各县（市）区开发、财政及项目承担单位的主体责任职能，规范细化项目管理操作程序，严格执行上级有关政策、规定及管理制度，设立项目建设跟踪表制度，自下达项目建设计划后，以电子报表及纸质材料形式，每季度对项目建设进度调度一次，同时不定期进行现场检查督促，确保项目顺利安全实施。

（二）以两大实施主体为着力点，重点打造现代农业产业园区

通过产业化项目的实施建设，促进了济南市农业产业化龙头企业和农民专业合

作社两大实施主体的健康发展，壮大了县域农业实体经济，发挥了项目示范、辐射、引领所用。截至 2012 年底，济南市已建成农业特色优势产业品牌基地 34 个，全市累计认证"三品一标"达 596 个，观光休闲农业形成年接待游客近 1100 万人次的产业规模。历城、天桥以发展蔬菜果品、观光农业为着重点；章丘着重发展龙山小米等小杂粮绿色生态农业区和章丘大葱、明水香米的高端高效农业区以及淡水养殖鲜活农产品聚集区；济阳、商河作为省会城市和全国重要的粮食、蔬菜生产基地建设形成"曲堤"牌黄瓜、"仁风"西瓜、"垛石"牌西红柿等市级现代农业特色品牌基地 9 处，瓜菜大棚超过 12 万个，形成了"一镇一品"的特色农业发展格局；平阴依据历史传统形成"玫瑰花、畜牧、蔬菜、林果"等优势主导产业；长清的茶叶、油菜花优势特色产业初具品牌规模，发展势头强劲。

四、问题及建议

当前，农业产业化工作中仍然面临不少困难和问题，主要体现在：

一是贷款贴息项目实施主体中，由于农民专业合作社较龙头企业的生产规模和贷款规模相对偏小，按现行项目规定没有申报资格，不利于农民专业合作社的发展壮大，济南市近 3 年的贷款贴息项目实施主体全部是农业龙头企业。专业合作社作为农业产业化项目实施主体之一，应列入国家贷款贴息项目扶持范围，以激励小额贷款的农产品收购和固定生产设施建设。二是贷款贴息项目以加工项目居多。近 3 年来济南市实施的 20 个国家贷款贴息项目中，仅 3 个项目是固定资产贷款的建设项目，由于固定资产贷款贴息项目偏少，且该类项目对长期效益发挥起着促进作用，建议降低固定资产贷款贴息项目的立项标准，加大固定资产贷款贴息项目的支持力度。三是国家农业综合开发产业化财政补助项目自筹资金所占投资比重偏大，明显制约了产业化项目的发展，建议参照土地治理项目自筹资金比例，对产业化财政补助项目自筹资金所占投资比重进行大幅调减。四是农村中存在的农民专业协会，如世行三期项目成立的各种农民专业协会，已具备产业化项目实施主体的基本条件，建议纳入国家产业化项目扶持范围。

当前，农业综合开发产业化经营项目实施取得良好的效果，在项目申报立项、实施和检查验收等各个环节的管理工作日臻完善。通过实施产业化项目，将农业综合开发产业化在农业基础建设方面的程序，提升到农业增效、农民增收、农村发展的更高层次上来，实现了良好的示范辐射和带动效应，在整个农业综合开发中起到了"提档升级"的重要作用。同时产业化项目的实施代表着现代农业的发展方向，具有强大的生机和活力，是从根本上解决农业发展的重要途径。

广饶县农业综合开发25年回顾与展望

广饶县农发办　贾延杰　聂　静

农业综合开发是国家支持和保护农业发展的有效手段，是巩固和加强农业基础地位的重要途径，是提高农业综合生产能力的关键措施，是促进农业可持续发展的重要推动力。广饶县自1988年被国家列为第一批重点农业综合开发项目区，至今已有25年。25年农业综合开发走过了光辉的历程，取得了累累硕果，农业生产条件得到改善，农民从中得到实惠，农业综合开发已成为县政府投资农业的主渠道、农田水利和农田林网建设的主战场、农业产业化发展的生力军，为广饶县农业和农村经济发展做出了积极贡献。

一、主要成效

广饶县自1988年实施农业综合开发以来，经历了由开始时以改造中低产田为主，转到土地治理推进农业产业结构调整，再提升到高标准农田建设和促进社会主义新农村建设的阶段，累计已投入开发资金42920万元。

一是加强了农业基础设施建设，改善了农业生产条件，为确保粮食安全发挥了中坚作用。

通过农业综合开发，重点加强了农业基础设施建设，主要进行农田水利设施的配套工程，建设了排水治碱的灌排体系，重点建设了以硬化渠道为主的节水工程，生产条件进一步改善，农业生产能力进一步提高。节水工程的建设，大大缩短了灌溉周期，节约了用水，给老百姓节省了浇水成本。25年共疏挖修建沟、路、渠10569条，全长7725.9公里，完成土方5415.64万方，建设建筑物10652座，更新和新打机井3623眼，建防渗管道782.88公里，衬砌防渗渠94.68公里，购喷灌机53台，安装滴灌设施48套，建育苗温室75000平方米，建蓄水量400万立方米水库1座，植树874.48万株。

二是扶龙头建基地，促进农业结构调整，在发展农业产业化上发挥了生力军作用。

25年来,广饶县农发办根据广饶优势产业和特色产业的发展,重点培育了驰中、半球、凯银等一批市场占有率高、带动力强的农业龙头企业;扶持了光聚、开元等一批发展前景好、效益突出的农业企业集群;发展了广饶圣源优质棉种植农民专业合作社;建设了一批优质粮食、蔬菜生产基地。推动了农业结构调整,农民增收步伐不断加快。

三是加大科技投入,提高项目建设标准,在发展现代农业中发挥了领跑者作用。

始终把科技作为提升广饶农业综合开发水平的重要内容来抓。加大农民科技培训,培育新型农民。每年培训农民约6000人次,同时让农民走出去,到山东农业大学、青岛农业大学等大专院校接受培训,让项目区农民成为带动农村发展的引路人,极大地推动了农村经济的发展。大力引进新技术、新品种。在项目区引进示范了一大批农业上的新技术,如测土配方施肥和引进了一大批农作物新品种等,通过科技投入,用新技术改造传统农业,项目区的科技水平有了很大提高,同时提高了农作物的产量,改善了农产品的质量。

四是项目区的综合效益明显提高,促进了农村经济发展和社会稳定。

实施农业综合开发25年来,广饶县共实施农业综合开发项目107个,总投资42920万元。其中实施土地治理项目67个,投资29138万元。开发荒碱地24万亩,改造中低产田51.4万亩,建成农业现代化示范区5万亩,老项目区改造1.5万亩,高产科技开发20万亩,高标准农田2万亩;实施多种经营项目40个,投资13782万元。通过农业综合开发项目的实施,粮食总产增加23.92万吨,蔬菜386.5万吨,增加农副产品加工能力109.6万吨,农业总产值增加75588万元,林木覆盖率由8%增加到23.8%,农业综合开发对广饶县现代农业发展起到了至关重要的作用。

二、经验做法

(一) 以基层需求为导向,科学规划提报项目

本着因地制宜、科学规划、择优立项、规模开发的原则,在项目安排上,充分尊重民意,在村民自愿同意开发的前提下,由乡政府提出开发申请,县农发办通过现场考察,择优推荐到上级项目库,协助做好了项目立项工作;在项目布局上,根据项目区具体特点,井灌区实行井、电、泵、房、输水管道、农田林网全面配套,河灌区实行沟、渠、路、林及建筑物配套,达到旱、涝、碱、薄综合治理,确保了

项目区"旱能浇、涝能排、渠相连、路相通",并与保护生态环境相结合,促进了农业可持续发展。

(二) 以制度化管理为抓手,努力提升项目质量

紧紧围绕工程建设,大力推行"专业化设计、标准化施工、全程化监理、多元化管护"的管理模式,努力完善并执行规划实地踏勘制度、项目设计专家评审制度、项目内容公示制度、项目土建工程招投标制度、项目建设监理监管制度、项目验收分级负责制度、资金使用县级报账制度、项目建设管护责任制度。健全质量监管体系,通过政府招标,公开选择有专业资质的监理队伍,监理工程师进驻工地,实行全程监理;县农发办领导分片包干、业务人员落实项目区责任制;乡镇选派专业水利技术员,项目受益村组选派品行正、威望高的党员干部和村民参与工程监督,保证项目实施质量,确保惠民实事惠民心。

(三) 以健全管护机制为重心,确保项目的后续有效运行

明确工程产权,建立管护制度。针对农业综合开发工程种类较多、工程规模大小不一、使用资金性质不同的特点,项目验收合格后,按照以"属地管理为主、跨区管理为辅"的原则,及时和有关单位、村办理了固定资产移交手续,明确了工程产权和工程管护主体,落实管护责任人。同时针对各类项目工程的不同特点,制定了相应的管护规章制度、管护人员责任制度以及管护人员考核奖惩制度。积极探索和推进市场化管护运作方式,筹措落实管护经费,保持工程良好运行。通过各项制度的建立,明确了工程管护内容、标准和要求,逐步实现了项目工程管护工作的制度化、规范化,确保了工程长期正常运行。

(四) 以创新工作思路为主线,不断提高农业开发工作成效

把农业综合开发与发展现代农业、建设社会主义新农村、农业产业化以及"三网"绿化工程等结合起来,发挥农业开发的更大效益。工作中,把抓田间工程配套与抓农田林网建设、农村环境整治、测土配方施肥结合起来;抓土地治理与产业化项目建设、农产品基地建设、标准化生产、农民专业合作社建设结合起来;把抓科学技术知识培训与倡导乡村文明结合起来,充分体现了农业综合开发的综合投入、综合治理,达到综合效益,努力实现治理一片土地,建设一片村庄,兴起一个产业,致富一方群众的目标,努力推动广饶县社会主义新农村建设。

三、前景展望

农业综合开发是政府支持保护农业发展的一个重要手段，是稳定增加农业投入、确保粮食安全和主要农产品供给、构建现代农业产业体系、建设社会主义新农村的重要措施，也是现阶段政府直接投资农业生产的主渠道。广饶县中低产田和其他农业资源丰富，开发潜力巨大，随着国家经济实力的增强，对农业开发的投入逐年增加，投资标准越来越高，政策越来越优惠，广饶县农业综合开发向深度和广度进军的前景广阔。今后一段时期广饶县农业综合开发的总体思路是：坚持以科学发展观为指导，深入贯彻中央和省委关于农业、农村经济发展及农业综合开发的方针政策，全面落实国家农业综合开发的各项部署，立足本地农业农村中心工作，以农业增产、农民增收和粮食安全为目标，把确保粮食安全、增加农民收入、培植壮大财源放在突出位置，按照"两个聚焦"要求，以发展粮食生产为重点，以优势农产品的产业化为主攻方向，按照"区域化布局、规模化开发、基地化建设、标准化生产、产业化经营、外向化发展"的总体思路，着力加强农业基础设施建设和生态环境建设，提高农业综合生产能力；着力推进农业和农村经济结构的战略性调整，提高农业综合效益；努力推进完善农业和农村经济运行机制，提高农业竞争能力。为推进广饶县实施"黄蓝"两大国家战略、实现"两个率先"奋斗目标做出积极贡献。围绕上述总体思路，重点抓好以下几方面：

（一）加强高标准农田建设，稳定提高农业综合生产能力

"十二五"期间，全县农业综合开发要着力建设 10 万亩"旱涝保收、高产稳产、节水高效"的高标准农田，年新增粮食 1300 万公斤，为确保国家粮食安全做出贡献。

（二）大力扶持龙头企业，进一步提高产业化水平

充分发挥农业综合开发产业化经营项目作用，运用有无偿结合、财政贴息、投资参股经营等方式，对带动能力强、产品竞争力强、发展前景好的重点龙头企业进行重点扶持。要积极做好项目的前期工作，争取国家的更多支持。

（三）突出抓好示范区建设，引领现代农业和新农村建设

充分发挥农业综合开发资金和项目管理优势、农林牧水综合优势，为推进现代

农业、建设新农村起到标杆作用。在土地治理项目区选择上，重点突出水土资源丰富、投入产出比较效益高的未开发地片，以及乡镇领导重视、当地农民积极性高的区域。经过几年努力，形成几片十万亩规模的高标准项目区。要下大力谋划、设计、建设好典型项目区，提高单位面积投资标准，真正建出特色，成为亮点。适应新农村建设的需要，按照循环经济的理念，将项目工程建设与优势特色基地建设、道路硬化绿化、农民培训等有机结合起来，为全县的农业现代化建设发挥示范带动作用。要加强与大专院校和科研单位的联系，将项目区作为科技成果有效的转化平台，不断提高项目建设的科技含量。

（四）创新投入机制，打造资金整合平台

不断增加资金投入，在积极争取国家省市投资的同时，足额落实本级配套资金。充分发挥财政资金的导向作用，广泛吸引社会资金投入农业综合开发。要按照"统筹规划、渠道不乱、用途不变、优势互补、各记其功、形成合力"的原则，以农业综合开发项目为平台，多渠道增加开发投资，发挥支农资金的聚合效应。要逐步建立改善农业生产条件的长效机制，引导农民、企业和社会资金自觉增加对农业的投入。

回顾 25 年开发路　振兴德州看今朝

德州市农发办　刘梦令

1988 年，德州市被列为全国首批农业综合开发项目区。德州市始终围绕提高农业综合生产能力、促进农民增收和财政增长这个中心，不断加大农业综合开发力度，取得了令人瞩目的成就。25 年来共投入资金 24 亿元，改造中低产田 415 万多亩，开垦各类荒地、沙地 40 万亩，创建和扶持多种经营及产业化经营项目 228 个。25 年后的今天，已进入多元化社会，因此，农业开发工作要适应新形势，谋求新发展、实现新突破，推动德州市农业综合开发工作再上新台阶。回顾 25 年开发路，主要经历了三个发展阶段：

1988~1993 年为第一阶段。为了突破农业生产特别是粮食生产徘徊不前的局面，实现农业形势的根本好转，国务院决定自 1988 年开始专门设立土地开发建设基金（后改为农业综合开发资金），专项用于农业综合开发。从此，我国有组织、有计划的大规模农业综合开发拉开了序幕。这一时期开发的主要内容是，重点通过山水田林路综合治理，进行大面积的中低产田改造，同时依法酌量开垦宜农荒地，确保粮棉油等主要农产品的产量稳定增长。

1994~2002 年为第二阶段。这一时期的开发内容是，把农业增产和农民增收有机结合起来，在坚持以改造中低产田为重点、适量开垦宜农荒地、提高农业综合生产能力的同时，搞活多种经营，发展养殖业，加大对优质高效经济作物的扶持力度，提高农业种植效益。

2003 年以来为第三阶段。这一时期，农业综合开发适应农业发展新阶段的要求，在指导思想上实行了两个转变，一是由过去改造中低产田和开垦宜农荒地相结合，转到以改造中低产田为主，尽量少开荒甚至不开荒，把提高农业综合生产能力与保护生态环境有机结合起来；二是由以往追求增加主要农产品产量为主，转到调整结构，依靠科技进步，发展优质高产高效农业上来。此后，根据农业和农村形势的变化，对"两个转变"做了进一步的深化和延伸，强调坚持"两个着力、两个提高"的方针，即以农业主产区为重点，着力加强农业基础建设和生态环境建设，提高农业综合生产能力；着力推进农业和农村经济结构的战略性调整，提高农业综合效益，增加农民收入。

从农业综合开发的机构调整，不难看出国家对农业开发工作越来越重视：（1）工作机构，1988年只是一个由农业、水利、林业、农机抽调人员组成的临时机构，单位名称叫"黄淮海平原农业开发领导小组办公室"。随着农业开发在农业基础建设中发挥越来越重要的作用，到1990年转为正式机构，后来更名为"农业综合开发办公室"。（2）开发内容，由于刚刚开始搞开发，项目比较多，也比较乱，既有利用国家农发资金搞的内资项目，也有利用世行贷款的外资项目，既有中低产田改造，也有荒地和盐海滩涂开发、草场建设、枣粮间作、低产果园改造以及蔬菜基地和农副产品加工等项目，财政资金较少，摊子铺得较大，农业开发项目区建设的整体标准不高。到第二阶段农业综合开发的重点集中到中低产田改造上，同时围绕主导特色农产品开发和农副产品加工，增加了"种养加"专项贷款项目和多种经营项目。德州市由于严格项目和资金管理，狠抓标准质量，项目建设从外在形象到实质内容都达到了高水平，涌现出一大批各具特色的高标准示范项目区，市政府多次在项目区召开农业、林业、水利和农业开发现场会。在省和国家组织的多次检查验收中均取得较好成绩，在省政府召开的全省农业综合开发工作会议上，分管副市长做典型发言。从2003年开始，国家加大了投资力度，提高了单位投资标准，农业综合开发资金更"实"。适应新形势新任务的需要，德州市围绕发展特色农业、高科技农业、高效农业、产业化农业，加强基础设施建设，扶持骨干龙头企业，发挥农业综合开发在发展现代农业、建设社会主义新农村中的示范带动作用。狠抓了农发队伍的建设和农业开发工作机制创新，加强对外宣传沟通，激发调动了各级各方面的开发积极性，增强了工作动力和活力，促进了全市农业综合开发工作跃上新的台阶。

就目前德州市的农业开发现状而言，也存在着一些不足之处，存在的主要问题：一是资金投入机制中农民投资投劳政策落实较困难，涉及减轻农民负担及启动一事一议事宜；二是工程项目建设容易管护难，由于物价水平、劳动力成本的提高，项目区管护薄弱是一个普遍存在的问题。在今后的工作中应重点把握以下几个方面：

1. 转变开发理念，拓宽开发思路。现在的农业开发要逐步向多元化、立体化农业发展，向绿色农业发展，不能只停留在项目区的基础设施建设上，仅仅满足于沟、渠、路、林、桥、涵、闸相配套，满足于田成方、林成网、旱能浇、涝能排等这种基本农业建设上，而要寻找自己的优势和特色，形成适合德州市农业现状，具有德州市特色的开发模式。在工作思路的确定上，注意搞好"两个结合"：一是上级农业开发政策规定与德州农业发展的实际结合，在农业开发中注重发挥德州的资源优势，突出德州的地方特色；二是市委市政府要求与农业开发的部门实际结合，注意发挥部门优势，积极服从服务于当地农业和农村经济的发展大局。坚持以人为本，把为农民群众造福作为农业开发工作的出发点和落脚点，正确处理好开发成绩与农民利益之间的关系，始终把农民群众的切身利益放在首位。在工作做法上，力争创新，实现突破，立足于可持续发展，把维护人与自然和谐，实现可持续发展作为农业开发的重要方面。以科学合理开发利用水资源为重点，因地制宜，普及管道节水。在高效农业和设施农业项目区积极发展喷、滴、微灌技术、膜下灌技术，把项目区建成高标准节水示范区。同时搞好项目区的生态环境建设，水田林路村综合治理，大力发展循环农业和有机农业，加大科技投入力度，不断提高农业综合开发的科技含量。

2. 创新机制模式，增强开发工作的活力。一是坚持竞争立项，严格奖惩措施。全面推行了项目竞争申报制，各类开发项目逐级向上申报，择优选项，提高立项的准确性，调动各级的开发积极性。二是积极推行农业开发土建工程县级招标制。对大型土方工程、桥涵建设工程在县级范围内通过公开竞争，进行公开招标，择优选定施工队伍。三是强力推进县级财政资金报账制。加强对各类开发项目县级报账制执行情况的监督检查，及时发现和解决存在的问题。四是积极推行项目工程监理制和工程质量承诺制。公开招标确定监理公司，保证施工质量。参与项目建设的施工单位必须要与县级农开办签订工程建设合同，对工程建设的质量、标准和完成时限做出承诺，实行合同化管理，按市场规律运作。五是完善工程管护机制，确保工程效益的发挥。明确产权和管护主体、权利和义务，使农业开发工程都能够长久发挥效益。

3. 提高开发科技含量，推动农业科技进步。农业综合开发要不断加大对科技方面的投入比重，在项目区大力推广优良品种和先进适用的农业技术，尤其是发展节水灌溉和旱作农业、优质高产高效农业，以及农产品储藏、保鲜、加工等技术。积极开展农民技术培训，提高农民的科技素质。同时，实施一批农业专项科技示范项目和农业现代化示范项目。这些"点面结合"的措施，既促进项目区农业科技进步，又为全面提高我国农业发展的科技水平起到示范和带头作用。

4. 加强开发队伍建设，提高业务整体水平。一是加强和改进机关学习。坚持定期学习制度，组织干部职工认真学习政治理论，以及法律、科技、管理知识。激发和调动党员干部的学习积极性，促进干部素质的提高。二是搞好业务培训。每年都对全市农业开发系统业务骨干和项目乡村有关人员进行集中业务培训，提高农发人员的综合素质。三是组织外出考察。各县（市、区）开发办要"走出去"，通过参观学习、取长补短，把先进、适用的开发经验"引进来"，推动开发工作再上新台阶。因此，要做好开发工作，必须加大培训力度，强化业务素质和工作技能的提高，老同志要做好传帮带的作用，对年轻同志的新想法、新思路、新观点，要支持、要帮助、要鼓励，年轻同志更要向老同志学习，尽快熟悉业务，担当起开发工作的重任，迎接新形势下开发工作更严峻的挑战。

当前，我国正处在全面建成小康社会、加快推进社会主义现代化进程的关键阶段，处在积极发展现代农业、扎实推进社会主义新农村建设的重要时期。我国农村正在发生前所未有的深刻变革，农业多种功能开始日益凸显，农业生产经营方式明显转变，农村经济结构深入调整，农村社会结构快速变动，农民思想观念深刻变化。这些都要求农业综合开发必须进一步解放思想，与时俱进，深入学习实践科学发展观，以改革的精神破除一切影响和制约农业综合开发科学发展的体制和机制性障碍，全面提升农业综合开发水平，牢固树立科学发展的开发理念，再创德州市农业综合开发工作的新辉煌。

济南市农业综合开发现状与思考

济南市农发办 丁 颖 杜国庆 赵维山

济南市南依泰山,北跨黄河,地势南高北低;地形分为北部临黄带,中部山前平原带,南部丘陵山区带;境内河流主要分属黄河、小清河、海河三大水系,湖泊有大明湖、白云湖等;属温带季风气候,日照充分,降雨偏少,年内分布不均;地形地貌差别较大,地势复杂,南部丘陵山区,坡度较大,土壤干旱贫瘠,保肥保水能力低,有机含量少。引黄灌区,地势平坦,沟渠纵横,水源充沛,地力较肥,但灌排工程老化、损坏、淤积严重。

全市总面积8177平方公里,市区面积3257平方公里。现辖历下、市中、槐荫、天桥、历城、长清6区,平阴、商河、济阳3县及章丘市。耕地面积549万亩,总人口606.64万人,其中农村人口264.74万人。

一、济南市农业综合开发现状

(一)农业综合开发取得的主要成效

济南市是实施农业综合开发最早的地市之一。自1988年实施农业综合开发以来,全市累计完成投资15亿元,治理农田260万亩,扶持农业产业化经营项目130个,项目覆盖全市74个乡镇、办事处,受益农民达150万人,年新增粮食生产能力4.5亿公斤,新增农产品加工能力2.5亿公斤,较非项目区年人均增收500余元。

一是农业生产条件极大改善。农业综合开发实施过程中,各县(市)区把节水灌溉作为项目建设的重中之重,井灌区全面发展PVC低压管道,引黄灌区重点发展衬砌渠道,有条件的实现井灌河灌双配套。目前全市项目区已实现节水灌溉面积150万亩,其中低压管灌100万亩,引黄防渗管道45万亩,微喷滴灌5万亩,扩大和改善灌溉面积200万亩。

二是优化了农业生态环境。项目区共营造农田防护林 11.5 万亩（折实），林木覆盖率提高了 2.4 个百分点，对防风固沙，涵养水源，改善田间气候发挥了极大作用。通过实施整地改土，秸秆还田和配方施肥，改良土壤 120 多万亩，提高项目区土壤的保肥保水，供肥供水能力。通过推广使用有机肥、推广病虫害综合防治措施，减少了污染，促进了有机农业、绿色农业的发展。

三是推动了科技进步。几年来，农业综合开发扶持和配套县乡农业社会化服务组织 50 个，完成县乡农技服务体系建筑物 3 万平方米，购置各种仪器设备 250 台（套），培训农民 30 万人次，建设了 30 处各具特色的农业科技示范区。

四是促进了农业结构调整。农业综合开发在搞好基础设施建设的同时，以市场需求为导向，围绕"三创一收"，在培植和发展主导产业和主导产品上下功夫。近几年，项目区发展规模品牌基地 30 余处，例如，济阳县 10 万亩有机水稻、西瓜基地；历城区 5 万亩大棚蔬菜、草莓基地；章丘市 15 万亩大葱基地；长清区立体种植；平阴县万亩玫瑰基地；商河县 10 万亩大蒜基地；天桥区冬枣黄金梨基地等都形成了规模。项目区粮经比例由开发前的 8∶2 提高到现在的 7∶3。

（二）农业综合开发存在的主要问题

1. 开发理念滞后，创新机制有待提升。先进的开发理念、良好的开发机制，是搞好农业综合开发的前提和保障。济南市农业综合开发工作，从项目实施到建成移交，较好地执行项目法人制、项目公示制、工程招投标制等制度，虽然通过落实上级制度精神，大大改善了农业生产条件，提高了农业综合生产能力，确保了粮食安全，但是开发理念相对滞后，创新性开发力度不够，没能很好地与当地实际情况和现代农业相结合，没能探索出符合省会城市特色的开发机制，所以，开发工作始终在较低层次徘徊。

2. 开发规模偏小，建设标准有待提高。根据国家农业综合开发土地治理项目管理规定，高标准农田示范项目开发规模原则上不低于 1 万亩，中低产田改造项目不低于 8000 亩，山区小流域治理及沙化治理项目不低于 5000 亩。由于受开发资金限制，各项目县（市）区年开发规模仅 1 万~2 万亩。像济南市济阳、商河等产粮大县，拥有百万亩以上的耕地，如按照这样的开发速度，治理一遍需几十年时间，为此，开发规模偏小，远远不能满足发展现代农业的需求。在投资建设标准上，开发初期亩投资标准 200 余元，后增至 400 余元、800 余元，至 2012 年高标准示范项目亩投资达到 1394 元。项目投资标准虽逐年提高，但农业综合开发由于采取水利、农业、林业、科技等措施综合治理，治理内容多，标准要求高。若达到发展现代农业的建设标准，资金缺口还很大，为此，投资标准仍需进一步提高。

3. 管理水平较低，开发制度有待完善。农业综合开发经过 20 余年的建设，积累了许多宝贵经验,逐步形成了一套比较健全的开发机制,这些制度对做好农业综合开发工作发挥了积极作用。但这些制度有很多不完善之处,尤其是与各地实际情况有许多不相匹配的地方,政策过于笼统、过于教条,影响了主动性发挥及建设标准。例如,土地治理项目管理规定,自筹资金要达到中央投资的10%。像高标准农田建设项目,自筹资金需90万元,以目前项目乡镇、村庄经济状况,大多筹集困难,为落实自筹资金,牵扯了领导精力、影响了干群关系。再如,土地治理项目计划调整、变更部分规定,涉及财政资金50万元以下的,由市批复;50万元以上100万元以下的,由省批复;100万元以上的,由国家批复。这样规定,对维护计划严肃性的确有好处,但自项目可行性研究报告上报至项目批复实施,近1年时间,在此期间,项目区现状、建材、人工费等都有很大变动。为此,要使项目建设内容符合项目区建设实际,项目建设内容必然进行较大调整,以上规定的调整权限及调整内容涉及资金金额,显然不能适应项目建设实际需求。

4. 横向联动不畅,资金整合力度有待加大。随着我国经济发展,对农业投入也逐年加大,各涉农部门八仙过海、各显其能,看似一片繁荣,实则效果有限。目前,农业综合开发办公室负责土地治理和产业化经营项目,扶贫办负责扶贫开发,国土资源局负责土地整理,水利局负责小农水治理,各部门都在各自的职责范围内,为"三农"工作尽心尽力。但由于财政资金有限,各涉农部门投资规模普遍偏小,建设标准普遍偏低,没能最大限度地发挥财政资金效益。

(三) 济南市农业综合开发存在问题原因

1. 管理体制不顺,职能作用难发挥。农业综合开发机构一直以来没有很好理顺,自上而下隶属不一,济南市也是如此。一是频繁变动管理部门,管理体制难以理顺。市级农发机构先后隶属市农委、市农业局、市财政局三个部门管理,平均6年更换一次,关系难协调、人心不稳、观望氛围浓。二是单位级别低,话语权有限。市农发机构原来是正处级事业单位,级别相对较低,赋予的却是农业开发牵头部门职能,管理协调力度不够,小马拉大车,职能严重弱化。三是县区机构设置不规范,政令不畅通。县区农发机构,有的独立、有的隶属农委、有的隶属农业局。市县管理体制有别,做事风格不一,职能分工不同,县级执行市级业务指导力度大打折扣。

2. 开发时间短,制度不完善。一方面,农业综合开发由于实施时间较短,农业综合开发项目管理办法等均以规章、制度等形式出现,截至目前,没有一部农业综合开发专门的法律出台,各地也大都探索性开展工作,逐步完善、健全开发机制。因而,整个开发力度不够。另一方面,国家出台的管理办法,部分条款制约了地方创新。例如,国家农业综合开发项目和资金管理办法规定:土地治理项目水利措施投资比例要达到总投资70%,有些项目区水利设施虽然仅需要40%的投资,就能满足灌溉需要，但为项目立项，造成项目规划与实际需求脱离，部分建设内容不合理，造成财政资金浪费。

3. 开发专业性强，人员素质较低。农业综合开发采取水利、农业、林业、科技措施，实施山水林田路综合治理。必须有一支业务水平较高的专业管理队伍，才能很好完成农业综合开发工作。而济南市开发队伍现状是，水利、工程、林业等专业人员缺乏，而管理、工勤人员比例较高，人员综合素质相对较低。

4. 责任意识不强，岗位自豪感缺失。农业综合开发工作，作为国家财政支农惠农的重要手段和主要途径，深受基层和老百姓欢迎。作为一名开发工作者，理应有强烈的自豪感和责任感。但由于济南市农发队伍结构老化，调整、交流较少；对工作人员的学习教育抓得不够，人员培训少、参观学习少；对开发调研不够，没有很好宣传开发工作，没能引起领导极大关注，致使开发的热情不够，争创一流的意识不强。

二、国内外农业综合开发主要做法和启示

（一）国外农业综合开发模式

一是美国综合规划治理模式。田纳西流域曾是美国最贫穷的地区之一，开发初期，洪涝等灾害频繁发生，农民收入不足全国平均的十分之一。田纳西流域治理就是在这种背景下开始。1933年，美国颁布《田纳西河流域管理局法》，组建既有政府部门又有私人企业、灵活、自主的法人公司，负责该流域的改造、开发、管理。该局利用区域内的资源优势，综合制定长远规划，对水资源综合利用；因地制宜，安排区域内的农、林、牧业；协调环境保护与旅游业的发展；统一规划交通运输等基础设施；实施多元化的投融资方式；确保有序、规范开发。经过综合治理，生态环境得到优化，农民逐步走向富裕。

二是日本土地改良长期计划。日本是世界上耕地最少的国家之一，山区丘陵地占85%以上，耕地有限。"二战"以前，政府投入农业的资金很少。"二战"以后，日本政府越来越重视财政对农业的投入，1949年日本制定《土地改良法》，1961年又陆续颁布《农业基本法》、《水资源法》等法律，从制度上确保了对农业的保护及财政投入比例连年增长，到20世纪90年代农业所占比重4.4%以上。另外，日本在土地治理项目竣工后，根据目的、性质、规模的不同，采取"委托、转让、直接"三种管理方式。土地治理及工程建设费用，大部分由财政支出，工程管护费由农户负担，国家地方适当补助。由于日本项目管护制度健全，运行机制良好，管理经费落实，项目不仅能正常运转，而且能长期发挥作用。

（二）山东省部分地市农业综合开发经验

一是德州市"生态循环，立体开发"模式。德州市按照"高产、高效、节约能源、保护环境、良性循环"的原则，因地制宜，探索出"鱼塘—台田"立体开发的模式，收到显著效果。禹城市禹西生态观光农业园，采取上牧下渔、上粮下渔、上菜下渔等立体种植模式，水中搞鱼鳖混养，台田种植无公害农作物，路旁种树，树下植金针菜，沟坡植苜蓿；院内建有养鸡小区、养猪小区、食用菌小区，鸡粪喂猪、猪粪进沼气池，沼液做高效有机肥，沼渣培植食用菌，菌渣养蚯蚓，蚯蚓喂甲鱼、鸡，蚓粪肥田，形成一个高效利用的生态链，提高了资源利用率和空间产出率，保证了园区良性循环。园区内建有葡萄长廊、碧波亭等景点，充分展示了集生态效益、经济效益、社会效益于一体的新型农业景观，被联合国授予"国际生态工程一等奖"。

二是莱芜市"立足三辣，特色开发"模式。一是加强基础设施建设，发展生姜、白皮蒜、鸡腿葱"三辣"特色农业生产基地，扩大种植面积，提升品牌品质，通过土地治理项目各项措施，改善了生态环境和生产条件，为发展"三辣"特色农业创造了良好条件。二是突出扶持农业龙头企业，促进"三辣"产业化经营。在扶持农业龙头企业时，优先扶持"三辣"作物的深加工、储存保鲜、销售组织，建立起生产、加工、储藏、销售于一体的生产格局。使产品销往北京、上海等40多个城市，并且漂洋过海销往海外，解决了群众销售之忧，促进了农民发展特色产业的积极性。

（三）国内外农业综合开发主要启示

一是重视开发法制建设，为农业开发提供法律保障。美国国会1933年颁布《田纳河流域管理局法》，保障了管理局的经营自主权及其在区域综合规划中的权威性。美国在2001年出台新农业法，保证了政府对农业投入增长机制的延续性。日本政府自1949年相继颁布《土地改良法》、《水资源开发公团法》及预算法规，这些法律、规范的制定为几十年来日本的土地开发提供了重要法律依据。而中国的农业综合开发在法制建设方面相对滞后，到目前为止，没有一部全国性的农业开发相关法律，影响了农业综合开发投资绩效的发挥。

二是重视开发后续管理，确保工程长效运转。借鉴美国田纳西流域治理模式，管理体制上打破现有行政区域限制，强调流域开发的整体性、综合性，成立项目法人机构，按流域范围统一规划，统一管理。借鉴日本制定的土地改良规划，并按照规划确定不同时期公共财政对农业综合开发的建设要点，建设要点应随条件变化而进行实时调整。借鉴日本在管护中，重视财政资金作用，强化受益农户对工程的管护。目前我国土地治理项目建成后，由于管护资金缺口较大，责任不够清晰，致使重建轻管现象突出，项目工程损毁得不到及时修复，影响项目长效机制发挥。

三是坚持走科技兴农之路，实现农业综合开发"两型"化目标。根据印度、巴西、以色列等国家农业综合开发历程，科技导向是国外发展的共同趋势，因此，因地制宜，支持农业科技创新和技术推广，建立网络化的农业科技服务体系，加强农业区域调整，引导、建设节水灌溉农业，发展高效节水灌溉技术，注重节水、节土、良种等方面的应用，实现中国农业向"两型"目标迈进。

四是农业综合开发需走"小结合"为主，向"大结合"发展的路子。目前，我国农业综合开发集山、水、林、田、路综合治理于一体，把改造中低产田与生态环境建设结合起来，实现农业高产、高效和可持续发展，是我国的一项绿色投资。社会主义新农村建设为农业综合开发提供了前所未有的机遇与思路。为此，我国农业综合开发在政策定位和导向上，可将农业综合开发转向农村综合开发，农业基础建设仍是主要投向，但可以逐渐向土地治理和环境治理结合，生产设施和生活设施结合，农业发展和农村发展结合，实现农业综合开发向农村综合开发转变。

三、济南市农业综合开发主要措施及对策

（一）提升理念意识，创新体制机制

农业综合开发不同时期理应有不同的发展理念和思路，要与时俱进，有所为，有所不为。要打破行政区划界限，由政府统一规划设计，以流域和片区为单位，分年度逐步实施，形成规模效应；要拓宽和延伸农业综合开发外延，采取农业、林业、水利、畜牧业、加工流通业、旅游业综合治理，在建设基础设施的同时兼顾农村生活环境治理，逐渐向乡镇街道、村容村貌、环境整治、生活用水等方面注入资金；要根据济南各县（市）、区自然条件和优势产业资源，对优势农产品生产、加工、销售进行一条龙式开发扶持。既扶持品牌基地建设，又帮助品牌农产品扩大宣传，多管齐下，做大做强，形成规模效益、品牌效益；要加大科技投入，丰富科技内涵。要依托科研院所，搭建硬软件服务平台，突出科技研发、农业新品种、新技术、新农艺的推广应用。要推广节水旱作农业、新品种培育等先进技术，提高农业投入产出率。推行科技实体型、技术入股型、技术承包型科技推广模式。支持农产品生产、加工、出口基地建设，增强农民市场竞争能力。加大对项目区农民培训的投入，造就现代化的农业经营主体。将农业综合开发项目区打造成先进技术、优良品种的示范区，高技术人才的聚集区。

（二）扩大开发内涵，提高开发档次

农业综合开发要围绕发展"现代农业、都市农业"的思路，扩大开发内涵，做好"结合"文章。一是土地治理项目与发展现代农业园区相结合。充分发挥农业综合示范引领作用，推动现代农业示范园区建设跨越发展。副总理回良玉曾指出："在发展现代农业、建设社会主义新农村的进程中，农业综合开发有着举足轻重的重要地位、不可替代的关键作用和日益广泛的深刻影响。"农发部门要以现代发展理念引领规划、以现代物质条件装备项目区、以现代科学技术种植农田、以现代经营方式推进农村产业，培育新型农民发展农村、促进土地流转，提高土地产出率、农业生产率、资源利用率。二是土地治理项目与产业化龙头扶持相结合。按照"依托龙头建基地、围绕基地扶龙头"的原则，通过土地治理改善项目区基础设施，吸引龙头企业聚集，并进一步投入资金扶持产业化经营及深加工项目，促进带动当地经济发展和农民增收。项目区发展高效农业、订单农业，与企业签订供销合同，将项目区发展成为企业的生产基地，实现农民、企业双赢。三是农业综合开发与新农村建设相结合。在道路硬化、村庄绿化、自来水管道、沼气建设等方面有机结合，实现村庄与农田统一治理。四是农业综合开发与发展都市农业相结合。济南市要根据其地域特点，划分为近郊、远郊、山区三个层次，近郊主要发展农产品加工、流通和服务业，远郊发展休闲农业，建设高水平特色基地，南部山区重点发展生态农业、优质林果业，建设农业生态园和生态旅游景区。将项目区打造成特色品牌加工、流通、生产基地，打造成为生态园、旅游景区。五是农业综合开发与科研院所相结合。济南市作为省会城市，各类科研院所、高校众多，是新技术、新品种研发地，高技术人才聚集地，农业综合开发要主动与之结合，项目建设过程中，使这些高技术人才能够参与进来，也可以直接把项目区建设成科研院所的研发基地，使最新的农业科技、品种在项目区研发成功，最先在项目区应用、推广。

（三）整合项目资金，加大投入规模

农业综合开发应树立大农业思想，主动与相关业务部门沟通，积极探索支农资金的统筹结合，本着上级扶持政策不变、项目标准不降、部门职能不变、资金来源渠道不乱的原则，采取统一规划、统一标准、统一施工，对优势产业、名牌产业、朝阳产业、高效产业，集中使用，突出重点，形成合力，共同开发，打造供市民旅游、休闲、观光于一体的现代农业示范园区。

（四）完善开发制度，强化管理水平

农业综合开发，应该在实践中不断完善开发制度，提升管理水平。

一是实施规模规划，减少评审环节。土地治理项目按年度规划，每年项目县都要投入很大精力用于项目可行性研究报告、实施方案的编制，国家、省、市也年年忙于项目评审和批复。另外，按照国家农发办管理办法，项目可行性科研报告及实施方案必须有资质的中介机构来编写，市、省、国家均对同一项目可研报告聘请专家进行重复评审，增加了项目管理成本。为此，应借鉴世界银行的管理经验，各县集中20万~50万亩的规模，统一规划，编制可行性科研报告，分年度实施。县级编制可研后只需市级或省级农发办聘请有关专家评审项目即可，没有必要逐级聘请专家评审。

二是集中招标采购，降低采购成本。目前济南市土地治理项目工程和物资采购均由各县区自行招标，同类设备物资没有集中打包，过于分散，从而影响了招标竞争力，特别是像管道、机电设备等大宗物资。对此市里应将各县区农发项目物资设备集中采购，增加供货商的竞争力度，降低供货成本，同时在设备安装、售后服务及运行维护上能大幅度减轻县乡负担。

三是减化验收程序，节约人力物力。目前，农业综合开发验收是在各项目县进行工程单项验收、报账和项目审计基础上进行的，包括县级综合验收准备、市级初验、省级验收、国家抽验组成，各级对项目验收内容、程序、要求基本相同。县、市、省为了提高验收水平，目前都在效仿国家农发办聘请中介进行验收，从而造成了重复验收和时间、资金浪费。为此，项目验收可以由省级一次性进行，这样既避免了各级验收结论之间发生的相互抵触，也增强了验收中介机构结论的权威性。

加大对新型农业经营组织扶持力度
加快推进现代农业建设

东营市农发办 张希霞

近年来,随着农业产业化、农村城镇化、农村土地流转规范化发展,各地农业龙头企业、农民合作组织、农业园区、专业大户等一批新型农业经营组织如雨后春笋,在推动农业规模化种养、标准化生产、集约化经营、社会化服务等方面发挥了重大作用。2013年中央一号文件指出,农业生产经营组织创新是推进现代农业建设的核心和基础,要围绕现代农业建设,充分发挥农村基本经营制度的优越性,着力构建集约化、专业化、组织化、社会化相结合的新型农业经营体系。农业综合开发作为政府推动农业发展方式转变的有效手段、促进农业现代化的重要途径,应进一步加大对新型农业经营组织的扶持力度,在推进现代农业建设方面发挥更大作用。

一、东营市新型农业经营组织发展情况

近年来,东营市以建设国家级现代农业示范区为目标,以提升农业规模化、专业化、组织化发展水平为切入点,相继出台了《关于加快农业产业化龙头企业发展的意见》、《关于加快农民专业合作社发展的意见》、《关于推进农村土地承包经营权流转工作的意见》、《关于加快推进现代农业园区建设的意见》等一批政策性文件,着力加快农村土地流转,培育新型农业经营组织,构建新型农业经营体系。目前,全市农业龙头企业发展到560家,其中国家重点4家,省重点38家,市重点186家;年销售收入500万元以上企业240余家,过亿元企业79家,过10亿元企业10家,形成了粮棉油加工、畜禽水产加工、果蔬食品加工三大产业龙头企业集群。比较规范的农民专业合作社已发展到765家,入社社员6.28万户,占全市农户总数的18.74%。种养大户和家庭农场66家,其中经营面积50~200亩的22户,300亩以上的44户。已建和在建现代农业园区90个,规划建设总面积超过100万亩。流转土地面积25.51万亩,占农村承包耕地面积的12%。

二、东营市农业综合开发扶持新型农业经营组织的做法

近年来，东营市按照国家及省农业综合开发项目申报要求，通过财政补助、贷款贴息、投资参股等形式，加大对新型农业经营组织的扶持力度。2009年以来，相继扶持了24家农业龙头企业、12家农民专业合作社，共实施产业化经营项目49个，总投资10955万元，其中财政资金4125万元，直接增加产值2.5亿元，新增就业岗位2460个，直接或间接带动农民增收7000余万元。

一是坚持扶大扶强。对经济实力强、市场前景好的龙头企业和组织化程度高、带动能力强的农民专业合作社给予重点扶持、连续扶持，促使农业龙头企业做大做强、农民专业合作组织规范发展，充分发挥龙头带动作用。山东万得福实业集团有限公司成立于2001年7月，自2005年以来，农业综合开发先后对其大豆蛋白深加工、肉牛养殖加工等7个项目进行扶持，共投入财政资金4082万元，其中投资参股2000万元，无偿资金982.5万元，助推企业发展。目前，山东万得福实业集团已发展成为以大豆深加工为主、肉牛繁育、屠宰加工、信贷服务为辅的农业产业化国家级重点农业龙头企业、国家级高新技术企业，下属9个子公司，企业员工发展到1100余人，年实现利税1800多万元。

二是对成长性好的中小企业或合作社给予倾斜政策。对起步晚、规模小，但科技含量高、成长性好的龙头企业和农民专业合作社实施倾斜政策，促使项目单位快速膨胀规模。麒麟食用菌种植专业合作社2009年成立，2011年、2012年连续两年农业综合开发财政投资82.5万元，对其食用菌菌包生产项目进行扶持，促进了合作社的快速发展。目前，合作社年培育黑木耳、金针菇、灵芝等食用菌菌包1000万袋，带动农户700余户，仅此一项户均年增收5万元以上。

三是坚持扶持产业发展。围绕粮棉、蔬菜、畜牧、水产等优势产业，在粮棉深加工、蔬菜设施栽培、畜禽及水产品养殖基地建设等项目上给予优先扶持，坚持扶持一个企业或合作社，发展一片基地，带动一个产业。2009年以来实施的产业化项目中，涉及粮棉17个、蔬菜15个、畜牧13个，促进了优势产业快速发展。目前，全市已建成优质专用小麦基地53万亩、棉花基地180万亩、蔬菜基地55万亩，渔业养殖面积达到185万亩，高标准畜牧园区发展到854个，工厂化食用菌年生产能力突破20万吨，成为全省最大的工厂化食用菌生产加工基地。

三、农业综合开发扶持新型农业经营组织存在的问题

从近几年东营市农业综合开发项目实施情况看，农业综合开发在扶持新型经营

组织发展、推进现代农业建设方面发挥了重要作用,但在扶持力度、政策落实和资金分配等方面还存在一些不足。

1. 在土地治理项目方面,主要是对土地集中治理面积要求偏高。《国家农业综合开发资金和项目管理办法》规定,申报中低产田改造和高标准农田项目要求平原地区土地集中治理面积不低于 1 万亩,2013 年山东省申报的中低产田改造项目降低到 8000 亩。从目前农村土地流转情况看,龙头企业种植基地或种植大户流转的土地从几十亩到几百亩不等,多者也不过几千亩,很难达到项目申报要求。农民专业合作社入社社员多数在几十户到上百户之间,合作社土地面积能够达到申报要求的也寥寥无几。

2. 在产业化经营项目方面,一是财政资金比重偏低。一方面,产业化经营项目在农业综合开发总投资中比重偏低,2009~2013 年,东营市产业化经营项目财政投资 4125 万元,占农业综合开发项目财政投资的 9.95%,远低于国家 30% 的标准,且有逐年下降的趋势;另一方面,产业化经营项目中财政资金占项目总投资的比重偏低,2009 年以来,东营市产业化经营财政补助项目财政资金占产业化经营项目总投资的 33%,远低于土地治理项目 93.5% 的比例,这仅是项目申报数,而项目单位实际自筹资金数额要远大于项目申报数。有些项目特别是农业龙头企业项目投资额都在上千万元或几千万元,有些甚至过亿元,而财政资金一般在 100 万元以内,多者也超不过 200 万元,可以说是杯水车薪,政策的导向性和财政资金的带动性难以发挥。二是项目的覆盖面窄。2013 年,东营市实施产业化经营项目 14 个,其中龙头企业项目 10 个,占市级以上龙头企业的 4.4%;合作社项目 4 个,占全市农民专业合作社数量的 0.5%,对全市龙头企业、农民专业合作组织的发展影响甚微。三是项目申报门槛高。特别是农民专业合作社项目,大多数合作社起步晚、资本积累少,按照现行政策,农民专业合作社净资产必须达到 30 万元才能申报财政补助项目。就目前情况看,农民专业合作社尚处于起步阶段,积累少,净资产能够达到 30 万元的合作社不是很多。多数合作社认为农业综合开发产业化经营项目申报门槛高,程序繁琐,对争取项目信心不足。

3. 扶持方式单一。目前对农业龙头企业和合作社的扶持方式,主要是财政补助和贷款贴息两种方式。农业综合开发项目从立项到批复实施至少需要半年到一年的时间,由于申报时间长,农产品特别是畜产品市场价格波动大,立项后不能实施的现象时有发生。在贷款贴息项目上,从近几年企业贷款情况看,由于固定资产贷款利率低、还款期限长、银行风险大等原因,企业固定资产投资很难得到银行支持。大多数贷款贴息项目是企业生产经营过程中用于购买生产原料的流动资金贷款贴息,符合条件的固定资产贷款贴息项目不是很多。另外,一部分成长性好的中小企业或合作社,因贷款额度小、达不到贷款贴息项目规定的最低额度而得不到扶持。

四、农业综合开发支持农业新型经营组织发展的建议

1. 适当放宽农业龙头企业、农民合作社、种植大户等申报土地治理项目的土地治理面积要求。随着城镇化深入发展,农村土地集中到农业龙头企业、农民合作社或种植大户是必然趋势,且农业龙头企业、农民合作社、种植大户等申报项目,项目申报单位和受益主体一致,便于项目运作、管理和工程管护。2013年山东省实施的土地治理试点项目,农民专业合作组织申报的积极性很高。建议每年从土地治理项目中确定一定的资金比例用于农业龙头企业、农民合作社、种植大户申报项目,将农业龙头企业、农民合作社、种植大户申报土地治理项目的土地集中治理面积降低到4000亩以下,以1000~2000亩为宜,以后随着农村土地流转加快而逐步提高。

2. 加大对产业化经营项目的扶持力度。现代农业建设的基本途径在于实现农业产业化经营。国家农业综合开发实施25年来,始终以改善农业生产条件、提高农业生产能力作为根本任务,加之近几年来国家重视农田水利建设和农村土地整治,各地农业生产条件都有了较大改善,农业基础设施建设迈上了一个大台阶。相比之下,农业产业化经营起步较晚,各地发展不平衡,国家在扶持产业化经营项目上显得力度不够,建议加大对产业化经营项目的扶持力度。一是提高产业化经营项目财政资金比重。将产业化经营项目的财政资金投资比重提高到农业综合开发项目总投资的30%以上,增加产业化经营项目资金总量。二是适当调整产业化项目扶持政策。提高单个项目的资金扶持额度,中央财政资金龙头企业项目不低于200万元、合作社项目不低于50万元;把农业龙头企业、农民合作社与农户建立完善的利益联结机制作为项目申报的重要条件,大力支持农业龙头企业+农民合作社+农户+基地发展模式,推动农业龙头企业、农业合作社与农户建立紧密型利益联结机制体。

3. 对农民合作社实行倾斜政策。"农民合作社是带动农户进入市场的基本主体,是发展农村集体经济的新型实体,是创新农村社会管理的有效载体。"农民合作社与农民的联系更紧密,利益更直接,建议在产业化经营项目上对农民合作社给予适度倾斜政策。一是降低项目申报门槛。对农民合作社净资产的要求不宜过高。二是适当降低合作社自筹资金比例。目前合作社申报的项目大多是种植养殖项目,资金主要用于疏挖沟渠、打机井、修生产路、建栽培设施等,在自筹资金比例上,建议对农业龙头企业和农民合作社区别对待,可参照土地治理项目自筹资金比例。三是简化项目申报手续。除提供必要的表格、证件及有关合同或协议外,进一步简化项目申报书内容和申报手续。

4. 完善产业化经营项目扶持方式。十八届三中全会指出,经济体制改革的核

心问题是处理好政府和市场的关系,使市场在资源配置中起决定性作用和更好发挥政府作用。农业综合开发要顺应经济市场化潮流,积极创新财政资金分配方式,采取以奖代补、竞争性分配、信用担保、风险补偿、委托贷款等形式,不断提升财政资源配置效率。就目前来讲,一是完善贷款贴息项目政策,适当降低贷款贴息项目贴息额度下限,对科技含量高、市场前景好的小额贷款项目给予贷款贴息扶持;二是完善财政补助项目政策,对农业龙头企业实施的一次性投资大、建设期限长、市场前景好、带动能力强的项目,可以一次立项,分年度实施;三是完善产业化经营项目扶持方式,可以试行先建后补、以奖代补或边建设边申请补助等方式。

加强机制建设 完善管理办法
——莱阳市农业综合开发资金管理的几点做法和建议

莱阳市农发办 王文胜 崔玉刚

农业综合开发作为我国财政支农的重要形式，是提高农业综合生产能力和推动农业发展的重要措施。近年来，随着各级财政对农业综合开发资金投入的不断增加，农业综合开发的规模也得到不断扩大。为切实加强农业综合开发项目资金的管理，莱阳市结合当地的实情，从农业综合开发资金的管理到项目的具体实施，做了大量卓有成效的工作，并且取得了实实在在的效果，具体做法是：

一、规范流程，完善机制

农业综合开发项目的主要任务是加强农业基础设施和生态建设，提高农业综合生产能力，保证国家粮食安全，推进农业和农村经济结构的战略性调整，推进农业产业化经营，提高农业综合效益，促进农民增收。因此，加强农业综合开发资金的管理尤为重要，它直接关系到中央加大对农业投入的政策落实，意义非常重大。为此，莱阳市针对以前工作中遇到的实际问题，参照财政部《农业综合开发资金报账实施办法》、《山东省农业综合开发资金管理规定》、《山东省农业综合开发县级报账提款暂行办法》，先后制定出台了《莱阳市农业综合开发资金报账提款操作规程》，自2010年11月1日起执行；《莱阳市农业综合开发资金管理及报账程序暂行办法》，自2011年5月10日起执行。即：在开发办设立资金管理机构，将原属农业科的农业综合开发资金管理职能划归资金管理科负责，在资金管理上，实行项目资金专管员管理制度，明确资金专管员代表财政局行使农业综合开发资金管理权。这些办法的实施明确了农业综合开发资金管理的机构设置及职责、资金管理及账户设置、报账支付程序等，并对报账凭证做了详细具体的要求。为项目资金管理工作提供了规范、严谨、有效的操作依据。

二、加强管理，从严核算

农业综合开发资金的管理实行县级报账制，并实行"专人管理、专账核算、专款专用"。为了加大农业综合开发资金的监管力度，通过设置农业综合开发资金专管员，对农业综合开发资金进行日常管理和报账提款业务的核算，全程介入农业综合开发项目的实施过程，严格按照制度规定核算开发资金。对土地治理项目均采取招投标方式确定施工单位，项目中标单位根据项目施工进度，将项目支出中发生的原始凭证审核、整理、汇总后，到本级财政部门进行报账。财政部门资金管理人员，在审核、整理、汇集项目施工单位开具的税务发票后，根据建设单位的自验报告、监理部门的监理报告、项目管理人员填制的《工程施工进度审核表》等相关资料，填制《农业综合开发项目提款申请书》向局领导提出拨付建议，国库科根据局领导的批复拨付给项目中标单位资金。对产业化经营财政补助项目、中央财政贴息项目，莱阳市从项目批复实施到项目结束都严格按照国家、省财政部门的规定要求，正确办理各项目的资金拨付，做到了资料齐全，手续完备，核算准确。对管理费用、工程监理费、科技措施费、工程管护基金均按规定标准予以计提、管理，做到资金拨付手续完备、原始发票规范、相关资料真实有效、核算科目准确，彻底杜绝以拨代报。

三、相互制约，互相监督

针对近几年来在农业综合开发项目管理过程中出现的问题，为确保农业综合开发项目真正服务于农村、农民，提高农业综合效益，促进农民增收和农村发展，莱阳市建立了项目管理和资金管理相互制约、互相监督、分别管理机制，即资金管理人员积极参与项目建设期间的工程进度、工程项目数量、质量监督工作，及时掌握和了解项目建设进度等，便于资金的拨付；项目管理人员对资金的申报、拨付凭证的准确性、完整性实行全程监督、审查，局分管领导、开发办负责人坚持每月5日前将上月报账提款凭证等基础资料进行把关审核。这些机制的建立和实施，确保了莱阳市农业综合开发项目的建设和资金的规范运行。

在项目实施过程中，也还存在着一些不容忽视的问题，主要表现在以下几个方面：

1. 有偿资金的回收难度较大。个别企业由于项目选项与市场需求脱节，生产的产品不能满足广大消费者的需要，致使企业的生产经营不能持续发展，加之经营者市场经济意识淡薄、内部管理不善等，导致项目始终处于停产半停产状态，资金运营达不到合理标准，给资金的回收工作带来的很大的难度，只能由本级财政部门为其垫支付到期有偿资金及占用费。

2. 管理费用的支出没有明确具体的列支比例。交通费、差旅费、会议费、培训费、项目及工程招标费、资金和项目公示费、土地治理项目可行性研究和一般工程初步设计费等费用应该如何控制列支比例，给日常核算和管理带来了一定的难度。

3. 监理费的使用也在一定程度上存在着不合理因素。主要表现在工程监理部门同时监理两个以上项目区的时候，难免出现监理人员不到位的现象，致使部分工程项目施工期间得不到工程监理人员的有效监督和指导，使个别项目工程质量达不到更高的标准。

4. 由于管护资金的不足，以前年度个别项目工程得不到有效的维护。

结合项目实施过程的做法及存在的问题，农业综合开发项目应在以下几个方面着力研究并认真解决：

1. 强化项目全程管理，确保资金运用到位。项目与资金密不可分，但是，又不能混为一体（如同《会计法》规定的"出纳人员不得兼管稽核"一样），在提升财政管理精细化水平的同时，项目全程管理也是一项非常重要的工作，项目管理部门编制申报计划必须与资金管理部门共同协作，根据项目任务和资金规模进行分析，实地勘查，做好项目前期准备工作，使项目管理与资金管理相互监督、相互制约。从工程开工到竣工验收，资金管理人员有知情权和监督权，全面介入项目实施过程，了解资金使用计划和具体开支情况，掌握一手资料，准确进行财务分析，确保资金的有效利用。另外，要充分发挥工程监理部门的监理作用，对监理人员实行岗位监理考勤制度，对因监理人员监督不到位出现的工程质量问题，应追究监理部门的责任，并扣减相应的监理费用。真正做到项目管理、资金管理、工程监理一体化，确保开发项目的工程保质保量，为广大农民提供一流的服务设施，使农民朋友真正感受到国家惠农政策带给他们的温暖。

2. 建立健全财务制度，提高资金使用效益。农业综合开发土地治理项目申报时，要克服单纯依赖水利设计部门评估项目的做法，应结合项目区的实际，就拟申报项目中的投资内容、规模、资金筹措、财务内部收益率、财务净现值、投资回收期等内容做市场调查和实地考察，根据调研内容，做出评价预测分析，使申报项目的建设内容符合资金管理要求；财政贴息项目的申报应该由资金管理人员一同参与银行账目查看、相关贷款是否真实等。同时，加强在建项目财务监测，工程开工后，按施工进度拨付款项，对项目单位已收预付款的流向进行跟踪监督，严禁挤占挪用，要切实增强项目的透明度，避免弄虚作假、偷工减料、压缩工程量等不合理现象的发生。工程完工时，建立竣工项目的财务考核机制（可委托社会中介部门进行工程决算审查评估），了解项目的执行和投资计划的完成情况，比较实际投资与计划投资之间的差额，分析产生差额的原因，为下一年度计划投资额的制定提供参考依据。工程结余资金可由本级财政部门根据结余资金数额多少,统筹安排用于农业综合开发项目的后期管护费用或者增加新的工程项目。

3. 细化科技等费用管理,增强资金使用透明度。科技措施、管理费用、监理费用、工程管护费是土地治理项目资金构成的重要部分,四项费用总额占整个项目财政投资比例的6%以上,这些资金的使用将直接影响到项目的技术含量、质量标准及以后各项设施的使用价值。因此,建议对科技措施费、项目管理费制定切实可行的实施方案,细化各项费用的开支标准,从严掌握列支范围,不得侵占和挪用项目资金,做到专款专用;对监理费用的支付采取与项目质量挂钩的办法,严格考勤制度、责任追究制度,切实发挥监理部门的监理作用,确保土地治理项目质量过硬、数量准确、设备设施先进;对工程管护基金应该适当提高计提比例,可控制在不低于5%的比例范围内,管护基金列支时要严格按照规定要求,采取实地查看的办法,确认是否需要更换设备,最大限度地发挥土地治理项目的长期效益。

"聚焦"高标准农田建设
保障粮食产量"十连增"

滨州市农发办 李双安 宋迎敏 杨延才 李树安 王文昌

山东省滨州市把实施高标准农田建设作为提高农业生产能力、确保粮食安全、实现农民持续增收的基础工程抓实抓好，按照"田地平整肥沃、水利设施配套、田间道路通畅、林网建设适宜、科技先进适用、优质高产高效"的总体思路，不断加大农业综合开发力度，努力把中低产田建设成为旱涝保收、高产稳产、节水高效的高标准农田。

自 2009～2012 年，滨州市累计投资 15759 万元，开发建设高标准农田 12.1 万亩，取得了较大经济、社会和生态效益。据统计，通过高标准农田建设，滨州市新增粮食生产能力 2640 万公斤、棉花生产能力 29.6 万公斤，新增种植业总产值 6592 万元，项目区农民收入增加总额 3810 万元。2012 年全市粮食种植面积 300 万亩，总产达到 311 万吨，实现了"十连增"。

一、高标准农田建设项目区实现了农民多年夙愿，成为"农业示范的看点、生态农业的景点、现代农业发展的亮点、农民收入的增长点"

滨州市位于鲁北平原，地处黄河三角洲腹地，濒临渤海，土地盐碱化程度高，耕地质量差，一半以上的耕地为中低产田，北部盐碱荒地达 255 余万亩。滨州市过去农业基础条件比较脆弱，部分水利设施老化失修，田间工程不配套，排灌不畅，抗御自然灾害的能力较差，严重制约了现代农业的发展。

2009 年开始，滨州市开始实施高标准农田建设项目，紧紧围绕"粮丰林茂，北国江南"的目标定位，使项目区实现了沟、渠、路、林、桥、涵、闸全面配套，给农业生产带来了巨大变化。如今滨州市广阔不整的中低产田，变成了沟渠相通、砂路纵横、树林成网的靓丽风景；大面积的盐碱涝洼，变成了引排方便、旱涝保收的粮田棉田。高标准农田建设解决了农民想干干不了的问题，实现了农民多年的夙愿，维护了党和政府的良好形象，被广大农民群众誉为"德政工程"、"民心工程"。

自实施高标准农田建设以来，滨州市已完成了修建排灌站62座、机电井986眼、架设输电线路208.24公里、衬砌渠道66.57公里、开挖沟渠461.58公里、埋设低压管道574.4公里、配套沟渠建筑物2998座、修建沙石路338.6公里、植树66万株等主要建设任务，新增、改善灌溉面积12.1万亩，新增、改善除涝面积12.1万亩，新增节水灌溉面积11.6万亩，增加农田林网防护面积12.1万亩。

滨州市邹平县九户镇连续三年实施高标准农田建设项目，共计投资6900万元，把全镇5万亩耕地全部建成了高标准粮田，农作物轮灌期由开发前的15天，缩短到了8天，成为山东省首批高标准农田示范建设县。沟渠衬砌、砂石路铺设、U-PVC管道埋设、林网绿化等项目，彻底改善了农民生产、生活条件，解决了农田灌溉的供需矛盾，减少了过去不必要的水利纠纷和地界纠纷，为新农村建设起到了积极的促进作用。同时，先进适用的优良品种、技术等也成为该项目区不可或缺的重要组成部分。该项目区每年拿出20万元投入科技培训工作，三年培训农民5万人次，推广节水灌溉、良种良法配套、秸秆还田、有机农作物种植等先进技术16项，做到了村村有技术员，家家有技术能手。建设高标准农田以来，九户镇年新增粮食生产能力1000万公斤，项目区农民年纯收入增加510万元。九户镇受益农民都高兴地说："自打农业开发建设了高标准农田，我们种地省力了，粮食产量高了，收入也增加了！"

位于滨州市博兴县的山东博农农业发展有限公司，主要从事农作物新品种的科研、生产、推广和优质专用商品粮的生产开发经营。为帮助该公司建设良种繁育基地，2012年滨州市农业开发办为其实施了高标准农田建设项目1万亩，使项目区实现了"沟渠路林桥涵机电井泵"10配套，为公司建立和完善了种业创新与产业发展环境，提升了公司农业机械化、规模化、产业化步伐，使公司逐步实现了育繁推、产供销、加储运一条龙的产业化经营，形成有机、循环、生态的现代农业示范园，建设成为环渤海区域最大的良种繁育基地。

滨州市农业综合开发高标准农田建设的实施，为大力发展集约化、规模化、标准化生产，建设绿色、有机优质农产品基地，创造了条件，打下了基础。许多高标准农田建设精品工程和示范工程因规模大、标准高、效益好，也成为滨州市一年一度科学发展大观摩的主要观摩点，市农业综合开发办连年被评为全市林水会战先进集体，农业综合开发工作得到了当地党委、政府越来越大的重视和支持。滨州市高标准农田建设为现代农业发展赋予了新的内涵，农业综合开发项目区已成为"农业示范的看点、生态农业的景点、现代农业发展的亮点、农民收入的增长点。"

二、涝灾面前不减产，盐碱地里长小麦，高标准农田项目显示了强大的生产优势

滨州市农业综合开发高标准农田建设建成了"田成方、林成网、路相通、渠相连、旱能灌、涝能排"的生产新格局，建成了集中连片、丰产高效的高标准基本农田，大大提高了农业综合生产能力，改变了农业生产和环境条件，彻底解决了困扰农业发展的基础性制约因素。特别是在旱涝灾害面前，高标准备农田开发项目区显示了强大优势。

在滨州市阳信县翟王镇1万亩高标准农田示范工程建设项目区，一座刚刚建成的砼拱结构的生产桥边，只见水从泵房抽出地入防渗生产渠后，顺畅地流入麦田，正在劳作的该镇李桥村刘登第老人高兴地说："这里以前经常守着黄河水浇不上地，下涝了地里的水也排不出去。建成了这个项目后，不仅地浇上了，还修上了路，建上了桥，交通也方便了。"2012年7月，滨州市阳信、无棣等部分县区遭遇了50年不遇的暴雨袭击，许多田地因严重积水不能排涝发生灾害，而这几个县区的农业综合开发高标准农田建设工程却经受住了考验，所有项目区无一成灾，真正达到了旱涝保收，稳产高产，保住了粮食安全和广大农民群众的利益。

2013年麦收季节，在滨州市无棣县柳堡镇出现了一幅让人欣喜的画面：在这片过去连棉花都长不太好的盐碱地里，竟然展现出了一派麦浪翻滚的景象，实现了低产地块亩产200公斤以上，高产地块亩产400公斤以上的好收成。柳堡镇谭家村农民刘德文兴奋地介绍，自己有十多亩土地过去一直种棉花，现在都被流转到了项目区种小麦，没想到小麦长势这么好。他说："这里的地盐碱得老厉害了，现在通过治理浇水很方便，只要水一来就能把碱压下去，这离不开农业综合开发的功劳啊！"

2012年，中科院在滨州市无棣县盐碱地里通过进行土壤改良试验种植40亩小麦取得成功后，决定在无棣县全面实施"渤海粮仓计划"项目。为此，无棣县根据中科院和省、市统一部署，在无棣县柳堡镇流转了7000余亩盐碱土地，继续深入开展盐碱荒地的改造和棉改粮试验示范及推广。2013年，无棣县农业综合开发办公室以发展现代农业、打造这"渤海粮仓"为目标，以沙化治理项目形式争取国家政策扶持面积5000亩，对项目区实行沟、路、渠、桥、涵、闸等相应基础设施配套工程建设，实施了水利措施、农业措施、林业措施和科技推广措施等建设内容，集中开展盐碱荒地的改造，建设基础设施齐全、技术集成程度高、技术显示度强的高标准高效农业示范区，加快推进了"渤海粮仓计划"项目的实施，使过去种什么都不长的大片碱场地的农业生产条件得到了大幅度改善，2013年试种小麦取得了成功。此项目的实施，为农业综合开发的发展探索了一条可行道路，为我国

"棉改粮"技术的实施提供了样板,为现代农业的实施与实现打开了一扇窗。

三、围绕当地经济社会发展大局,农业综合开发高标准农田规划建设从实际出发,因地制宜突出建设重点

农业综合开发作为重要的支农惠农措施,"三农"工作的重要组成部分,必须服从服务于当地经济社会发展大局,统筹规划、科学安排,才能打牢农业开发的根基,赢得党委、政府的支持和良好的工作氛围,取得事半功倍的效果。近年来,滨州市在农业综合开发项目区的规划安排上,紧紧围绕全市黄河三角洲开发总体规划,积极配合全市实施黄河三角洲高效生态区建设总体部署和要求,2012年在充分考察论证的基础上,编制了《黄河三角洲滨州农业综合开发规划》,2013年又围绕《滨州市林水会战2013~2017重点建设项目规划》,论证规划了"沿长深高速两侧5公里,规划建设30万亩的农业综合开发项目",作为本市林水会战的重点建设项目之一,计划利用2~3年的时间打造一条高效农业示范带。

滨州市在农业综合开发高标准农田建设规划上从实际出发,主要坚持了五大原则,分别是:

——坚持生态优先,统筹经济协调发展,工程建设以改良土壤、完善重要基础设施、改善黄河三角洲地区生态环境为重点,确保重要生态区位和生态环境脆弱地区优先治理。

——坚持耕地保护制度,围绕改善农业基础设施条件,突出水利骨干工程和田间工程建设重点,实施大中型灌区续建配套与节水改造、新建水源工程和主要排灌设施改造和高标准农田建设、中低产田改造和荒碱地治理等。

——坚持资源开发,提升产业档次,通过综合改造治理,建设一批以粮棉菜为主的优质农产品生产基地,建成一批农业产业化龙头企业的原料基地,提高粮棉菜生产的整体水平。

——坚持依靠科技,实现可持续发展,合理开发土地资源,优化配置生产要素,加大农业产业化发展力度,大力发展循环农业,实现农业可持续发展。

——坚持创新经营模式,因地制宜,积极推进规范农村土地承包经营权流转,发展适度规模经营。

同时,滨州市在农业综合开发高标准农田规划建设上因地制宜,主要突出了五大区域开发重点。分别是:

——北部沿海生态综合治理农业经济发展区。该区域构造地貌以缓平坡为主,地势平坦,土层深厚,土壤肥力差,盐碱威胁大,通过大力实施中低产田改造或高标准农田建设,大力实施荒碱地改造,按照盐碱地和农业发展的自然规律与经济规律进行开发,达到社会经济和生态的最佳综合效益。

——长深高速两侧5公里高效生态农业区。该区地势平坦，小开河引黄灌区贯穿南北，水利资源丰富，是滨州市主要农业区和粮棉菜主产区，通过大力建设高标准农田、土地沙化治理，发展民营园区建设，加快二、三产业发展，带动农业经济发展。

——黄河以南农业经济高产区。该区域土壤肥沃、物产丰富，通过高标准农田建设，进一步强化农业基础设施，优化农业和农村产业结构，加快农业现代化和城乡一体化进程。

——沿黄高效生态农业示范区。该区域具备发展高效生态农业的独特地域资源优势，通过开展高标准农田建设，发展绿色种植业、特色花卉业、生态养殖业基地和休闲观光农业，建设高效生态农业示范园。

——滨惠大道两侧5公里高效农业生产区。该区域土壤质地为沙壤和中壤，适宜多种农作物种植，通过实施高标准农田建设示范工程，发展绿色种植业，建设以小麦、玉米和水稻为主的优质粮标准化种植基地。

四、提高项目建设质量，加强项目运行管护，确保项目发挥长期效益

2013年以来，滨州市农业综合开发工作提出了"质量就是生命、标准就是效益、提升就是形象"的口号，把提高项目建设的标准质量作为农业开发部门重中之重的工作来抓。滨州市委、市政府高度重视农业综合开发工作，近年来一直把农业综合开发作为科学发展观综合考评的内容之一，年终统一考核，统一奖惩，并在各级成立了一把手为总指挥的指挥部，协调财政、林业、农业、水利、审计等各有关部门密切配合，确保了各项项目施工质量。

在项目建设中，滨州市农业综合开发办认真执行国家、省里的有关规定，全面推行了项目法人制、招投标制、工程监理制、资金和项目公示制以及质量考评制等一系列规章制度，并且紧密结合滨州实际相继制定出台了《滨州市农业综合开发土地治理项目建设标准》、《滨州市农业开发项目监理意见》等一系列规范文件，对农业开发的每项措施、每一个环节都制定了详细具体的实施标准和要求，实行统一化、标准化、数量化精细管理。为做到严格遵循、确保实效，滨州市农业综合开发办实行了"联系项目区责任制度"，定点定人靠上抓督导，同时适地召开现场观摩会议，学先进、促进度、抓质量，有力地保证了项目的顺利实施和标准质量的提高。

如何把农业综合开发土地治理项目用好、管好，是一个保障工程长久发挥效益的问题。滨州市因地制宜，明晰产权归属，落实管护责任，有力地加强了工程建后管护，保障了工程长久发挥效益。

该市针对不同项目采取了不同管护机制和模式。对沟渠泵房等设施，坚持建成一批，移交一批，镇、村落实管护责任制。对一些小型工程和农田林网植树实行拍卖或承包。对农田道路，结合乡镇、村级组织，组建了专业队伍管护，实行村级统筹、财政补贴等办法，主要从村级收入中解决好管护问题。同时，积极建设农民用水者协会，发挥协会功能，管好用好节水灌溉工程。目前，滨州市高标准农田项目区都相继成立了用水协会，全部实行市场化运作，都取得了良好效果。

临朐县山区农业综合开发流域治理之路

临朐县农发办　谭润民

临朐县地处鲁中山区北部，总面积1831平方公里，其中山区丘陵占87.3%。多年来，临朐人民发扬自力更生艰苦创业精神，坚持不懈大搞山区农业综合开发，探索出了独具特色的流域治理模式，先后对89条小流域进行了重点治理，累计投工2.4亿个，投资5.2亿元，综合治理面积1163平方公里，使区域性生态环境和人居环境明显好转，农业生产条件显著改善，农民收入大幅度增加。由于治理成效显著，临朐县被命名为"全国山区综合开发示范县"和"全国生态农业试点县"。为认真总结临朐县山区农业综合开发建设经验，开拓新形势下农发工作思路，完善流域治理对策措施，近期笔者对全县山区农业综合开发建设情况进行了专题调研。

一、山区农业综合开发流域治理模式

近年来，临朐县健全多渠道、多层次、多元化投入机制，形成了全民治理开发的良好氛围。工作中，先后形成并推广了多种治理模式，走出了具有临朐特色的农业综合开发流域建设新路子。

（一）先治后包

对荒山比较集中的小流域，推广了申家庄小流域"统一规划，分户施工，以穴带地，先治后包"的做法，该模式以组织农民投劳为主，由流域村按照总体规划，分期分批治理完成并承包到户。申家庄村利用这种办法，用两年时间治理1900亩，栽植各类果树6万多株。

（二）先包后治

对荒山比较分散的小流域，推广了石瓮沟小流域"统一规划，统一标准，先包后治，限期治完"的做法。对规定期限内完不成治理任务的收回承包权，并收取荒芜费，以此调动群众的积极性。石瓮沟村只有260人，承包后一年内治理小流域1100亩，全部栽上了经果林。

（三）规模治理

先治后包、先包后治模式一般治理规模小，质量标准也不够高，产业化程度低，易受市场冲击。为解决这些问题，临朐县适时提出了"经济林基地化，梯田地堰生态化，小流域经济产业化"的农业综合开发治理目标，进行规模开发，集中会战。每年冬春全县各乡镇都组织集中会战，按照大乡镇流域治理面积5000亩以上，小乡镇3000亩左右的规模，集中投入，连片开发，加快了流域治理的进度，提高了流域治理的质量和效益。

（四）租赁拍卖治理

为鼓励企事业单位、职工参与治理开发，在租赁、拍卖荒山（小流域）使用权和水利建管机制改革等方面进行了探索与实践，取得了明显成效。原临朐县气象局副局长李师谦，1992年退居二线后，在家乡石头多、土层薄的团山承包了10亩荒山搞起了示范园。经过5年治理，共栽植苹果、梨、桃、石榴、大樱桃等各类果树600多株，使昔日的荒山秃岭变成了"百果园"。1996年开始有回报，实现收入3000元，到2000年已全部收回投资19000元，目前年收入达9万余元。临朐县绿源土地治理有限公司经理杨洪玉，2000年以110万元中标价购买了龙岗镇双埠山小流域800亩荒山50年经营权，最近几年又先后在上林镇蒿坡农场、鹁鸪山和尧山等地购买荒山2550亩，投资622万元搞综合治理开发，共修路18公里，挖大口井13眼，建塘坝5座，修水池11个，从业人员达到200余人，开创了企业参与流域治理的先河。

（五）特色产业带动

依据一个乡镇所在地区独特的优势，围绕特色产品或产业链，实行规模化开发，专业化生产经营，带动乡村综合发展的一种模式。享有"世界山旺化石之乡"美誉的临朐县龙岗镇，从镇情出发，找准切入点，借助发展大棚果的传统优势，科学规划，加大投入，2006~2008年连续三年实施国家农业综合开发中低产田改造项目，先后完成土地治理面积4.7万亩，山、水、林、田、路综合开发，为发展大樱桃、核桃、杏等经济林基地打下了坚实基础。目前，全镇大棚果发展到1.2万亩，实现年收入1.28亿元，人均增收2970元，年收入过6万元的农户发展到400多户。九山镇按照治山治水种林果、综合开发增效益的思路，多年来坚持大搞流域综合治理，加快农业结构调整步伐，形成了以麻坞、褚庄、朱庄流域为主的优质红富士苹果基地，以高山、青杨峪流域为主的板栗基地，以沿河、沿路为主的大田葡萄基地等优势产业带，2012年全镇果品总面积发展到11万亩，实现果品收入2.5亿元，人均增收3940元。

二、几点思考

（一）政策稳定、产权清晰是治理取得成效的中心环节

政策稳，人心定。十几年来，临朐流域综合治理在稳定政策上做文章，积极推行"户包小流域"、"荒山拍卖"等政策，同时狠抓承包合同的落实，让农民和经营者吃上"定心丸"。新开发治理的小流域承包期一律30年，治理难度大的"四荒"区承包期延长到50~70年，合同全部公证，明确投资方和发包方的权利和义务，保护开发者的权益。

（二）勇于探索、改革创新是治理取得成效的活力源泉

临朐将市场机制引入流域综合治理，改革创新投入机制。1994年，在搞好试点的基础上，县政府出台了关于拍卖荒山使用权的实施意见，对县内地处偏远、管理不便又较难治理的小流域进行了拍卖，共拍卖荒山使用权11.27万亩，收回拍卖资金130多万元，5年治理率达到100%。水利工程的建管机制改革，给流域治理投入又注入了新的活力。1998年，县政府及时出台了关于小型水利工程建设、管理和使用改革的意见，按照"明晰所有权，搞活经营权，放开建设权"的原则，积极推行小型水利工程改制工作，到目前，全县共拍卖、承包、租赁小型水利工程6008处，收回工程资金1050万元，利用收回资金兴修工程1400多处。

（三）突出特色、依靠科技是治理取得成效的关键所在

临朐县在农业综合开发流域治理中立足优势，面向市场，瞄准建设林果、畜牧

"两个强县"目标，以增加农民收入为目的，特色与规模并重，果品重点抓好大板栗、柿子、大樱桃、山楂、葡萄的发展，养殖注重抓好金鳟鱼、鲟鱼、奶牛、波尔山羊、黑山羊的发展，蔬菜抓好红香椿、佛手瓜、莲藕、有机韭菜的种植。使临朐黑山羊、上林大樱桃、寺头红香椿、"九山牌"果品、柳山有机韭菜等在大江南北成为叫得响的品牌。通过流域治理，在南部砂山区建设的以板栗为主的干杂果基地，在东部建设的优质水果基地，在西部建设的柿子基地和红香椿基地，以及在弥河流域建设的优质葡萄基地等都已形成规模，达到43万亩。

把农业综合开发流域综合治理区作为科技推广的示范区和有效载体，成果丰硕。近年来通过与高校合作，先后引进了波尔山羊、金鳟鱼、鲟鱼、朗德鹅等100多个新品种，并使节水灌溉、地力培肥、设施栽培等50多项新技术在流域治理中得到了广泛应用，取得了明显的效益。

（四）持之以恒、强力推进是治理取得成效的重要保障

山区农业综合开发是一项艰巨任务，也是一项长线工程，需要有长期作战的思想准备。为此，县政府颁布实施了《临朐县山区农业综合开发总体规划》，牢固树立一届接着一届干、一张蓝图绘到底的坚定信念，发扬自力更生艰苦创业的"愚公"精神，坚持不懈大搞流域综合治理。各乡镇政府始终遵循总体规划，一届接着一届干，年年有新项目，届届有新成就，保持了流域治理的连续性。九山、冶源等山区乡镇几届班子一本经，咬定青山不放松，带领群众大干实干苦干，建成了远近闻名的林果专业乡镇，农民收入显著增加，生态环境明显改善。

（五）必须正视当前山区农业综合开发流域治理存在的问题及制约因素

1. 目前全县尚有53万亩中低产田亟待治理，其中近40万亩坡耕地、荒地是比较难啃的硬骨头，需要花费更大的气力，治理任务繁重与资金投入不足的矛盾仍然十分突出。

2. 产权制度改革还需不断完善。就全县而言，产权制度落实还不够到位，实行拍卖、股份合作、租赁经营面积仅占现有"四荒"面积的31%，落实产权和治理开发仍然有很长的路要走，需进一步制定和完善有关政策。

3. 监督执法工作需要继续加强。随着工业化、城镇化建设步伐加快，各类开发建设项目造成的流域生态破坏日趋严重。农发项目工程设施人为损坏现象，在各项目区也不同程度的存在。健全监督执法体系，制止和打击破坏生态、损毁农发项目设施行为，显得尤为紧迫和重要。

三、改革完善治理模式、提升治理成效的配套保障措施

水土资源作为生态环境的重要组成部分,既是基础性、战略性的经济资源,更是人类生存发展首要的生产生活资料,农业综合开发作为生态建设的主体任重而道远。临朐县属于典型的山区县,近年来,部分流域由于受人为影响,水土流失、生态破坏现象也日趋严重,应当进一步贯彻落实科学发展观,以农业综合开发项目为载体,整合全社会力量,实行综合治理,改善生态环境,提高农业综合生产能力,促进县域经济可持续发展。

一是搞好宣传教育,增强生态安全意识。

认真宣传贯彻环境保护法、森林法、水土保持法等法律法规,进一步提高全民生态安全意识和法制观念,营造生态建设的良好社会氛围,切实增强广大干部群众重视和搞好山区农业综合开发的自觉性和积极性。为建设和发展社会主义生态文明,可探索将保护和改善生态环境纳入公民道德规范,使之成为公民自觉履行的基本义务。

二是加强山区农发统筹规划,整合社会资源。

山区农业综合开发作为一项保护、改良和合理利用水土资源的系统工程,涉及多学科、多部门,综合性很强,必须依靠全社会、多部门的共同努力和协调配合才能搞好。实践证明,综合治理是山区开发最成功的技术路线,以小流域为单元,山、水、田、林、路、沟、渠统一规划,工程措施、生物措施和农耕农技措施相结合,才能形成综合防护体系,实现生态、经济和社会三大效益的统一。因此,山区农业综合开发必须制定统一规划,各有关部门必须按规划要求,各负其责,各尽其力,团结协作,联合治理,确保综合治理任务落到实处。

三是深化改革,探索创新治理模式。

进一步完善政府引导和市场推动相结合的运行机制,探索创新股份合作、专业公司承包、龙头企业和家庭农场参与、集中轮流治理打攻坚战等多种流域治理模式。明晰治理成果的所有权、使用权和经营权,鼓励和支持社会各界广泛参与农业综合开发流域治理。在资金投入上力争实现"多渠汇流"。在实施好国家农业综合开发项目的基础上,政府有关部门要制定出台补助、信贷、税收等优惠政策。对参与治理的社会组织和农户,可给予中长期低息、贴息贷款;对地方和农民为改善生态而开展的能源建设、水利基础设施建设、生态移民、生产结构调整等,可优先给予资金扶持和补助。通过各项优惠政策,调动全社会参与农业综合开发流域治理的积极性。

四是引进应用农业综合开发新技术。

在农业综合开发流域治理项目的可研、初设、建设、管理等环节引进先进的技术措施，逐步推进计算机技术、"3S"技术即遥感技术（RS）、地理信息系统技术（GIS）、全球定位系统技术（GPS），以及信息管理技术等现代科技在山区农业综合开发项目建设中的普及和应用，助推流域治理水平上档升级。

五是强化监督执法，巩固治理成果。

加大依法行政力度，建立完善的监督执法体系，成立县、乡、村三级管护网络，加强对已建成项目、流域的后续管理和跟踪问效。对各种开发建设项目，严格执行环境影响评价制度。对于破坏生态环境、损毁农发项目设施的行为，依法严厉查处，有效遏制各类开发建设项目造成的流域损害，全力维护来之不易的治理成果。

陵县农业综合开发取得的成效与经验

陵县农发办　罗广义

陵县地处鲁西北平原，辖9镇3乡1个经济开发区，全县总面积1213平方公里，989个行政村，总人口58万，其中农业人口46万。全县耕地面积115万亩，小麦、玉米种植面积达90万亩，占耕地面积的78%，是全国粮食生产大县，也是全国整建制粮食高产创建县之一。2012年全县农业总产值55亿元，农民人均纯收入9295元，粮食总产量达到22.31亿斤。

陵县自1988年实施农业综合开发以来，始终坚持以提高农业综合生产能力为己任，以强基础、稳粮食、创增收为核心，以小工程、高效益为突破口，以中低产田改造为重点，坚持治水、改土并重，工程措施和科技措施相结合，因地制宜，科学规划，集中连片，统一实施。25年来，农业综合开发累计投入财政资金14667.6万元，改造中低产田面积35.7万亩，开垦宜农荒地3.7万亩，建设高标农田3万亩，扶持农业产业化经营项目21个。通过农业综合开发项目的实施，农业基础条件得到显著改善，产业发展能力显著提高，抗御自然灾害能力明显增强，使项目区呈现沟相连、路相通、田地平整、村庄靓丽的美丽生态新田园景象，为新农村建设注入了新的活力，为陵县农业增效、农民增收、农村稳定做出了重大的贡献。

一、取得的成效

（一）农业生产条件显著改善

土地治理项目以农田基础设施为重点，坚持实行统一规划，田、水、路、林综合治理，综合生产能力明显增强，农业生产条件显著改善。开挖疏浚沟渠989公里，修建农田建筑物2349座，新打机井1882眼，修复旧井315眼，发展节水灌溉面积8.54万亩，埋设PVC管道43.06万米，兴建扬水站18座，小型水库1

座,新增改善灌溉面积20.1万亩。通过项目实施,采用管道输水灌溉方式,提高了灌溉水利用率,灌溉抽取的水量大大减少,节约用水量,解决水资源缺乏的问题;开挖疏浚沟渠、修建农田建筑物,增强了农田引水排涝能力,便于大型农业机械行走,为实现农业机械化奠定了基础。通过农业综合开发,年新增粮食9560万公斤。

(二) 农业产业化经营水平进一步提高

农业综合开发产业化经营项目的实施,在陵县农业产业化经营中发挥了巨大的推动作用,促进了企业产品升级提档,缓解了企业资金压力,增强了企业的发展后劲。自2009年以来,实施产业化经营项目10个,争取财政资金1569.6万元。财政贴息项目的实施,落实银行贷款22900万元;财政补助项目的实施,带动企业自筹资金724万元。重点扶植了发展潜力大、带动能力强、与农产品基地联系密切的龙头企业和合作社,提高了农产品加工转化能力和市场竞争力。项目区逐步推行"订单农业"、"公司+基地+农户"等多种产业化经营模式,建立了企业与农户的利益联结机制,进一步提升了农业产业化经营水平,增加了农民的收入。经过考察,有15家粮食加工企业确定将项目区列为其原料生产基地。目前,项目区已基本形成"企业+基地+农户"的农业产业化经营格局。

(三) 农业结构进一步优化

通过实施土地治理项目,主要农产品生产能力显著提高,优质粮种植面积达到100%,粮食单产明显提高;通过扶植农业产业化经营项目,培育壮大了农业龙头企业,带动优势产业发展,全县形成了优质粮食生产、品质蔬菜种植、奶牛养殖、畜禽养殖四大优势产业,农业结构进一步优化。如陵城镇南里村颜儒蔬菜专业合作社,带领社员种植日光温室蔬菜,以西葫种植为主,入户社员167户,蔬菜种植面积达到5600亩,直接带动农户567户,规模大,效益好,亩增收856元。

(四) 农业科技含量逐步提高

在农业综合开发中,十分重视科技推广工作,强化对农民的科技培训,提高农民科技种田水平,项目区90%以上的青年农民接受培训,掌握1~2门农业新技术。示范推广新品种、新技术,优良品种植覆盖率达到100%,产生了良好的经济效益;项目区科技贡献率达到55%以上,农田达到优质、高产、高效,成为高标准示范样板田。

二、经验与做法

(一) 坚持科学规划

科学规划是项目建设的基础,坚持规划先行,科学制定农业综合开发计划。为了确保开发项目建设质量标准,发挥长效、高效作用,着力抓好三个环节。一是科学选定项目区。依据土地资源潜力大,有一定的生产基础和良好的生态环境等条件,搞好项目区设定,以创现代农业粮食生产高效平台。二是精心工程设计。包括水、田、路、林等土方工程和桥、涵、闸等建筑物配套工程的建设,都准确设计。为了做好这项工作,农发办工程人员,从现场勘测入手,充分征询农林、水利专业人员意见,深入细致地调查分析,进行精心设计,在此基础上又请工程设计专家进行把关审核,使工程量适中、价格合理、配套协调,以发挥工程的最佳效益。三是合理工程布局。坚持按区域农业发展需要,结合项目区地形地貌、水系、村庄等内外部条件,谋划项目和工程布局,集中连片,规模开发,使项目区达到田成方、林成网、沟相通、路相连、农田建筑物配套齐全,成为旱能浇、涝能排的优质高效农田,极大地改善了当地的农业生产条件,提高了农业综合生产能力。

(二) 坚持综合治理

以水系建设为核心,进行沟渠田林路综合治理,桥涵闸站全面配套。在综合配套上,以项目区灌排工程配套建设为重点,强化灌排设施建设,包括桥、闸、沟渠、PVC管道节水灌溉等灌排体系,科学规划、合理布局,确保项目区排灌自如,达到晴雨通机通车。在科技方面,搞好科技推广和技术培训,实施好科技推广项目,如测土配方施肥、改良土壤等,把项目区建成现代农业的样板。

(三) 坚持公开招标

为做好项目招投标工作,农发办、财政局严格执行农业综合开发招标投标制度,严格招投标程序,本着"公平、公正、公开"及"择优、诚实、信用"的原则,按照程序,认真、严肃的进行开标、评标工作,择优选出一流的施工单位和能力强、信誉好的货物供应厂家。项目招标委托政府采购中心承办,实行公开招标。专家评委的产生由省项目专家库中随机抽取。招投标活动过程,由纪委、检察院、公证处进行监督,程序规范,要求严格,从源头上预防了招投标活动中的腐败行为，保证了国家资金安全，节省了财政资金，提高了投资效益，确保工程建设高质量地完成。

（四）坚持县级报账制

不断强化项目资金的全程监管，坚持县级报账提款制，确保农业综合开发资金安全运行、有效使用。在资金使用方面，严把项目预算关，由农发办和财政局会计师事务所对项目施工预算严格进行把关；建立健全资金检查机制；坚持县乡两级项目资金专户管理，做到"专人管理、专户储存、专账核算"，杜绝了挤占、挪用、截留项目资金问题，使项目资金运用合理，管理得当，保障了项目的顺利实施。

（五）不断完善管理制度

项目实施按照全面推进、精细化管理的要求，不断完善各项管理制度，严格农业综合开发项目资金管理、工程招投标、绩效考评和监督检查等办法。多渠道筹措管护资金，努力调动农民群众监督工程建设、管护工程设施的积极性，确保已建项目工程长期发挥效益。同时按照"资金性质不变，管理渠道不乱"的思路，搞好部门之间的沟通协调，以农业综合开发项目为平台，统筹相关支农涉农项目资金，加强项目间的有机衔接，特别是大中型水利骨干工程与农田水利设施建设的相互配套，农业基础设施建设与农业科技推广、良种良法的相互配套，形成打造农业综合开发的工作合力。

（六）强化组织领导

县委、县政府十分重视农业开发工作，项目实施都成立以县长任组长，分管农业的县长任副组长，开发办、财政、水利、农业、林业及开发单位负责人为成员的项目建设领导小组，分管领导靠上抓，抽调精干力量，现场办公，有力地促进了项目工作的开展。在农业综合开发项目实施过程中，项目建设领导小组多次召开项目建设和工程调度会议，对项目组织实施、资金筹措、资金拨付、质量检查、项目验收等问题进行专题研究部署，加快了工程建设进度，确保了工程质量。县委、县政府主要领导同志经常深入施工现场，检查指导项目建设，保证了项目建设的顺利实施。

罗庄区农业综合开发助推城郊型农业发展

临沂市罗庄区农发办 李 群

临沂市罗庄区现辖 8 个街（镇），人口 53 万，总面积 500 平方公里，耕地 27.3 万亩，是临沂市的"南工重地"，属工业区。在农业方面，过去一直把粮食生产作为农村经济发展的主体，农业经济长期处于低速状态。近年来，罗庄区积极创新，不断探索，统筹谋划，以农业综合开发项目为平台，整合资源，调整农业结构，大力推动农业向科技化、产业化和生态化发展，走上了"打造城郊型精品特色农业"的道路，为发展现代农业打下了良好的基础。

一、罗庄区农业农村经济发展现状

近年来，罗庄区紧紧围绕临沂市委市政府"四三二一"战略部署，把加强优质农产品基地和品牌创建工作作为发展现代农业、促进农民增收的战略措施来抓，通过农业综合开发，着力打造高端、高效、特色农业。截至目前，罗庄区农村土地流转面积达到 3 万多亩，占耕地面积的 9%，已建有 4 个优质农产品基地，14 个产品获得有机认证，优质农产品基地达 98000 余亩，实现农业总产值 11.5 亿元，是 5 年前的 5 倍，全区农民人均收入达到 1 万元以上，比 5 年前增长了一倍多。初步形成了有机蔬菜、食用菌、优质稻米、名优果品、有机草莓、花卉苗圃、杞柳、畜牧水产等八大系列农业产业带，打造了沙沟芋头、塘崖贡米、册山草莓、沂蒙丽珠、沂堂大蒜、菇婆婆食用菌、高都蔬菜、兰湾科技蝴蝶兰等知名品牌，其中，沙沟芋头和塘崖贡米获得国家地理标志证明商标。培育区级以上农业龙头企业 23 家，农民专业合作社 210 家，入社成员 1506 名，辐射带动 40000 余户农民增收致富。

二、农业综合开发围绕发展城郊型农业采取的主要措施

(一) 结合产业规划搞开发,为城郊农业建设提供载体

农业综合开发立足罗庄区实际,把促进城郊型农业发展列入工作的重要议事日程。在项目前期规划设计时,紧紧围绕罗庄区特色农业和优势农产品产业带布局,统筹考虑,因地制宜地确定符合当地实际的开发模式,先行打造适合产业发展的基本框架,以期"栽下梧桐树,引来金凤凰"。

1997年以来,罗庄区累计投入农业综合开发土地治理项目资金6513万元,完成土地治理面积14.2万亩,共涉及95个村,18.7万群众受益。项目区建成各类桥涵闸2196座,修建防渗渠道110.6公里,开挖疏浚沟渠478.9公里,新打配套机电井96眼,浅井531眼,架输变电线路40.37公里,埋设管道101.45公里,整修机耕路88.86公里,植树45.7万株,建护林房90座,新增灌溉面积6万亩,改善灌溉面积7万余亩。通过水利、农业、林业、科技等配套措施的综合治理,项目区实现了"旱能灌、涝能排、渠相连、路相通"的田园化格局,农业生产主要制约因素基本消除,农业基本生产条件和生态环境明显改善,抵御自然灾害能力显著增强,为发展城郊型农业打下了坚实基础。

通过农业综合开发搭建平台,项目区吸引了许多带动面广、竞争力强的优质品牌企业纷纷入驻,依托项目建基地,着力打造了一批有规模、有特色、有亮点的城郊型农业示范区。如开发面积1.3万亩的沂堂镇农业开发项目区成为了省级农业产业化龙头企业"临沂市荆城食品有限公司"的大蒜及蒜薹生产基地和"临沂市罗庄区荆兴现代农业有限公司"的优质冬暖式大棚蔬菜基地。而农业综合开发高都项目区则吸引了临沂亿农农业发展有限公司的入驻。该公司依托农业开发土地治理项目,投资2000万元,占地面积1100亩,建成了由设施蔬菜种植区、花卉苗木种植区和高效粮油示范区组成的临沂亿农现代农业产业园。另外,罗庄区金河屯花卉种植合作社则依托农业综合开发黄山镇项目区,流转土地1万多亩,建起了花卉种植基地,现已逐步形成了集农业生产、生态、生活与一体的观光旅游农业区,为发展城郊型农业提供了样板。

(二) 坚持扶持龙头搞开发,为城郊农业发展培育壮大优势产业

罗庄区农业综合开发在安排产业化项目时,按照"围绕产业扶龙头,扶好龙

头强基地"的思路,选择辐射带动能力强、经济效益好、市场竞争优势明显、科技含量高的农业产业化龙头企业和农民专业合作社予以重点扶持,助其做大、做强,全力推进其实现经营规模化、生产标准化、产品品牌化,提高产品的附加值,提高其抗风险的能力。

近年来,罗庄区农业开发办共争取财政扶持资金951万元,重点扶持了有机蔬菜、食用菌、有机稻米等特色优势产业,共扶持了效峰菌业、大源有机塘贡米、鲁南国际粮油、东开蔬菜等12个发展前景好、经济效益高、辐射带动作用强的农业产业化龙头企业和农民专业合作社。通过农业开发资金的扶持,做大了企业规模、增强了企业实力、打响了企业品牌、增强了辐射带动能力。如农业开发投入资金590万元扶持的临沂效峰菌业有限公司,现已建成山东省最大的有机食用菌工厂化周年生产车间,日产杏鲍菇等优质食用菌10吨,年生产各种食用菌4000吨,安置当地农村剩余劳动力就业180人,培训农民6000余人,带动农户2000余户,促进农民增收6000多万元。通过龙头带动,罗庄区有机果蔬、食用菌、苍山大蒜、有机稻米、粮油等产业都得到进一步升级和壮大,城郊型农业特色更加突出。

(三)创新生产模式,引领多方合作搞开发,为城郊农业发展提供保障

罗庄区农业开发办积极探索创新农业开发新模式,以财政资金扶持为引子,引领多方合作搞开发。通过合作社或有资金的种植大户参与投资,先行建好产前占用资金较大的完善的固定设施,掌握产中的关键技术,培育产后的市场销售网络,再引导合作社其他社员加入生产。如临沂东开蔬菜有限公司,通过农业开发扶持资金75万元,建设了高都有机蔬菜生产基地,采用基质栽培技术,在形成一定规模后,逐步吸收周围的农户加入到合作社中,创新销售模式,设置专卖店,实行消费会员制度,现有会员800多人,年收益达到100多万元,带动农户100多户,农民人均增收1.47万元。

罗庄区农业综合开发通过强化基础设施建设,创新生产经营模式,发展壮大主导产业,打造精品示范工程,为罗庄区"城郊型"农业的发展打下了良好的基础,起到了明显的示范带动作用。

农业开发结硕果　黄河故道变绿洲

聊城市农发办　刘法正

　　忆往昔，黄河故道风沙起，半年糠菜半年粮。

　　看今朝，造林绿化锁风沙，人民生活奔小康。

　　如今，当我们迈进聊城黄河故道，用历史的眼光审视鲁西平原的沧桑变迁的时候，就会发现脚下这片千百年来被风沙盐碱所困扰的土地神奇地变成了绿洲——新中国成立后大力发展故道绿化，亿万株树木拔地而起，让当年风沙漫漫的黄河故道，变得林带纵横交织，绿洲片片葱郁。特别是经过大规模的农业综合开发，黄河故道成片的林网护卫着百万亩良田，处处是鸟语花香，充满了勃勃生机。

　　聊城市境内的黄河故道位于西部和北部，俗称"西沙河故道"，涉及莘县、冠县、临清、高唐县的30多个乡镇，历史上受黄河决口和侧渗的影响，区域内形成了较大面积的涝洼和沙碱荒地。1949年新中国成立后，环境生态建设、黄河故道绿化得到重大发展。十一届三中全会后，聊城及时制定了"农田林网化，农林间作化，沙荒碧绿化，人均三分果"的目标。把营造经济林和用材林、实现生态效益和经济效益有机地结合起来，从而使林业生产出现了突破性的发展。黄河故道也变得绿意盎然，生机勃勃。

　　但是，由于技术手段落后和投入不足等原因，到20世纪80年代末，聊城市仍在临清、高唐、茌平等地存在近10万亩的沙丘荒地，最高的沙丘有30多米。当地老百姓过着"风沙漫天飞，吃饭半碗泥"的生活。

　　农业开发的春风吹进了黄河故道。1988年，国家开始在黄淮海平原地区立项进行大规模的农业开发。通过反复考察论证，农发人将目光聚焦在了黄河故道地区。经过调查，聊城市黄河故道区除了存在部分沙丘、地势不平坦之外，还存在土壤退化日益严重，耕地面积逐年减少、农业结构不合理、农业生产条件薄弱、适应性差等主要问题。

　　根据不同的地质土壤、经济基础情况，在制定农业开发规划时，聊城市农发办着重总结推广了几种开发治理模式：一是有机循环生态农业发展模式。此模式主要是针对黄河故道河滩高地，该区域具有土地沙化较轻、生态基础较好的优势，以此为基础发展有机食品产业，打造有机循环农业产业链条，努力提高该区的生态效益、经济效益和社会效益。二是生态观光农业发展模式。此模式主要是针对黄河故道决口扇形地，在决口扇形地内，地面起伏不平，有连绵的沙丘、冲沟。土壤质地均为沙质土，保水、保肥能力差，生态环境脆弱。三是果—菜复合栽培农业生产模式。此模式适合于黄河故道区土地沙化相对较轻的河滩高地和砂质河槽地区。

以上几种模式在实践中根据具体情况灵活运用，坚持"林、渠、路、村（国营场园）统一规划，风、沙、旱、涝综合治理"。在开发项目实施过程中，各地又根据当地实际，探索出以高唐县旧城镇（现清平镇）为代表的"3331127"工程模式、茌平县菜屯镇为代表的速生丰产林建设及木材加工模式、以临清市松林镇为代表的上林下菌模式，以及冠县的鸭梨、水果模式等。

目前，当初的林网树木已经过二到三轮采伐更新，在建设生态体系的基础上，逐步向产业化发展，引进国内外名、特、优、新树种，实现了粮、棉、瓜、果和蔬菜的全面丰产，大幅度增加了当地群众的收入。

截至目前，黄河故道林木覆盖率达到了34.8%，真正实现了旱涝保收，林茂粮丰。现如今，聊城农发人正以崭新的精神面貌，更高的开发热情，投入到黄河故道的新一轮开发中。高标准农田示范工程、各类合作社、产业化项目等在黄河故道落地生根。在积极发展经济的同时，人们的绿化意识和环保意识也在不断增强，更加懂得珍惜和保护良好的生态环境，爱林护绿意识已逐步深入民心。如今黄河故道草木凝翠，河湖交错，碧波荡漾，一改以前的黄沙飞舞、风起沙扬的景象。良好的生态环境也促进了生物的多样性，黄河故道内是满目的清脆，到处都可以见到种类各异的鸟类，听到它们欢快的歌声。

伴随祖国经济和社会发展与科技水平提高，聊城黄河故道治理工作将会迎来新的春天，黄河故道生态环境将会发生新的变化，人民群众的生活将会更加美好。

农业兴 天下安 百姓欢

——滕州市农业综合开发工作纪实

滕州市农发办 杜泽湘

最近,滕州鲍沟镇西石庙村农民王述用心情格外好。村里2012年实施了农业综合开发项目,修了渠,打了机井,埋设了地埋管道,原来"靠天收"的土地变成了旱涝保收的高产田。"今年春旱时,一刷卡就浇上了地,庄稼一点没受影响,预计亩产可达一千三四百斤,每亩增产三百多斤呢!"王述用高兴地说。

滕州农业在全省乃至全国处于先进行列,小麦高产水平一直处于领先地位。1976年滕州小麦精播高产试验田创造了亩产638公斤的全国最高纪录。2009年滕州小麦高产攻关田亩产789.9公斤,创造了我国北方小麦高产的纪录。滕州连续多年被评为"全国粮食生产先进县",先后被评为"全国十大粮食生产先进县"、"全国粮食生产先进县标兵",被列入"全国农业现代化示范县"、"全国首批粮食高产创建整建制推进县",等等。这其中,农业综合开发工作功不可没。

一、强化基础设施 建设高标准农田

农业基础设施薄弱是农业增效、农民增收的一大障碍。而农业综合开发恰恰是各级政府以财政投入为导向,带动地方对中低产田进行水、土、田、林、路综合治理,加大农田基础设施建设,改善农业生产基本条件的重要举措。实施农业综合开发对广大农民来说,可谓天降甘霖。

滕州自1988年列入农业综合开发项目县以来,市委、市政府面对人多地少的严峻形势,紧紧抓住这一良好机遇,按照"纵抓产业、横抓区域、规模开发、整体推进"的开发思路,有组织、有计划地精心组织实施农业综合开发项目。尤其是2004年以来,全市土地治理和高标准农田建设力度一年比一年大,质量和效益一年比一年好,实现了农业综合开发的大跨越。截至目前,农业综合开发项目共完成投资3.73亿元,其中土地治理项目共完成投资2.26亿元,改造治理中低产田48万亩;产业化经营项目完成投资1.47亿元。

| 实践与探索 |

1988年以来，滕州依托农业综合开发项目区建设，新建和整修农田道路920公里，栽植树木120万棵，新打机井4600眼，配套机泵6200台套，埋设地下PVC节水管道2676公里，建设生产桥、过路桥及进地涵洞5200座，项目区变成了"田成方、林成网、路连环、旱能浇、涝能排"的高标准基本农田，农业抗御自然灾害的能力得到明显提升，农业综合生产能力显著增强。

据统计，与开发前相比，项目区轮灌周期缩短了5天，灌溉水有效利用率由60%提高到95%以上，亩次灌溉节水30多方，节电3~4度，每亩节约灌溉费用8元以上，林木覆盖率由10.6%提高到18%以上。农业综合生产能力明显提高，小麦最高单产达到789.9公斤，夏玉米最高单产达到980公斤，均创鲁南地区最高水平。项目区亩平均产值可达5620元，比开发前增加1860元，每年可增加产值8.93亿元，农业综合开发已成为滕州市农业发展的中坚力量。

二、实施结构调整 提高农业效益

农业综合开发水平高低，关键在于农业比较效益的高低。近年来，滕州市委、市政府围绕国家现代农业示范区建设确立的粮食、蔬菜、畜禽三大优势主导产业，为农业综合开发指明了方向。市农发办在工作中坚持把农业综合开发与结构调整紧密结合，在群众自愿的前提下，科学引导项目区群众进行农业结构的战略性调整，实现土地产出效益的最大化。

这一主导思想集中体现在"一般不种粮食、不种一般粮食"的农作物布局上。各项目区以市场为导向、以资源为依托，积极引导调整农业结构，大力培育具有区域特色和较强竞争能力的主导产业，最大限度地提高项目区农业的比较效益。

按照西南部优质粮食、北部精细蔬菜、东部畜牧林果的区域化布局，重点建设了40万亩优质粮食高产创建示范区、30万亩设施蔬菜高效农业示范区和20万亩农牧循环生态农业示范区，基本形成了"三带三区"的优势产业格局。界河、姜屯等镇确立了以马铃薯、黄姜为主的蔬菜种植业；大坞镇建设了万亩毛芋头生产基地；东郭、龙阳镇积极发展冬暖温室大棚及蔬菜保护地栽培。项目区新增经济作物面积10万亩，蔬菜冬暖大棚8600个，大小拱棚2.8万个，保护地栽培面积6.2万亩，粮经种植比例达到6:4。仅蔬菜一项，农民年人均增加收入1000多元。

2012年滕州粮食播种面积169.5万亩、总产90.7万吨，保持了789.9公斤的冬小麦全国单产最高纪录。蔬菜播种面积95万亩，其中春、秋两季菜用马铃薯面积65万亩，被命名为"中国马铃薯之乡"。滕州是生猪、肉鸡养殖大县，被列为中央储备肉活畜储备基地和全省肉鸡产业十大集群基地，2012年各类畜禽存栏5000万头（只），肉蛋奶总产21万吨。为进一步使这些优势产业"强筋壮骨"，提升市场竞争力，增加农民收入，近年来，滕州农业综合开发突出重点，培育亮点，着力向优势农产品生产基地倾斜，优先扶持当地的农业主导产业带和优势产业基地项目。

现如今，农业综合开发项目区，已经成为滕州农业结构调整的"示范区"和"样板区"，在其辐射带动下，全市调整农作物结构的步伐进一步加快，为广大农民带来了实实在在的效益。2012年，全市生产总值实现830亿元；地方财政收入54.37亿元，居全省县级第三位；农民人均纯收入10680元，比全省平均水平高出1234元。

三、培育龙头企业　促进农民增收

培育龙头企业，是调整农业产业结构，促进农业增效、农民增收的重要途径。近年来，滕州根据各镇（街）实际情况，加大对产业化经营项目扶持力度，使龙头企业进一步做大做强，以龙头带动基地发展，以基地带动农民致富。

近年来，滕州实施了山东春藤食品有限公司2000头优质良种猪繁育及示范基地新建财政补助项目、山东龙振生态农牧业科技有限公司3000头种猪繁育基地扩建财政补助项目、滕州市北大仓面粉有限公司流动资金贷款贴息项目、山东德力盈食品有限公司流动资金贷款贴息项目、山东大宗生物开发股份有限公司流动资金贷款贴息项目、山东鲁南牧工商有限公司流动资金贷款贴息项目等龙头企业农业综合开发产业化经营项目。

连续多年扶持国家级农业龙头企业山东鲁南牧工商公司，投资1.2亿元进行技改扩建，形成集种畜禽、肉类、饲料、粮机、生物工程、新能源等产品的生产、加工、销售为一体的大型农牧集团企业。标准化养殖能力4000万只，宰杀能力6000万只，熟食生产能力4万吨。依托该公司龙头带动，全市有3万户农民参与养殖、加工、运销等，户均年收入3万元，产生了良好的经济、社会和生态效益。

农业开发项目使企业规模逐年扩大，为全市农牧业持续稳定发展注入了活力，有力推动了养殖业、农产品加工及相关产业的快速发展。有效改善了企业生产条件，增强了抗风险的实力，提高了企业综合生产能力，加快了养殖业、农产品加工业向集约化经营和现代化发展的步伐。

目前，滕州已形成粮食、蔬菜、畜牧、农产品物流等四大农业龙头企业集群，现有国家级龙头企业1家，省级龙头企业15家，拉长了产业链条，拓宽了农民增收致富的空间。

四、发挥项目优势　推动新农村建设

滕州坚持把农业综合开发和新农村建设有机结合起来，把发展产业，培育新型合作组织作为建设新农村的基础来抓，使农业综合开发项目区成为新农村建设的"助推器"。

近年来，全市共规范发展各类农民专业合作社982家，其中种植类616家、畜牧类208家、农机植保营销等服务类96家。积极稳妥地推进农村土地使用产权制度改革，对228家试点合作社发放产权证14816个，2012年利用产权抵押贷款1.05亿元，单笔最高贷款500万元，扶持合作社兴办企业21家。

如今，在新农村建设中，农业综合开发的作用和效益日益显现。在鲍沟镇，市农发办帮助该镇改造治理中低产田面积1.0万亩，共新打机电井50眼、修复机电井70眼并进行配套；埋设输配电线路30公里；开挖疏浚排水沟66公里，埋设管道65公里，新建渠系建筑物326座；加宽整修农田道路33公里；新建农田防护林网1.0万亩，栽植黄金柳2万株；技术培训2000人次；购置仪器设备6台，建设农业标准化生产示范基地2000亩，使鲍沟镇农业生产条件得到明显改善，为土地流转，培育农业新型经营主体打下了坚实的基础。

大力扶持农民专业合作经济组织，搞好项目区农民专业合作经济组织的规范化建设，是滕州市农业综合开发助推新农村建设的又一举措。通过增强合作经济组织的服务功能，使其走上了良性运作和健康发展的轨道，成为带动农民增收的"孵化器"。实施了滕州市官桥镇鲁西黄牛养殖专业合作社鲁西黄牛养殖示范场建设财政补助项目、滕州市顺鑫源果蔬专业合作社千吨高标准设施蔬菜种植基地建设财政补助项目、滕州市富辉蔬菜产销专业合作社1000吨蔬菜基地扩建财政补助项目等农民专业合作经济组织农业综合开发产业化经营项目。滕州市顺鑫源果蔬专业合作社通过配套现代设施农业、生态农业、有机农业等生产技术，提高了产品科技含量、产品质量、土地产出率和资源利用率，增强了市场竞争能力，用有限的土地产出最大的效益，为当地群众带来了丰厚的收入。

农业综合开发的有效实施，发展了农业农村经济，提高了农民收入，带动发展了循环农业、绿色农业，促使滕州市现代农业逐步走上了一条可持续快速发展的路子，有力推动了社会主义新农村建设。

农业综合开发工作所思所想

德州农发办　郭度祥

农业综合开发工作，是稳步提高农业综合生产能力、保障国家粮食长久安全的物质基础，是打造粮食核心产区、发展现代农业、建设社会主义新农村的现实要求，是公共财政支持"三农"工作的重要战略举措，是进一步提升农业综合开发水平和创新开发体制机制的客观需要，具有重大的现实意义和深远的历史意义。

农业综合开发项目工程种类繁杂，包括沟、田、路、林、井、电、桥、涵等，多为田间工程，单体工程小，施工地点分散，施工季节性强，环境制约因素多。如何针对农业开发项目工程的特点，强化农业综合开发项目管理，确保工程建设质量，提高资金使用效益，做好项目区工程统筹管理安排是关键。

一、农业综合开发项目工程的特点

农业综合开发项目作为国家扶持农业生产的一项战略性举措，具有以下特点：

1. 工程分布的分散性。农业综合开发项目工程，是加强农业基础设施建设，改善农业基础条件，实现旱能浇涝能排，确保农业旱涝保丰收的工程。一些项目工程特别是一些中低产田改造工程主要建设地点是在生产条件较差的农田上，因此工程零星分散、面广量大，原有田间路窄且坑洼不平，工程初期给施工人员机械进出和进料倒料带来不少困难。针对这个问题，应优先进行道路及路口桥涵的施工，并通知各施工队做好后勤保障工作，保证工程进度。

2. 项目工程的关联性。农业综合开发项目实行水田林路综合治理开发，通过项目实施要求达到田成方、林成网、渠相通、路相连、旱能灌、涝能排的高效农田。因此在项目工程规划设计时各个项目工程之间的关联度较高，如施工顺序安排不当就会相互牵扯，拖慢工期，甚至前埋后挖增加施工成本。这就要求项目管理人员在开工前要统筹安排，合理组织，反复推演，寻求最优方案。在施工中也要根据实际情况合理调整计划，确保工程顺利完成。

3. 工程建设的实用性。农业综合开发项目主要是为农业生产服务，工程内容

实践与探索

主要是井、站、桥、涵、泵房、沟、渠等农用工程，技术含量不高，但要求美观大方、坚固实用，能有效改善农业生产条件，方便农民生活。因此农业综合开发部门要因地制宜，合理倾听群众意见建议，不违背实施方案施工原则的前提下灵活掌握。满足群众生产和生活需求。

二、农业综合开发项目的几项基本原则

1. 坚持统筹规划、突出重点的原则。坚持规划先行，科学制定高标准农田建设示范工程中长期规划和年度计划，确定发展的重点区域、重点项目，明确资金的重点投向，突出加大对粮食核心产区产粮大县的扶持力度。

2. 坚持科学布局、典型示范的原则。根据平原、丘陵等区域特点，因地制宜采取不同的开发模式，推动高标准农田建设示范工程协调发展。优先改造水土资源条件好、开发潜力大、配套能力强、农民积极性高的地区，打造一批精品工程，实现典型引路，积极稳妥地推进高标准农田建设示范工程工作。

3. 坚持集中连片、规模开发的原则。坚持按灌区、流域和区域整体规划，采取"集中力量，重点投入，连片开发"的治理方式，加大规模开发力度，确保治理区域相对集中，力争治理一片，成效一片，致富一方。

4. 坚持综合投入、合力开发的原则。充分发挥农业综合开发资金的引导作用，统筹相关支农涉农资金，积极引导信贷资金、民间资本等各种社会资金投入，形成强大的资金合力。

5. 坚持政府主导、农民主体的原则。充分发挥政府在组织实施高标准农田建设示范工程中的主导作用，带动农民群众自觉参与，充分发挥农民群众的积极性和创造性，使农民群众成为高标准农田建设示范工程的"建设主体、受益主体、管护主体"。

6. 坚持统筹协调、务求实效的原则。高标准农田建设示范工程是一项系统工程，必须充分调动相关部门的积极性，集聚多方力量，形成建设合力。合理确定发展的目标和任务，讲求实效，量力而行，力戒形式主义，严禁形象工程。

三、目前项目建设工程监理中存在的问题

一是监理工作不全面。主要表现在三方面：首先是监理过程不全。对农业综合开发项目工程的监理范围应从标书编制开始到项目招评标、施工组织、施工过程、项目竣工验收、直到质保期满的全过程监督管理，而目前绝大多数监理机构都只参与项目施工过程的监理。其次是监理内容不全。对农业综合开发项目工程的监理内

容应既包括中沟及中沟级以上建筑物、硬质渠道、砂石路、种子仓库、晒场，也应包括小沟级、农田林网、电站泵房等。但目前，多数监理单位都只是对中沟级以上建筑物的监督管理，监理内容不全。最后是监理时间滞后。目前极个别地方的监理人员不仅不参与项目工程的全过程监督管理，甚至连项目施工过程的监理也不能自始至终。

二是监理程序不规范。农业综合开发项目工程监理程序主要是在施工程序基础上形成的，重点应对施工过程中各主要环节、主要工序进行全面控制，具有一定的规律性和工作次序，只有把握住施工过程中活动脉搏，严格按施工的规律性和工作次序办事，才能适时发现问题及时解决问题，目前很多监理单位的监理程序不规范，对材料的把关、施工程序的监督都不到位。

三是监理人员素质不过硬。有的监理人员专业素质不过硬，甚至对合同条款、监理实施办法都知之甚少，不能按监理程序工作，想怎么管就怎么管；有的监理人员缺乏实际经验，在现场管理工作中不能及时发现问题、解决问题；还有少数监理人员政治素质不过关，工作责任心不强，不能严格监理、热情服务、秉公办事，有的甚至向承包商索拿卡要。

四、做好农业综合开发项目工程监理工作的对策

（一）多管齐下，采取多种形式做好监理工作

针对农业综合开发项目中的土建工程类型多、数量大、造价低、位置分散、开发部门自身缺少专职监理人员的特点，可采取"多管齐下"的办法做好项目工程监管工作：

一是公开招标，实行专业监理。在项目实施前采取公开招标的形式，选择综合素质高、业务能力强、社会信誉好的监理单位进入到农业综合开发建设市场，对农业开发项目进行全方位专业监理。对以往在从事农业开发工程监理的单位、监理人员从业过程中，有违规现象的要取消其监理的资格。在监理人员上岗前，业主要督促有关机构对其进行业务素质培训，提高人员的综合素质，确保监理人员在具体工作中做到尽职、尽责、尽心、尽力，严格监理、热情服务、秉公办事、一丝不苟，切实提高监理工作水平，提高农业综合开发项目工程质量。

二是发挥作用，做好业主监理。农业开发部门是农业综合开发项目的主管部门，担负着工程建设的重任，要充分发挥业主作用，切实履行职能，要经常到项目区进行监督检查，对专业监理工作情况进行督查，要组织局机关领导及业务人员包乡蹲点全程监管，发现问题及时纠正。

三是落实责任，抓好乡镇监理。农业开发项目建设地点在乡镇，因而项目建设与当地乡镇政府密不可分，因此，项目乡镇也应承担工程质量监督的职责，在项目实施过程中，农业开发部门要督促乡镇安排技术人员开展全面巡查，发现问题及时上报、及时整改。

四是发动群众，实行社会监理。农民是开发的主体，在项目工程建设时，可聘请项目区基层干部和党员及群众代表进行现场跟踪监督，从而有效保证工程建设的进度、标准、质量和预期效益一次达标。

（二）明确要求，合理确定农业综合开发项目工程监理的内容

农业综合开发部门在与监理单位签订合同时，要明确监理的具体内容，规定监理单位应对年度计划实施过程中的所有项目、所有环节进行全面、全过程的监督管理。具体应明确对以下六方面进行监管：

一是对工程质量进行监督控制。这是监理的重点，要对材料认真检验，堵住质量问题的源头；要对施工工艺进行检查，通过旁站、检查与巡视对施工单位机械设备的配备、施工方法和施工程序进行监督和控制；要对竣工工程认真检查，全面控制工程的整体质量和外观质量。

二是对项目工程进度控制。监理单位应认真审查施工单位的施工进度计划，并检查实施情况，随时监控实际进度，发现偏差，及时督促施工单位提出调整意见，并提出监理审查意见。监理单位要在不同的施工阶段，制定针对性的进度控制措施，提出各施工单位及主要设备、材料的进场时间表，对设备、材料供应商的供货计划及实施情况进行监督。

三是对工程费用控制。要严格审核施工单位提交的资金报账申请，复核已完成工程量和单价组成，签署工程付款凭证，严格控制工程变更。

四是对合同履行管理。监理单位督促业主与承包人履行合同中规定的职责，监理按程序办事，熟悉合同，准确理解合同，平时要注意资料和证据的搜集，一切凭原始材料和数据说话。

五是对信息资料管理。监理工程师要对所需的技术信息进行搜集、定性、存储、传递、归档等，重点是对施工现场监理会议记录、监理日记、各类监理报表、监理现场监督检查记录资料、简报以及监理报告等进行搜集和管理。

六是做好协调工作。对建设过程中出现的各种矛盾，如各个单位之间的关系问题、合同争议问题、设计与施工矛盾等进行组织协调，保证工程建设顺利完成。

（三）强化管理，规范工程监理程序

重点从三方面进行规范：

一是规范运行管理程序。要以书面形式明确业主、监理、承包商三者之间联系及管理流程,保证信息的及时传递和反馈。监理单位应从项目区的规划,工程的定点定位,工程的设计,到项目区现场勘察,专业监理工程师就工程中某一专业或某一方面的监理工作编写监理实施细则;要按照规划、细则进行工程监理,规范化开展监理工作,注重把握工作的时序性和职责分工的严密性,各项工作都按一定的逻辑顺序先后展开,对不同专业、不同层次的监理人员,要进行严密的职责分工。

二是规范监理内部质量体系运行程序。业主要督促监理单位制定内部质量体系运行程序,对以下内容要作出具体安排:信息搜集及其传递途径;会议协调;各种监理业务处理程序;资料的分类、整编、归档、各层次人员岗位职责,建设各方的关系及其处理。这些程序运转直接影响监理工作质量,它是做好监理控制工作的内在因素。

三是规范监理任务落实所制定的控制程序。包括施工过程质量控制程序、施工进度控制程序、支付结算控制程序、信息管理程序、质量事故处理程序、索赔、工程变更、施工分包队伍审批、竣工验收等程序。这些程序是监理控制程序的核心与关键,它在时间和空间范围内保证先后开展顺序和衔接,保证监理监控不漏监,同时这些控制程序都在相应的系统中制约了系统的行动,保证各个系统在受控状态。

五、农业综合开发工作今后应努力的方向

着力加强农业基础设施和生态建设,提高农业综合生产能力;着力推进农业和农村经济结构的战略性调整,提高农业综合效益,增加农民收入;着力完善和探索适应市场经济要求的运行机制,切实加强项目和资金管理,努力开创农业综合开发的新局面。

(一)更新观念,用市场经济的原则和方法,指导和推动农业综合开发工作

在市场经济条件下,做好农业综合开发工作,要求我们必须遵循市场经济发展规律,更多地运用经济手段和法律手段指导和推动工作。各级各有关部门一定要面向市场,根据市场经济不同发展阶段的新特点、新任务、新要求,及时转变思想观念,调整工作思路。今后,评价一个项目区的建设水平,评价一个地方农业综合开发的成效,不仅仅要看旱能灌、涝能排、渠相连、路相通,更重要的是要看农业产业结构调整是否合理,项目区科技含量和生态环境建设是否提高和改善了,农产品的质量标准和农民的收入水平是否提高了,项目建设对财源培植和财政增收是否产生了积极影响。各级要适应形势发展的要求,在思想观念上从注重单纯的产量增加

转移到提高质量和增加效益上来,通过扎实有效的措施,确保正常年景多增收,小灾之年保丰收,大灾之年不减收或少减收。

(二) 优化产业结构,大力发展多种经营

大力发展多种经营,增加农民收入既是农业综合开发的主要任务,也是今后土地开发治理的主要目的。对现有的土地进行改造,改善农业生产条件,提高综合生产能力以后,要按照市场需求组织生产,市场需求什么、什么效益好就生产什么。各级要积极扶持多种经营和加工项目,大力培育联结农户的加工龙头企业和龙头市场,以此带动优质特色创汇农产品基地建设,推进农业产业化经营。

(三) 加大科技开发力度,提高科技含量

下一步,农业综合开发要逐步转移到依靠科技和提高农民科技素质的轨道上来。在资金投入上,要按照有关政策规定和实际需要,加大力度,提高科技推广投资比例。要大力实施农业名牌战略,积极引进、推广农作物新品种,优化品种结构,努力在品种和质量方面进行深度开发,不断提高农产品的质量和档次。多种经营项目要注重科技含量,发展名特优新稀产品,开发绿色食品。

(四) 切实加强项目和资金管理

随着农业综合开发的不断深入,项目建设标准质量越来越高,管理要求越来越严格。各级必须适应新形势的要求,积极探索项目和资金管理新机制,加强项目和资金管理,努力提高开发效益。当前,要特别注意以下几点:一是积极推行项目法人责任制、招标投标责任制、工程监理制和工程质量责任制等项目管理新机制,建立健全责权利相结合的项目管理责任制,确保建设项目的标准和质量。二是切实加强项目和资金监管。各级开发办、财政部门要认真做好项目和资金的督查工作,严格执行上级有关政策。三是按照市场机制的要求,搞好项目的运行管护。要坚持建管并重,做到一手抓建设,一手抓管理,建立健全项目运行管理责任制,保证项目正常运转。对土地治理项目中的水源工程、小型分散的基础设施和农田林网,可采取承包经营、拍卖转让等形式,搞好管护工作。对土地的生产经营,在认真执行土地承包政策的前提下,根据调整优化农业结构、推广应用科技成果、实行区域化种植、发展农业产业化经营和建设农业现代化示范区的要求,积极探索土地使用权入股、有偿转让、租赁、反租等形式,搞好土地流转,发展规模经营和集约经营。对执行多种经营、高新科技示范项目的经营实体,要实行企业化管理,本着为生产服务和自身效益相结合的原则,自主经营,独立核算,自负盈亏。健全拨、借、还等

规章制度，做好有偿资金的回收工作。要把配套资金落实，资金使用和有偿资金偿还情况，作为追加或减少开发任务和投资的重要依据。

（五）严格执行农村税费改革政策，规范农业综合开发农民筹资投劳工作

为贯彻落实《国务院关于全面推进农村税费改革试点工作的意见》精神，经国务院农村税费改革工作领导小组办公室同意，国家农业综合开发办公室印发了《国家农业综合开发农民筹资投劳管理暂行规定》，总的精神是：农业综合开发农民筹资投劳纳入"一事一议"范围，实行专项管理。遵循"农民自愿、量力而行、民主决策、数量控制"的原则进行筹集，筹资和投劳折资总额应达到申报项目中央财政资金的70%，并不得突破。本着"谁受益、谁负担"的原则，与受益农民商议，不准搞强迫命令、不准搞平调、不准搞以劳代资。各级各有部门要按照国家的要求，不折不扣地抓好贯彻落实，严格规范农业综合开发筹资投劳工作。

六、切实加强对农业综合开发工作的组织领导

农业综合开发工作是一项社会系统工程，工作面广量大，涉及方方面面，各级必须切实加强对这项工作的组织领导。

一要进一步统一思想，提高认识。各级要以"科学发展观"重要思想为指导，切实做好新时期的农业综合开发工作。实践"科学发展观"重要思想，就是要真正解决好为谁服务和如何转变工作作风的问题，这是做好新时期农业综合开发工作的重要保证。各级要牢记全心全意为人民服务的根本宗旨，进一步统一思想认识，把增加农民收入作为根本出发点，通过综合开发，帮助农民解决生产经营过程中的实际困难和问题，办好一家一户干不了、干不好的事情，真正体现农业综合开发为农民群众办好事、办实事的根本要求。

二要认真落实工作责任制。各级要积极探索推进农业综合开发的有效办法和途径，认真落实各项工作责任制和责任追究制。要站在实现经济社会跨越发展、加快推进农村奔小康和农业现代化进程的高度，充分认识农业综合开发工作的重要性、必要性和艰巨性，把它作为加强农业和农村工作的"头号工程"来抓，确保其发挥应有的作用。

三要切实加强开发办机构和队伍建设。农业综合开发是政府行为，各级必须建立起职能健全、长期稳定的办事机构，必须有与承担开发任务相适应的高素质的办事人员。各区县、办事处要进一步稳定和加强农业综合开发工作机构，调整充实办公人员力量，以满足农业综合开发工作的需要。

| 实践与探索

四要加强协作,密切配合。多年来,有关职能部门围绕农业综合开发的总体目标,各司其职,各负其责,各尽其力,形成了部门协作、合力开发的良好局面。下一步,各级各有关部门要继续发扬好的传统和做法,进一步加强协作配合,努力形成农业综合开发的整体合力。各级开发办要切实发挥好职能作用,为党委、政府当好参谋。财政部门要积极落实配套资金,及时拨付开发资金,切实加强对项目资金的监督和管理。

农业综合开发为现代农业发展插上腾飞的"翅膀"

——山东省高青县25年持续加大农业综合开发力度提高农业综合产能纪实

高青县农发办 孙旭光 李 鹏 王 雷

历史上的数次黄河决口，使得黄河下游沿黄地区土地严重沙化，同时，河床高悬，土地因渗漏也普遍盐碱化，因此，这一地区似乎成了贫瘠和落后的代名词。地处黄泛区冲积平原的山东省高青县，曾经是"冬天白茫茫，夏季水汪汪，种啥都不长，一年一季粮"，恶劣的自然条件，长期严重制约着全县农业农村经济的发展。而这一状况的改变则始于1988年。这一年，国家将高青县列入农业综合开发的重点地区，借助国家和省市各级的大力支持，高青县持续加大农业综合开发力度，坚持以改造中低产田为重点，改善农业生产基础条件，同时，积极调整种植业结构，发展高产优质高效农业，推进农业产业化经营。经过25年的不懈努力，全县50%的耕地得到彻底治理，农业生产条件发生了翻天覆地的变化，农业主导产业和特色经济的发展，更为建设现代农业注入了生机与活力。1993年高青成为全国第一个百公斤皮棉县，以后又相继成为全国粮食生产先进县、全国优质棉基地县、秸秆养牛示范县和山东省商品粮基地县、淡水养殖重点县、瘦肉型猪基地县、蚕茧出口基地县、《全国新增1000亿斤粮食生产能力规划》产能大县和"现代农业生产发展资金奶牛产业项目县"。被国家农业部命名为"中国西瓜之乡"。如今，走进高青农业综合开发项目区，田成方、林成网、渠相通、路相连、桥涵井配套齐全，处处生机盎然。

一、开发，燃起农业发展的希望

20世纪80年代初，改革开放的春风唤醒了高青农民发展农业生产，建设美好家园的渴望，他们对改变落后生产条件的要求日益迫切。恰似久旱逢甘霖，从1988年开始，国家决定集中一定的财力实施农业综合开发，通过改造中低产田、开垦宜农荒地、改善农业基本生产条件、增强农业发展后劲。高青县有幸成为国家第一批农业综合开发县,从此,在高青农业发展史上掀开了崭新的一页。

1988~1991年,高青县顺利完成第一期农业综合开发任务,建设了15个子项目。项目区经改造后的中低产田,水利设施配套完善,田地方整,道路通畅,绿化成网,农业生产条件得到明显改善,粮食产量比治理前每亩提高了150公斤,农民年人均纯收入较非项目区增加300元。农业综合开发短时期内就产生的良好经济、生态和社会效益,使全县农村广大干群看到了振兴农业的希望,拥护和参与农业综合开发的热情空前高涨。

然而由于缺乏经验,该期项目规划的单项工程、单项措施还是偏多,项目过于分散,开发效益并未充分显现出来。从1991年10月开始实施的第二期农业综合开发项目,以常家、木李两镇沿黄沙碱涝洼荒地治理和北部沿黄中低产田改造为重点,本着"采取综合措施,治理一片、见效一片、巩固一片"的原则,按照"高起点、高标准、高质量、高效益"的要求,集中连片组织实施。经过项目区干群三年的努力,实现了预期建设目标,并成为全省农业综合开发的典型和样板。

在以后相继几期的农业综合开发中,为适应农业发展新形势的要求,高青县认真贯彻国家农业综合开发各项方针政策,按照农业综合开发实行"两个转变"和坚持"两个着力、两个提高"的要求,更加注重立足实际,突出重点,不断调整开发思路,在改善农业基本生产条件和优化生态环境的同时,充分发挥农业综合开发在农业结构战略性调整和实现传统农业向现代农业转变中的带动、示范和辐射作用,大力发展优质高效农业和规模农业,促进全县农业由粗放型向集约型、由数量型向效益型的转变,努力为农业增效、农民增收服务。

实施农业综合开发25年来,全县共改造中低产田40余万亩,开垦宜农荒地2.5万亩,同时围绕农业主导产业和特色经济发展,扶持农业产业化项目20个,建设农业科技示范园5处,建立了畜牧、果桑、瓜菜、水产等一批主导产业生产基地,形成了区域特色鲜明的高效农业产业带。项目区新增农业产值2.2亿元,农民人均纯收入比非项目区增加300元以上。农业综合开发正成为农民增收的助推器、撬动结构调整、发展高效农业的有力杠杆,在改变高青农业农村面貌的同时,也在广大干群心中竖起了"德政工程"、"民心工程"的丰碑,为高青农业带来了一片艳阳天。

二、改善生产条件 夯实农业发展基础

高青县地处黄泛区,历史上盐碱荒滩多、边角零散地多、低产农田多。为从根本上解决土地产出效益低、农民群众收入难的问题,农业综合开发坚持以改造中低产田为重点,从改善基础生产条件入手,每年都把70%以上的农业综合开发财政

资金投放到土地治理项目上,按照灌区或流域集中连片统一规划,实行规模开发,综合治理。近年来,又进一步围绕建设高标准农田和发展现代高效农业,着力提升农业基础设施装备水平,提高耕地质量,提高开发的综合效益。

赵店镇2009年土地治理项目,当年5月开工建设,不到半年就完成了总工程量的80%,建设沟渠路26.4公里,开挖土方20.73万方,配套桥涵闸78座,在2万亩的区域内初步形成了八纵十横、沟渠路桥涵闸配套的生产格局,灌溉和种植生产条件得到了极大改善。大卢家村村民翟维平说:"从老辈子上这片地就只能种一季稻子,今年秋上俺们种上了小麦,看这长势明年亩产800斤不成问题;水稻种植与农凯米业有订单,加上标准化种植,不仅产量高,还能有好价钱。"

基础设施建设使农业抗灾能力显著增强。2009年5月9日,高青县遭受突如其来的暴雨袭击,短短的17个小时全县平均降雨183.4毫米。项目区水利设施发挥了巨大作用,及时排出田间积水,农田基本没有发生严重涝灾,群众对此非常满意。去冬今春,在全县无有效降水、黄河水量不足的情况下,农业综合开发又率先打出近千眼机井,有效缓解了旱情,使全县50多万亩小麦无一受旱。过去,许多项目区沟渠不通畅,多年来"守着黄河没水吃",有的因为道路狭窄,大型农机用不上,运输不便,出现农产品"卖难"问题。项目建成后,这些状况都得到了彻底改变。目前,项目区农业生产综合机械化程度达80%,林木覆盖率提高到20%以上,农业生态环境明显改善,防风固沙能力进一步增强。

三、发展高效农业　拓展农民增收空间

高青县是传统的农业大县,由于生产条件落后,严重阻碍农业的可持续发展。农业综合开发通过加强农业基础设施建设,推动农业产业结构调整,推广先进实用新技术,为发展现代高效农业创造了条件,同时也增强了农业的市场竞争力,拓宽了农民增收的空间。

(一) 培植壮大农业品牌

俯瞰高青大地,映入眼帘的是治理后纵横方正的农田。但高青农发人并不满足于勾勒这样的"田字格",而是要在绘就的"棋盘"上走出一步步好棋。本着"一镇一业、一村一品"的发展格局,项目区在进行农业产业结构调整中,努力培植壮大主导产业,打造农业品牌,通过产业带动,使传统农业一步步从散乱低效向集约化、市场化、标准化的现代农业之路迈进。目前,项目区共建成现代科技示范园5处,发展蔬菜大棚3000多个,陆地蔬菜10万多亩,推广"上粮下鱼"立体种养模式8万亩,培育形成了畜牧、果桑、瓜菜、水产四大支柱产业。常家桑蚕、赵店

水产、青城瓜菜、唐坊仙桃等一批特色产业基地规模不断扩大，效益日益凸显。

坚持一手抓优质农产品生产基地建设，一手抓农产品加工龙头企业培育，通过农业综合开发连续扶持，使一批实力强、后劲足的龙头企业做大做强，辐射带动了全县农业产业化水平的提升。龙大畜禽有限公司在经过2000年和2003年两次农业综合开发资金的扶持后，形成了"公司连基地，基地带农户"的产业化经营格局，每年带动当地农民养殖肉鸭300多万只，带动农民增收600多万元。目前，龙大畜禽、诚信菌业等10多个农业龙头企业正释放出强大的产业效应，成为广大农民增收的重要来源。

（二）大力发展有机农业

2009年7月4日，高青县与中国农业大学万亩有机水稻技术合作项目正式签约，这是高青县农业综合开发助推现代高效农业发展的又一重要举措。高青县常年种植水稻2万余亩，主要集中在赵店、常家等沿黄乡镇，水稻种植、加工业成为当地的支柱产业和农民收入的主要来源。多年来，生产的"黄河大米"以其优良的品质和特有的稻香闻名遐迩。但是，由于长期大量使用化肥农药，一是使水稻的质量安全得不到保障；二是造成严重的环境污染；三是由于生产成本的不断提高，导致农业效益低下，农民增产不增收的矛盾日益突出。发展有机农业，不仅可以有效地解决农产品的化学污染和品质下降问题，减轻农业生产对资源和生态环境的压力，实现可持续发展的目的，而且可以给人们提供优质食品，同时可以带动当地经济发展，大幅度增加农民收入。为此，高青县联手中国农业大学，规划用3年时间，通过农业综合开发在赵店镇建立万亩有机水稻和有机小麦生产基地。同时引进推广稻田养鸭技术。届时，项目区农民将从有机农业中大幅度增加收入，高青也将成为沿黄地区最大的有机水稻生产基地。以水稻主、副产品为原料的加工业将得到迅速发展，包装业、流通业也将得到有力的带动，生态环境将会有更好的改善。

围绕发展有机农业，高青正呈现出区域化、规模化和集群式发展的态势。目前，有13个地域瓜菜品种获得无公害农产品认定，5个瓜菜品种6.3万亩基地获绿色食品认证，5个淡水鱼品种8000亩基地获有机食品认证，高青大米获得国家地理标志商标认定。与此同时，高青县农业综合开发还确定了金针菇标准化生产项目和高档肉牛新品系繁育项目，辐射带动农户13000户，增加社会效益4200余万元。

四、加大科技投入　促进农业增产增效

着眼于把农业综合开发项目区建设成为现代农业的示范区、农民增收的先行

区。高青县在项目区内积极推广了秸秆 CO_2 反应堆、测土配方施肥、保护性耕作等多项农业新技术。通过推广秸秆还田、增施农家肥、减少化肥施用量，有效保护和改善了农村生态环境。在此基础上，农业综合开发顺应新农村建设的要求，加大科技投入，启动农民教育工程。以适用技术推广为手段，提高农民科学种田水平；以优良品种种植为抓手，激发农民学习掌握新知识的热情；以建设新型农业生产设施为示范，加速改造传统农业的步伐。近年来，通过引进推广多项先进适用新技术和名特优新品种，改造了种植业，提升了养殖业，降低了生产经营成本，提高了农产品产量、品质和效益。项目区常家镇鼓张村支部书记李建伦深有体会地说："我们村自打实施保护性耕作项目后，与传统耕作方式相比，不仅亩平均增产42.5公斤，而且每亩还降低作业成本40多元。"

五、加强建后管护　确保工程持续运行

农业综合开发项目工程，建是基础，管是关键。为确保项目区和项目工程能长期稳定地发挥功效，高青县在长期农业综合开发实践中对管护工作进行了有益的探索。

自农业综合开发实施以来，高青县委、县政府就对此项工作高度重视，成立了以分管副县长任组长的农业综合开发领导小组，加强对农业综合开发工作的组织领导与协调；项目区所在镇对开发工程实行一把手负责制，并安排专人负责各项具体工作的落实；县农发办、县财政局明确分工，相互配合，落实责任，保证了项目建设顺利进行；项目规划，坚持高起点、高标准、高要求。建设阶段，各项工程建设坚持招投标制和项目公示制，一手抓资金管理，一手抓工程质量，确保项目建设质量和资金安全有效运行。

项目建成后，为充分发挥项目综合效益，保证项目安全、高效、持续运行，县政府成立了项目运行管护领导小组，出台了一系列管护制度和办法，建立了县、乡、村三级管护组织。全县形成了以管护协会为主的管护机制，各项目镇都成立了道路林网管护协会，对已建成的土地治理项目进行日常化、规范化管理，从而保证了农业综合开发各类项目工程的完好率。尤其是项目区林网工程管护，积极探索建立了拍卖承包机制和树随地走、收益归户等办法，所有的树木通过招投标、拍卖等方式都承包到户，大大提高了林木的保存率和完好率。常家镇鼓张村把本村在项目区栽植树木的栽种权承包出去，一夜间仅承包费就收了近10万元。这些钱用来维护项目区内的机耕道路和田间工程，实现了以树养路、养工程的良性循环，同时也壮大了村集体经济。据统计，仅树木一项，全县每年可增加农民收入2000多万元。

农业综合开发助力平邑特色产业发展

平邑县农发办 孙 静

平邑县位于山东省东南部、临沂市西陲，山地丘陵占全县总面积的85%，是一个典型的山区农业大县，农业生产基础设施薄弱，抗御自然灾害能力不足，农业发展步伐缓慢。自2002年实施农业综合开发以来，秉承土地治理、产业发展与特色农业建设并重的理念，实现了经济、生态、社会效益的共赢。如今，放眼1825平方公里平邑大地，农业综合开发项目正有力地推动着县域特色产业的快速发展。

一、立足当地农业优势，发展壮大特色产业

平邑县金银花种植历史悠久，是远近闻名的"中国金银花之乡"，金银花年产量1500万公斤，占全国总产量的70%以上。但是金银花主要的产区位于平邑南部的丘陵山区地带，农业基础设施薄弱，一直是制约金银花产业发展的重要瓶颈。近年来，平邑县农业综合开发立足当地产业优势，以发展特色农业为突破口，推进特色农业产业化发展，始终把加强基础设施建设作为工作的重点，以良好的生产条件，为优势产业的发展打下坚实的基础。2011年农业综合开发小流域治理项目引入郑城镇，打造了金银花产区第一条循环路，通过农发项目水利、农业、林业、科技四措并举，农业生产条件得到明显改善。项目区内的前范家洼村以前是有名的贫困村，全村200多户人家，2010年人均年收入只有2000元。通过农业综合开发，该村依托有力的水利条件发展金银花标准种植园500亩，指导农户走上科技致富的道路。2012年农业综合开发落户温水镇，项目初期就定位于服务当地的大蒜产业，着力解决项目区农户期盼的供水管网建设和生产路建设，项目区规划建设38公里输水管道，新修生产路35公里。通过项目的实施彻底改变了"晴天一身土、雨天两脚泥"的历史。农业综合开发项目实施后，通过初步计算，项目区内大蒜的种植面积扩大到6000亩，亩产值比开发前增加270元，直接受益人口8000人。

二、做好两类项目结合，做大做强特色产业

平邑县是典型的山区果品大县，常年种植果品42万亩，是全县农村经济发展、农民增收的支柱产业。围绕果品产业的发展，我们认真做好了两类项目的结合。一是在果品主产区开展中低产田改造，针对果品生产需要，进行了水利工程、生产道路为重点的基础工程建设和先进适用技术推广应用，基本实现了"路相通、渠相连、旱能浇、涝能排"，农业综合生产能力明显增强，为项目区建设成为优质高效、生态环保的优质果品生产基地奠定了基础。二是围绕果品的转化，重点扶持、培育一批果品加工龙头企业。从2002年以来，平邑县已累计投入4892万元产业化扶持资金，扶持康发食品饮料有限公司、奇伟罐头食品有限公司、玉泉食品有限公司、山东万利来食品有限公司等一批科技含量高、产品竞争力强、经济效益好，对县域经济、农民增收有带动作用的企业，不仅生产能力有了大的提升，而且标准化程度和产品质量都有了长足进步。三是鼓励企业在农业综合开发项目区内建立企业自控基地。在争取项目资金的同时，按照"土地治理项目与产业化项目相结合"的原则，引导、鼓励龙头企业投入资金参与农业综合开发项目。近年来，康发食品饮料有限公司、奇伟罐头食品有限公司、玉泉食品有限公司等龙头企业已经累计投入资金2100万元，在武台镇土地治理项目区内建设自控基地4.5万亩，既满足了龙头企业必须建有自控基地的要求，也带动了当地农民群众增收致富。四是创新发展模式，建立企业与农户共享机制。平邑县农业综合开发紧紧围绕"依托龙头建基地、围绕基地扶龙头"的产业化开发思路，积极为农业龙头企业和基地农户牵线搭桥，优化服务。康发食品、奇伟食品、玉泉食品等农业龙头企业，通过"公司+合作社+农户"的模式，采取了合同订单种养、种苗供给、技术指导、保护价收购等契约化合作，与农户建立了紧密型的利益连接关系。

三、搞好特色项目开发，做精做优特色产业

平邑县依托上级的优惠政策，通过整合当地的民间资本，搞活土地流转，以产业开发为主线，以农民专业合作社为载体，以完善企业与农户的利益联结机制为核心，积极推进企业化管理、规模化发展，实现农民的增收。2011年实施的柏林镇1000亩蓝莓基地建设项目，建立了蓝莓组培繁育、蓝莓种植示范两大基地，目前该镇已建成全国首家工厂化蓝莓苗木组培繁育基地，采用无菌、无土化育苗，温室大棚炼苗，年可组培繁育蓝莓幼苗800~1000万株，通过蓝莓种植合作社引领，扩大蓝莓种植1000亩，采取"统一机耕、统一培训、统一栽植、统一管理、统一销

| 实践与探索

售"运作模式,提高了蓝莓种植产量和销售效益,增强了合作社的凝聚力和带动社员致富的能力。2012年实施的"九丰一号"金银花种植基地项目,九间棚与当地种植户合作建立金银花专业合作社,种植户负责种植和采摘,合作社回收鲜花加工干燥后,根据市场销售价与种植户分红。这一项目提高了产品质量,解决了花农加工、存储的难题,增加了种植收益。为了将产业做精做细做优,九间棚加强科技的培训。先后开展了参观考察、培训学习、建立烤房、发展基地、鲜花回收、干花购销等一系列工作,在建设完成千亩优质金银花示范推广基地后,又与项目区周边29个村的1494户花农签订新发展"大毛花"金银花面积近3000亩,繁育"大毛花"金银花苗木100亩,扶持建设金银花示范烤房21个,举办金银花生产管理技术培训班3期,受到当地党委、政府和合作社成员以及花农欢迎。

平邑县突出产业优势,把产业抓在手上,与市场对接,将资源变成财富,真正实现了以农业综合开发助力特色农业发展,推动了农业增产、农民增收,农村发展呈现新气象,同时也加快了老百姓致富的步伐。

平原县农业综合开发发展的现状与对策

平原县农发办 王德政

近日,平原县农业综合开发办公室对王打卦、三唐、王庙、桃园办、前曹等9个项目乡(镇、办事处)的20个村庄及部分农字号龙头企业的农业开发情况进行了全面调查。从调查来看,项目区的农业和农村经济结构得到有效调整,农业生产条件和生态环境得到明显改善,农业产业化经营有了长足发展,农业综合生产能力和效益得到显著提高。农业综合开发从根本上解决了一家一户想办办不了、办不好的事情,是一项普惠民生的"德政工程"、实实在在的"民心工程"。是一支破解"三农"问题、发展现代农业的推动力量。其成效显著,但也有一些开发工作中的问题和不足,亟待解决克服。

一、农业综合开发取得了显著成效

(一) 农业生产条件和生态环境得到了较大改善

"十一五"以来,共实施农业开发土地治理项目7个,改造中低产田13万亩,累计投资7335万元。项目区建标准方田430多个,开挖疏浚沟渠415千米,修建机耕路345千米;配备水利机电设备1031台(套);架设输电线路110千米;修建桥、涵、闸1390座;新打和修复机井945眼;发展低压管灌、喷灌等高标准节水灌溉面积8.5万亩,项目区农田灌溉保证率由原来的70%提高到100%;通过采取工程、农艺和管理相结合的综合节水措施,水的利用率由原来的40%提高到75%,节水20%、节能28%、省地1%、省工30%。营造农田防护林59.5万株,森林覆盖率达到39.4%,提高了6%。调查中谈到浇水一事,王打卦水利站站长嵇士水同志感慨地说:"70年代马西会战时所修的地上水渠和一些水利设施,由于自然和人为因素破坏,年久失修大都损坏。目前来说,镇村都无力建设,浇水难的问题一直困扰着农业生产。而今通过农业开发水利设施配套,真是雪中送炭。"三唐乡韩庄原支书董文兰深有感慨的说:"从前俺村是挨号排队浇水,用的是旱井小白龙,浇的是咸水,救苗不养苗。通过农业开发,俺村全部浇上了黄河水,给俺老百姓办了件实实在在的大好事。"以上基础设施的建设,实现了田方林网、沟通路连、旱浇涝排的建设标准,形成了沟网、路网、林网、管网、电网"五网"罩田,从而彻底改善了农业生产条件。

三唐乡韩庄农业开发前后生产效益对比

时期	水源	亩均浇地耗时（小时）	亩均浇地成本（元）	灌溉周期（天）	遍数	产量（斤）	结论
开发前	井水	4～5	20～30	8～10	2	700～800	开发效益明显
开发后	黄河水	1	4～5	2～3	3	1000～1200	

在农业开发土地治理项目建设过程中,通过清挖疏浚沟渠、硬化道路、铺设"生态路"、建设农产品基地、发展品质农业、实施农业标准化生产、商标注册、有机认证等措施,在改善农业生产条件和产品品质的同时,也改善了生态环境。特别是"生态路"的建设,既解决了出行难走,生产难运的问题,又没有热反射和离子辐射。农田林网的建设筑起了田间绿色屏障,对涵养水源、防风固沙、净化空气、调节田间小气候起到了良好的作用。为此王打卦、张华、王杲铺三个项目乡镇被评为市级优美乡镇。用前曹镇西张村张德春的短信感言来说:道路畅通行,绿林能防风;河淌白银水至清,地流黄金人沸腾。这是项目区的真实写照,也是一个纯朴百姓的真实感受。

(二) 农业产业结构不断优化,农业综合生产能力不断提高

农业开发项目的实施在全面改善农业生产条件的同时,也促进了农业结构的调整,促进了粮食增产、农业增效、农民增收,加快了现代农业的步伐。从调查来看,各项目乡镇立足实际、因地制宜,按照产业调优、产品调新、规模调大、效益调高的原则,采取宣传引导,典型带动;加强领导、政策促动;强化合作,龙头牵动等一系列行之有效的措施,走出了各具特色的"三高"农业的发展路子。目前全县已有各类农产品生产基地14个,20多万亩。其中华农食品有限公司优质小麦基地11万亩（有机麦标准化生产基地3万亩）,直接带动农户1.25万个。福源生物淀粉有限公司有专用玉米基地4万亩,带动农户1万个。另外还有王杲铺镇的万亩京津蔬菜园区,坊子乡的冬暖式大棚蔬菜园区,王打卦乡的西瓜、韭菜生产基地。随着农业生产条件的逐步改善、科学技术的推广应用、种植结构的优化调整,项目区各种作物产量都有了明显提高。粮食、棉花、瓜菜平均亩产分别提高了

25.8%、21.6%和19.8%,农民人均纯收入年递增27%。三唐乡韩庄董文兰去年7亩小麦单产1260斤,亩均增产300斤。坊子乡前耿村耿延春说:"过去10亩地供一个高中生,20亩地供一个大学生,开发后一亩地的蔬菜大棚供一个大学生就足够了。"

(三) 农字号龙头企业的辐射带动能力不断增强

大力发展优质高效农业,推进农业产业化经营,是新形势下农业综合开发的重要内容。近年来,平原县通过采取加大投入,扶优、扶大、扶强农字号龙头企业;膨胀基地规模;开拓市场搞活流通;提升产品质量和档次等综合措施,在全县真正形成了龙头带基地,基地连农户的龙型经济格局,加快了农业产业化进程,培育起了农民增收、农村经济发展的新的增长点。"十一五"以来共扶持农字号龙头企业6个。目前初步形成了以大蔡牧业、五丰猪场为龙头的畜禽屠宰加工产业链;以华农食品、福源淀粉为龙头的粮食加工产业链。如德州福源生物淀粉有限公司与我县3万多农户签订了玉米订单种植合同,公司统一供种,统一技术指导,统一价格收购,每公斤玉米收购价平均高出市场价0.15~0.20元。企业产品自盈出口创汇,不仅获得了较好的经济效益,而且带动了周围农民增收、农业增效,年创社会效益近亿元。再如,我县德州大蔡牧业有限公司,近几年通过畜禽良种繁育推广,培育了蛋鸡和肉猪生产基地,带动了全县3万多饲养户,走上了致富道路。龙头企业的发展拉长了产业链条,提高了产品的科技含量、附加值和市场占有率,有力地促进了农村经济的快速发展。

(四) 社会化专业合作经济组织服务功能日益完善

随着农村经济的不断发展,农村专业合作经济组织作为一种社会中介如雨后春笋不断诞生。其制度不断健全,功能日益完善。目前,平原县已建立各类合作经济组织716个,入会会员6.2万余人,带动5.1万户,户均年增收725元。这些经济合作组织在农产品的生产、销售及商品的运行管理中发挥了积极的作用。如王打卦乡用水者协会下设4个分会,现有会员5000多人,每亩每年收取管理费35元,保证浇3遍水,所收费用扣除浇水成本外,主要用于管理人员工资和工程养护。华农食品有限公司粮食产业合作社,在乡镇设分社,村级设中心社员,并由中心社员负责管理村里基地农户(社员),形成了合作社+分社+中心社员+社员的网状管理组织,从根本上解决了粮食产加销相互分割,并与市场相背离的问题。德州大蔡牧业有限公司下设3个服务社,分别是养鸡、养猪和综合服务社,现有社员3万人,提供"四统一"服务,即统一供料、统一品种、统一技术指导、统一销售。养殖户在生产和销售过程中,有困难就找合作社,他们把合作社看做是自己的"娘家",合作社的建立极大地方便了群众,有力地促进了农村经济的发展。

二、当前农业综合开发工作存在的主要问题

(一)农业开发主体的作用发挥得不够充分

农民作为农业综合开发的主体,也是最终受益者,应扮演好主人翁角色,增强开发的积极性和主动性。从调查来看,有少数农民群众由于没有处理好当前利益与长远利益、个人利益与集体利益的关系,私心短视,只想享受开发成果,浇不花钱的水、栽不花钱的树、播不花钱的种子、用不花钱的肥料,而不愿意出工投劳。因开发占用了他的一点儿地或刨他几棵树,就当拦路虎和绊脚石,对已经使用的工程设施只管使用而不珍惜维护,甚至有的工程遭到人为破坏。这在一定程度上影响了平原县农业综合开发工作的运行和效益的发挥。

(二)农业综合开发的科技含量有待进一步提高

近年来,农业开发积极探索出了坚持"水、田、路、林综合治理,农、林、牧、渔综合开发"的路子并收到了明显成效。这种开发只注重了改善农业生产条件的外延开发,而对内涵开发即如何提高科技成果的转化率、新技术的推广应用率,如何提高农业综合效益等方面探索不够。在培育有文化、懂技术、会经营的新型农民上还有待进一步努力。

(三)小型农田水利设施管护亟待加强

项目区内的水利设施破坏失修屡见不鲜。究其原因,多数村民反映,除林网划段承包、确权到人外,其他工程设施大都是集体所有,有人用没人管,缺乏必要的产权制度改革,这种重建设轻管理的做法,直接影响了工程效益的发挥。

(四)农发项目和新农村建设结合得不够紧密

农业开发只注重了生产条件的改善,而生活条件没有得到相应改善,这在今后的工作中要努力加以克服。

三、对今后农业综合开发工作的建议

（一）不断加大宣传力度，努力营造良好的开发氛围

通过大范围、多途径、多形式、多视角的宣传，特别是在阵地宣传上，立足于"三标"（标牌、标志、标语）对项目区进行"装潢式"包装，对每个项目区进出口跨路牌坊、永久性宣传栏、标牌、标志设计规范、整齐醒目、美观大方。力求每一个项目区就是一个宣传栏，使过往人员入目入心，从而营造浓厚的舆论氛围。通过宣传使农民群众不仅支持和积极参与农业开发，而且变"要我开发"为"我要开发"，从而积极地出资投劳，自觉地投入农业开发中来，在全县农民群众中形成大搞农业综合开发的浓厚氛围。

（二）不断加大科技开发力度，努力提高农业综合开发的运行质量

调整农业开发的工作思路，改变过去那种中低产田改造的简单开发，将加强农业基础设施建设与调整结构，优化产业布局，提高农产品品质和市场竞争力的有机结合，不断丰富开发内涵，提高开发的运行质量。

1. 要调整优化农业结构。立足主导产业和优势农产品，引导项目区及时调整优化种植、养殖结构，积极引进名优新特品种，嫁接改造传统农业，提高农产品质量，实现品种品质与市场的对接，逐步形成具有产业特色和较强市场竞争力的开发新格局。

2. 要搞好优势农产品产业带建设。形成成方连片各具特色的农产品生产基地，大部分项目区成为龙头企业的原料生产基地。围绕农业产业化经营，真正形成龙头带基地，基地连农户的龙型经济格局，带动周边地区农业结构的调整优化，拉动项目区农民收入的增长。

3. 要大力推广应用新技术。以推进科技成果转化和提高农民科技素质为重点，认真实施好两大工程，即"人才开发工程"和"农民培训工程"，综合组装先进技术，提高其覆盖率和普及率，同时不断加大科技创新对农业综合开发的支撑力度。重点搞好以井河双配套、微型泵站、智能射频卡、优化管网布局为重点的农业科技创新试点、示范、推广工作，将科技开发理念贯穿农业开发的始终，用科技开发武装现代农业，提升现代农业的发展质态。另外，在项目区可以建立农业科技示范园区，围绕项目区的主导产业，积极引进良种、良法在示范园内进行示范引导。

（三）加大工程管护力度，确保工程效益的长期发挥

高标准完成项目工程建设是农业开发工作的基础，使已建工程长期稳定的发挥效益，服务于当地农业生产，造福一方百姓，才是农业开发的真正目的。农业开发要坚持建管并重的原则，做到工程建设管护同步，工程竣工管护到位，努力延长工程使用寿命，降低运行成本，巩固建设成果，保证项目良好运行，实现项目的工程效益。一是要成立管护组织，建设管护网络。县乡两级分别建立农业开发工程领导小组，按照工程管护要求，健全管护制度和措施，监督落实管护责任人，形成县、乡、村三级管护网络，级级有人抓，层层有人管。二是要健全管护制度，落实管护责任。制定工程运行与维护的管理办法，农田林网管护意见，对管护人员职责、工程运营、工程管护以及奖惩都做具体规定。使人人有制度可依，事事有制度可遵。三是要落实管护措施，探讨新的管护形式。根据不同乡村的实际情况及工程类别采取产权制度改革，按照多元化办水、科学化节水、企业化管水管电的原则，对井泵、节水管道、农电线路等由用水者协会管护。对沟渠闸等跨村工程由乡镇水利站管理。对项目区道路两旁植树，在承包拍卖的同时，以村为单位，每村配备2~3名路段管理员，负责项目区的路林管护。

（四）大力推进农业综合开发，全力服务新农村建设

1. 结合双区同建，着力改善农业生产条件，发展现代农业，为新农村建设打下坚实的基础。一是对落于项目区内的社区和园区实行三区同步规划，通过土地治理项目实施，使其生产生活条件得到明显改善。二是把两区内的中低产田改造成为旱涝保收、高产稳产、优质高效、节水安全的示范田，为农业结构调整搭建平台。三是大力发展特色农业，建设优势农产品生产基地。对已改造过的中低产田，要以市场为导向，效益为中心，发挥区域比较优势，大力发展品质农业、板块农业、设施农业和优质、高效生态农业，不断加快现代农业的发展步伐。

2. 围绕农业主导产业，大力支持龙头企业发展，促进农民增收，为新农村建设提供产业支撑。要按照"集中资金办大事，突出重点抓关键"的原则，争取更多的项目。通过采取无偿结合、贴息、补助和投资参股等方式，大力扶持平原县的粮油、畜牧、蔬菜等龙头企业的发展。通过连续扶持，不断增强龙头企业的竞争能力和实力，促其做大做强。要按照"围绕市场扶龙头，围绕龙头建基地"的要求，把土地治理项目区建设成为龙头企业农产品的原料基地和第一车间，促进龙头企业发展的同时，带动农民致富。

3. 积极扶持农民专业合作经济组织，提升农业组织化水平。发展农民专业合作经济组织是龙头企业和农户的共同需要，今后要在土地治理项目区内有计划地建

立农产品生产销售及商品运行管理的农民专业合作经济组织，使其起到上联公司、下联农户的桥梁与纽带作用，有效地降低交易成本，促进龙头企业与农户的有机结合，提高农民进入市场的组织化程度。

4. 加大科技推广力度，在项目区培养造就有文化、懂技术、会经营的新型农民。今后平原县的农业综合开发就是要通过多种形式的示范、培训、指导以及咨询服务等，把优良品种和先进适用技术普及应用于项目区农业生产全过程，提高其覆盖率和普及率。结合农业科技示范点的建立，大力推广农业综合开发科技，提高农业综合开发的效益。

千里海岸 农业综合开发谱华章

荣成市农发办 刘雪梅

荣成市地处胶东半岛，三面环海，海岸线长505公里，渔业资源丰富。为充分发挥资源优势，做大做强渔业经济这块"蛋糕"，近年来荣成市农发办通过项目拉动、典型带动、龙头联动等手段，带动全市渔业企业逐步步入区域化布局、规范化生产、品牌化经营、产业化发展的良性发展轨道，成为推动荣成社会经济增长的支柱产业。

在具体的工作实践中，荣成市农发办推行了"三步走"的发展战略，成果喜人。

一、坚持规划先行，推动主导产业发展

针对荣成市原有的渔业企业规模小、实力弱、发展带动能力不足的实际，荣成市农发办在广泛调研的基础上，摸清了全市渔业企业发展现状与制约因素，先后编制了荣成市农业综合开发"十一五"和"十二五"规划，把海水养殖、水产品加工作为农业综合开发产业化经营重点扶持对象。一是对纳入重点扶持范围的企业提供项目支撑。自2003年以来荣成市对纳入扶持范围的渔业企业共实施农业综合开发产业化经营项目24个，争取各级财政资金4643万元。二是撬动社会资本投入，激活企业内在动力。通过农业综合开发项目的扶持带动，吸引了大量银行信贷资本及企业自筹资金的投入。通过10个贷款贴息项目的实施，撬动了银行贷款49545万元；通过14个财政补助项目的实施，带动企业自筹资金10903.35万元。资本的投入，减轻了企业的资金压力，推动企业迅速实现规模扩张。全市形成以靖海集团、寻山集团为首的8个国家级农业产业化龙头企业，以山东院夼实业集团、好当家集团为代表的22家省级农业产业化龙头企业及一大批市级农业产业化龙头企业。全市形成了以海带、扇贝、牡蛎、鲍鱼、海参、大菱鲆、河豚等养殖，以生鲜海珍品、冷冻调理水产品、即食系列海洋食品、功能性海洋食品加工销售为一体的大渔

业发展格局。其中，仅好当家集团的生鲜海珍品养殖规模就达到30万亩，冷冻调理水产品年产量达25万吨。集团公司2012年实现销售收入26.6亿元，公司资产总额达到51.2亿元。

二、把握关键环节，突出扶持重点

在扶持渔业产业的过程中，荣成市农发办通过分析产业发展状况认识到，在生产、加工、销售诸环节中，加工转化率低是制约全市渔业经济进一步发展的关键，而发挥好重点龙头企业的带动作用，对于迅速提高全市渔业的转化能力至关重要。为此，荣成农发办本着促进企业"做大、做强、做优"的原则，从已经实施过产业化项目，具有一定规模和实力的企业中，选择产品档次高、市场前景好、对产业发展贡献大的龙头企业给予重点连续扶持，以扩大加工能力、提升产品档次、带动产业发展。自2003年以来，寻山集团、好当家集团、俚岛海洋科技等一批重点渔业龙头企业都获得了两次以上农发项目扶持，生产加工能力大幅提升，公司规模迅速壮大，总资产和年销售收入均过了亿元。其中，寻山集团通过实施海带资源高值化加工利用技术项目，开展鲜海带食品加工和化工产品共性关键技术创新与产业推广，建设占地100亩，总建筑面积68900平方米的海藻化工生产基地，年加工鲜海带达7万吨，生产褐藻胶1300吨，碘40吨，岩藻多糖100吨，海藻粉及海藻肥3000多吨。有效地解决了鲜海带晾晒带来的占地、人工成本，年为企业节约支出增加收入650万元左右。

三、科技创新为主导，品牌效应显著

近年来，荣成市凡是农业综合开发重点扶持的项目，都以相关科研院所、大专院校作为技术依托单位，聘请业内知名专家教授对项目进行指导把关，从而有效地提高了产品生产加工的技术含量和产品档次。如俚岛海洋科技有限公司的优质海带繁育项目，聘请了中国海洋大学经济海藻专业及中国水产科学院黄海水产研究所的专家为项目提供技术指导，公司加大对海水养殖、育苗加工环节的研发投入，成立了威海市海带食品工程技术研究中心，通过了ISO9001产品质量体系认证，HACCP食品安全认证，公司产品"食藻宝"牌盐渍海带系列产品、"食藻宝"牌干海带系列产品被评为山东名牌产品，"食藻宝"商标被评为山东省著名商标。好当家集团与中国海洋大学、中国科学院等国内知名高校、研究所合作，威海好当家海翔食品检测中心被中国实验室国家认可委员会认可为国家级实验室，公司产品"好当家"鲜海参被农业部评为中国名牌、无公害农产品，注册商标"好当家"被评为中国驰名商标。

通过农发项目扶持，在荣成市东北部沿海形成了以寻山集团、俚岛海洋科技为核心的海带贝类养殖加工产业带，拥有海上生态示范养殖区5.8万亩，辐射带动养殖面积达50万亩以上。而在荣成市西南沿海则形成以靖海集团、好当家集团为核心的生产加工即食休闲食品、冷冻调理食品为一体的海洋食品加工产业带，年加工能力达40万吨，带动海水养殖面积45万亩。至此一个涵盖荣成沿海，南北呼应的渔业发展产业带已悄然兴起。至2012年底农业综合开发项目扶持过的龙头企业中销售收入、资产总额均过亿元的企业达到11家，纳税过千万元的企业5家，其中销售收入过20亿元的企业2家。共计为社会增加就业岗位25000多个，人均年收入达到3万多元。

同时各渔业集团公司致富不忘回馈社会，寻山集团通过兼并集团附近的青鱼滩等8个行政村，让7000多农民享受到集团公司的福利待遇（三大节日发放福利，男60岁以上、女55周岁以上月月享受补贴），5000多人在集团公司实现就业。好当家集团兼并村居8个，按月向7000多农民发放米面油等生活必需品，并吸纳2000多村民到集团就业，成为集团正式职工。这充分体现了农业综合开发通过项目拉动、典型带动最终提高人民生活水平的终极目标。

荣成，一个欣欣向荣的海边小城，在各级政府的正确领导、全市人民的共同努力下，在农业综合开发的巨大引擎拉动下，必将走向更加生机勃勃的未来！

山登绝顶我为峰

德州市农发办 唐乐平

德州的农业生产,有多少年在落后的装备条件下于中低产中徘徊,在旱涝碱薄的肆虐中于温饱线上挣扎,贫穷落后是德州农业生产的代名词,"旱了一地蚂蚱,涝了一地蛤蟆,不旱不涝一地盐疙疤"几乎成了德州农业生产的真实写照。是农业综合开发的春风吹绿了这片贫穷的大地,从此,德州市的农业生产进入了发展的快车道,在市委市政府的领导下,在上级主管部门的支持下,德州市农发办紧紧抓住改造中低产田建设高标准农田这条主线,积极筹措开发资金,不断加大农业基础投入,着力改善农业生产条件,努力提高农业综合生产能力,粮食种植面积和总产持续增加,连创历史新高。自2003年以来连续十年持续增长,特别是2009年,全市小麦、玉米单产合计1061.4公斤,单产、总产均列全省第一位,筑就了历史上全国旱作区首个"吨粮市"的辉煌。

农业综合开发是打破粮食生产徘徊不前的尖兵。仅2000~2013年,德州市就投入开发资金20多亿元,改造中低产田建设高标准农田200万亩,共建设以小型泵站和机电井为主的水源工程1.8万处,开挖疏浚沟渠6200公里,建设渠系建筑物3.8万座,铺设输变电线路4000公里,发展以PVC管道输水为主的节水灌溉面积180万亩,建设高标准机耕路4000公里,新建补植农田防护林植树1000万株。物资装备水平的提高,使项目区的旱涝碱薄的危害得到遏制,生产条件得到改善,庆云县十八苦水村用上了黄河水,夏津县沙进人退的移动沙丘被舒展的白杨林固定,平原县十年九涝的金家洼成了高产创建的样板。这片土地仿佛澎湃了自己的激情,一举突破了粮食生产徘徊的局面,赢来了连续十年持续增长的今天。

农业综合开发是筑就全国首个"吨粮市"的先锋。在改造中低产田建设高标准农田的过程中,我们坚持打造"亮点工程"和"精品工程"不动摇,高起点规划,高标准建设,高效能运行。从项目区的选择到项目规划、建设及运行管护,我们都在征求项目区群众意见的基础上,由专家评估论证确定项目实施方案,经招标选定信誉良好的建筑队伍和厂家,在工程师的监理下按行业规程和实施方案确定标准进行施工,保证了工程质量和项目建设的高标准,因此,在"高产创建"中,我们的项目区当仁不让地成为"十百千万"工程的样板。2009年，经省农业厅专家组实打验收，列入全市"十百千万"高产示范方的项目区小麦平均亩产623.75公斤，玉米平均亩产达到637.90公斤，特别是临邑县翟家乡项目区十亩小麦高产攻关田平均亩产达到716.61公斤，齐河县焦庙镇项目区十亩玉米高产攻关田平均亩产达到1011.3公斤，夺得全市魁首。

农业综合开发是助推农业现代化的强力引擎。在开发项目的建设中，我们勇于探索，积极实践，走出了"深沟远引，以井保丰，以河补源，井灌河灌双配套"的路子，总结出"无井房＋浅机井（小型泵站）＋地下电缆＋PVC管道＋射频器自动灌溉系统"、"适量平整＋普遍深翻＋秸秆（过腹）还田整地改土系统"、"技术指导＋科技培训＋示范推广科技支撑系统"和"多树种搭配＋乔灌草结合农田防护系统"的综合治理模式，实现了旱涝保收的目标。2006年，德州市连续200多天没有有效降水，项目区有旱情无旱象，同比增浇1.2遍，2012年，德州市汛期连续降雨，最大日降水量200多毫米，项目区排涝时间同比缩短0.7天。健全的配套设施，完善的水利条件，吸引了商家落户项目区，通过土地流转等形式打造出片片现代农业园，如德城区城南现代生态农业园，禹城市市中街道办事处的山东鳌龙现代农业种植园等，为我市现代农业的发展和规划，提供了可资借鉴的经验。

海到无边天作岸，有党的开发政策指引，我们开发事业只有起点；山登绝顶我为峰，在引领农业现代化建设中，我们的开发探索永无止境。

山乡巨变

——山亭农业综合开发纪实

枣庄市山亭区农发办　周忠辉

山还是那座山,过去的荒山荒坡如今变成了瓜果飘香的层层梯田;岭还是那道岭,过去的不毛之地如今变成了旱能浇涝能排的丰产田,河还是那条河,过去的洪水猛兽如今变成了滋润山区土地、造福一方百姓的命脉。十五年治山不止,十五年连续开发,山亭区突出治水改土、调整结构,走出了一条具有山区特色的农业开发之路。山区面貌发生了翻天覆地的变化,山区经济出现了蒸蒸日上的好形势,山区群众实现了靠山吃山的目标,走上了致富奔小康之路。春夏之交,放眼过去,只见层层梯田上,起垄种植、地膜覆盖的花生地白茫茫一眼望不到边,山腰、山下果园里,各种果树纷纷吐绿开花,争奇斗艳,处处生机勃勃。

一、治水改土,不毛之地披新装

山亭区属于沂蒙山区西南边缘,过去山下零星开发的土地承包给群众耕种,一户少则四、五块,多则十来块,离村庄远一些的地块由于路不通,没水浇,被群众放弃。近年来,我们立足山区实际,对山区中低产田改造项目进行全方位改造,通过深翻整平土地、建拦水坝、打大口井、建蓄水池和提水站,使这里的荒山荒坡变成了层层梯田,并通过风力提水,将山下拦蓄的水提升到山顶的蓄水池,实现了自流灌溉。冯卯镇张庄村支部书记公茂平与百步岭村支部书记王明清高兴地说,开发项目确实给我们当地百姓造福了,这是祖祖辈辈没有的事,生产条件改善了,村里组织群众实行了大规模的种植业结构调整,发展优质油桃、春雪桃、大樱桃 2000 多亩,在坝堰栽植了金银花 10 万多棵,3 到 5 年的时间,人均收入就能翻番。

山亭区农业综合开发项目大部分位于山区丘陵地带,过去这里沟壑纵横、土壤贫瘠、起伏不平、水源奇缺。当地群众形容是"无雨透干地、有雨遍地流、地无三尺平、旱涝不保收"。针对山区实际,山亭区把集中连片开发、规模化治理作为突破口,坚持山、水、林、田、路综合治理,一治一座山、一治一面坡、确保开发一片、成功一片，打破村与村直接的界限，坚持"统一规划、统一标准、统一施工"和"集中领导、集中时间、集中机械"的办法，合作会战、规模开发。所有开发后的土地全部达到了"外噘嘴、里流水、堰直如线、地平如镜、深翻八十、不留荒町"标准，并配套建设了排水沟与跌水工程。十五年来，共实施土地治理项目19个，使12.7万亩荒山荒坡变成了"土能保、水能蓄、肥能留"的"三保田"，贫瘠土地变成了"米粮川"。

二、调整结构，龙头舞动新产业

2009年，枣庄市申报的店子镇土地治理与产业化经营两结合项目一举中标，共获得各级财政投资1080万元。令专家们赞叹的是店子镇连续20多年治山不止，积累的开发砂石山和种植花生的丰富经验，以及依托花生种植不断发展壮大的龙头企业——山东莺歌食品有限公司。该项目于2009年9月开始实施，2010年4月底全部结束。共治理面积1.3万亩，维修加固塘坝5座，新建拦水坝4座，大口井5眼，蓄水池24座，埋设管道36公里，维修渠道5.2公里，提水站19座，建渠系建筑物211座，地头水窖25座，深翻整平改良土壤9000亩，修生产路30公里，植树6万株，堰坡金银花40万墩，培训农民科技人员5000人次，示范推广花生标准化栽培技术一项。项目区花生亩产可由治理前的不足160公斤增加到310公斤，农民年人均增收300多元。国家级农业龙头企业——山东莺歌食品有限公司生产规模达到年产花生酱系列产品1万吨，是亚洲最大的花生酱生产企业。公司董事长郑洪永还欣喜的告诉记者，通过两结合项目的实施，企业新上了6000吨花生蛋白粉生产线，原料的需求量加大，调动了群众扩大花生种植规模的积极性。公司组织群众成立了花生种植合作社，实行统一品种、统一技术管理、统一收购，收购价格比周边地区每公斤高出0.3元左右，让群众得到了更多的实惠。同时，基地提供的原料质量有了保障，为企业打开更多的国际市场奠定了基础。农业综合开发为企业发展插上了腾飞的翅膀。

通过扶持壮大龙头企业，带动基地农业结构调整，形成"公司+合作社+基地"的产业化发展模式，农业综合开发项目区以"品种调优、结构调良"为原则，充分发挥项目区的治理后优势，引进新品种、创新特色品牌，为群众增收培植后劲。近年来，山亭区农业综合开发项目先后扶持了山东莺歌食品有限公司、枣庄长红果品有限公司、枣庄市新谷川有限公司、山东汉诺庄园酿酒有限公司、金城淀粉有限公司等农业龙头企业，进一步扩大企业生产能力，拓展市场发展空间，也实现了"发展一个龙头企业、树立一个品牌、带动一个产业、振兴一方经济、致富一方百姓"的目标。同时聘请国内外的知名专家来项目区讲课，开展各类科技培训，使项目区群众掌握了一定的实用型科学技术知识，改变了传统种植观念，提高了进行农业结构调整的认识,为农民致富撒下了希望的种子。目前,项目区粮经比例由治理前的7:3提高到治理后的4:6,建成了一大批优质农产品基地,亩产值平均增加600元。

三、强化管理,探索开发新机制

坚持"统一规划、统一标准、统一施工"和"集中领导、集中时间、集中机械"的办法,是山亭区结合当地实际创出的山区农业综合开发的模式。为了确保工程质量,山亭区农业开发部门从健全项目管理制度入手,通过规范项目管理,着力打造精品工程。一是实行目标责任制。区镇两级分别签订了项目目标责任书,将工程各个环节明细到人,并上交了风险抵押金,使人人身上有担子,个个肩上有压力。二是严格落实招投标制,严格程序规范操作,委托中介招标公司招标,并在相关媒体进行公示,邀请山亭区监察局和检察院有关人员进行现场监督,阳光操作,廉正运行,确保选出一流施工队伍。三是认真执行项目监理制,严格实行专业监理,监理人员常驻工地,监督指导施工全过程,重点把握工程发包关、材料入口关和竣工验收关,配备了区、镇两级技术人员和群众代表监督小组,具体负责每个单项工程的施工监督,形成了由省市委托的专业监理人员、区镇主要技术人员和村民代表监管小组组成的工程质量监督网络,保证了工程质量。四是实行报账制。严格计划拨款、项目拨款、程序拨款、进度拨款,做到配套资金一律按进度拨款,严禁违规拨款。每项工程资金拨付必须由项目承包人提出申请,并开出收据和正式发票,经现场监理人员、建设单位、开发办及财政局签字后拨付,提高资金使用透明度。五是实行资金公示制。在项目实施前、中、后三个阶段,通过设立公示牌、利用山亭廉正在线网站等多种形式,对项目内容和资金进行公示,主动接受农民群众和社会各界的监督,增加项目建设透明度。六是实行决算审计制。聘请了中介机构对土地治理项目区的工程数量和质量随机抽样,审查工程的预(概)算出具审核意见,并对整个工程作出评价,确保工程资料的真实性、公开性和合法性。

在希望的田野上

——鱼台县农业综合开发工作纪实

鱼台县农发办 孙厚强

初夏时节,进入鱼米之乡鱼台县农业综合开发项目区,一副社会主义新农村的美丽画卷映入眼帘:路相通,渠相连,田成方,林成网,让人陶醉其中……正在田间劳作的农民高兴地说:"这都是农业综合开发给俺带来的好处"。

鱼台县地处微山湖西岸,耕地面积60万亩,人口46万,素有江北"鱼米之乡"的美誉。在县委、县政府的正确领导和省市开发办的大力支持下,该县从1988年开始实施农业综合开发项目工程,经过20年的农业综合开发工作,累计完成改造中低产田27.36万亩,完成总投资1.36亿元。农业生产持续、稳定地发展农业基础设施得到进一步加强,为建设新农村提供了强有力的保证。

鱼台县近三年度农业综合开发项目区位于谷亭、唐马、老砦三个乡镇,土地治理项目总规模为5.1万亩,项目总投资6295万元。共计完成整修骨干沟渠路963条,长度137万米,动用土方180万立方米,配套桥涵闸建筑物2600余座,砌石2.638万立方米;新建、维修排灌站8座,装机容量1600千瓦;机耕路砂石硬化150公里,水泥路10公里;新建、节水灌溉U型渠工程150000米;林网植树30万余株;先后举办各类培训班12期,受训人数8000人次,印发科技资料10000余份。项目完成后,项目区内田间面貌焕然一新,路相通,渠相连,田成方,林成网,改善了田间小气候,优化了生态环境,项目区内实现粮食增产390万公斤,增收760万元,人均纯收入比非项目区增加300多元,有力地促进了当地农业生产的发展。值得一提的是,2011年度鱼台县这一带发生了50年一遇的涝灾,周围县区农作物减产绝产现象十分普遍,而鱼台县却得益于多年来农业综合开发的成果,田间排灌渠系健全,农业生产基本没受影响。

"山东美晶米业500吨发芽糙米加工扩建项目"是经省市批准建设的2010年度农业综合开发产业化项目,由省级农业产业化龙头企业——山东美晶米业有限公司具体承建,项目建设地点位于鱼台县经济开发区。项目建设总投资738万元,其中中央资金100万元,省、市、县财政配套资金72万元(省级配套财政资金42万元,市级财政配套资金10万元,县财政配套资金20万元),承建单位自筹资金

566万元。项目主要建设内容：（1）发芽糙米加工车间1000平方米；（2）成品库900平方米；（3）蒜米加工生产线设备一条。项目建设完成后，年可加工发芽糙米5000吨，实现销售收入7000万元；新增就业岗位50余个，带动鱼台及周边地区大米种植10万亩。实现利税200万元，受益农民达15万户，农民人均纯收入增长300多元。此项目建设完成产生了良好的经济、社会和生态效益，同时也为鱼台县农村产业结构调整和农村经济发展起到了示范和强有力的推动作用。

加强领导，部门协调，是搞好农业综合开发的关键。农业综合开发是一项惠及"三农"，富裕百姓的工作。鱼台县开发办积极主动与各有关部门搞好配合，虚心听取有关人员提出的意见、建议，不断完善实施方案，正确指导工作开展。在项目建设中及时组织有关人员对项目建设质量进行检查，严把工程质量关，真正形成了"心往一处想，劲往一处使，拧成一股绳，齐心协力搞开发"的良好局面。在农业综合开发项目建设中，该县按照国家项目和资金管理办法，充分发挥部门的职能作用，认真做好项目的考察、评估、论证、实施和检查验收工作。3年来，全面完成上级下达的开发任务，共改造中低产田5.1万亩，完成投资6295万元。项目的成功实施，有效地改变了项目区的生产面貌，加强了农田基础设施建设，增强了农业发展后劲，提高了农业综合生产能力，实现了农业增效、农民增收的目标。精心组织，确保工程质量是搞好农业综合开发的基础。鱼台县地处滨湖涝洼地区，相应地加大了前期开发工作的难度。针对这一现实，鱼台精心组织，广泛宣传发动，并组织新项目区干部群众去老项目区参观学习，让干部群众认识开发，变"要我开发"为"我要开发"。对于原有大型沟、渠、路，只要不符合开发标准，就下决心进行调整，打破原有格局形成标准的框架结构。对于田间工程建设本着先易后难，稳扎稳打地开发思路，按标准进行施工。

由于地势低洼，地下水位较高，土壤粘重。为保证工程质量，鱼台采取机械与人工相结合的施工方式，先由机械开挖整理大型沟、渠、路、土方工程，再用人工整修上标准。在项目区工程实施中，共出动挖掘机16台，推土机5台，出动人工3万人次，对所属项目区内的沟、渠、路全面整修一遍，使项目区内的田间面貌焕然一新。在对桥、涵、闸等建筑物配套建设上，采取招投标制和项目监理制，确保了工程质量。在林网建设上，对田间"杂、乱、散、老"的树木全部进行采伐，更新栽植林网树木30万余株，为营造高标准的农田林网创造了有利条件，增强了项目区内的可观性。

加强资金管理，完善管护制度是搞好农业综合开发的保证。为提高农业综合开发资金的使用效益，促进开发工作不断上新台阶、新水平，鱼台根据新的开发要求，实行县级报账制，先干工程后拨付资金。一是严格实行报账支付制度。在项目资金的支付上，采取县级报账制，严格程序，谨慎操作，提高了资金使用效益。二是严格财务管理制度。坚持高起点、高质量配备财务人员，对开发资金专户储存，专人管理，专账核算，杜绝大额现金支付现象的发生。同时也杜绝了项目资金被挤占、挪用，确保了农业综合开发资金的专款专用。

　　加强已建项目的管护，对保证工程质量，延长工程使用期，提高工程效益有着重要作用。一是在建设中让村民代表参与监督，以保证质量；二是在建后及时改制转给有关受益村组自我管理；三是对排灌站等重点工程实行专人看管。在"农田林网"方面，一是采取有效的植树形式，对大型沟、渠、路采取大户承包和分段承包相结合，对地头路、沟、渠采取树随地走；二是对栽植后的林网树木及时培土，经常浇水，采取村抽专人看护和栽植受益户看护相结合的方式。由于有效地加强了管护措施，"农田水利"项目工程完好率在98%以上，"农田林网"树木成活率、保存率均在95%以上。

　　问渠哪得清如许，唯有源头活水来。农业综合开发不仅惠及了"三农"，而且也加大了新农村建设的步伐。绿色田野，生机勃勃，如今，鱼台人正满怀豪情在这希望的田野上播种着新的希望……

扎实工作 力求先行
高歌续写农发工作新华章

肥城市农发办 荆学忠

肥城市位于泰山西麓，总面积1277.3平方千米，耕地面积86万亩，农业人口70.8万人。近年来，肥城市坚持以科学发展观为统领，把农业综合开发作为发展现代农业和推进新农村建设的战略举措，紧紧围绕提高农业综合生产能力，积极探索符合县域特色开发的新路子，创新项目建设管理新机制，全力提升农业综合开发档次水平。截至2013年，全市农业综合开发累计投入资金4.4亿元，累计改造中低产田面积29.5万亩，新增粮食2.2万吨，项目区农民人均增收450元。主要做法有以下几方面：

1. 解决"一个难点"。土地调整是农发工程的前提，每开发1万亩土地项目，修路、挖沟就需占地300亩左右，肥城市人均耕地不到一亩，农民惜地情结较重，在通路挖沟界方搭框架土地调整时农民群众容易产生反感和抵触情绪。为此，我们充分注重农民群众的开发主体地位，始终把调动农民的积极性，来作为破解土地调整的重要抓手。一是项目立项前，充分利用广播、宣传车、明白纸等方式，把农业综合开发为民办好事、做实事的目标宣传透彻，使群众自觉支持、配合和参与项目工程的建设。同时及时召开村民代表大会，征求群众意见，统一群众思想。二是项目立项后，及时向农民公示立项条件、投资标准、整体规划、实施地点、实施内容、资金来源、建设单位、监理单位、建设工期，让农民有知情权、参与权、表达权、监督权，让农民了解开发，参与开发，管理开发。三是项目建设中，通过采取实地督查、跟踪督查、联合督查、召开调度会、现场办公、专题研讨等形式，加强工作推动，多管齐下，促进难点问题的解决。

2. 到位"两份感情"。一是对上级支持的感激之情。农业综合开发工作就是通过专项资金保护、支持农业发展，改善农业生产基本条件，优化农业和农村经济结构，提高农业综合生产能力和综合效益，功在当代，利在千秋，是一项强农惠民工程，所有的农发干部抱着感激上级信任之情接受项目、做好项目、管理项目，力求项目效益最大化。二是对农民养育的感恩之情。农民群众是开发项目直接受益主体，也是推进农业综合开发工作的主体。每一个农业开发项目都寄托着农民群众渴望脱贫致富的心愿，所有的农发干部抱着回报农民的感恩心情建设项目，致力解决农民群众增收难题，力争使农业综合开发这项"德政"工程真正深入民心。

3. 建设"三大亮点"。一是实践好"六位一体"开发模式亮点。围绕实现农业综合开发工作效益的整体提升，把高标准农田建设、优势农产品基地培植、农民专业合作经济组织帮扶、农业龙头企业扶持、现代农业科技推广和对新农村建设的支持六个方面打造成为一个整体、形成一个链条，一治一个区域，一治一个行业，实现"'六位一体'搞开发、追求效益最大化"。二是打造精品工程亮点。立足建"精品工程"、"示范工程"，统筹规划，严格农业综合开发项目建设标准，严把施工质量，把项目区建成"田地平整、路渠配套、土壤肥沃、节水高效、优质高产、安全环保、旱涝保收、林网环绕"的高标准农田。三是调整种植结构亮点。充分利用和发挥农业综合开发带来的生产条件的改善，引导种植结构调整，实现项目区与有机蔬菜和"两菜一粮"等特色农产品基地的融合。

4. 达到"四大目标"。一是任务全落实目标。在项目建设的过程中，不允许项目单位减少计划内容，在项目督导检查时，对照项目计划内容逐项检查，如方田、道路、排水沟、新打机井、维修机井、机房、农电设施、暗管、桥涵等工程一项不漏。项目竣工，实行"三全"验收，保证建设任务一个不缺，全部落实。二是农业长治久安目标。通过项目建设，使项目区切实达到田成方、林成网、旱能浇、涝能排，沟路渠桥涵闸相配套、土地平整、土壤肥沃，田间面貌焕然一新，农业生态环境明显改善的目的，为农业长治久安夯实基础。三是农民增收目标。配合项目区治理，开展优化农业结构布局，加强基础设施建设和农业科技示范项目建设，培育农业主导产业和特色产品，提高农民进入市场的能力，扩大农副产品加工增值，实现农民增收。四是工程长效运行目标。立足"不栽无主树，不打无主井，不配置无主机械设备，不建无人管护工程"原则，将项目管护提升到与项目建设统一高度，将建成项目管护经费纳入项目建设投入范围，严格界定项目管护监管主体部门，确保建成项目管护监管工作有人抓、抓得实、抓得好，实现项目效益长期化。

5. 做到"五个强化"。一是强化组织领导。将市农业综合开发办室升格为一级事业单位，直属市政府管理，配强领导班子。市委、市政府主要领导和分管领导除经常听取农业综合开发工作汇报外，市政府每半年一次专题研究农业综合开发工作；市人大、市政协定期对农业综合开发项目区进行视察调研；财政、审计、农业、水利、林业等部门各司其职，分工负责，协作配合，合力推进。二是强化政策落实。农业综合开发是国家财政支农、惠农的重要渠道，实施好农业综合开发项目，是农发工作者义不容辞的责任。工作中重点是把项目推介好、把农民的期盼汇报好，严把惠农政策项目管理和资金管理"两大关口"，确保国家强农惠农政策落实到位。三是强化监督管理。工程质量是农发项目的生命线，从内部监督和外部监督两个层面，事前、事中、事后三个阶段建立健全体系完整、组织有序、科学有效的监督检查网络。通过招投标，公开招聘有资质的监理公司对工程进度、建设质量进行全程监理，确保建一处、成一处，发挥效益一处。四是强化队伍建设。着力培养和造就一支作风强、业务精、作风正的农业综合开发干部队伍；加大培训力度，充实培训内容，不断提高农业综合开发队伍的整体素质。坚持廉洁从政、勤政为民，公正审查每一个项目，管好用好每一笔资金，积极营造一个风清气正的农业综合开发工作氛围，确保农业综合开发"项目安全、资金安全、干部安全"。五是强化激励约束。按照"硬约束、严考核、重激励"的原则，建立科学合理的农业综合开发项目绩效考核体系，对项目建设目标和工作业绩等进行定性、定量考核。建立健全严格的责任追究机制，全面实行农业综合开发全员负责制和全程责任制，把项目建设和管理的每个环节工作都落实到相关的责任单位和人员，保障农业综合开发项目积极稳妥地实施。

水浒故里绽奇葩
——梁山县农业综合开发综述

梁山县农发办 张振涛 张玉红 李春景

梁山有着深厚的文化历史底蕴，汇聚了黄河文化和运河文化的精华，传承了中华文明和文化，是世界文化的重要组成部分和光彩照人的一块瑰宝。唐代曾为佛教圣地，女皇武则天两次驾临，许多文人墨客也前来观光揽胜，著名诗人高适在《别李少府》诗中写道："云开汶水孤帆远，路绕梁山匹马迟"。北宋时期，晁盖、宋江等英雄好汉据守梁山，杀富济贫，"替天行道"。加之古典文学名著《水浒传》铺陈渲染，更使梁山名扬天下。

梁山县地处山东省西南部，隶属济宁市，辖12个乡镇、2个街道办事处，1个省级经济开发区，县域总面积964平方公里，是全国总面积的万分之一，被誉为"万里挑一的县"。全县耕地面积97.79万亩，672个行政村，总人口75万人，农业人口55万人。25年的农业综合开发促进了梁山农业农村经济加速发展，粮食生产稳步提高，农民收入大幅增长。2012年，全县农林牧渔业总产值77.15亿元，粮食总产75.37万吨，农村居民人均纯收入9244元。分别比1988年的3.39亿元、25.27万吨、362元，增长了2175.8%、198.3%、245.4%。

一、不断夯实农业生产基础设施，着力提高综合生产能力

梁山县是一个传统的农业大县，但是长期以来，农业基础设施薄弱是困扰农业可持续发展的一大障碍。农业综合开发土地治理项目是以农田水利基础设施建设为主要内容的综合性、立体性开发，对广大农民来说，不啻天降甘露。农业综合开发办公室工作人员介绍说："农业综合开发土地治理项目，通过开挖沟渠、新打机井、新建桥涵、新建输变线路、埋设PVC管道等综合配套措施，改造中低产田，建设高标准农田，着力提高农业综合生产能力，促进农业增效，农民增收。"

如今，项目开发到哪里，哪里的农民就增收得实惠。在韩岗镇2011年度土地

治理项目区，韩堂村一位农民掩饰不住脸上的笑容："农业开发就是好，道路好走了，浇地方便了，还省钱，旱涝保丰收。今年我家5亩小麦比没开发前多收了800多斤"。2006~2008年，在韩岗镇实施了世行三期农业综合开发项目，开发面积达到4.9万亩，修筑硬化道路71公里，开挖沟渠280公里，新建桥涵690座，新打机井286眼，植树36万棵。2011年，韩岗镇又实施了中低产田改造项目，开发面积1万亩，开挖沟渠39.2公里，动土方21万方；新建渠系建筑物452座；新打机井60眼，配套潜水泵140台套；埋设PVC地下管道60公里；地下电缆埋设15公里；配套160KVA变压设备1台套，配套10KVA变压设备3台套；硬化道路25公里；种植法桐3.52万株。共改善灌溉面积5000亩，改善除涝面积3000亩，新增节水灌溉面积1万亩，良种覆盖率达到100%。项目的实施，增产优质粮食75万公斤，增加种植产值160万元，项目区农民年纯收入增加220万元。

实施开发前，韩岗镇大部分农田都存在农业基础设施薄弱的问题，严重制约了农业生产、农业增效和农民增收。划入农业开发综合项目区的土地过去都是中低产田，"晴天一身土，雨天一身泥"是开发前的真实写照。在世行三期项目韩岗镇2006年项目区，有一片地势低洼带，因处于两个乡镇交界地，缺乏田间基础设施，无沟无渠，排涝不畅，每年雨季都是一片汪洋，当地百姓称之为"打渔洼"。十几年来，该区域每年雨季的排涝问题都会引起各种社会矛盾，械斗、围攻、上访不断，严重影响了社会和谐稳定，一直是县乡两级政府十分头疼的问题。世行三期项目实施伊始，县世行三期项目办便走村入户，深入调研，广泛地听取了项目区广大干部群众的意见和建议，合理规划、统筹安排，全面理顺了"打渔洼"地区的排涝体系，配套完善了田间灌排设施，打通了两乡镇田间道路交通，显著改善了当地农业生产条件，彻底解决了困扰十几年的老大难问题，得到了项目区干部群众的拍手赞扬。

如今放眼望去，这些土地已是万亩良田，呈现在眼前的是"田成方、林成网、渠相通、路相连、旱能浇、涝能排"的优美田园，处处洋溢着现代农业的气息。在韩岗镇，有40多个村4万多人得益于农业综合开发。

时光荏苒，岁月如歌，农业综合开发在水浒大地上已经走过25年的历程。实施开发25年来，梁山县农业综合开发土地治理项目共完成开发投资13075（2012年止）万元，分期实施了中低产田改造治理项目，项目区已经覆盖了梁山镇、拳铺、馆驿、韩垓、马营、大路口、韩岗、小安山等9个乡镇100多个行政村，建设高标准农田28万余亩，受益人口达12万多人。农业综合开发项目的实施，使项目区生产条件和生态环境得到了明显改善，抵御自然灾害的能力进一步增强，为加快发展现代农业奠定了坚实的基础。

25年来，梁山县农业综合开发的质量和效益不断提高，为实现粮食生产"十连增"、农民增收"十连快"做出了突出贡献。2010年，梁山县被评为"全国粮食生产先进县"，2011年被评为"全省粮食生产先进县"，2012年被评为山东省粮食生产"十连增"优胜县。2012年11月,国家农业综合开发验收组来梁山验收,分管农业的崔家清副县长深有体会地说了农业综合开发的重要性,2012年,梁山县在韩垓、小安山和韩岗三个乡镇分别实施了小麦、玉米高产创建示范活动,示范点均在农业综合开发项目区内,足以证明了这些年综合开发成效。

二、培育新型农业生产主体,推进产业化经营水平

扶持农业产业化经营是各级财政支持农业农村经济发展的一项重要举措,也是农业综合开发的一项重要任务。多年来,梁山县农业综合开发产业化经营项目,以培育壮大龙头企业和农民专业合作社等新型农业生产主体、促进农民持续增收、增加农产品有效供给、保障农产品质量安全为目标,围绕肉牛、奶牛、食用菌、粮食、蔬菜等优势特色主导产业发展,通过财政补助和贷款贴息资金扶持产前、产中、产后等产业链条各环节,着力提高农业生产的标准化、规模化、专业化、组织化水平,为梁山的农业产业化经营水平和现代农业发展做出了突出贡献。

山东臻嘉食品进出口有限公司,在农业综合开发产业化经营项目资金扶持下,建设了加工厂房、出口备案养殖场,购置了先进生产和检测设备,企业规模和档次逐步提升。目前,公司拥有资产总额15622万元,其中固定资产9033万元,年实现销售收入2亿多元,出口创汇400多万美元。2005年,该公司被评为农业产业化省重点龙头企业,荣获"第六届全国食品博览会金奖";2006年,被山东省伊斯兰协会评为"山东省清真食品行业十大品牌";2009年,被评为国家扶贫开发龙头企业,是十一届全运会山东唯一的牛肉供应商;2010年,其产品还成功端上了世博会的"餐桌";2011年,被批准为"山东省出口龙头企业示范创建企业"。另外企业还获得了"中国肉类食品行业强势企业"、"山东省民营食品企业发展实力30强"、"山东省肉类食品行业50强"、"外贸工作先进单位"、"食品安全信用体系建设先进单位"、"十佳诚信企业"、"守合同重信用企业"等诸多殊誉。臻嘉公司在自身发展的同时,不断探索完善经营模式,采取"公司+基地+农户"的产业化经营方式,示范带动全县肉牛育肥基地120处,带动规模饲养户300余户,形成了肉牛肉羊生产、加工、销售产业链,成为推进农业和农村经济结构战略性调整,提高农业产业化经营水平的成功范例,实现了经济和社会效益双丰收。多年来,梁山县的绿健奶牛、瑞芝生物、沃德面粉、天昊食品、锦绣大地、天威食品、鑫源田蔬菜专业合作社等一批市级以上的农业龙头企业和合作社,通过农业综合开发项目扶持,实施新品种引进、技术改造、引进先进生产线、新建生产加工车间、购买原料等项目,企业生产规模不断扩大、市场竞争力和带动示范效应进一步增强,有力地推动全县农业产业化进程。

在农业综合开发产业化经营项目资金的扶持下,梁山县培育了一大批农产品加

工龙头项目、农民专业合作经济组织和农产品生产基地。2009~2012年，梁山县农业综合开发产业化经营项目共扶持了农业产业化重点龙头企业6家，其中国家级扶贫开发企业1家，市级4家、农民专业合作社1家。4年来，全县共实施了农业综合开发产业化经营项目10个，其中财政补助项目4个，累计投入资金2880万元，其中，财政无偿资金投入309.1万元，占总投入的10.7%，企业自筹资金投入2570.9万元，占总投入的89.3%；贷款贴息项目6个，投资总额22108万元，财政贴息256万元。通过以上数字显示，财政补助项目的实施带动企业自筹资金2000多万元，财政贴息贷款项目的实施撬动银行贷款2亿多万元，财政资金真正起到了"四两拨千斤"的作用，发挥了资金的最大效益。

三、探索创新土地流转托管，调整产业结构促发展

近年来，梁山县的农业综合开发立足县情，坚持"集中连片搞开发，搞好开发促调整"的思路，着力探索创新土地流转机制，"建什么"、"怎么建"由项目区群众说了算，在明确土地所有权、稳定承包权的前提下，推进土地的适度规模经营。为确保建后工程充分发挥作用，群众长期受益，建立了专业管护和受益农民群体管护相结合的制度。

在农业综合开发土地治理项目区，梁山县积极推进土地流转，引导优势农业主导产业的健康发展。例如，马营镇薛屯村积极发展生态观光农业，成立了海源葡萄种植专业合作社，入社户数达到265户，带动农户1140户，葡萄种植面积1600余亩，年销售收入2100多万元，种植户户均年纯收入达到了15000多元。葡萄园成为梁山县农业结构调整的成功典型，也是休闲观光农业一条亮丽的风景线。在此带动下，马营镇集中连片发展经济林3000亩、种植瓜菜1万亩。韩垓镇项目区集中发展草莓、胡萝卜、韭菜等蔬菜3000亩。小安山镇项目区集中连片大蒜1000亩，苗木500亩。这些以果树、蔬菜、苗木为主的规模示范基地的建成，为梁山县的农业综合开发起到了良好的示范作用。近年来，全县农业综合开发项目区累计示范推广优质小麦、玉米、西瓜、特色林果、大蒜等30余万亩，从而使土地治理项目区新增种植业总产值达3606万元，新增粮食生产能力1168.8万公斤，项目区农民纯收入比非项目区高出200多元。在农业综合开发项目区的示范和辐射带动下，全县结构调整步伐进一步加快，初步形成了特色林果、瓜菜、苗木等产业体系，确立了"一乡一业"、"一村一品"的产业发展新格局。馆驿镇西张庄村（食用菌种植）、东尚庄村（大棚蔬菜种植）先后被评为全国"一村一品"示范村。农业综合开发项目区成了农民增收致富的先行区。如今建设完成的项目区，基础设施的极大改善，成功搭起了梁山发展现代农业、精品农业的平台，成为全县高产高效的示范样板区。

| 实践与探索

　　25 年的农业综合开发大接力，带来了水浒大地日新月异的变化，推动着农业综合开发不断向深度和广度发展。梁山将紧紧抓住农业综合开发的大好机遇，围绕提高农业综合生产能力和促进农民增收，以建设高标准农田为主体，以培育新型经营主体、构建新型农业经营体系为"两翼"，进一步明确工作目标，创新工作思路，加强科学管理，不断提高农业综合开发的水平和效益，努力开创开发工作的新局面。

邹平县农业综合开发惠及民生

邹平县农发办　张　雷　杨延才

邹平县地处鲁中泰沂山区与鲁北黄泛平原的叠交地带，东接淄博，西邻济南，南依胶济铁路，北靠黄河，济青高速公路横穿全境26公里。邹平县辖13镇3个街道办事处，858个行政村，一个国家级开发区，面积1251.75平方公里，耕地75万亩，园地9.3万亩，林地20万亩，设施农业用地1.5万亩，总人口72.8万人。南部长白山区为山地丘陵，是重要的林果产地。中北部为黄河冲积平原，土壤肥沃，黄河、小清河、孝妇河等主要河道纵横交织，水利工程配套。邹平县还是全国优质粮棉大县、国家商品粮基地县、全国粮食生产先进县，中国水杏、香椿、山药、莱椒之乡。农业主导产业为小麦、玉米、棉花及蔬菜。

自1988年列入首批国家农业综合开发项目县以来，邹平县一批具备特色和优势的主导产业得到扶持发展。高标准农田示范建设又为该县现代农业发展赋予了新的内涵，农业综合开发项目区已成为"农业示范的看点、生态农业的景点、现代农业发展的亮点、农民收入的增长点"。

一、"软"、"硬"兼施　促粮增产促农增收

邹平县把实施高标准农田建设作为提高农业生产能力、实现农民持续增收的基础工程抓实抓好。在开发过程中，坚持集中连片、规模开发原则，努力把中低产田建设成为旱涝保收、高产稳产、节水高效的高标准化农田。从2009年开始，邹平县实施了6.1万亩高标准农田土地治理项目，成为全省首批高标准农田示范建设县，为总投资8012万元的高标准农田示范建设拉开了序幕。

高标准农田高在哪儿？邹平县农业综合开发的工作者们认为，首先要建好"硬件"，即水利、农业、林业等措施的综合实施，农业基础设施配套齐全。项目区内新打机电井800眼，配套机井房660座，配套潜水泵及射频器800台（套）；配套输变电线路166公里；安装变电器20台；开挖疏浚沟渠1108条227公里，动用土方217万方；埋设U-PVC管道464公里；修建桥涵建筑物1387座；整修高

标准砂石硬化路 187 公里。新建农田防护林网 0.7 万亩，植树 38 万株，形成标准防护林网网格 560 个。通过资金、科技、劳力的综合投入，水利、农业、科技、林业等措施的配套实施，形成了"田成方、林成网、路相通、渠相连、旱能灌、涝能排"的生产新格局，项目区生产条件明显改善，综合生产能力显著提高。砂石路铺设、节水灌溉设施建设、电力设施建设、林网绿化工程建设等项目工程，均实现智能化管理，突出实用效益，方便了群众。解决了农田灌溉的供需矛盾，减少了不必要的水利纠纷和地界纠纷。项目区新增和改善灌溉面积 6.1 万亩，年节约水量 600 万方；农作物轮灌期由开发前的 15 天，缩短到 9 天。项目区年亩均增产粮食 200 公斤，人均纯收入增加 540 元；原来由 2 个壮劳力需要 3 天完成的浇地活，现在只需 1 人 1 卡半天时间一早一晚就可完成，既节约了劳力又节约了成本，仅浇灌一项每人可减少开支 100 余元。如九户镇官寨村，该村地处洼地，以前旱不能浇，涝不能排，庄稼近乎绝产。自实施农业开发后，该村粮食实现了丰收，玉米亩产达到 1000 斤。

在建好"硬件"的基础上还要配好"软件"。除了水土田林路等工程高标准外，先进适用的优良品种、技术等也成为项目区不可或缺的重要组成部分。邹平县在实施农业综合开发中，十分重视科技推广工作。农业开发项目区每年拿出 20 万元投入科技培训工作，三年培训农民 5 万人次，做到了村村有技术员，家家有技术能手，项目区农民树立了科学生产观念，素质得到了很大提升，为项目农业可持续发展奠定了基础。同时，推广节水灌溉、良种良法配套、秸秆还田、有机农作物种植等先进技术 16 项，推广小麦、玉米、棉花等新品种 9 个。

二、实施"一村一品"工程　加快现代农业发展

邹平县以农业综合开发为平台，坚持把实施"一村一品"工程作为发展引导现代农业、促进农民增收致富的重要举措来抓，取得了显著成效。农业综合开发积极支持和壮大农业产业化企业，扩规模，上项目，加快发展，示范带动作用明显。先后扶持了久久鸭业 500 万只樱桃谷鸭深加工扩建项目、焦桥百乐合作社 1000 头奶牛养殖扩建项目、邹平富康食品有限公司 3 万只种鸭养殖及鸭苗孵化扩建项目、邹平好生镇世纪苗木专业合作社 500 亩花卉苗木种植基地扩建项目、邹平县台子教场 2400 平方米蔬菜批发市场及配套设施新建项目、山东志同农业科技有限公司的年产 100 吨山药粉加工扩建项目、芳绿科技日处理 80 吨鲜牛奶及奶牛养殖基地项目、邹平县珍稀食用菌示范基地扩建项目、邹平福海科技发展有限公司 20 万吨棉花深加工项目、邹平久久鸭业有限公司 960 万只樱桃谷鸭孵化项目、惠泽农牧科技有限公司的年产 35 万吨高档畜禽饲料加工项目等。累计投入近 2.2 亿元，其中中央财政无偿资金 1301 万元，协调银行贷款 8538 万元，有力促进了农业经济结构调

整，辐射带动5000户农民群众增收致富。

在全县大开发的背景下，县委、县政府又出台了加快发展"一村一品工程"的实施意见等一系列文件，给予资金和政策支持，促进了一批特色产业基地的形成。在"一村一品"工程的带动下，邹平县特色主导产业优势更加明显，蔬菜规模不断扩大，新建各类蔬菜大棚631个，总数达到5000余个。畜牧业总量不断扩张，新建的64个养殖小区中，投资过百万元的达39个。食用菌、林果、花卉苗木发展势头强劲，新建各类基地29个，面积达8461亩。目前，以设施蔬菜、畜牧、特色林果、花卉苗木为主的特色产业基地已初步形成。同时，"一村一品"集中连片开发已初具规模，由最初的农业示范点逐步向现代农业特色产业区转变，现代农业示范园建设蓬勃发展，目前，邹平县共建成各类高效生态农业示范园区30余家，其中，市级以上11家。"菇仙园"是该县芳绿科技有限公司创建的，园内建有产业文化展厅、各地名吃加工点、小型鲜奶生产车间等，在这儿既可品尝各类蘑菇，又可尝到新鲜的牛奶制品，实现了基地+工厂+餐桌循环经济模式。目前，芳绿集团已带动邹平九户、西董、临池等在内的6个镇办、8000多个农户从事食用菌生产，农民累计增收4亿元。像芳绿集团一样，长丰生态大农场可解决劳动力就业500余人，带动农户500余户，促进农民增收3500万元；众康高效农业生态园辐射基地16余处，带动周边农户1500余户，平均每户年增收3万余元。

随着"一村一品"工程的"专业化、产业化、基地化、园区化"发展，"公司+基地+农户"、"合作组织+基地+农户"等农业产业化模式不断得到推广，农民生产经营的组织化程度明显提高。码头镇前安村成立了"邹平县前安瓜菜专业合作社"，发展社员112人，新建80个高标准早春瓜菜大棚，每棚平均收益4万元，亩收入3万元，扣除成本后，每亩净收入2.4万元。目前，全县农民专业合作社达到262家，入社社员13126户。

2013年底邹平县将力争新发展现代农业示范园10处，新建标准化基地1.6万亩、"一村一品"项目160个、现代养殖小区60个，新增"三品"认证10个，国家地理标志证明商标2件，省级以上农业产业化龙头企业2家、市级4家。

三、坚持规范管理保证项目顺利实施

农业综合开发是一项复杂的系统工程，涉及多个部门和参建单位，为保证项目顺利实施，邹平县坚持规范管理。

一是加强领导，全面落实责任。县委、县政府多次召开联席会议，并成立以分管副县长任指挥，各涉农部门主要负责人为成员的农业开发项目建设指挥部。在项目实施过程中，县开发办还积极协调项目镇及时解决项目建设中存在的突出问题。

二是全面推行和实施农业综合开发各项管理机制。加大农业综合开发项目和资金公示力度，全面推行农业综合开发工程项目招投标制度，严格落实工程监理制和项目法人制，不断强化资金管理，提高资金使用效益。项目建设过程中，在市开发办、财政局委派的有资质的监理单位对项目工程进行专业监理的同时，我们又从镇、村聘请专人进行现场监督，农业开发部门人员也进行跟踪检查，通过监理、监督、检查三结合，确保了工程质量达到设计要求。

三是坚持高标准规划，严要求施工，确保工程项目发挥效益。土地治理项目聘请山东省水利科学研究院对高标准农田建设示范工程项目进行了规划设计，确保了项目规划的合理化、科学化。同时，加强管护，确保发挥持续效益。农业产业化项目严把前期筛选、呈报关，确保把运行情况良好、带动能力强的好项目纳入产业化经营扶持的重点。土地治理项目工程竣工验收后，及时办理工程移交手续，落实工程管护主体，落实各项管护措施，加强了对项目工程的管护力度。

四、创新机制 完善制度 谋划未来

在搞好农业综合开发的同时我们也发现了困难和问题。主要有两难：（1）开发前集体利益与个人利益冲突，迁占难度大。农业综合开发土地治理项目因开沟挖渠不可避免地要毁坏青苗、占用部分耕地，或者说是责任田，个别农户能毁占一半责任田，甚至更多。一直沿用的政策是：对在农业开发时所涉及的青苗补偿及占地费用，按照"谁受益、谁负担"的原则规定，由受益村自行解决。以上主要涉及两个问题，一是青苗补偿。二是占用责任田。青苗补偿问题，对于有经济能力且村委班子较强的村庄，通过努力还是能自行解决的，但对于没有经济能力且村委班子较弱的村庄，解决起来就很困难，以至于影响施工。占用责任田问题，一类是有"机动地"的村，解决这个问题比较容易，另一类是没有"机动地"的村，解决这个问题比较头痛，不但影响开发工作，而且容易引起社会矛盾，甚至上访。建议：一是早规划，规划前做好调研，认真听取村委和村民的意见，让农民充分地、全程地、深入地参与工程规划，并及时公布施工方案；二是早铺工，给做村民工作留出时间；三是建议上级在农业开发投资中适当安排一定比例的青苗补偿费。（2）开发后工程管护难。由于农业综合开发土地治理项目的投入主要是以政府的无偿资金为主，项目工程验收后，虽然向乡镇、村办理了产权移交手续，但工程管护主体的确认以及发挥其效能并非一张移交单一份管护协议那样简单。这里面的原因很多：一是管护意识差及维护资金缺乏，常使一部分开发工程使用不久即有损坏。二是日常管护机制不完善。这些问题不及时解决，造成农业开发工程不能良好地长期发挥作用。建议：一是在农业开发项目中有经营性收入的工程都应实行业主制，采取承包、租赁、拍卖、股份合作、建立农村用水合作组织等灵活多样的经营方式和运行机制来落实管护主体，明晰产权归属。二是对具有公益性质的开发工程（乡村道路、农电线路、变压器等）其管护要由乡、村集体负责，配备好有责任心的管护员，组成专业管护队，并划出管护资金作为管护队伍的人员开支补助和工作经费。

今后邹平县农业综合开发工作将立足全县农业农村中心工作，以中央1号文件精神和现代化农业建设为指导，抢抓现代农业发展新机遇，坚持"加强农业基础设施建设、调整农业农村经济结构"工作方针，突出抓好"高标准农田建设项目、农业产业化经营项目"两大工作重点，不断提高农业综合生产能力和农业综合效益，最大限度地发挥农业综合开发在现代农业、农民增收、新农村建设中的作用。一是创新开发机制，努力增加农业综合开发投入。积极争取中央和省级财政加大对本县农业综合开发的投入，争取更多的项目和资金投入到邹平县。力争每年争取资金不少于3000万元。二是探索农业综合开发资金与其他支农资金统筹安排配合投入机制。以农业综合开发为平台，引导、整合各类支农资金统筹使用，推进我县现代农业发展和新农村建设，提高财政支农资金的规模效益。三是加强高标准农田建设，加快推进现代农业发展。按照"资金安排向高标准农田建设聚焦、项目布局向粮食主产区聚焦"的原则，进一步加大对主要产粮镇办的扶持力度，为打造邹平县粮食生产核心区和加快推进现代农业发展提供坚实基础。今后将努力争取更多国家项目资金，建设高标准农田。我们的主要目标是：保1争2抢3谋5。每年确保建设高标准农田1万亩，争取2万亩；同时依托省大专院校和科研院所，以创建国家粮食高产稳产实验区或示范县为契机，创新发展模式，创造发展机遇，以竞标方式，成方连片开发，谋划3万亩或5万亩组合式高标准农田建设，让更多镇办和村庄群众受宜，为邹平县农业综合开发工作和农业现代化建设作出应有的贡献。同时加大对农业产业化企业和农民专业合作社财政补助、财政贴息和农业开发银行信贷扶持力度，壮大农业龙头企业发展，充分发挥龙头带头作用，辐射带动更多乡亲群众致富。

实践与探索

搞好小流域治理 荒山变成聚宝盆

——沂水县小流域治理情况的调查与启示

山东省农发办 袁文兵

2012年我有幸选派到沂水县担任村"第一书记"。一年来,坚持"因地制宜、统筹兼顾、尊重民意、立体帮扶"基本思路,以抓党建、促脱贫为主线,以强村富民为目标,以机制创新为动力,完善基础设施,调整农业结构,努力建设富裕文明、生态和谐的美好家园。通过挂职锻炼使自己更加了解基层,体会到党的强农惠农政策深得民心,增强了干好本职工作的信心。特别是沂水作为一个山区县,自然条件相对较差,地形地貌比较复杂,如何在这类地区搞好以小流域治理为代表的基础设施建设,推进山区农业综合开发和新农村建设,给我很大的启示。

一、沂水县小流域治理的基本情况

沂水县现有土地总面积2434.8平方公里,其中农用地1858.4平方公里(约278.7万亩),在现有耕地中,山区占80%,平原占20%,70%以上的耕地基础设施薄弱,达不到旱涝保收要求。多年来,沂水县委、县政府针对当地山区面积大、涉及农户多、生产条件差、增产潜力大的状况,带领全县干部、群众,按照"治本立业、综合开发、明确产业、整体推进"的工作思路,把治理水土流失与发展县域经济结合起来,突出抓好小流域综合治理工作。在工作中,他们根据地貌、岩性、土壤、侵蚀形式及侵蚀程度等因素,将小流域治理的区域划分为三个类型区,一是西北部强度剥蚀侵蚀低山丘陵区,水土流失面积1135平方公里;二是西南部中度剥蚀侵蚀低山丘陵区,水土流失面积186.5平方公里;三是沂沭河中度剥蚀侵蚀缓丘区,水土流失面积476.8平方公里。针对不同类型区域,采取不同治理措施,到2012年底,全县已治理小流域面积达1211.5平方公里,水土流失面积从1797.8平方公里降至586.3平方公里,水土流失得到有效控制,从根本上改善了农业生产条件和生态环境,农民收入持续增长,人均达到8780元。沂水县被授予"全国水土保持生态环境建设示范县"。

二、沂水县小流域治理取得的主要成效

经过沂水县各级政府和广大干部群众多年的不懈努力，小流域治理工作取得了显著成效。

（一）改善了农业基础条件，提高了山区农业综合生产能力

从调查了解和在碑石岭小流域治理现场看到，治理后的小流域已发生很大变化。一是水利设施得到了完善配套，原来流域内渠道硬化率低，布局紊乱，坍塌、渗漏、淤积严重，灌溉没有保证，通过治理，区域内灌排条件得到根本改善，农田变成了旱涝保收、稳产高产的基本农田。二是交通条件得到了改善，通过对机耕路拓宽改造及硬化，使农民运送生产资料和农产品更加通畅，降低了劳动强度，提高了劳动效率，降低了生产成本，为推动农业产业化、规模化奠定了基础。三是荒芜、半荒芜土地实现了规模开发，区域内修建了梯田，采用灌木护坡，新建了蓄水池、排水沟，改善了基础设施条件。

（二）调整优化了农业结构，促进了山区农村经济发展

通过实施小流域治理，利用山区自然条件优良，远离污染源的有利条件，引导农民进行农业结构调整，规模化发展黄烟、花生等优势农业产业，大大提高了农业的比较效益，对山区农村经济的发展产生了极大的促进作用。如碑石岭小流域新发展黄烟基地1200亩，每亩纯收入近4000元，使长期在家务农的中老年妇女等弱劳力成为致富能手。由于荒山、荒坡的治理，形成了新的耕地，通过租赁、拍卖，壮大了村集体经济实力。

（三）推动了农业科技进步，提高了山区农民科学种田水平

通过山区小流域治理项目实施，开展农技服务和咨询，引进优良品种和先进适用的农业新技术，进行农业技术培训，改变了传统的种植方式，提高了农产品的产量、质量和农业生产的科技含量，推动了农业科技进步，提升了山区农民的科技素质和文化知识水平。

（四）有效遏制了水土流失，生态环境初步得到改善

沂水县治理后的小流域大都建立起了比较完整的水土保持综合防护体系，获得

了显著的生态效益、经济效益和社会效益。从了解情况看,小流域综合治理程度达到了80%以上,林草覆盖率60%以上,蓄水效率50%左右,投入产出比为1:6以上,农产品商品率80%左右,综合效益十分显著。如我们帮扶的高桥镇,由省烟草公司投资975万元,群众自筹200万元,建设4000亩黄烟基地,对原有丘陵薄地进行治理,修建蓄水池、整平土地、新修道路、栽植树木,项目建成后,项目区形成了"田成方、林成网、沟渠路林桥涵闸配套,旱能浇、涝能排,旱涝保收的高产稳产田",原来茅草萋萋、乱石成堆的荒山,变成了"水上山、林荫道,地穿衣、树戴帽"的花果山,产量也由原来靠天吃饭、基本无收成的脊薄地变成了亩产200公斤黄烟的高效田,亩增加纯收入达3000元,形成了稳定的黄烟生产基地,实现了经济效益、社会效益和生态效益相统一,企业与基地成功对接,企业与农民互利双赢。同时,随着小流域的有效治理,培养了农民生态环境保护意识,在生产中更加注重环保和相关技术措施的应用,更加珍惜耕地,更加爱护家园。

三、沂水县小流域治理的成功经验

沂水县根据当地的实际,结合三种不同类型小流域的特点,坚持因地制宜,分类指导,加大对山区小流域的治理力度。通过调查,总结、概括起来主要有以下治理模式:

(一) 以奖代补,发挥现有资金的最大效益

由于沂水县山区面积广,治理工程量大,治理投入高,目前形势下,单靠自身或某一方面的力量是不现实的。在工作中,他们以土地合理集中流转为基础,以考核各乡镇、村自行实施小流域治理情况为主要内容,按业绩考核结果将各级财政投入资金奖励到各乡镇、村,既调动了当地搞好小流域治理的积极性,又弥补了建设所需资金。

(二) 劳动积累,充分发挥广大农民的积极性

近年来,沂水县乡两级政府都将水土流失治理任务列入任期目标责任制考核内容,年年组织动员全县力量进行义务植树活动,用劳动积累工的办法,组织开展山区小流域内的山、水、林、田、路综合治理工程建设,实现增加土地植被、控制水土流失、改善生态环境,发展山区小流域经济的目的。凡批复实施的小流域综合治理区内,每年春夏两季当地政府都统一发动、组织农民治山整地、建坝垒堰、修路建桥、河道护岸等,综合治理水土流失,为小流域生态农业的发展奠定基础。

（三）收益分成，确保投资投劳方的利益

由于小流域治理工程投入较大、效益滞后，而流域内的村集体和村民大多数经济基础较差。他们采取专项资金、地方财政资金、群众投工投劳、社会闲散资金、金融资金综合投入，收益按股份返还的投入机制，取得了良好的投入效果。

（四）拍卖使用权，明确权责保障收益

1999年4月，沂水县人民政府以"沂政发〔1999〕31号"文件下发了"沂水县人民政府关于农村'四荒'使用权制度改革的意见"，进一步规范了拍卖山地开发治理权的程序，规定了拍卖的范围、期限、规模、优惠政策、基本原则、实施步骤和拍卖资金的管理等，通过出让"治理开发使用权"，将小流域内水土流失严重的山地优先出让给有资金、有技术的农户、城镇居民、科研单位以及企事业单位等，调动多方力量投资投劳小流域治理。目前，沂水县小流域综合治理大多数引入了拍卖治理的做法，得到社会各界的广泛认可。

四、对沂水县小流域治理的几点建议

由于受自然、经济、社会条件的制约和思想观念的限制，沂水县小流域治理工作在合理制定规划、严格建设标准、强化治理措施、促进区域平衡、抓好运行管护、确保工程长期运行以及加大投入力度等方面还有提升的空间和潜力，还需要在此基础上加大力度，不断提高治理水平和综合效益。为此提出如下建议：

（一）项目规划要尽量坚持高标准

山区小流域地形地貌复杂多变，在项目规划过程中，要因地制宜，从长远效益考虑，工程技术人员要深入基层，与项目村干部群众一起现场勘察，研究具体治理措施，坚持从农民利益出发，提高规划的科学性、合理性和可操作性。

（二）项目建设要尽量做到高质量

思想观念上要树立争先创优意识，把工程建设质量作为小流域治理的生命线来抓，确保把小流域治理工程建成群众受益的"德政工程"、"民心工程"，以农业增效、农民增收为目标，全力打造精品工程。

（三）项目治理要实现高效益

小流域治理工程建设是手段，提高项目区农民生产效益才是目的。在小流域工程建设的基础上，立足当地实际，充分利用丰富的山区资源，狠抓农业产业结构调整，使优势农产品实现标准化、规模化、专业化生产，实现优质高效。同时，要通过小流域治理，改善山区生态环境，建设和谐优美新农村，从而实现经济效益、社会效益和生态效益的持续协调发展。

（四）项目运行要坚持高效能

不断加大小流域治理的改革力度，依靠政策，建立多元化投入机制，在融资渠道上实现新突破；在坚持户包治理、拍卖治理的基础上，推行小型工程产权确认制，明确所有权和使用权，调动社会各方面参与小流域治理的积极性，特别是推行镇、村集体与企业共同开发治理的模式；深化工程建设管理体制改革，按照"谁投资、谁使用、谁受益、谁管护"的原则，建立起责、权、利明确的管护制度，落实工程管护责任主体，确保工程长期发挥效益。

五、沂水小流域治理经验对进一步搞好农业综合开发土地治理项目的启示

通过一年的挂职锻炼，自己受益匪浅，确实达到了"体验基层、接受教育、牢记宗旨、强村富民"的目的。特别是通过对沂水县小流域治理情况的调研，对搞好本职工作有很大的启发和借鉴作用。目前山东省的农业综合开发土地治理工作，主要是通过实施土地治理项目，改善农业基本生产条件，建设高标准农田，提高农业综合生产能力特别是粮食生产能力，确保国家农产品供给和粮食安全。山东省现有5700万亩中低产田，农田基础设施建设严重滞后，靠天吃饭的局面没有根本性改变，改造的任务非常艰巨。按照目前的做法，改造中低产田的投入主要靠国家和省财政投资，还没有建立起多方参与、长期稳定的投入机制，致使改造治理进度不快，建设标准不高，投入规模较小，渠道单一，机制不活的现象，这与加快中低产田改造的要求有较大差距。借鉴沂水县治理小流域的经验，探索以奖代补、劳动积累工、拍卖使用权、按股份收益分成、特别是企业参与治理等投入模式，积极拓展筹资渠道，围绕规划加强项目集成，加大投入力度，建立以政府财政为主导、多方参与的投入机制，形成投入合力，必将加快我省中低产田改造的进程。

以建促管 建管并重
农发工程管护实现新突破

淄博市农发办 李东标 张昌生 张国栋

近年来，淄博市各级各有关部门认真贯彻落实《国家农业综合开发土地治理项目工程管护办法》和《淄博市农业综合开发项目管护办法》，紧紧围绕农民群众的根本需要，按照"高标准规划设计、高质量建设施工、严要求检查验收、高效益管护运行"的工作思路，扎实推进农业综合开发，管护工作不断取得新突破。2012年，全市经市级验收的2008～2011年四个年度43个土地治理项目区，均达到合格以上管护等次，其中22个项目区为优秀等次、13个项目区为良好等次，公益工程优良率达到93.2%，比上年增长3个百分点，农灌工程完好率达到100%，实现了工程优良率逐年提高，建成项目长期发挥效益的目标，有力地促进了农村经济发展、农民持续增收和社会主义新农村建设。

淄博市农发工程管护工作的实践证明：就管护抓管护，管护工作的路子越走越窄；将设计、建设、管护作为一条不可分割的链条，系统抓、全面抓，管护工作越抓越给力。

一、贴近农民需求，科学设计规划方案

规划是管护的前提，农发项目规划越立足项目区实际、越贴近农民需求，建成后的工程越有利于管护。为此，淄博市在工作中，一是认真抓好项目区选址。严格筛选干部群众对农发关注度高、开发效益明显的地方进行立项，将国家对农业综合开发的总体安排同项目区干部群众的迫切愿望结合起来，紧紧依靠项目区干部群众的积极参与做好农发工作。二是细致做好前期勘察勘测。项目选址确定后，及时组织工程技术人员深入项目区勘测地形地貌，掌握基本情况；走访当地干部群众，了解群众的基本需求，按照群众需要规划工程布点，使建设规划既科学合理又方便实用。三是注重采纳管护意见。不断总结管护工作的经验与教训，及时将以往项目管护环节暴露出的问题反馈到新项目设计环节。通过完善设计，确保上期项目存在的

设计问题在下期项目中得到有效纠正。四是切实做好规划初稿与项目区干部群众的对接。规划初稿完成后，再次深入项目区，对水利设施的布局、道路的走向、护路沟的配套、林网树种的选择及工程建设标准，一一征求干部群众的意见，确保各项建设内容都最大限度地贴近农民群众的需求，确保每项工程都是农民用得上、有效益的工程，从根本上杜绝了"面子工程"、违背农民意愿的工程给管护带来的难题。

二、落实监管措施，提高项目建设质量

建设是管护的基础，没有高水平的建设质量，管护将无从谈起。为将这一基础性工作做好，淄博市在严格落实项目法人制、招投标制、监理制、公示制、单项工程验收登记制、县级报账制等制度的同时，重点抓好三个方面的工作：一是优选施工队伍。按照"公开、公平、公正"的原则，及时在各新闻媒体发布招标公告，认真审查投标企业资质和信誉，从专家库中随机抽取评标专家进行评标，邀请纪委、监察局及新闻媒体对评标全程监督，在施工过程中杜绝分包、转包现象。通过上述措施，选择了一批技术精、信誉好的施工企业参与到农业综合开发项目建设中来，为有效提高工程质量奠定了基础。二是加大监理力度。通过招标，聘请北京达华工程管理（集团）有限公司济南分公司对淄博市农发工程建设进行监理。市农发办督促监理单位严格落实监理合同，认真履行监理单位的权利和义务，在工程施工阶段，进驻施工现场，采取旁站、巡视和平行检验等形式，按作业程序即时进行建设监理，以优良的监理业绩，确保项目建设质量。三是强化督查督导。市及各区县农发办工作人员带着干好农发事业的强烈责任心和使命感，以一丝不苟严肃认真的工作态度，经常深入施工现场，按照实施方案，对照建设标准，仔细检查每一项工程建设情况，发现问题及时通知监理单位按程序责令施工单位予以整改，以强有力的监督确保项目高质量施工。

三、把牢验收关口，实现项目健康交接

验收是项目建设与管护交接的重要一关，不仅对提高建设质量有着不可估量的导向作用，而且对后期管护措施能否顺利实施影响巨大。根据国家、省项目验收有关要求，市农发办和财政局成立验收领导小组和专业验收小组，制定科学合理的验收办法，在对验收人员进行验收前集中培训的同时，着重抓好"二法四制"的落实，努力提高验收效果，确保建设环节的问题在建设环节得到彻底解决，确保项目不带病运行。一是交叉分组法。成立专业验收组时，将市农发办各科室工作人员交

叉分组，回避平时分工的工作，自己不评价自己的工作，避免惯性思维对验收结果产生影响。二是实测法。对每一项工程都进行实际测试、实际测量。对水利工程不但实际测量建设数据，而且要开闸（机）放水实测效果；对道路不但实测长度宽度，而且要挖开断面实测硬化层厚度和硬度；对林网不但考察栽植标准，而且实测树木成活率；对护路沟不但实测宽度、深度、坡度，而且考察与涵管的结合是否符合排水要求。三是会商制。各专业验收小组如实将实测的数据及有关情况向验收领导小组汇报，由领导小组集体研究，作出对每个项目建设情况的评价。四是问责制。各专业验收小组在单项工程验收表上签字，对该工程建设质量负责。在验收结束后三年内，一旦发现存有建设质量问题，将追究该组人员责任。五是销号制。各专业验收小组将验收中发现的问题逐一列出清单，交分管建设的科室，延续建设程序，认真抓好整改。整改后，由原验收小组验收，合格一项销号一项。六是交接制。市县农发办管护科在查验所有验收和整改资料，确认验收发现的问题全部整改后，与分管建设的科室逐个项目现场办理建设与管护交接手续。

四、加强部门配合，增加管护资金投入

淄博市农发、财政部门始终密切配合，充分发挥财政管护资金的引导作用，积极推进项目管护工作。一是制定管护资金投入办法。市农发办和财政局联合下发了《农业综合开发项目管护办法实施细则》，规定了管护资金的筹集来源和使用范围。市财政局下发了《淄博市农业综合开发土地治理项目市级管护资金管理办法》，对市级管护资金的使用强调实行报账提款，提高资金使用效益。二是积极筹措落实管护经费。2013年初，市财政、农发部门根据各区县上报的管护方案，早做安排，把管护经费列入预算，尽最大努力支持项目区搞好管护工作。自2006年以来，全市共投入管护资金1700余万元，其中市财政拨付专项管护经费550余万元，区县以下自筹1150万元。三是改进财政资金分配机制。根据管护工作的实际，将市级管护资金由"两块式"分配改革为"三块式"分配。一块用于对管护前三名的区县奖励，体现奖勤，调动区县的积极性，全面做好管护工作；一块根据各区县实际完成的管护工作量进行分配，先干后补，干活越多扶持越多，保证了这块资金真正用在管护上；同时拿出一块资金，设立自然灾害损毁项目，专项用于损毁工程的修复，保证了市级管护资金能集中扶持重点管护项目。

五、强化制度创新，健全管护长效机制

淄博市始终把机制创新作为做好管护工作的重点来抓，通过管护长效机制的确

立，保证管护效果。一是创新管护保障机制。《淄博市农业综合开发项目管护办法》颁布实施第一年，市农发办、财政局就制定出台了《〈淄博市农业综合开发项目管护办法〉实施细则》等相关配套文件。2010年，又根据管护工作实际，对《实施细则》进行了修改完善，进一步明确了各级各部门的职责、项目管护的内容及标准、监督检查及奖惩措施，提高了《管护细则》的可操作性。二是创新管护运行机制。根据地域及项目特点，因势利导，依靠群众在实践中探索出了乡镇统管、村级统管、专业公司管理、用水协会、井长+协会、拍卖等多种管护模式，这些模式的成功运用，有效地提高了项目管护水平。三是创新管护监管机制。各级农发、财政部门把项目管护纳入日常监管范围，区县每年按时上报项目管护计划，经审批后编制项目管护实施方案并组织实施，市农发办定期或不定期地对项目管护情况进行督导检查，对检查出的问题及时下达整改通知书，督促整改。每年对区县项目管护计划执行情况进行检查验收，根据验收情况奖优罚劣，兑现安排市级管护资金。四是创新管护员管理机制。项目区一般按每千亩招聘一名管护员，由项目法人或管护协会与其签订招聘协议，并在区县农发办建档，市农发办备案，统一办理上岗证。项目法人或管护协会对管护员实行统一管护标准、统一调配使用、统一工资报酬，定路段、定人员、定质量、定奖惩的"三统四定"管理和一周一检查、一月一评比，据绩定分，以分定酬的考核奖惩办法，有效地调动了管护员的工作积极性。

浅谈农业综合开发工作发展思路

枣庄市农发办 常 盛

国家农业综合开发在保障国家粮食安全、发展现代农业和建设社会主义新农村中发挥了重要作用并取得了巨大成就，对确保主要农产品供给、保障国家粮食安全，促进农民持续增收、改善农业生态环境、提高农民生活质量，促进可持续发展、创新政府农业投入方式，完善农业支持保护制度等产生了积极影响。做好农业综合开发工作，对推进全面建设小康社会的进程中意义深远而重大。

农业综合开发要在强基础、稳粮食方面发挥支撑作用。我国农业基础薄弱，抗灾能力不强，很大程度上还是"靠天吃饭"。通过合理开发和科学利用农业资源，突破耕地和淡水短缺的约束，提高资源产出率；通过加强农田基础设施建设，提高抗灾减灾能力，实现高产稳产。这两条固本强基的措施，始终是稳定发展粮食生产、确保农产品有效供给的治本之策。农业综合开发作为国家开发利用农业资源的重要手段，始终致力于通过加强农田基础设施建设、改善农业基本生产条件，提高农业资源利用率和农业抗灾防灾能力，对于稳定发展农业特别是粮食生产具有基础性的支撑作用。在新形势下，必须充分发挥农业综合开发"藏粮于田"的支撑作用。

农业综合开发要在兴产业、促增收方面发挥带动作用。通过实施农业综合开发，加强农业基础设施建设，提高农业抗灾减灾能力，降低农业生产成本，提高粮食单产，实现农业节本增效，是保障农民持续增收的重要措施。农业综合开发扶持农业产业化经营，不仅方式新、模式多，已经成为国家扶持农业产业化经营的主要渠道，能够帮助农民挖掘农业内部的增收潜力，发展特色农业、生态农业，拓展农村第二、第三产业的就业增收空间。在新形势下，必须充分发挥农业综合开发多渠道、多层次增加农民收入的带动作用。

农业综合开发要在发展现代农业、建设新农村方面发挥示范作用。发展现代农业是社会主义新农村建设的首要任务。建设现代农业的过程，就是改造传统农业、不断发展农村生产力的过程。通过实施农业综合开发，在改善农业装备条件的基础上，建设优势和特色农产品基地，促进农业区域化布局、专业化生产和产业化经营，提高农业整体素质、效益和竞争力，是发展现代农业的重要举措。从更高层次看，可持续发展是现代农业的重要特征。农业综合开发注重内涵开发，既着力加强基础设施建设，又注重加强生态环境建设，促进人与自然和谐；既有效开发利用农业资源，又严格保护自然资源，确保资源的永续利用，保障农业可持续发展。农业综合开发要在政府支持和保护农业发展方面发挥引领作用。中央财政用于农业综合开发的资金数量可观而且逐年增加，是支持农业基础设施建设的一笔实实在在的投入，多年来能够在公共财政支农体系中处于影响力大、代表性强的位置，根本原因在于用得科学、管得严格。按照规范化、科学化的管理要求，实行按综合因素法分配资金、建立项目库管理制度、立项前充分论证项目、以县为单位引导支农资金整合等，都是科学理财的好方法。同时，实行"三专"管理、组织竣工验收、进行绩效考评等，更是严格管理的好措施，特别是对违规违纪行为处罚非常严格，能够起到震慑作用，有利于督促地方加强管理。在长期工作实践中，农业综合开发在政府支持和保住农业工作方面积累了一套有效做法和成功经验，在新形势下要更加发挥好这方面的引领作用。

农业综合开发要在推动规模化生产、集约化经营方面发挥促进作用。农业综合开发具有综合性、区域性和按项目进行管理的特点与优势，具备探索发展多种形式的适度规模经营的条件。一方面要实行深度开发，促进生产过程规模化，提高土地利用集约化水平。通过集中连片开发，为采用先进技术和生产手段创造条件，在不改变现有土地承包经营权的前提下，实现统一机耕、统一播种、统一灌溉、统一施肥和统一机收，提高农业生产的组织化程度。另一方面，可以根据农村出现"代耕"种田大户和"代耕"企业的新形势，探索和鼓励由种田大户和企业直接申报农业综合开发项目，在改善基本生产条件的同时实行土地适度规模经营。

总之，农业综合开发对于促进农业稳定发展和农民持续增收，保障国家粮食安全和主要农产品供给，具有举足轻重的重要地位和不可替代的关键作用。农业综合开发工作必须继续加强，绝不能忽视削弱；农业综合开发投入必须继续大幅增加，绝不能影响目标任务的实现。我们要牢牢把握国家加大强农惠农政策力度的重要机遇，充分利用全社会关注"三农"的良好氛围，紧紧抓住实施积极财政政策、扩大政府公共投资的有利条件，认真研究加强农业综合开发的重大举措，切实解决农业综合开发存在的问题，努力把农业综合开发工作提高到一个新水平。

我国农业综合开发伴随着改革开放的节拍不断加快，取得了一定的成绩，同时，一些制约农业综合开发的不利因素也逐步显现，农业综合开发正面临着新挑战。

一是农业综合开发发展受到了千篇一律的立项和投资标准的制约。同时，农业综合开发高标准农田建设项目，尽管投资相对较高，但从实际情况看，这些投资对于基础设施薄弱的地方，还不能达到高标准的要求，部分问题得不到有效解决，已经建成的项目也或多或少地存在实际与计划的差异，一些固化的实施要求和刻板的标准远不能适应新形势发展的要求和农村现实的需要。

二是多途径农业开发体制淡化了农业综合开发。我国农业综合开发体制是政府主导，部门运作，但缺乏整合，影响综合效果。

三是农业综合开发受到了土地承包责任制的制约。农业综合开发土地治理项目是我国实行农村家庭联产承包责任制以后大规模对农业生产性公益设施进行改造完善的政府行为。由于土地实行联产承包，管理和使用权属于千家万户，且30年不变，这样就给以农业综合开发土地治理项目的规模和实施带来了一定的制约。

四是社会管理问题突出，建后管护机制不全，制约了农业综合开发的持续发展。

五是随着经济社会的发展和体制机制的建设，农业综合开发工作部门化。我国农业综合开发最初是国家部门联系会议制度整合"三农"项目资金实行整体化农业综合开发。随着社会经济的发展，虽然中央和省级重视农业工作，但是地方农业工作比较复杂、地方政府更注重招商引资和经济工作等方方面面、政府主要考核经济指标、农村主要劳动力走出去搞第二、第三产业、国家财政资金通过部门多头投资重复和分散建设农业项目、地方政府抓农业力量分散、基层政府的支持协调和配合力度不够，使得农业综合开发工作呈现部门化工作。

如何结合新时期农业综合开发的新要求，重新定位农业综合开发工作，是摆在农业综合开发工作面前的重大任务。

农业综合开发作为政府重要的公共财政手段，必须充分发挥职能作用，按照科学发展观要求，积极推进农业和农村经济结构战略性调整，不断提高农业综合生产能力，促进农业增效、农民增收，促进农村经济社会和谐发展，推进社会主义新农村目标任务的实现。

严格执行政策建立健全农业综合开发制度体系建立健全农业综合开发资金和项目管理的制度体系，是做好农业综合开发工作的重要保证。当前，农发部门要着重抓好四项制度体系建设。一是建立健全以项目专家评审制、项目法人制、工程监理制、项目招投标制、竣工项目后续管理等为主要内容的项目管理制度体系；二是进一步完善以县级报账制、项目资金公示制、专账核算、专人管理、专款专用制等为主要内容的财务管理制度体系；三是积极创新以投资参股、财政贴息等为主要内容的投入机制；四是建立以综合考核、农发资金绩效考评、竣工项目检查验收为主要内容的考核制度体系。

加强项目资金整合，切实做好支农项目的综合管理，是做好农业综合开发工作的有力后盾。国家农业综合开发尽快立法，使之走上法制化轨道。将所有涉农项目和资金整合进来，达到整合资源、整合力量、整合投入、整体突出"综合"体系的效果。各级机构设置应上下一致，变多轨运行，为集中管理，采取合署办公，整合部门资源。实行统一领导、统一规划、集中投入、统筹安排、综合运行、统一管理、分区集中，实行山水田林电路村综合治理、整体推进，避免多部门多途径重复建设。县级以上突出在立项、验收和资金的管理层面，乡镇和项目单位主张项目申报、建设和资金运用的实施层面,把农业综合开发推向法制化、规范化,科学化的发展轨道上来。

坚持以人为本的开发理念,把好事办好,是做好农业综合开发工作的根本目的。一要抢时间,不误农时。秋冬季是加强农业基础设施建设的关键时节,要在秋播之前完成好项目田间土方工程,确保农民秋播不受影响。同时,严格按照项目建设初设计要求,保证工程进度,确保项目建设按时全部完工。二要强化监督管理,保证工程质量。要严格执行国家和省批复的项目计划,全面实行工程建设招投标制、工程物资政府采购制和工程监理制。三要切实解决好农民自筹、投工投劳问题。应严格区分加重农民负担与农民自愿投工投劳改善自己生活条件的政策界限,深入细致地做好思想动员和组织发动工作,积极引导农民投工投劳,把农业综合开发的目的变为项目区广大农民的意愿和行动,让项目区农民了解农业综合开发的政策,明白自己的权利与义务,提高投工投劳的自觉性。要通过项目区内竞争实施来调动乡、村干部和农民群众参与农业综合开发的主动性,激发农民投工投劳的积极性;但项目计划调整必须严格按照国家规定的程序报批。

创新投资机制,实施多元开发,是做好农业综合开发工作的强力推手。农业综合开发投资主体由政府为主,向吸收民间资本、国外资本、企业资本兼容的多方向发展为主,坚持"谁投资谁受益"的原则,鼓励农民有偿转让土地使用权,由千家万户分散型的小规模生产向集约化、规模化经营转变,提高农业产业化经营程度。对于农民自办工程和企业自办工程,由农发办统一规划或工程主体单位规划,报农发办审批,工程竣工后统一验收,实行"以奖代补"形式进行立项开发,鼓励农民投资建设好"家门口"工程,切实为新农村建设服务。

实行科学选项积极推进农业产业化,激活农业综合开发工作的强大生命力。解决农产品与市场对接、农民进入市场的问题,把农产品的生产、加工、流通有机地连接起来,把资金、管理、人力、物力资源等要素有机结合起来,用发展工业的理念和社会化大生产的组织方式来改造农业,正是以新思路构建和谐社会的具体体现。农业综合开发工作要坚持用工业化的理念、产业化的思路和农业综合开发的措施大力推进农业产业化经营,采取灵活多样的扶持方式,积极引导社会资本、工商资本、民间资本投入到龙头企业中,扶持好一批发展前景好、经济效益高、辐射带动作用强的产业化龙头项目和与农民有紧密利益连接机制的专业合作经济组织,发挥龙头企业带动和引导作用,增强农民进入市场的组织化程度,促进农业增长方式的转变,把本地资源优势和比较优势转化为市场优势和经济优势,不断提高农产品加工产值对农民增收的贡献率。

农业综合开发在我们生活的土地下生了根、发了芽,做好当前和今后的农业综合开发工作,责任重大,使命光荣。我们要团结奋斗,锐意进取,真抓实干,高标准做好各项工作,努力开创农业综合开发工作的新局面,为促进农业稳定发展和农民持续增收,推动经济社会更好更快发展做出新的更大贡献。

农业综合开发
拉升博山区整建制有机农业区建设

淄博市博山区农发办 郑志斌 王绪玉 孙宏杰

2009年3月,博山区进入全国农业综合开发试点县行列,同时,博山区委区政府提出"整建制建设有机农产品生产区";连续4年,农业开发项目在博山区的南部四镇开发中低产田4万亩,同时博山区南部四镇有机农业基地建设如火如荼,蜚声省内外。难道是巧合吗?不,一定不是,两者是密不可分的,互相促进的,没有农业综合开发项目的实施,就没有博山有机农业的今天,有机农业在博山区的推广发展,充分体现出农业综合开发的巨大拉动力量。我们的工作思路是"博山区有机农业发展到哪里,农业综合开发项目就建设到哪里。"而博山区农业发展具体体现的是:农业综合开发项目落户到那个镇村,有机农业示范园区就在那里生根开花。无数的实例证明了这一点,并且将继续不断地证明下去。

经过近几年的努力和发展,博山区农业综合开发累计投入资金8000余万元,治理中低产田4万亩,涉及博山镇、石马镇、源泉镇、池上镇等镇办,配套完善道路、水利等基础设施,多种经营产业化扶持惠农政策资金564万元,扶持区内企业扩大生产规模,催促有机农业区建设步伐。目前博山区有机农业种植面积已达到20万亩,其中中药材8万亩、林果6万亩、杂品3万亩、猕猴桃1000亩、食用菌7000亩、茶叶3000亩、蔬菜5000亩,池上、源泉、博山、石马4个镇和上瓦泉、朱南等30个村整建制建成有机农产品生产镇、生产村,区内有机桔梗,有机板栗种植基地创建为国家级农业标准化示范园,有机金银花、有机猕猴桃、有机茶叶、有机"黑五类"等10余个特色产业基地初具规模,先后100个农产品通过国家有机认证或转化认证,带动亩均增收5000元以上,农民人均年增收2000元以上,成为国内重要的有机农产品生产基地,走出了一条生态和谐可持续的农业发展之路。

一、突出实践引导，通过农业综合开发项目，着力培育示范典型

博山区在发展有机农业过程中始终坚持科学引导，高度重视示范带动、典型引路，按照以点带面、连片发展的思路，通过农业综合开发项目实施"山水林田路"综合治理配套基础设施建设来打造有机农产品科技示范基地、科技示范园区、加促有机农产品生产示范村、示范镇建设，实施农业综合开发科技项目将新技术、新经验、新品种、新方法实施到园区基地的科技项目建设中，将所取得的效益充分展示在群众眼前，用实践引导群众，取得了事半功倍的效果。一是大力培育示范镇、示范村。选择发展基础较好、条件成熟、群众积极性高的池上、源泉、博山、石马等4个镇和上瓦泉等30个村先行试点。按照"一镇一业、多镇一业，一村一品、多村一品"的思路，全力发展茶叶、金银花、黑五类等特色产业发展，按照农业综合开发土地治理项目要求，在南部四镇以5000亩治理面积为单元进行连片中低产田改造，将治理项目区内的机耕路、水利设施、农业措施建设等内容详实地落到实处，为有机农业基地园区做好基础建设。博山镇上瓦泉村2010年通过对村内5000亩土地进行综合治理，建设环形环山路86.3公里，并进行全面硬化，修建、维修加固蓄水池85座，铺设输水管道管网45公里等措施做好基础设施建设，整合土地资源，利用客换新土方式建设100多个草莓、韭菜大棚，并在全国率先选择100名有机草莓、有机韭菜生产农户在工商部门注册为个体经营户，办理营业执照和产品代码，为有机生产从业人员进行查体，办理了健康证，在园区内设立四周栅栏，选择15处安装摄像头进行监控，在园区、村内设立检查站，确保生产出的农产品符合国家有机生产标准，现在全村整建制发展成为有机农业示范村，成为"淄博市有机农业第一村"，博山镇以全力打造"有机农业镇、生态旅游镇、和谐新城镇"为目标，坚持"走出去、请进来，吸引资本进山、项目进山、人才进山"，以公司运作有机农业，以资源引商招商，引进有机农业开发公司，成立各类专业合作社，全面打响有机农业品牌，有机农业成为当地特色优势产业，荣膺成为"山东有机农业第一镇"。二是大力培育示范基地。积极引导龙头企业参与示范基地建设，通过农业综合开发产业化经营补贴项目和贴息项目累计扶持资金564万元，重点加快万亩有机金银花、万亩猕猴桃、万亩桔梗、万亩黑色食品、万亩越夏菜等10余个有机农产品示范基地建设，补贴项目建设企业基地产品厂房，加入仪器设备等加工设施，夯实企业成为有机农业的推广基地和有效载体的地位。企业家张敏通过土地流转方式承包池上镇小峰村闲置的山坡地3000亩种植有机绿茶，在试种田建设茶棚冬季保温越冬，鲜茶烘干加工等过程中，得到农业综合开发产业化经营项目的补贴扶持，有机绿茶基地取得成功，建成了茶叶加工厂"鲁中茶院"，扩大了绿茶种

植规模，逐步成立了集茶叶加工、茶艺表演、观光旅游等为一体的"鲁中茶叶研究所"，吸引了市内外大量游客观光、购茶，成为有机农业示范和拓展的辐射基地。

二、强化政府推动，土地治理开发政策扶持，构建政策保障支撑体系

发展有机农业，博山区起步较晚，但之所以成效显著，政府引导，强力推动，政策扶持（农业综合开发项目）尤为关键。一是坚持规划先行。根据博山区产业资源规划布局，突出区域优势和特色，研究确定"一核二区三片"的产业布局总体规划，完成《博山区农业综合开发"十二五"规划》，其中将"三片"是指南部现代农业片、西南部生态片和东南部生态片，进行重点农业综合土地治理开发，重点来发展有机种植业，制定了《整建制有机农业区发展规划》，并在北京成功举办专家论证会。此外，通过人代会、村民代表会等形式对整建制发展有机农业形成决议，使有机农业发展具备了政策法规依据。二是实行政策倾斜。围绕有机农业做大做优做强，在积极利用好农业综合开发政策下，区委区政府制定了一系列奖励办法，累计投入6000余万元对基地规划建设、龙头企业发展、品牌创建、市场开拓、科技项目推广进行扶持，最大限度调动各级发展有机农业的积极性。连续4年制定实施了《关于加快建设有机农产品生产区的实施意见》、《有机农业奖励办法》等奖励性文件，最大限度调动各级发展有机农业的积极性。三是加强农业基础设施建设。按照有机农业搞到哪里，土地治理项目就建设到哪里的思路，确定"十个十"建设项目，将优先作为农业综合开发项目，优先提供贷款帮扶，优先推荐申报省、市农业龙头企业等各类项目。通过国家政策和资金，对有机农业项目区内的农田、灌溉、道路等基础设施进行综合治理，为有机农业发展提供了有力保障。四是成立博山有机农业发展中心。博山区投资5000万元，建成了中国（博山）有机农业发展中心，该中心现容纳中国农业大学有机农产品试验中心、中国有机农业发展联盟博山分中心、国际有机农产品博山销售网络中心、博山有机农产品检测中心、博山有机农产品执法中心、博山有机农产品展示中心、博山有机农产品生活体验中心、博山有机农产品培训中心、博山有机农产品管理中心、博山有机农产品行业商会、中国特色农业院士工作站（博山站）等九中心一商会一站，目前是全国规模较大、功能较齐全的有机农业发展中心，是博山区集宣传、展示、研发、监管、销售、体验等多种功能于一体，立足本区、面向国内外、辐射带动有机农业发展的平台。

三、实施龙头带动，通过产业化经营扶持，构建产业化发展模式

博山区始终把产业化作为重中之重，按照以工促农，以城带乡的思路，大力推进农业产业化进程，通过企业化运作、园区化管理、专业化开发、规模化经营，形成了生产布局区域化、产业基地规模化、经营主体多元化的发展格局。目前，已培育形成的有机农产品生产、加工企业、合作社的年销售收入达10亿元。在实践中，重点推广了四种产业化经营模式。一是"公司+基地+农户"模式。鼓励引导非农企业向有机农业种植加工转移，重点扶持了山东上园、山东上水、山东豆禾等10家农业龙头企业做大做强，延伸拉长农业产业链条，辐射带动基地农户进行种植，形成"依托龙头建基地，建好基地扶龙头"的良性循环。通过产业化经营贷款贴息方式，扶持山东上水农业发展股份有限公司资金190万元，该公司在南部四镇以每年每亩1000元的价格租赁农民土地1.7万亩种植树形金银花，在池上、博山镇建成2条干花加工生产线。金银花盛产期亩产干花150公斤左右，按照2013年每公斤干花300元计算，亩产值可达到4万~5万元，生产效益远远超过第二、第三产业。金银花种植基地除了给当地农民带来每年几千元的租金收入外，还增加了农民在基地打工的工资性收入，仅采花一项，人均日工资在60~70元，使农民年收入比原来纯农业种植增加了十几倍，实现了农民、企业双赢局面。二是"公司+农户"模式。鼓励农业龙头企业采取订单收购、生产要素入股以及提供技术管理服务等形式，引导农户扩大种植规模，制定最低收购保护价，使农民在加工、销售等环节获得更多的后续效益。山东颜春饮料食品有限公司是一家集研制、生产、销售于一体的农产品深加工企业，主要产品为有机山楂酒，金银花。针对以往农产品收购过程中出现的品质差等问题，与山楂种植户签订了订单收购协议，公司投入大量的人力、物力、财力进行有机农业种植指导；在博山镇杨峪村流转土地2000亩，进行山楂、金银花、杂粮等农产品开发，产业化经营贷款贴息项目，扶持资金97万元，带动当地农民发展农产品按照国家有机产品操作，顺利通过了国家有机产品认证，认证后的农产品收购价增加50%以上，农户收益全面提升。三是"合作社+农户"模式。由农户自发组织，以土地为资本入股成立合作社，建立利益联盟，完善自我保护机制，提高了农户在企业和市场面前的话语权。源泉镇为增强猕猴桃种植户抵御风险的能力，成立了宏泉猕猴桃专业合作社，申请注册了"珍珠泉"牌集体商标，吸引近300家种植户加入合作社，种植户通过合作社自我约束、自我规范，统一生产标准、质量检验、市场价格、管理流程，实现了有机农业生产的标准化、规范化、市场化，该合作社得到了产业化经营补贴项目的扶持。目前全镇已发展有机猕猴桃8000亩，每亩纯收益达到2万元以上，成为山东省最

大的有机猕猴桃生产基地。四是"公司+协会+农户"模式。池上镇由淄博山珍园食品有限公司、淄博熙明食品有限公司、淄博海鑫食品有限公司等5家桔梗企业联合成立的"博山区桔梗产业协会",在2010年实现年出口创汇2600万美元,桔梗产品占领韩国70%以上的桔梗市场份额。"产业协会"使独立分散的5家企业形成合聚力量,极大地提高了韩国桔梗市场占有能力,从而带动池上镇农户8000多人从事桔梗产业,农民仅工资性收入就达到了5000多万元,实现了"企业富农,农民富企"的目标,打造了"龙头企业带动基地,基地带动农户"的良好局面。

四、推进土地流转,农业综合开发,实现生产规模化

按照"依法、自愿、有偿"的原则,鼓励农民以土地联合出租、土地入股、租赁经营等多种形式参与土地合理流转,加快农业综合开发,改善基础条件。目前全区土地流转面积10万余亩,综合开发治理4万亩,最大限度地提高了土地产出效益和农业生产效益。一是租赁经营型流转。池上镇上小峰村实施环境招商,吸引资本进山、市民进山、文化进山,以土地租赁的形式成立了上园茶场,对茶厂进行农业综合治理,硬化茶厂环山路,铺设管道,安装自动喷灌节水设施,改善生态环境。在茶场生产经营中,实行土地反租倒包,农民在出租土地收取租金的同时,一部分被聘到企业打工,成为按月领薪的农业工人,另一部分从事第二、第三产业,2012年该村村民人均增收达8000余元以上。二是联合出租型流转。池上镇聂家峪村67户农民自发拿出自己的"山坡地"300余亩,成立了土地流转经营合作社。合作社与淄博益康食品公司签订产品保护价回收合同,公司根据市场需求,安排种植计划,并全部回收产品;合作社按公司要求负责安排生产,实现了公司与合作社的有机结合。三是土地入股型流转。池上镇王瞳村以3000亩土地入股20%,吸引外地客商投资3000万元进行观光农业开发,一期工程投资500万元对河道进行了全面治理。同时,为保障土地流转的规范有序流转,还成立了区、镇两级土地流转服务中心、土地流转调解中心,建立了流转信息发布和组织交易的综合平台,为农民参与土地承包经营权合理流转创造了良好条件。

五、科技先行,农业综合开发科技项目,搭建多元化科技服务平台

博山区在发展有机农业的过程中,坚持科技先行,健全科技服务体系,实施农业综合开发科技项目,为有机农业发展提供了良好的技术保障。一是建立科技示范体系。自2010年始与中国农业大学、山东农业大学等高等院校和科研院所建立了

长期合作关系，共同建立了有机猕猴桃、有机茶、有机金银花等10处农业科技示范园，组建了以中国农业大学吴文良为组长的有机农业专家顾问组，2011年8月，美国加州大学河滨分校教授、副校长查里斯·F·路易斯（CharlesF. Louis）等30余名国内外知名专家教授来博山区就有机农业产业管理与经营、有机农业市场营销与内部管理和有机农业生产关键技术等进行培训，举办"中美农业生态系统服务与有机农业（博山）国际研讨会"，2012年4月，又成功举办"中丹无农药病虫害系统控制理论研讨会"，共培训农民5000余人次，取得了良好的效果，加快了有机农产品生产技术的普及应用，2013年3月，博山区成功申报为农业部"公益性行业（农业）科研专项优质高效富硒农产品关键技术研究与示范"项目（简称"富硒项目"），全国仅有两个示范试验区之一，该富硒项目来博山涉及院所有13家，科研专家教授有51人，全区布置富硒试验基地10处，布置试验农产品有达26种。二是着力解决发展过程中的制约难题。在专家指导下，搞好秸秆、牲畜粪便等农业废弃物无害化利用，建成了10处有机肥生产厂，逐步形成了一套较完善的循环农业体系。近3年，博山区农业综合开发科技项目有3个，针对有机韭菜、草莓；有机蔬菜；有机蓝莓进行科技提升推广项目，大力普及推广了配方施肥、沼渣沼液综合利用、无毒化栽培和杀虫灯、粘虫板、防虫网物理防治等实用技术，解决了制约有机农业发展的肥料、病虫害防治等关键问题。三是严格监管与检测。博山区投资200万元成立博山区有机农业检测中心，在各镇成立有机农产品安全监测站，实行严格的准入制度，严禁污染企业进入有机农业规划区，严禁化肥、农药等进入有机农产品生产过程。把生产基地、批发市场、大型超市作为重点跟踪监测点，发现问题及时处理，做到了生产全程监控、产品质量可追溯。四是全面实施标准化生产。博山区建立了山东颜山有机农业研究院、淄博市有机种植技术工程技术研究中心。制定完善了有机农业生产技术操作规程，明确了有机农业发展的技术标准和操作规程，实行统一管理、统一标准、统一服务，加强全程监控，做到生产技术有规程、农产品有编号、最终产品有检测的产销对接机制，健全完善了基地生产资料专供、生产户登记备案、农业管理记录、质量安全检测等制度，形成了完善的标准化生产体系。五是抓好产品认证。聘请北京中绿华夏认证公司和北京爱科赛尔认证公司等认证机构对博山区有机产品质量管理体系、生产过程控制体系、追踪体系以及产地、生产、加工、仓储、运输、贸易等进行实地检查评估，使产品进入国家认证的有机农产品范围。目前，博山区累计有100个农产品有机认证或转化认证。

六、打造品牌，转化农业综合开发成果，增强有机农产品市场竞争力

发展有机农业，根本目的是提高产出效益，增加农民收入。国家农业综合开

发，根本目的就是改善区域内的田块地质条件，在田块上取得最大经济效益。因此，在农业综合开发的基础上，做好有机农业是田块最大效益的体现。有机农产品必须强化市场营销，保证有机农产品不仅种的好，而且卖得出、销得广。通过强化有机农产品的品牌设计和营销推介，努力打造博山有机农业的区域品牌，有效提升了博山有机农业的整体形象和市场竞争力。一是抓品牌设计。以现代理念精心策划设计，搞好品牌定位，提升人文内涵。突出抓好产品包装设计，聘请清华大学美术学院对有机农产品包装进行统一设计，注册"颜山"牌有机农业集体商标，从设计理念、文化内涵、产品特色等方面对包装进行改进和规范，彰显品牌特色，提高包装档次。二是抓宣传推介。近几年先后在北京、济南、上海举办了"博山有机农产品推介会"，对全区40家龙头企业、6大类、近100个品种的有机农产品进行展示和贸易促销，在现场达成合作交易20余项，合作金额12多亿元。在各大主流媒体刊登发展有机农业的有关情况，制作了博山有机农业电视专题片和画册，制作反映博山区有机农业发展的电影《山喜鹊》，博山有机农产品的知名度和影响力得到了全面提升。建成"中国有机农产品营销网"。注册中英文域名（中国有机农产品营销网，www.chinaopm.com）；在博山有机农业发展中心二楼建立LED产品报价系统，网站与阿里巴巴网、中国供应商网对接，在百度、谷歌等搜索引擎中输入"有机农业"、"有机农产品"都能找到中国有机农产品营销网站。在博山区选择在特色优势明显，具有代表性的有机农业生产基地内安装摄像头，建立视频监控系统，可以直接从中国有机农产品营销网站视频监控系统观看区内有机农业生产基地生产情况。三是抓市场营销。结合有机农业产品的特点和需求人群，在北京、上海、天津等城市设立了博山有机农产品专柜、专卖店，建立了中国有机农产品营销网，实现有机农业网络在线销售，博山有机农产品远销欧洲、美国、日本、韩国、中国香港等国家和地区，深受国内外消费者青睐。

七、农业综合开发与全区旅游相结合，提升有机农业水平

在各个农业综合开发项目区内将机耕路、环山路全部硬化，将发展有机农业与生态旅游相结合，仅在博山镇就累计投资1500万元，建成环山生态路50多公里，实现各个有机产品基地路路相通。在上瓦泉、杨峪段建立20公里有机农产品自驾游基地，包括有机韭菜草莓基地、有机蓝莓基地和有机山楂基地，形成有机自驾游长廊，农业综合开发，有力地推动了有机农业的发展，为前来观光采摘、休闲度假的有课提供了便利的交通条件。博山镇镇长白念亮满怀信心地说："今后在农业综合开发项目上要加大争取力度，在今后的工作中，继续抓好生态路建设工程，把全镇的有机农业开发公司、生态园区、基地全部连接起来，让他们更快更好的发展，

力争 3 年内全镇生态路总里程达到 100 公里，全力加快有机农业镇、生态旅游镇建设步伐。"池上镇、源泉镇充分利用 4A 国家级森林公园——鲁山森林公园；4A 景区山东第一洞——开元溶洞的优势，结合农业综合治理项目建设环鲁山有机农业观光带，将全镇有机农产品金银花、绿茶、板栗、猕猴桃、杂粮等基地采摘与度假旅游相结合，形成游、购、娱、吃、住、行为一体的旅游观光带。石马镇依托农业综合开发项目带动优势，加快国家级水利工程五阳湖生态旅游度假区建设，积极打造湿地公园，将有机蔬菜示范园，万亩绿色苗圃基地和水生植物园建设，形成了环五阳湖有机农业休闲生态区。

尽管我们在农业综合开发催促有机农业发展方面取得了一些成绩，但很多工作仍处在起步和探索阶段，下一步我们将继续农业综合开发把发展目标进一步投向推进全区有机富硒农产品区农业上，通过强化基础设施建设，打造精品示范工程，创新生产经营模式，发展壮大主导产业，坚持依靠科技进步，加大政策支持力度，全面提升有机农业特色化、产业化、品牌化、标准化水平，全力打造国内最具影响力的有机农业生产基地，推动全区有机富硒农产品区不断迈上新的台阶。

连续扶持 规模开发
夯实现代农业基础

——东营区牛庄镇连续 4 年实施农业综合开发经验浅谈

东营市东营区农发办 隋连江 杨庆军 石 静

在农业综合开发土地治理项目实施中,东营区注重实行连续扶持,努力提高规模效应。2007~2010 年,根据牛庄镇"生态兴镇、农业稳镇"战略的总体要求,立项实施国家农业综合开发项目土地治理 4 项,累计投资 3436 万元,改造中低产田 5 万亩。牛庄镇总人口 4.5 万人,其中农业人口 3.2 万人,土地总面积 17.31 万亩,其中耕地面积 6.3 万亩,是一个典型的农业镇。4 年的连续开发使牛庄镇的农业基础条件实现彻底改观,在夯实现代农业基础、促进产业结构调整,农业增效、农民增收方面成效凸显,赢得了良好的口碑。

一、正确的举措

在项目建设中,我们坚持三措并举,确保农业综合开发成效。

一是坚持以规划为先导,增强项目实施科学性。按照"大农业"的开发理念,把农业综合开发作为一项系统工程,根据地理位置、基础设施和产业发展状况等,统筹安排,整体推进。同时,在现场勘测、实地规划的基础上,认真听取有关部门、技术专家和农民群众的意见,择优立项,切实增强项目实施的科学性,变分散开发为连片开发,变平面开发为立体开发,走出一条整体联动、优势互补、合力开发的路子,提高了农业综合开发的水平。

二是坚持以基础建设为重点,提高农业综合生产能力。结合项目区实际,按照缺什么、补什么,需什么、建什么的原则,进行水、田、林、路综合治理,加大基础设施建设力度。2007 年以来,该镇共实施国家级土地综合开发项目 4 项,开挖、整修渠道 632.5 公里,衬砌渠道 60 公里,新建、改造道路 245 公里,新建、改建各类建筑物 891 座,达到了田成方、渠成网、路相通、渠相连、旱能灌、涝能排的标准,极大地改善了农业生产条件,增加了农民收入,提高了人民群众生活水平。

三是坚持以创新机制为动力,提升开发项目建设水平。严格实行项目公示制、招投标制、工程建设监理制等工作机制,规范操作规程,保证资金全部用于项目建设,促进农业综合开发项目的良性运转。同时,邀请"两代表一委员"定期巡查工程项目,变事后监督为超前管理。紧紧围绕资金与项目管理,更新观念、创新模式、突出重点,不断提高农业综合开发资金的管理水平,力争把每一个开发项目都建成质量放心工程、民心工程。项目竣工后,按照因地制宜的原则,对整个项目区实施水权、路权、林权"三位一体"的"捆绑"式承包模式,为项目区持续发挥经济、社会和生态效益,起到了重要的推动作用。

二、显著的成效

在各级财政资金的积极扶持下,牛庄镇连续4年的农业综合开发取得了显著的经济、社会和生态效益,积累了一些成功的经验,为全区、全市农业农村经济发展做出了重要贡献。主要有以下几个方面的表现:

(一) 农业基础设施建设得到全面加强,改善了农业生产条件

项目实施过程中,重点突出农田水利基础设施配套工程的建设。坚持沟、渠、路、林综合治理,水利、农业、林业、科技综合配套,建成了田成方、管成网、路相通、工程配套好、综合治理成效大的开发区,为农业生产提供完善的基础保障。仅2007~2010年,实现新增灌溉面积2万亩,改善灌溉面积3万亩;新增除涝面积3万亩,改善除涝面积2万亩;衬砌渠道80公里,新增节水灌溉面积3.5万亩;增加农田防护林面积3020亩。

(二) 推动农业结构的调整和产业化的发展,促进现代农业产业体系框架初步形成

农业综合开发促进牛庄镇粮食生产稳步提高,创历史新高;食用菌、蔬菜等绿色食品产业快速发展,绿色基地建设大大加强,初步建成了王营放心菜生产基地、宋氏菌业栽培示范基地;丰富了农业观光旅游的新内涵,形成杜北水库打渔张生态园等一批农业观光旅游项目,打造全镇旅游大景区;农业产业化建设得到发展,涌现出一批产业化龙头企业;培育新型农民合作社,充分发挥农民积极性。

(三) 农业综合开发投入不断加大,项目管理制度逐步完善

农业综合开发从项目的申报、评估、审批、实施到验收等,形成一整套规章制

度。严格执行了申报、立项、竞争制的项目管理责任制、工程质量监督监测制和重点工程招投标制，确保了农业综合开发项目工程质量的不断提高。在资金管理方面，实行了专户储存、专人管理、专款专用和县级报账制、项目资金管理使用审计制，杜绝了资金的挤占挪用，保证了专款专用，提高了资金使用效益。在项目建成后的运行管护上，努力实行"捆绑"式承包管理，将开发后的泵站、渠、林进行整体"打包"，采取公开招投标形式，承包给专业的农民合作社或经营大户，减少了政府管护费，降低了农民浇水费，使水利设施保存完好率达95%以上。

（四）新农村建设扎实推进，农民收入稳步提高

通过农业综合开发项目的实施，牛庄镇已流转土地7000亩，转移农村富余劳动力6000人，辐射带动辖区内42个村庄到农业综合项目区从事蔬菜种植、灵芝、黑木耳、各种菇类栽培、林下经济养殖等特色农业的劳动力达到2000人，并且已吸引到农业观光项目区从事观光、旅游、采摘的人员达到2万人次，农民人均纯收入比非农业综合项目增收千元以上。建成了以王营放心蔬菜生产基地这一以菜文化为背景，以王营、前邵、陈桥等文明村庄建设为亮点的社会主义新农村。

三、下一步工作建议

从总体上来说，东营区农业的基础地位还比较薄弱，农业内部结构调整还有待进一步提高，低层次产业的占一定的地位。当然原因是多方面的，结合我们对牛庄镇连续开发的经验，我们对未来开发做出认真思考，提出以下建议：

（一）要统一思想，提高认识，突出"科学发展观"这一指导思想

农业综合开发是党中央、国务院加强农业的一项重大决策，是国家支持保护农业、提高农业综合生产能力的重要举措。在新形势下，区、镇政府要坚持以科学发展观为统领，围绕全面建设小康社会的目标，以农业产业化经营为主线，着力加强农业基础设施建设和生态保护，不断提高农业综合生产能力。把农业综合开发土地治理项目与农村土地流转有机结合起来，项目完成后，在坚持土地所有权、承包权不变的情况下，在坚持"依法、自愿、有偿"原则的基础上，将农民承包土地的经营权整体对外发包，不仅有利于农民收入的增加，还有利于土地规模经营和集约经营的发展，将会带来更好的经济效益和社会效益，真正为实现粮食增产，农民增收，农村经济社会持续协调发展做出贡献。

(二) 要整合涉农资金，提高整体效益

一方面要将农业综合开发资金同其他涉农资金进行有效整合，向投资整体要效益。按照"渠道不乱、性质不变、用途不改，各有其账、互相配合、统筹安排"的原则，将农业综合开发资金与粮食生产、水利建设等其他涉农资金实行捆绑使用，提高涉农资金的整体投资效益。

(三) 要加强项目管理，加大监督力度

一是要择优选择项目区。严格把好项目选址关，要充分考虑拟选地方的基础条件是否适合实施土地治理，群众支持、参与土地治理的积极性是否高，镇、村干部的责任心是否强，要从严把握好以上三关，为项目的顺利实施打下坚实的基础。二是要加强项目资金管理。要进一步完善以县级报账制为核心的资金管理机制，坚持实行项目资金专款专账专用，确保资金安全高效运行。三是要加大群众监督力度。全面推行项目公示制，在项目建设的前、中、后期，都要公示项目的建设内容和资金使用情况，自觉接受群众监督。

(四) 重视建后管护，建立长效机制

第一，加强宣传，增强群众管护意识。项目建成后，要进行广泛宣传，重点宣传建设的成效，项目区与非项目区的区别以及项目建成前后的效益对比，用事实增强群众的管护意识，在项目区形成一个爱护工程的良好氛围。第二，因地制宜，创新管护模式。对道路、林网、水利设施等公益性设施可交镇村和镇水管站实行统一管理，可以承包给个人进行管护。第三，尽快制定农业综合开发的管理办法，明确项目运行管护条款。对于破坏项目设施的行为依法进行严厉查处；对项目监管不力的，严肃追究有关责任人的责任。

(五) 发挥科技优势，加强农民技术培训

一是充分发挥市、县区农业科研和技术推广单位的科技优势，加快农业科技成果转化步伐。建立农业科技创新激励机制，鼓励和引导科技人员到项目区以技术入股、资金入股、技术承包等形式，开展科技服务，领办、创办、合办农业科技企业。二是坚持高产、高效、优质、安全、生态的原则，优先扶持发展优势农产品和绿色农产品生产，积极推广先进实用的新品种、新技术、新工艺，提高农

| 实践与探索

产品的安全性、资源综合利用率和农产品的附加值。三是坚持实际、实用、实效的原则，切实抓好农业适用技术培训，不断提高农民科技文化素质。要把培养有文化、懂技术、会经营的新型农民作为一项长期的战略任务抓紧抓好，努力造就一支合格的产业开发队伍，提高农民自我发展的能力。

蓬莱市农业综合开发专题调研报告

蓬莱市农发办　潘少丽

一、农业综合开发工作情况

蓬莱市自2002年被列入山东省农业综合开发县以来，积极探索农业综合开发新机制，在上级开发部门的精心指导下，至2013年上半年止，高标准组织实施了17个产业化经营项目、20个土地治理项目，在项目实施过程中，大力调整农业产业结构，培植新的优势产业，使葡萄酿酒产业插上了腾飞的翅膀，短短10年时间，蓬莱就打造出了一个新型主导产业，走出了一条产业发展、农民受益、企业增效、财政增收的现代农业发展新路子。截至2012年已种植酿酒葡萄16万亩，葡萄酒年销量13万吨，葡萄酒生产企业达72家。

（一）确立农业综合开发工作方向

1. 开发项目向葡萄酿酒产业集中。蓬莱所处的区域，位于最适合种植酿酒葡萄的北纬37°黄金纬度线，可以酿造世界顶级葡萄酒，具有广阔的发展前景。农业综合开发的宗旨是要提升农业产出效益，而提高农业效益，产业结构调整是最为有效的办法。因此，我们在项目开发中努力做到土地开发一片，结构调整一片，把一些弱质产业用地调整出来发展葡萄与葡萄酒产业，下大力气把葡萄与葡萄酒产业培植成为带动农业和农村经济发展的新型主导产业、现代农业，把所有项目全部安排在葡萄与葡萄酒这一新型主导产业的开发上。

2. 开发项目向优势区域集中。蓬莱市根据地域特点，规划了"一带三谷"葡萄与葡萄酒产业集中发展区。我们把"一带三谷"变成了农业综合开发的主战场。我们实施的37个农业综合开发项目基本上全部集中在这一区域。通过三个集中，最大限度地结合了市情，最大限度地发挥了政策推动效应，农业综合开发工作走上了科学实施的轨道。

3. 开发项目向葡萄产业龙头企业集中。依靠葡萄产业龙头企业的拉动，实现新型主导产业的发展壮大。蓬莱17个产业化项目有9个落户在葡萄酿酒业。每建设一个企业就配套一片基地；每建设一片基地，就扶持扩大一次生产能力。中粮集团2005年新建了一个酿酒企业——君顶酒庄，于是我们在2006年就扶持建设了南王山谷项目区。2009年烟台中粮在大辛店镇中低产田改造项目区建设酿酒葡萄基地4000亩，于是我们在2010年产业化项目申报中，为其申报实施了"万吨葡萄酒加工扩建项目"；2012年又为烟台中粮申报了天赋合作社的"300亩优质葡萄标准园新建项目"。有效实现了"两类项目"的紧密结合，推动了产业化经营和现代农业发展。

（二）培养"投资新主体"，全力打造新型主导产业"立体化开发"架构

1. 引导"企业主体化"投资。围绕龙头建基地，龙头与基地的关系是脱节的；龙头企业自建基地，龙头与基地的关系是一体的。只有让龙头企业加大投入牵头建基地，才能真正实现产业化经营。2006年，我们以君顶酒庄为主要发起人的烟台南王山谷葡萄生产合作社为实施单位，申报了南王山谷中低产田改造项目，在大辛店镇、南王镇、刘家沟镇交界处，投资300万元改造中低产田5500亩，这也是我们第一次探索"由合作社实施土地治理项目"的开发机制。这一项目的实施，带动了企业1700多万元资金，参与到项目建设中来，开发出标准化葡萄种植基地5000亩。这一项目区获得烟台市年度项目评比第一名，国家省市开发部门领导都对该项目给予了很高评价，许多省市前来观摩学习。南王山谷中低产田改造的成功实施，也彻底改变了人们对中低产田的认识。原来每亩几十元钱都租不出去的土地，现在租赁费达到500多元。这样的开发模式使开发效果实现了三个转变：一是工程质量空前提高，企业把各项工程当成自己的工程来建设、来督导，极大调动了提高工程质量的责任感。二是工程数量大幅增加，由于企业的参与，不但自筹资金得到了有效解决，而且企业还会自愿加大投入，工程建设资金得到有效保障。三是工程管护责任有效落实，各项工程管护质量的好坏，直接牵扯了企业的利益，企业管护工程的责任心空前加强。

2. 强化"财政配套化"开发功能。我们本着"建设一个企业，联合开发一片基地；建设一片基地，引进一个企业"的思路，把农业综合开发资金用在刀刃上，全面打造"企业、基地一体化"经营架构，有效增强了葡萄酿酒产业的开发活力。2002年实施开发项目以来，蓬莱市已先后实施了20个土地治理项目，项目总投资7369万元，其中财政资金6102万元，镇以下自筹资金1267万元。基本上所有项目全部安排在葡萄产业开发区域，为中粮、君顶、康达、华东庄园、天津王朝、金六福、御仁、奥塞斯等11个企业配套建设生产基地，企业也大量出资参与到项目建设中来，所建基地都是按照企业的思路、企业的设想、企业的要求建设的，也自然而然地成了企业的一体化的基地，葡萄酿酒产业形成了充满活力的产业化发展格局。

（三）发挥农业综合开发引领功能，大力推进新型主导产业高档化

1. 大规模整地改土：我们采取了"大规模地块重整、修建道路、路旁绿化"相结合的措施。加大了土地连片开发力度，将项目区内所有小块土地进行大块化连片开发，活土层加深到了50厘米以上，为葡萄栽培的机械化操作奠定了基础。2007年村里集镇6000亩中低产田改造项目区从1月开始，将地块打乱重整，进行了大规模机械化作业，几十台D85同时上阵，日夜奋战，仅一年半时间，就在崎岖的丘陵上修建了盘山路，把零散的土地整成了高水平梯田，开发酿酒葡萄面积达4400亩，被评为山东省农业综合开发优秀项目区。2006年南王山谷项目区、2005年和2006年刘家沟项目区、2008年潮水项目区还结合整地改土和修建道路，在路旁浆砌了排水沟。在林网建设上，全部采取了由"园林公司承包绿化，管护一年"的措施，有效地提高了林网建设质量。

2. 高标准建园：一是实行苗木品种高档化。葡萄基地建设全面推行优质嫁接苗建园。2005年为烟台中粮申报了"优质酿酒葡萄苗木基地建设项目"，投资500万元建设了一处工厂化育苗基地，中粮阿海威苗木研发中心积极培育和引进适合蓬莱产区的优质酿酒葡萄品种和砧木，先后引进国外优质酿酒葡萄40多个品种70多个品系，包括泰纳特、泰姆比罗、马萨兰等，年可生产优质嫁接苗木200万株。南王山谷项目区栽培的赤霞珠、夏利多、梅鹿辄、蛇龙珠等二十多个主栽品种，都是世界公认的、品质最优良的法国和意大利品种。目前项目区栽种的葡萄全部是经过筛选改良的适合本地气候条件的优质葡萄品种。二是葡萄种植标准化。村里集、刘家沟、南王山谷项目区全部采取了高标准建设，所有基地全部进行了D85深翻，引进了无毒苗木，实行了营养钵育苗，达到了一次全苗。葡萄标准化生产采用"斯马特"模式："高定干"、"宽行距"、"无毒化"。为达到通风透光，提高品质的目的，种植行距比常规扩大了50厘米，横看成行，纵看成行，斜看也成行。三是田间管理规范化。在肥料使用上，项目区重点推广应用优质有机肥、生物肥和微肥。在农药使用上，全部采用了低污染、低残留、无公害农药。在生产管理上，全部实施一个标准，一个模式，确保各项生产管理及时无误，有效地保证了基地产品质量。

3. 配套水电设施建设：我们采取了"开发新水源、改造旧水源、发展节水农业、注重水土保持"相结合的方法，把项目区建设成了水电设施齐全的高效项目区。2007年度村里集镇6000亩中低产田改造项目区是一个贫水区，项目区水利工程仅有两座小（二）型水库，根本没有基础设施配套，要在一年内开发出来难度

很大，镇政府非常重视，镇长亲自抓项目建设工作。我们充分利用现有的两座小(二)型水库，新建扬水站3座，新建小型蓄水池5座，同时新打机井4眼，通过二级扬水，把灌溉水送到了山顶，然后通过管灌，把水送到每块田间地头，出水口数量达649个。在电力配套上，镇政府多方筹措资金，垫付资金，投入高达100多万元，全面配套了电力工程，彻底改变了"靠天等雨"的历史。

通过几年的开发实践，我们把原来农民不愿意耕种的旱薄地资源进行了开发，把原来种植粮油最低效作物的这部分土地，进行了全面的结构调整，全部栽上了优质酿酒葡萄，耕作结构实现了一个质的飞跃，短短十年时间，蓬莱就打造出了一个新型主导产业——葡萄与葡萄酒业。基地建设质量得到了国内30多位著名葡萄酿酒专家的公认，国家专家组在考查我市葡萄基地时，一致认为，建园标准、管理技术均创国内一流水平。

二、完善农业综合开发政策措施的意见建议

(一) 强烈建议市政府将农业综合开发工作纳入市政府考核体系

农业综合开发是中央政府为保护、支持农业发展，改善农业生产基本条件，优化农业和农村经济结构，提高农业综合生产能力和综合效益，设立专项资金对农业资源进行综合开发利用的活动，是解决农民民生问题的一项重要战略举措。我们应该充分利用这一好政策。村书记经常积极来找要上项目，但农业开发项目需连片开发，一个村面积太小，需要乡镇出面协调好几个村的土地，但部分乡镇政府领导因农业综合开发是国家项目，制度非常严格，又牵扯好多村，工作量大协调实施难，农业综合开发工作又不在考核体系内，难以出政绩，所以他们不愿承担农业开发任务。强烈建议市政府出台政策，把农业开发工作纳入市政府考核体系，提高他们申报农业开发项目的积极性，改善农业基础设施，真正地为老百姓造福。

(二) 制定政策，将企业、合作社、乡镇政府作为实施土地治理项目的主体

1. 企业成为实施项目主体的可行性。近年来，农村种地的大多数是45岁以上的中老年人，45岁以下的人大多数进入了第二、第三产业，65岁左右的人大多愿意把自己的地转让出去，特别是丘陵缺水地区，农民转让土地的意愿更加突出。目前有许多企业为解决农民种地困难，通过租赁形式，把农民不愿耕作的土地集中起来进行开发，然后再吸收有超凡能力的农民进来承包经营，有的成立了合作社，有

的以合同和订单的形式确定与农户的利益分配关系，统一技术指导，统一产品销售。对这部分企业应予以大力扶持，这样的企业以后将成为真正的土地经营者。

2. 合作社成为实施项目主体的可行性。现在政策上明确了合作社可以实施土地治理项目，但数量很小，目前还处于试点阶段，逐步加速推行。建议丘陵区以1~3个村为单位成立合作社，实施土地治理项目。好处如下：

（1）面积适宜，大约2000亩左右，便于组织。目前丘陵区5000~10000亩适合大规模开发的土地很难找到。

（2）班子优秀的村比较多，我们的选择余地大。这是一种我们可以利用的资源。

（3）积极性高，有利于项目管理。许多村级干部苦于"致富无门"，他们通过村民大选被选上了，很想干点实事，如果对他们给予扶持，他们会无条件服从。而且他们会很有成就感。

（4）目前农村水源的所有权已非常明确，绝不可以用这个村的水源浇另一个村的地。连片开发与逐村开发没有什么区别。

（5）有利于开展农村工作。对农民提出的要求，只有我们给予满足，他们就会非常感激；但如果我们硬要规划5000~10000亩去开发，所涉及的村会相互攀比，有的会给我们下绊子。

3. 乡镇政府成为实施项目主体的可行性。目前大部分土地治理项目的实施主体是乡镇政府，但按管理办法，对乡镇政府又没有给予什么实际权力，这在一定程度上反映了管理者对乡镇政府的一些忧虑，我们认为这些忧虑也是实际存在的。我们应该改变这种状况，对乡镇政府成为项目主体予以特殊的条件，充分发挥乡镇政府在组织实施方面的强大作用。

（1）需要远距离调水的连片规模开发，面积5000~10000亩。

（2）需要进行产业结构调整的规模开发，如连片开发8000亩酿酒葡萄。

（3）县级市统一规划的连片开发。

如果不是上述情况，仅是一般意义上的开发，乡镇政府的作用仅是协调一下施工者与村级的关系，这样的项目合作社实施就行了，避免了协调关系的麻烦。

这样就形成了一种竞争机制，乡镇政府要想得到项目，就必须干一番事业。谁想干事业，我们就把项目给谁。

（三）硬化丘陵区主干路

我们应下决心对丘陵区主干路实行硬化。取消进地桥，取消一路两沟，将主干路用水泥硬化。

丘陵区的路大多是被大雨几经冲刷过的硬底路，我们对其加宽整修，路面上增加一层熟土和沙，但与硬底总是"两张皮"，一两年过后，熟土和沙被雨水冲走，道路又回到原来的硬底路。

避免百姓"赶地"。老百姓有"赶地"的习惯，逐年扩大自己耕地的面积，减少道路的面积，致使道路越来越窄。

丘陵区道路崎岖，地形复杂，在两侧挖排水沟是不现实的。

一个万亩项目区主干路约12公里，如果硬化，约需资金420万元（按路宽5米，每平方米70元），目前"进地桥、路旁植树、一路两沟"的设计资金在170元左右，若能再增加250万元，就可以实行这一设计。

这样就解决了"进地桥、路旁植树、一路两沟"的"年年修建、季季修建、一检查一修建"的问题，解决了项目区长期管护问题，使项目区"水利和道路"变成为永久性工程。

（四）完善涉农保护政策

企业不可能承担太大压力。企业与农民的合作是一种经济合作，既然是经济合作就必须尊重经济规律；目前企业的境界、价值观、责任感还处在提升期的初级阶段，很难承担起救世主的角色。

农民肯定是价格战的牺牲品。世界范围内的酿酒葡萄产量过剩时，必然爆发价格大战，国外多是农场主或公司经营土地，中国是农民经营土地，失败者必然是中国农民，当中国农民砍掉葡萄后，国际葡萄酒原汁的价格就会回归。

涉农保护政策还需政府担当。政府可以针对进口做一些定量规定；对国内葡萄收购价进行干预；建立必要的风险防范措施。

要建立风险基金。葡萄酿酒企业每年都能创造大量的税收，蓬莱中粮2011年缴税2.36亿元，应该制定政策从税收中拿出三分之一作为风险基金，存入县级财政单独账户，专门用于重大事件产生的风险补偿。

综合开发助力　结出硕果累累

——龙口市农业综合开发扶持葡萄和葡萄酒产业成绩斐然

龙口市农发办　王　雪

龙口市自2005年被列为国家农业综合开发县以来，坚持以科学发展观为指导，全面贯彻落实中央农业农村工作会议精神，在各级财政部门的指导下，立足当地资源优势，科学制定长远规划，稳步推进农业产业化建设，积极探索通过实施农业综合开发项目扶持壮大当地优势特色产业——葡萄和葡萄酒产业，取得显著成效。

一、找准资源优势，确立发展方向

龙口市位于胶东半岛西北部，渤海湾南岸，与世界著名葡萄产地法国波尔多和意大利西西里处于同一纬度。龙口市属暖温带半湿润季风型大陆性气候，四季变化和季风进退较明显，雨热同步，光照充足，4～9月（葡萄生长季节）有效积温3000℃，在葡萄成熟时昼夜温差9～11℃，有利于葡萄果香形成及糖度的积累，是我国酿酒葡萄栽种与基地建设的理想区域之一。

随着我国经济的不断发展和人民生活水平的提高，国家对酿酒业的未来发展制定了调控政策。基本宗旨是限制高酒精度酒类生产，鼓励以水果为原料的低酒精度果酒尤其是葡萄酒的生产。国家制订的预期目标是：到2015年，国内葡萄酒企业的年产量达到90万吨，实现国内葡萄酒人均年消费量从0.2升提高到0.7升。

烟台、龙口两级政府的《国民经济和社会发展第十一个五年规划纲要》中都提到要突出发展葡萄酒产业，打造葡萄酒生产基地，带动种植、仓储、包装制品等产业发展，连接起葡萄种植—酿酒—旅游的复合产业链条。

葡萄酒是近年来新兴的健康饮品，而且随着消费者对健康的日益注重，葡萄酒的开发和销售呈现方兴未艾的趋势，具有广阔的市场前景。

2005年，威龙葡萄酒股份有限公司已经成为全国四大葡萄酒生产企业之一。企业总资产已经达到4亿元，葡萄酒年生产能力2.5万吨，年利税总额7112万元，带动酿酒葡萄生产基地2.3万亩。公司有三十多种产品获得绿色食品证书，2002

年威龙干红、干白葡萄酒被国家质检总局授予首批国家质量免检产品和"中国名牌"称号，2003年被省农业厅列为农业产业化重点龙头企业，同年被中国食品工业协会授予"优秀食品工业龙头企业"称号。公司在全国各省（自治区、直辖市）建立了分销处，在全国各省会城市和70%的地级以上的城市建立了销售网点。过硬的产品质量和高效的销售网络为企业的产品打开了市场。

通过对自然资源条件、国家行业规划、区域发展规划、市场发展前景、企业发展水平、带动增收能力等方面进行全面调研、科学分析的基础上，龙口市农业综合开发办公室确立了优先重点扶持葡萄和葡萄酒产业的工作思路，与威龙公司商讨制定了中长期发展规划并付诸实施。

二、扶持龙头企业，迅速扩大产能

2005年和2007年，龙口市农业综合开发办公室为威龙公司分别申报并实施了"5000吨高档干红干白葡萄酿酒加工项目"和"1万吨干型葡萄原酒加工扩建项目"。两个项目合计完成投资3916.6万元，其中争取财政无偿资金400万元，有偿资金1000万元，引导企业自筹资金2516.6万元。项目共建成加工发酵车间、冷冻机房、污水处理站等工程总面积6700平方米，引进各类高端生产加工设备208台套，同时成立了葡萄种植酿酒研发中心，配套完整的化验、检测设备。

通过项目实施，威龙公司的葡萄酒生产能力从2.5万吨迅速提升至4万吨，2007年公司资产总额达到6.45亿元，固定资产8121万元，流动资产5.36亿元、净资产3.03亿元，实现销售收入6.02亿元、净利润4874万元。

企业在提升质量、扩大产能的同时，也有效带动了酿酒葡萄基地的发展，新增的1.5万吨生产能力能够消化酿酒葡萄2.2万吨，带动基地面积1.4万亩，通过对葡萄种植户进行技术指导和培训，葡萄质量和栽培管理水平也有了长足的进步。

三、建立合作组织，配套基地建设

以农民专业合作组织为载体，发展标准化、规模化种养基地是我国未来发展农业和农业产业化的必由之路。专业合作组织能够发挥联结龙头企业和农户的桥梁与纽带作用；标准化、规模化基地能够有效应用各类农业新技术，实现规模化开发、良种化种植、标准化生产、一体化管理、合作化销售、产业化经营的"六化"目标。

随着威龙公司产能不断扩大，产品品质不断提升，对优质原料基地的需求越来越迫切，以及国家优惠政策相继出台，成立葡萄种植专业合作社、建设有机葡萄种植基地的时机日趋成熟。

在龙口市农业综合开发办公室的积极引导下，龙口市兴龙葡萄专业合作社于2008年1月正式成立。合作社成立后，立即与多家科研院校接洽，先后聘请山东农业大学宋教授专家组和澳大利亚葡萄种植专家对初步选定的龙口市王屋水库周边区域进行详细考察，通过对地形、土壤、植被、气候、水资源综合条件的测绘、化验、论证，最终确定以农民专业合作社为载体，通过企业＋合作社＋农户的模式，打造环王屋水库有机葡萄种植基地，定向为威龙公司供应有机葡萄酒原料。

2008年，合作社首先申报并实施了农业综合开发5000亩中低产田改造项目。项目实施前，项目区土壤贫瘠，交通不便，水利配套设施严重不足。部分农户在山上种了干杂果、花生、甘薯等作物，由于没有任何水利设施，只能靠天吃饭。遇到风调雨顺的年景农民人均收入一般在5000～6000元，遇到干旱年头，不但没有收成还要搭上工钱和投入的各种生产资料，总体效益极低。由于项目区基础条件极差，因此在各级财政投入300万元扶持资金以外，由合作社筹集875万元配套资金，重点投向电力设施、输水主管线以及喷灌设备，使基地建设一次性配套完善，达到有机葡萄栽培管条件。

为了打造精品工程项目，最大限度提高资金的使用效率，同时为今后的项目实施积累经验，合作社坚持了高起点规划、高标准设计和严要求施工。项目具体实施过程中，龙口市成立了由分管副市长任组长，财政、开发、农业、水务、林业、农机等部门主要负责人为成员的农业综合开发领导小组，宏观协调项目建设工作。财政局负责资金配套管理、落实报账提款制，农业综合开发办公室负责项目的编制申报和全程指导，兴龙葡萄专业合作社负责项目的具体实施。在设备材料采购和土建工程施工中，全部采取公开招标，从源头上保障了工程质量，提高了资金使用效率。严格实行工程监理制度，在保证工程进度的同时，严把了工程质量关。

由于规划科学、措施得当、保障有力，项目按计划顺利完成，项目设计的所有工程内容至今已正常运行四年，并发挥了预期效益。2012年，葡萄总产达到4100吨，实现销售收入6650万元，净利润4305万元。

2009年，为了进一步创新"企业＋基地＋合作社"发展模式，在各级财政部门的支持下，合作社联合威龙公司参加省农业综合开发办公室组织的"土地治理和产业化经营两类结合试点"项目竞标，最终成功申报并实施了"1.1万亩中低产田改造项目"和"两万吨干型葡萄原酒酿造加工项目"。项目自2009年初规划施工，2010年5月全面竣工，计划总投资4328万元，实际完成投资4380万元，其中财政资金1080万元。项目的建成，使合作社有机葡萄基地的规模迅速扩大到1.6万亩，使威龙公司的原酒酿造提升2万吨加工能力，扩大规模效益的同时进一步强化了龙头企业、合作社、农民的利益联结。

四、创新管理模式，建立长效机制

随着项目的不断实施，基地规模的不断扩大，在龙口市委市政府和各级财政局的关心、支持下，合作社也逐渐摸索出一套成功的管理模式。

为了推进兴龙葡萄合作社科学、和谐发展，增加基地和项目涉及村的凝聚力，推进社会主义新农村和基地建设的有序实施，在龙口市委市政府的部署下，成立了威龙有机葡萄基地联合党委，构建起"企业+基地+合作社+党委领导"的现代化发展新模式。"联合党委"以威龙有机葡萄基地为依托，组织财政局、农业局、水务局、七甲镇、石良镇、威龙公司以及基地涉及的二十余个村级党组织共同构成，涵盖了行业主管部门、基地涉及党委和支部，整合了党组织覆盖范围内的人才、资金、信息、技术、土地等资源要素，加强了合作社、企业与周边村的紧密联系，达到了"多元联建、共谋发展、共计民生、共创和谐"的目标，推动了项目区涉及区域的统筹协调一体化领导，从而协调了农民、合作社、企业和乡镇党委的关系，促进了项目的有序开展。

运行管理方面，合作社设置了办公室、人力资源科、技术督导科、生产科、水电科、合同科、财务科、保卫科等相关科室，各司其职、各负其责。同时将基地划分为13个作业区，每个区作业面积在1700多亩，设区长1人，队长4名，下设作业组长3人，每个作业区设技术督导员1人，直属技术督导科管理。

技术管理方面，与山东农业大学、西北农林科技大学等国内院校合作，聘请澳大利亚葡萄种植专家担任总农艺师。葡萄品种从世界最大的葡萄育苗公司意大利VCI引进并在合作社育苗基地培育，对砧木选育、欧米格无菌嫁接、生态有机肥配置生产等关键技术，进行大量研究和实验，最终初步形成了国内领先的有机葡萄生产与加工技术体系，并通过有机葡萄生产示范基地、农户培训等方式进行示范推广。在葡萄的整个栽培管理周期，杜绝使用化学肥料和化学农药，通过应用频振式杀虫灯等设备进行物理防治虫害；应用微生物技术抑制有害病菌；应用生态有机肥增强葡萄抗病能力。从而保证了有机葡萄质量稳定，也从根源上解决了食品安全问题。

要实现龙头企业、合作社、基地的健康稳定发展，从而推动我市葡萄和葡萄酒产业做大做强，真正带动农业增效、农民增产增收，必须建立"企业+合作社+农民"三位一体科学合理的利益联结机制。通过不断摸索、实践，一种能够同时兼顾威龙公司、合作社和农户三者自身利益的联结机制逐渐成形：

一是合作社按照统一技术指导、统一药肥供应、统一产品回收、统一保护价格的"四统一"管理法组织葡萄生产，并严格按照威龙葡萄酒股份有限公司提供的技术标准进行标准化栽培，保证所提供葡萄原料的质量。

二是威龙葡萄酒股份有限公司全部保护价回收合作社生产的合格葡萄产品，保证了合作社正常生产所需的资金。

三是农民以土地入股，享受每亩地每年380元的保底股息和年终利润分红。

四是合作社承担项目区涉及村全体村民的医疗保险费用。

五是项目区涉及村年满60周岁的村民享受每年600元的福利。

六是项目区村民可以根据自愿选择是否到合作社参与农田耕作。农民到合作社耕作，除享受每月1500元的基本工资外，在达产年还根据自己承包葡萄的产量、糖度指标享受额外的效益工资，人均年收入可达2.8万元以上。社员真正成为拥有薪金、租金、保险金及养老金的四金农民。

通过以上利益联结机制，既保障了合作社的正常发展，增加了农民的土地收益和工资收益，又为企业的发展提供了充足的优质原料，形成要素集合、产业聚集、利益联结、共谋发展、共同致富的良好格局。

截至目前，在各级财政部门的项目扶持下，合作社已建成有机葡萄基地2.3万亩，涉及龙口市石良、七甲、兰高三个乡镇23个行政村，基地累计投资2亿多元，其中农业综合开发项目财政资金1513万元，惠及农民4556户。

五、发展观光旅游，延伸产业链条

葡萄基地初见成效，配套设施完善和生态休闲观光农业又成为新的发展方向。2011年4月，合作社与上海王志刚工作室正式签约，由工作室对基地未来发展方向进行全面科学系统地规划。依据规划，从2011年至今，基地又发生了翻天覆地的新变化。主要道路完成了水泥硬化；投资6000万元的葡萄保鲜库主体工程完工；环绕水库的四个旅游码头已经建成；游艇、电动观光车相继到位；投资6000万元的两处高档摄影楼已破土动工；投资1.5亿元、世界最大中国唯一的意大利托斯卡纳风情酒堡，于2012年8月建成并投入试运行，酒堡内设立了葡萄酒窖藏、葡萄酒生产、葡萄酒展示与品鉴四个功能区，将威龙葡萄酒的生产流程及世界葡萄酒文化一一展现……

水面烟波浩渺、天水一色，陆上郁郁葱葱、壮观秀美。相信不久的将来，一颗能够代表农业合作化经营、产业化发展和现代农业园区典范的新星必将冉冉升起。

安丘市农业综合开发探索创新现代农业发展

安丘市农发办 高焕智

一、变化看数字，转变促发展

安丘市自1998年开始实施农业综合开发，共实施项目68个，建成高标准农田17万亩，扶持农业龙头企业22家、农民专业合作社9个、山区特色开发项目20个，争取各级各类财政资金13897万元。其中1998~2009年，争取各级财政资金5110万元，实施开发项目35个。特别是2010年以来，我们紧紧围绕安丘市深化提升农业现代化水平这一重心工作，积极探索实践农业综合开发与农业现代化有机结合新模式，实施开发项目33个，共争取各级财政资金8787万元，分别占总数的48.5%、63.2%，连续3年项目个数、资金总量、项目质量各级验收均居潍坊市首位。先后为全省农业综合开发工作座谈会、全省高标准农田建设会议提供了参观现场。《农民日报》、《中国财经报》、《山东财政研究》、《经济日报》等媒体也就安丘市农业综合开发工作实践进行了专题采访和报道。

2011年12月31日，安丘市委书记刘兴明同志在安丘市委《内部参阅件》上做出专门签批："农业开发办的经验证明，小部门也能干大事业"，我们一个不足10人编制的小部门，在取得一系列荣誉成绩的同时，又能够得到安丘市委主要领导同志的充分肯定。除各级财政部门加大对"三农"扶持力度、充分发挥自身项目竞争申报主动性外，最重要的一点就是不断转变思路，积极开拓创新，探索实践农业综合开发新模式：始终围绕安丘市实施的农产品质量安全区域化管理"安丘模式"这一中心，从建设现代化农业示范园区、推进农业产业化、提高农民组织化、开发山区特色农业四个点入手，寻找与农业现代化最佳结合点，有力推动了安丘市以农产品质量安全区域化管理为重点的现代农业发展。以"安丘模式"为主要内容的国家标准《初级农产品安全区域化管理体系要求》于2011年9月1日颁布实施，填补了国内空白，达到了国际领先水平。2012年，国家标准委确定安丘市为全国唯一的全行政区域、全产业链覆盖的农业综合标准化示范市创建单位，中国标准化研究院在安丘市设立全国唯一的现代农业标准化研究基地。安丘现代农业的每一步发展，都倾注了我们农业综合开发人的心血，每当看到荣誉接踵而来的时候，我们倍感欣慰。

二、转变思路不脱离实际，开拓创新有规可循

从创建高标准农田、扶持壮大农业龙头企业和农民合作组织，到建设现代农业示范园区、开发山区特色农业项目，我们每一步都迈得脚踏实地，充分立足安丘市实际。安丘市既是传统农业种养大市，又是农产品加工出口强市，位于山东半岛中部，市境总面积1760平方公里，耕地面积130万亩，总人口95万。1992年就凭借雄厚的农业优势被评为全国百强县。姜蒜、樱桃、草莓、蜜桃、芦笋、花生等传统特色农业闻名遐迩，是国家级生姜、芦笋、大樱桃、草莓4个国家级农业标准化生产示范区；全市拥有农产品加工企业431家，在检验检疫部门备案的出口企业167家，有保鲜、速冻、腌渍、脱水、罐头和熟食制品等6大类、200多个品种，年加工能力250万吨、出口150万吨，销往日韩、欧美等50多个国家和地区；全市标准化种植基地85万亩、标准化养殖基地775处，38.5万亩农产品种植基地被认定为"三品一标"基地，40个养殖场通过无公害产品认证，7个农产品获得国家地理标志产品，年实现农产品出口创汇2.9亿美元。

近年来，随着国内、国际经济形势发生变化，尤其是国际上越来越重视食品质量安全，出口食品农产品技术壁垒日趋严格，质量标准要求越来越高，特别是日本肯定列表制度、欧盟新食品卫生法规的实施，以及新的检验检疫监管模式的应用推广，质量安全问题已成为制约农产品出口的主要因素。同时，国内食品安全问题也日益严峻，苏丹红、三聚氰胺、毒生姜、毒大米等食品安全事件层出不穷，"民以食为天，食以安为先"，食品安全已经上升到国家安全层面，关系国计民生。

就是在这种形势下，自2007年6月，安丘市在全国率先提出并实施了食品农产品质量安全区域化管理：从源头控制和基础工作抓起，从农产品标准化基地建设入手，通过加强农业化学投入品控制管理，推行标准化生产，实施全过程监控，完善末端检测，从根本上确保食品农产品质量安全，逐步把全市建设成符合国际质量标准要求的食品农产品质量安全区。近年来，又以创建全国农产品质量安全示范市为契机，通过运用农业综合标准化，强化农产品质量安全监管，逐步建立健全了组织领导、标准综合、控制管理、检测监控、查询追溯、科技服务、多元化市场、诚信管理"八大体系"，进一步优化提升了"安丘模式"，安丘农业实现了由单一农作物实施标准化管理向全产业链实施综合标准化管理的新跨越。

推进农产品质量安全管理的有效载体就是现代农业示范园区、农业龙头企业、

农民专业合作组织。一是通过现代农业示范园区建设，实现现代农业规模化、标准化生产。二是通过农业龙头企业，发展企业自属基地、合同种植基地，既可保证农产品原材料安全可靠，又能畅通产品销售通道，最大限度的保护农户种植利益；通过农产品深加工，提高农产品附加值，不断提高农业产业化水平。三是通过农民专业合作社，实现土地规模化流转，确保区域内统一生产、统一管理、统一销售，打造品牌农业，提高农产品身份，增强抵御市场风险能力。而农业综合开发的重点就是建设高标准农田，扶持壮大农业龙头企业、农民专业合作组织、开发山区特色农业。我们就是立足安丘市农产品质量区域化建设这一最大实际，不断调整工作思路，将安丘市农业综合开发的重心放到深化提升现代农业上来，科学遵循了现代农业发展规律，有力助推了农产品质量安全区域化建设，加快了农业现代化进程。

在实际工作中，我们把农业综合开发资金实现经济效益最大化作为主线贯穿始终，争取的各类财政资金不仅要发挥它的输血功能，更重要的是发挥它的造血功能，实现资金效益倍增。同时不断延伸项目扶持的广度和深度，由中低产田改造、农产品粗加工、山区小流域综合治理向建设高标准农田、农产品精深加工、扶持农民专业合作社、建设科技农业示范园等领域延伸。不断延伸项目产业链条，挖掘项目中的一个关键点，以点为基础，不断丰富完善"基地＋龙头＋合作社＋农户＋检测＋市场"农业产业化链条中的各个环节，提高农业产化水平。把每一个项目区都做成标准化种植样板区，扶持的每一个龙头企业、农民专业合作社都打造成样板工程，对现代农业发展起到很好示范引领作用，确保每一个项目都做成实实在在促进农业增效、农民增收的惠民工程。

三、做好结合文章，助推现代农业

坚持农业综合开发与推进现代农业示范园区建设、农业龙头企业壮大、农民专业合作社发展、特色品牌农业、推动城镇化有机结合，全力助推农业现代化。

一是做好与现代农业示范园区建设结合文章，推进现代农业规模化、标准化发展。规模化是农业现代化的基础，现代农业示范园区是有效载体。我们围绕创建全国农业综合标准化示范市，重点实施土地治理项目，建设高标准农田，完善农田基础设施建设，为发展现代农业示范园区奠定坚实基础。（1）通过高标准农田建设实现规模化。自2010年以来，我们共实施兴安街道、官庄镇、金冢子镇、吾山镇等高标准农田项目4个、4万亩。其中兴安街道高标准农田示范工程建设项目区为全省"旱能浇、涝能排"高标准农田建设会议提供了现场，成为全国小农水项目建设示范项目。（2）通过农民专业合作社实现标准化。重点扶持大汶河开发区名峰蔬菜种植专业合作社放心"菜篮子"示范工程项目，该项目按照绿色无公害农产品标准化生产规程，建设放心"菜篮子"示范基地3000亩，采取管灌滴灌等节水灌溉方式，配套智能育苗温室、沼气池、初加工车间、恒温库、全程监控等绿色无公害农产品保障设施，为会员农户提供统一种苗供应、统一技术指导、统一施肥用药、统一品牌认证、统一组织销售的"五统一"服务，打造绿色无公害放心"菜篮子"示范基地。(3) 通过家庭农场实现集约化。我们扶持的景芝彤晖家庭农场是潍坊市内第一个在工商部门登记注册的家庭农场，流转土地1006亩，主要种植高粱、小麦，为景芝酒业集团提供酿酒原料。目前全市发展家庭农场129家，建立规模化种养基地3.6万亩；经营30亩以上的专业种植户1084户，规模经营土地面积4.1万亩。通过扶持建设现代农业示范园，全市标准化种植基地蓬勃发展，县级种植业示范园区72处，潍坊市级农产品质量安全示范园区16处，省级标准化基地4处，国家级标准化生产示范区4处。

二是做好与农业龙头企业结合文章，推进现代农业产业化、国际化发展。农业产业化离不开龙头带动，我们按照"扶优、扶大、扶强"的原则和集群化、园区化发展思路，加大潍坊市级以上龙头企业培育力度，积极推动出口农产品质量安全示范产业集群建设，引导企业向精深加工、高附加值转型发展，增强出口农产品国际竞争力，不断开拓国内中高端市场。(1) 通过扶持农业龙头企业实现产业化。引导农产品加工企业由农产品初加工向精深加工、高附加值、终端产品转变。2012年采取财政补助和财政贴息方式，扶持山东鲁丰集团公司、潍坊振祥食品公司等农产品加工出口龙头企业17家，新建扩建恒温库、加工车间等土建面积1.1万平方米，设备流水线800台（条），科技培训3000多人次，年扩大企业加工能力11.5万吨，带动出口自属基地3万亩，基地吸收农村剩余劳动力2500多人。(2) 通过开拓国内中高端市场实现市场多元化。组织农业龙头企业、农民合作组织积极参加国内外各类农业展会、博览会等，搞好优质农产品推介，积极开拓国内中高端市场。山东鲁丰集团的蔬菜、面粉、肉制品等达到出口"国际标准"的安全农产品走进了北京东城、朝阳、石景山等地的社区连锁超市，摆上了北京普通市民的餐桌，价格比市面上的普通蔬菜高两成，比有机果蔬便宜近50%。(3) 通过巩固国际市场实现国际化。在巩固日韩、东南亚传统市场同时，积极开拓欧盟、英国、美国、加拿大市场，奋力开拓俄罗斯、南美和非洲市场，不断拓展农产品国际市场发展空间。2012年全市加工出口保鲜、盐渍、冷冻等蔬菜100多万吨，货值达3.68亿美元，实现了产值与质量的双提升。目前，全市发展培育起了一批带动能力强、辐射范围广、产业集中度高的农产品加工、冷链物流企业，潍坊市级以上龙头企业87家，省级8家、国家级1家，发展种植基地60多万亩，带动农户20多万户。

三是做好与农民专业合作社结合文章，推进现代农业组织化、工业化发展。新型农民合作组织是解决农村分散经营、提高农民组织化程度重要途径。近几年，我们共扶持慈埠蔬菜合作社、阿乐西瓜合作社、新安养猪合作社、兴农桑蚕合作社、双丰蔬菜专业合作社等9个农民专业合作社。(1) 通过探索不同模式实现组织化。

发展以农民专业合作社为重点的新型农村经营主体,坚持民办、民管、民受益的原则,按照户必入社、业必归会的要求,突出村级组织牵头、专业大户带头、龙头企业带动、服务组织领办、特色产业链接"五种模式",不断提高农民组织化程度。(2)通过包装注册实现品牌化。引导合作社对产品进行注册包装,取得通往高端市场通行证。目前已有47家合作社注册了自己的商标,36家取得"三品"认证证书,认证基地8万亩。以石埠子"草莓"、慈埠"慈母山"有机蔬菜为代表的安丘安全农产品畅销海内外,已在华南佳士客、上海联华、济南银座等国内连锁超市设立出口农产品专柜30个,每年向国内大中城市配送安全农产品100多万吨。其中慈埠蔬菜种植合作社以生产有机蔬菜为主攻方向,努力打造品牌农业,注册了"慈母山"牌商标,并成功申报为山东省著名商标。2012年合作社实现销售收入980多万元,148户社员的每个蔬菜大棚可为村民增加4万元收入。(3)通过提升发展档次实现工业化。扶持引导合作社由传统经营方式向工业化生产方式转变。安丘双丰合作社以网上"农家商城"为平台,在全市870个行政村,建立村级社员服务站点700余个,注册社员8700户,主要从事种植、农机具托管、统防统治、土壤消毒、物流配送、品牌加盟合作、电子商务、出口大葱专业育苗、绿色蔬菜种植基地等10余项业务。承担着3个国家财政扶持项目,蔬菜种植、种苗繁育基地达到4500亩,是潍坊市食品安全生产示范园区和中国蔬菜协会成员单位。目前,全市发展农民专业合作社992家、成员3.6万个,带动农户9.2万户、基地23万亩,全市合作社资产总值达到6.1亿元,统一购买农业生产资料29.3亿元,统一销售农产品36.8亿元。其中安丘市示范社100家,潍坊市级示范社28家,省级示范社4家,国家级示范社1家。

四是做好与特色农业结合文章,推进现代农业高端化、品牌化发展。立足我市山区特色农业优势,围绕粮食、出口蔬菜、草莓、花生、特色林果5大主导特色产业,大力发展地域品牌农业。(1)通过认证实现品牌化。积极推进无公害农产品、绿色食品、有机食品和地理标志产品认证。目前,全市"三品"认证42家,认证品种243个,面积40多万亩,安丘大姜、安丘大葱、安丘蜜桃、两河大蒜、石埠子樱桃、柘山花生、辉渠望海山小米等7个农产品获国家地理标志产品认证,产地保护面积43.3万亩。(2)通过发展创意农业实现高端化。2011年,建设实施了石埠子镇2000亩大桃观光农业建设项目、5000亩草莓科技园新建项目、柘山镇虎头山流域综合治理项目、马家旺村水利建设新建项目4个。在全国"草莓之乡"石埠子镇南王家庄村投资建设了1500平方米的现代草莓育苗基地,成立了全国第一家乡镇草莓组培实验室,建成了占地500亩的草莓科技文化园,规划了产业文化、田园体验等四大板块和应用基质反应堆、立体种植、无土栽培等15个科技大棚,合作社草莓种植管理科技化水平有了质的提升,打造了现代创意农业的示范工程。(3)通过培育特色农业实现规模化。重点对全市特色主导农业进行培育壮大。全市形成了50万亩国家大型商品粮基地,40万亩姜葱蒜出口蔬菜产业带,20万亩国家地理标志产品花生生产基地，10万亩蜜桃、樱桃等特色林果及有机杂粮基地，3万亩国家级草莓农业标准化示范区和1万亩桑蚕基地。

五是做好与城镇化结合文章，实现农业现代化与城镇化同步推进。充分挖掘农业综合开发项目潜能，积极参与推进城镇化建设，不断放大农业综合开发项目扶持功能。我们在吾山镇进行了探索与实践，以打造"生产高标准、生活高质量、生态高水平"的新型农村社区为目标，探索出了农业综合开发助推城镇化的新路子。（1）打造高标准农田，夯实现代农业发展基础。以改善基础设施、打造标准化基地为重点，建设实施了吾山镇1万亩高标准农田示范工程项目，把项目区建成农田成方、集中连片、运行畅通的现代农业示范区。（2）完善基础设施配套，推进新型农村社区建设。结合项目区内建设滨河新型农村社区实际，把项目水利、田间道路、林业等建设与滨河新型农村社区公益基础设施建设紧密结合，开展鲤龙河、金龙河治理，建设拦水坝9座，排灌站15座，社区沿河地段栽植垂柳等绿化苗木4万株，进一步改善了滨河社区周边生态环境和群众生活环境，助推新型农村社区建设。（3）因地制宜引进大项目，为社区建设提供有力产业支撑。通过招商引资引进山东沃华科技公司、山东合力牧业公司等2家农业龙头企业在项目区周边建厂，在项目区内通过土地流转建设企业自属基地400亩，建成合同基地1000亩，采取标准化生产技术，发展适销对路大葱新品种，示范带动项目区1万亩农田的标准化生产。同时将社区内200多名富余劳动力安置到项目区企业就工，实现农民变工人，特别是60岁左右老人安排到山东沃华科技公司从事简单农产品加工工作，增加年收入1万多元。（4）发展特色农业，实现社区居民增收。立足山区优势，将旧村复垦出来的土地进行规模化核桃种植，每亩核桃可增收5000多元。

四、展望未来，创新探索，引领全国农业综合开发新风标

乘风破浪会有时，直挂云帆济沧海。面向未来，我们信心十足。党的十八大报告指出"坚持走中国特色新型工业化、信息化、城镇化、农业现代化道路，推动信息化和工业化深度融合、工业化和城镇化良性互动、城镇化和农业现代化相互协调，促进工业化、信息化、城镇化、农业现代化同步发展"。未来发展，我们农业综合开发工作将以党的十八大"四化"作为总引领，紧紧围绕农业现代化，立足实现农业产业化、组织化推进农业转调创，着力提升农业规模化、标准化、品牌化、国际化，延伸农业综合开发功能，实现农业综合开发与城镇化融合，将每一个安丘市农业综合开发项目打造成全省乃至全国农业综合开发亮点和样板工程，探索出新形势下农业综合开发新模式，引领全国农业综合开发走出新天地。

五、提升农业综合开发项目扶持档次，运用工业化理念发展现代农业

一是重点扶持高档次现代农业园区建设，实现标准化种养基地与项目建设同步进行。所有项目区生产经营指标达到"四化"标准：（1）基地规模化。种植项目区内大田示范园面积不少于500亩，设施示范园面积不少于200亩；养殖园区面积30亩以上，年出栏肉鸡20万只、生猪2000头、肉牛500头以上，实现亩均销售收入20万元以上。（2）生产标准化。符合绿色食品无公害农产品标准，执行良好农业操作规范，实行标准化生产，产品质量达到可追溯要求。（3）管理规范化。实行"五统一"管理（统一农资供应、统一技术指导、统一组织生产、统一质量检测、统一收购销售）。（4）产品品牌化。积极实施品牌农业，打造"三品一标"品牌。二是重点扶持培育一批市场前景好、科技含量高、带动能力强的农业龙头企业，延伸农业产业链条，提高农业综合竞争力。引导企业向精深加工、高附加值转型发展，积极探索企业基地建设、质量安全控制、市场预警机制新路子，发挥产业集群效应，增强出口农产品的国际竞争力。整合全市大姜产业资源，建设100万吨大姜种植加工销售一体化项目，发展3000亩生姜标准化种植企业自属基地、30000亩合同基地、10000亩后备基地，所有基地实现标准化管理。以提高生姜农产品附加值为核心，牢牢构筑原材料采购前检测、加工前检测、加工中检测、出口前检测四道防护网，并对加工环节实行在线监控，确保农产品达到出口级标准。三是加快培育家庭农场。积极扶持家庭农场依托农村专业户、专业村、专业镇向农产品加工、种植业以及为农业生产服务的行业拓展；大力扶持家庭农场从事农副产品加工业、休闲旅游观光和农家乐；积极引导家庭农场以农业科技创新为重点，投资参与农业技术的研发、推广。四是充分发挥农业综合开发科技支撑作用。借助市农产品检验检测中心实施远程监控的优势，在市农产品监控指挥中心设立农业综合开发项目专项监管窗口，在项目区标准化种养基地内安装远程监控系统，不仅实现农产品生产过程的远程监管，而且可以对项目基础工程建设、运行、管护情况进行网上实时监控，实现现场检查与网上实时监管相结合的机制创新。

六、延伸农业综合开发项目扶持领域，实现"一个标准、两个市场"同步发展

农产品质量安全建设两道门，一是源头控制；二是末端检测。安丘农业化学投入品已经建立起了严格的市镇村三级农资专营体系，第一道门已牢牢关紧，须重兵

把守的是第二道门：市场末端检测，凡检测不过关的农产品一律拒绝进入市场。我们将重点扶持安丘市盛大农产品交易市场，将该市场打造成全国一流的农产品交易平台。依托盛大交易市场，坚持"一个标准，两个市场"，严格市场准入和准出制度，充分利用现代化交易物流监管技术，掌握价格主动权，完善各项配套服务，建立起科学有序现代化农产品交易模式。一是坚持两个市场并行推进。盛大农产品交易市场按照现代服务业经营理念进行开发建设，是集展示展销、采购交易、物流配送、信息发布、检验检测等功能于一体的现代化服务平台，致力于打造全国农产品标准质量示范中心、价格形成中心和信息发布中心。抓牢和拓展"产地市场"模式，最大限度地发挥地方农业特色、地方农业优势和无法取代的农业资源环境，形成规范、科学的盛大农产品交易市场管理模式。对进入的农产品全部实行严格市场"准入制"，所有农产品全部达到出口级（一个标准）农产品质量标准，市场交易出去的农产品直接对接国外及国内中高端市场，实现"两个市场"全面开拓。二是打造两个特色，实现快捷交易、无害化处理。（1）设立"园区内一站式出口服务"。在出口贸易加工区建立农产品检验检测中心、出口服务中心，可实现产品园区检验、报验、通关后直接运往出口国际市场，实现与国际市场直接对接，实现农产品快速交易，使区域化农产品最大限度的保值、增值。（2）打造"蔬菜垃圾无害化处理"。安丘市现有30万亩大葱，净菜出成后可年供市场120万吨，同时产生下脚料30万吨。交易市场专门建设蔬菜垃圾回收无害化处理区，一部分可以加工成饲料，其余部分全部装填沼气处理池，沼渣、沼液全部供应区域化基地当作有机肥料，最大限度实现无害化处理。三是做到"三化"同步，提升市场交易能力。（1）交易电子化。交易中心采用电子管理系统，把经营过程中各个方面全部纳入一个紧密的供应链中，实现物流、资金流、信息流全面一体化信息管理，充分满足现代化农产品批发和物流市场的需求。（2）物流现代化。市场原材料、产成品从起点至终点全过程实现有效流动，将运输、仓储、装卸、加工、整理、配送、信息等方面有机结合，形成完整的供应链，为用户提供多功能、一体化的综合性服务。（3）食品安全化。市场建立健全严格有效食品安全监督管理体系，新上液相、气相、速测等设备86台（套），在种植、加工、流通环节逐步实现"综合性、专业化、成体系"的监管模式。四是实现经济社会效益并举，全面提升现代化农业水平。市场对农产品进行精深加工和保鲜，将有效提高农产品的附加值，促进农业增效、农民收入。项目建成后，农产品年交易量可达100多万吨，交易额30多亿元，带动植基地25万亩，增加农民收入10多亿元。市场汇集全市出口贸易资源，有利于理顺不合理的价格竞争，形成区域化农产品竞争优势。特别是产品在市场经过检测合格后，可直接与国际市场接轨，有利于降低出口成本，扩大农产品国际市场占有率。

七、推进农业综合开发项目新突破,实现与城镇化有机融合

城镇化与农业现代化互为依托,相互促进,中国的城镇化离不开农业现代化的支持,尤其是安丘作为农业大县,推进城镇化更是离不开农业现代化。推进城镇化重要载体是新型农村社区建设,而农业现代化重要途径就是建设现代农业园区,加快农业产业化,新型农村社区的正常运转,离不开园区支持。我们将实施农业综合开发项目和新型社区建设相有机结合,实现产业对社区的有力支撑,推进城镇化与农业现代化同步发展。一是将项目区全部打造成高标准现代农业园区。将高标准农田项目优先安排到新型农村社区周边或农村搬迁闲置地域,建设高标准农田,为建设现代农业示范园区打下坚实基础,通过建设现代农业示范园,实现农业产业支撑。二是在项目区积极实施农业产业化。对村民因搬迁到新型社区居住而腾出的土地向专业大户、家庭农场、农民合作社流转,大力发展基地型、组织型农业园区,实现由分散种植养殖向公司化、规模化、集约化转变。三是积极引进涉农项目。通过招商引资在新型农村社区周边建设农产品加工厂等涉农企业,既可发展企业合同种养基地,又能吸收社区富余劳动力,实现农民身份转变,拓宽农民增收渠道,提高社区居民生活水平。四是倾斜基础设施建设。在建设高标准农田时,结合项目区道路、水利、林网等建设,将项目资金倾斜到新型农村社区基础设施建设,不断提升社区建设档次。

巧为大山做"嫁衣"

——青州市农业综合开发山区治理纪实

青州市农发办 刘福金

青州市地处山东半岛中部，地势西南高东北低。西南部群山叠翠，东北部沃野平川。其中，青州市有山区面积734平方公里，占全市总面积的47%。王坟镇位于青州市西南部，因境内有明代王陵而得名，总面积229.6平方公里，是山东省面积最大的纯山区乡镇。

王坟镇境内有山体完好的山头二百多座，自然环境优美，历史文化丰厚，是国家级生态建设示范区、山东省旅游名镇。八喜谷流域总规划面积42平方公里，现在已发展成为一处集生态农业观光、峡谷探险、健身娱乐、休闲度假、自然观光于一体的休闲娱乐中心。八喜谷风景区被评为潍坊市级森林公园、潍坊市乡村旅游精品线路，成为全国小流域治理的示范工程。八喜谷春天满山的绿色里、秋天累累的硕果中，无不包含着青州农发人的智慧和汗水。

一、倾情大山巧织绿

山区农业上不去，青州的农业现代化就无从谈及，必须要在山区治理上下功夫；而山区治理，则必须坚持以生态文明的理念和要求，秉承生态、经济、社会三效统筹，把山区综合开发和农业结构调整、生态旅游、新农村建设相结合。在这样的科学理念指导之下，青州农业综合开发人把目光投向了八喜谷流域。

八喜谷流域涉及周边10个村1815户7041人，这里与王坟镇其他山区一样，天然无污染，盛产山楂、核桃、柿子、桃、杏等高品质的有机果品，但苦于山深路狭，与外界沟通少，真可谓"养在深闺人未识"。而且，一旦遇到干旱天气，人畜吃水都难，粮果颗粒无收也不鲜见，所以这里基本上还是处于"靠天吃饭"的状态。

2009年春，八喜谷周边的老百姓发现，有一群人，每天在这里丈量、勘测，拿着本本不断地记，在图纸上不断地改，他们的脚步印在了八喜谷的每一个角落。

他们了解到，这是青州农发办、水利局、交通局等相关部门组成的"联合部队"，这是在对八喜谷进行规划，要对八喜谷进行山、水、林、田、路综合治理呢。

经过充分地准备，细致地论证，终于确定了科学合理的施工方案：以水利建设为中心，采取工程、生物、耕作三项措施，从山底治理到山顶：在山顶培育和恢复植被、在山腰栽植经济林、在沟道建谷坊，形成水土保持综合防护体系，不但达到蓄水保土的目的，而且收到地下水位回补的效果。同时，以坡面、村庄和沟道为重点，从源头上治理，按"生态修复、生态治理、生态保护"三道防线布设防治措施，以小流域内污染总控为原则，综合减污、因地制宜、因害设防，科学布设流域内污水、垃圾、化肥、农药等各类污染源，达到流域内空气新鲜、水源洁净、环境优美。

八喜谷周边的老百姓清楚地记得，2009~2010年，一支施工队伍总是在这里忙得热火朝天：挖沟、修路、种树、打井，八喜谷在他们的手中一天天变着样儿。

1. "山"：从坡、沟、隙几个方面入手，山顶石砌小穴立地，以防护林为主；其他以大穴、水平阶立地，以经济林为主；沟道建谷坊，配套石砌水渠及排水沟；坡内的坝头地作石砌水平梯田，田隙分两块，较大的插补大穴、水平阶等工程，较小的田隙营造生物地堰。

2. "水"：治水采取坡面集水、沟道截水和机井提水三种形式，利用打机井、修蓄水池、建扬水站、闸谷坊等工程措施，相互串联，做到汛期能蓄、枯水期能扬，同时，以微喷、流动喷灌、滴灌等形式为主，发展节水灌溉，保证了苗木正常用水。

3. "林"：防护林以侧柏、火炬为主，纵向实行侧柏、火炬混植，混植形式以株间混植为主，苗木对半配植；经济林向"名、优、精、特、稀"深度开发，大力引进优良品种，同时实行速生与更新相结合，柿、杏间作，保证了生物措施的连续性。

4. "田"：流域内所有大田全部退耕还林，山脚下大田实行林粮间作。田间工程措施采取长堰头、打地堰、整树穴等形式，并且挖筑排水沟以助排水。

5. "路"：环山路面建设宽度5米，沙石结构，保证晴雨通车，并沿环山路内侧修挡土墙。挡土墙有两个作用：一是护路；二是把挡土墙提高到一定高度，并回填土作道路水平阶，这也是水土保持的第二道防线。

在对"硬件"进行治理整改的同时，始终不忘"以人为本"，在项目区内开展乡村文明行动，加强环境综合治理。流域内所辖村庄统一实行村庄规划，实施城乡环卫一体化，开展平安亮化工程，推广沼气、太阳能等新型清洁能源。

村子里路灯亮了，路宽阔干净了，农家人也随时可以用上太阳能热水了。大家心里亮堂了，脸上的笑容也多了，一个更加和谐的新农村形象日益呈现。

农业综合开发工程不仅为八喜谷流域带去了资金，更带去了思路，使当地政府、群众都认识到这片大山蕴含的无限生机和希望，并吸引了更多的资金、人力投入到这片山区治理中来。3 年来，已累计投资 1800 万元，累计治理水土流失面积 38 平方公里，贯穿整个流域的环山公路 27 公里（其中水泥硬化路 10 公里）、42 个水池点缀于山涧坡面、65000 米水平阶延伸路边；还建有谷坊 6 座，防渗渠 2500 米，铺设管道 20000 米，发展节水灌溉 800 亩，挖大穴 15 万个、小穴 32 万个；已建成 10000 亩柿子、10000 亩山楂、8000 亩良种枣、8000 亩良种杏和 3000 亩薄壳核桃五个生态示范区。森林覆盖率达到 76%，地面林草覆盖率达到了 95% 左右，形成了比较完整的生态体系，进而改善了生态环境，促进了生态观光旅游业的发展。

二、嫁与春风不用媒

开发一片，惠及一方。经过综合治理后的八喜谷，如今旱能浇、涝能排、田成方、树成行、渠相通、路相连，昔日的野山，变成了今天的"花果山"、绿色仓库、天然氧吧，取得了生态效益、经济效益、社会效益的"多赢"。

山楂树具有丰产早实、寿命长、适应性广的特点，是山区非常重要的经济树种。山楂果是一种保健果品，深受广大消费者喜爱。随着山楂树种植面积的不断扩大，目前，王坟镇山楂加工企业已发展到 200 多家，山楂加工业已成为当地的支柱产业，生产山楂片、山楂饼、山楂豆、山楂果脯、山楂果酒等十几个系列上百种产品，产品畅销海内外，带动了全镇经济的快速发展，王坟镇也因此被冠以"中国山楂加工第一镇"的美誉。

王坟镇出产的柿子也非常著名。王坟柿干以质地柔软、霜厚且严而著称，深受日、韩等国及东南亚地区消费者欢迎，年出口 5000 吨以上。

通过综合治理，改善了农业基础设施和生产条件，减轻了水土流失的危害，提高了土地利用率和土地生产率，传统种植业逐步向有机农业、生态观光农业转型发展。随着林果基地不断扩大，果品产量逐年提高，带动了当地果品深加工企业的兴起，形成了集种植、加工、销售一条龙产业化发展格局，就地吸收了大量农村剩余劳动力，增加了当地群众收入。

2012 年，八喜谷流域粮食总产量达 360 万公斤、果品产量 2000 吨，区域内农民人均纯收入 7690 元，比治理前翻了一番。

更令人欣喜的是，八喜谷生态园以它越来越靓丽的容颜、便利的条件，吸引着越来越多的游客前来观光、休闲、采摘。2012 年一年，仅门票收入就达到 10 万元，且带动了餐饮业的蓬勃发展。八喜谷流域的全面持续治理，年增经济效益达 300 多万元。

八喜谷流域综合治理工程仅是青州市农业综合开发山区治理的一个缩影。多年来，青州市农业综合开发坚持建精品、创一流的原则，以加强农业基础设施和生态

实践与探索

环境建设、提高农业综合生产能力为着眼点，以推进农业和农村经济结构的战略性调整、提高农业综合效益、增加农民收入为落脚点，累计投入资金3000万元，治理山区项目5个，累计治理面积22平方公里。青州农发人以汗水、智慧，编织了一幅幅山青、水秀、业兴、村美、民富的山区农村新画卷。

汶上县抓好五个着力点 农发资金管理实现"五化"

汶上县农发办 侯 凯 何 华

近年来,汶上县农业综合开发工作始终坚持把加强资金管理落实到农发工作的各个环节,作为贯穿全部工作的主线,按照"规范化、科学化、精细化、安全化、高效化"的工作思路,大力推进机制创新,全面实施科学管理,有力保证了农业综合开发资金的规范管理、安全运行和高效使用。

一、着力建立健全制度,抓资金管理"规范化"

科学完善的政策制度,不仅是资金规范管理的依据和基础,更是资金安全运行和有效使用的前提和保障。近年来,汶上县根据国家及省、市农业综合开发政策和制度要求,先后制定出台了《汶上县农业综合开发县级报账实施细则》、《汶上县财政局、农发办、监察局、审计局关于切实做好农业综合开发资金管理工作的通知》。特别是财政部颁布新的《农业综合开发资金报账实施办法》以后,我们在认真学习、深刻领会精神实质的同时,针对近几年各级各类检查中发现的新情况和新问题,在深入调查研究、广泛征求意见的基础上,组建专门班子积极参与制定了《山东省农业综合开发财政资金县级报账管理实施细则》,使县级报账管理体系与办法得到进一步加强和完善。

二、着力提升管理水平,抓资金管理"科学化"

加强财务管理、推进会计电算化和信息化,既是农业综合开发资金管理的必然要求,又是农发会计提高管理效率、提升理财水平的重要手段。

一是全面推进电算化。汶上县充分利用省统一采购的"农发财会平台",全面实行了会计电算化管理,并根据汶上县实际进行了岗位分工和科目明细,使会计核算更加清晰，在省市检查中多次得到好评。

二是稳步推进信息化。2011年以来，汶上县开通了汶上县农业综合开发网站，搭建了自己的信息平台。网站及时发布项目建设动态、工程招投标信息、资金公示等信息，既提高了工作效率和管理水平，确保了项目和资金数据的真实性和准确性；又让资金管理贯穿于项目的事前、事中、事后全过程，确保了资金及时拨付，项目及时建设，农民及时受益。

三、着力细化操作流程，抓资金管理"精细化"

为规范资金报账程序，确保资金使用效益，我们积极做好农业综合开发项目和资金管理的有效对接，农发办既管项目又管资金，负责资金的参与项目建设管理全过程，负责项目的监督资金拨付，形成了统一协调、各负其责、齐抓共管的良好工作格局，真正做到了资金的精细化管理，确保了资金管理工作秩序规范、衔接紧密、运转流畅。

一是在报账手续和单据上进行了细化。明确了报账管理机构、报账资金范围、报账程序、报账资料、资金拨付流程等，统一印发了报账表格，要求报账资料必须有用款单位经办人、负责人签字并加盖公章，工程监理单位经办人、负责人提出付款意见，项目乡镇负责人、财务负责人提出审核意见并报县农发办验收审批后才能报账付款。凡程序不到位、资料不齐全的，一律不予报账。

二是在会计核算上进行了细化。农发会计核算相对于其他财政资金的核算有其特殊性，既要核算资金流量，还要核算工程成本，既要核算到项目、标段，还要核算到具体措施，既有直接成本的计算，还有间接费用的分摊。为进一步规范会计核算，我们对每一笔会计业务应作什么处理、附哪些原始凭证都做了明确要求，把会计核算的每一个步骤都化为了具体操作，为规范会计核算行为提供了强有力的保障。

三是在决算编制审核上进行了细化。农发决算报表编制要求高，内容多，逻辑强，时间紧。为了做好这一工作，我们对决算报表的编审实施程序化管理。每年收到省市下发的相关文件后，迅速组织相关人员召开会议，研究决算编制口径和要求，增设对账明细表，细化审核公式。汶上县在资金决算编制过程中的做法得到了国家及省市农发办的高度认可，连续多年获得决算评比第一名。

四、着力加强监督检查，抓资金管理"安全化"

健全监督检查机制，及时发现存在问题，是确保资金安全、项目安全、干部安全的有效保障。

一是依托信息平台进行监督。目前，汶上县农业综合开发从项目库建设到审核、筛选、评审、计划下达、项目招投标、资金公示及项目验收，实现了网上的即时监管，在社会上引起较好反响。

二是借助中介机构进行审计。汶上县单项工程竣工后必须经过中介机构审计方可报账，中介机构形成的审计报告更加专业，结果更加客观，真实反映了工程造价及质量。

三是组织相关部门进行竣工验收。汶上县成立了由审计、水利、农业、林业、农发、财政、监理等相关专业技术人员组成的汶上县农业综合开发项目验收小组，单项工程竣工审计后由验收小组进行县级验收。

五、着力落实管护责任，抓资金管理"高效化"

工程管护是确保项目长期发挥效益的根本性保障，汶上县高度重视工程管护工作。

一是按照"建管并重"、"谁受益，谁负责"、"以工程养工程"以及"市场手段与政府补助相结合"的原则实施项目运行管护。工程竣工后，我们及时与项目乡镇进行资产登记和移交，将所有权移交给乡镇，乡镇再移交给村组或合作社，让农民群众变为开发受益和管理经营的主体，调动他们参与工程管护的积极性和主动性。

二是充分发挥农民专业合作组织在组织引导农民参与经营管理中的作用，提升农民组织化程度。采取"合作组织＋基地＋农民"等符合市场经济要求的组织形式和管理模式，整合项目区资源，引导和带动农民与市场接轨，增强农民的市场竞争意识，既有利于专业化生产、规模经营，提高土地产出率和效益，又可使农民分享在生产、加工、流通诸环节的效益，保障长远利益，形成高效发展的良性机制。

三是确保管护资金落实到位，多形式、多渠道筹集管护资金，建立多元化投入机制。通过承包、租赁、拍卖等方式取得的收入由项目乡镇或委托农民专业合作组织进行管理；开发项目计划所列管护经费由县级农发办统筹安排和管理，各类管护资金实行分账核算，专款专用，保证了管护资金的来源和管理使用。

切实采取措施 积极引导农村土地流转

威海市农发办 王树栋 张禹

自1997年纳入国家计划以来,威海市农业综合开发工作以改善农业生产基础条件为根本目标,通过"山水林田路"综合治理,年均实施土地治理项目5万余亩。但土地所有权的极度分散,不仅严重影响了项目综合效益的发挥,更成为制约威海市农业和农村经济进一步发展的瓶颈。近年来,威海市农发办在认真调查研究的基础上,对如何推动农村土地流转以及促进农业规模化生产、产业化发展进行了积极探索和大胆实践。现将调研及相关工作开展情况归纳如下。

一、当前威海市农村土地流转的基本情况

威海市农村土地流转目前主要有以下五种形式:

(一)转包

转包即在承包期内,承包户将全部或部分土地转包给第三者;由第三者向承包户履行一定的义务,承包户与村集体的原承包关系不变。形成的主要原因是部分农户从事渔业及第二、第三产业生产,无暇经营土地,但又不愿放弃土地承包权。2011年,全市土地转包面积为3.9万亩,占流转土地总面积的18.9%。

(二)互换

互换即在承包期内,承包户之间进行全部或部分土地互换。互换土地的承包权、经营权和原承包合同约定的权利义务关系也随之转移。形成的主要原因是农民出于耕种方便或种植结构调整的需要。2011年,全市土地互换面积为2.6万亩,占流转土地总面积的12.6%。

（三）转让

转让即承包期内，承包户解除与村集体的承包关系。村集体将土地转让给第三者。形成的主要原因是原承包户迁居城市或从事第二、第三产业生产，有比较稳定的收入，因而放弃了土地承包权。现在这种情况已经很少发生。2011年，全市土地转让面积为1.4万亩，占流转土地总面积的6.8%。

（四）出租

出租即承包期内，承包户将全部或部分土地使用权出租给本村以外的单位或个人。承租方给出租农户固定的收益。2011年，全市土地出租面积为12.1万亩，占流转土地总面积的58.7%，占比最大。

（五）入股

入股即承包期内，承包户将全部或部分土地使用权折股作价，参与农民专业合作组织生产经营。承包户参与股权分红。这种土地流转形式在威海市尚处于探索和起步阶段，占比极小。

2011年，威海市农村土地流转面积为20.6万亩，约占耕地总面积的7%。流转土地的流向分别为，46.6%在农户之间流转，18.4%流转到农民专业合作组织，27.7%流转到农业企业，7.3%流转到其他主体。

由此可以看出，威海市的农村土地流转的总体规模还很小，且大多还停留在农户之间流转的低层次上，对于解决土地使用权分散和促进农业规模化经营、产业化发展的作用十分有限。同时我们也应看到，虽然流转向农业龙头企业和农民合作组织的土地还不到流转土地总量的一半，但已表明威海市农业产业化发展具备了一定基础；尤其可喜的是，其近年来的增长势头十分迅猛。只要加以必要的政策支持和引导，威海市农村土地流转工作一定会在不久的将来呈现出全新的局面。

二、当前制约农村土地流转的三大因素

当前，制约农村土地流转的因素主要有以下三个方面：

（一）土地延包政策在部分农村执行不规范，农民土地承包经营权没有得到确认

受历史条件和政策环境影响，在1998年开始的农村土地"第二轮延包"过程中，"以家庭为单位，按人均分土地"的政策在部分农村没有得到真正落实。有的村集体根本就没有与农民签订土地延包合同；有的虽然签订了合同，但土地经营权证没有发放到农民手中；有的土地承包期限不够30年。上述情况均导致农民的土地承包经营权没有得到正式确权，农民不能通过依法流转土地获得收益。如果这些突出问题不得到妥善解决，就不能真正实现农村土地的依法、有序流转。

（二）农业产业化发展水平不高，龙头企业带动能力差，土地流转缺乏产业支撑

目前威海市规模较大的农业龙头企业多集中在海洋捕捞及水产品养殖加工领域，真正意义上的农产品加工龙头企业数量少且规模小。仅有的一些大型农产品加工和物流龙头企业也多从外地采购原材料，没有在本市建立自己的生产基地。"企业+合作社+基地"的现代农业发展模式还未真正建立，农业龙头企业带动能力差，农业产业化水平较低。农村劳动力向第二、第三产业转移不彻底，亦工亦农、亦商亦农等情况非常普遍。农村土地的大规模流转因此受到了严重制约。

（三）农村社会保障体系不完善，土地流转收益难以满足农民心理预期

在大部分农村还没有像城市居民一样实现基本社会保障的情况下，目前土地仍然是威海市大部分农民生活甚至生存必须倚重的基本要素。在土地流转收入不足以维持农户基本生活需求的情况下，存在后顾之忧的农民宁愿粗放经营，也不肯把土地流转出去，大规模的土地流转也就很难进行。因此，进一步完善农村社会保障体系，削弱农民生活乃至生存对土地的过度依赖，是实现农村土地大规模流转的重要先决条件。

三、威海市农业综合开发促进农村土地流转的探索

2012年，威海市农发办积极响应市委市政府的号召，从全市农业和农村经济发展大局出发，结合农业综合开发项目特点，充分发挥财政资金的带动优势，有针对性地从提升农业产业带动能力入手，在5.72万亩土地治理项目建设过程中，采

取三项措施,引导土地流转1.15万亩,占项目建设面积的20.1%,远高于7%的全市平均水平。

(一) 积极扶持农民专业合作组织,引导农村土地流转

当前,农民专业合作组织已经成为农业生产和农村经济发展中的一支活跃力量。为充分发挥其促进农村土地流转方面的先天优势,威海市对农民专业合作组织的扶持力度逐年增加。2012年,通过土地治理项目,投入财政资金457万元,扶持3个农民专业合作组织进行生产基地建设,流转并改造中低产田3000亩;通过产业化经营项目,投入财政资金150万元,扶持4个农民专业合作组织扩大生产和加工能力,实现土地流转500亩。两者合计占年度项目建设面积的6.1%。

(二) 鼓励引进农业龙头企业,引导农村土地流转

"龙头企业+基地+农民"是适应当前我国国情的农业产业化发展模式之一。在农业综合开发项目建设过程中,我们一直把为项目区招商农业龙头企业,建设生产基地,作为带动农村土地流转,全面提升项目区农业产业化水平的一项主要措施来抓。2012年,威海市共投入财政资金773.5万元,对7家农业龙头企业进行了专项扶持,涉及种植、养殖、加工和物流等多个领域,实现土地流转8000余亩,占年度项目建设面积的14%。

(三) 支持农产品规模化生产,引导农村土地流转

在通过项目对农民合作组织和农业龙头企业进行专项扶持的同时,威海市在整体土地治理项目实施过程中,以支持优势农产品生产基地建设为指导思想,在项目规划和建设上,根据不同农作物特点,合理规划和布局平塘、大口井、高位水池等水源工程,积极推广应用管灌、滴管节水灌溉等先进技术手段,努力满足现代化农业生产需要。2012年,全市共投入财政资金6846万元,实施中低产田改造3.72万亩,高标准农田建设2万亩。在积极引导土地流转的基础上,全部项目区都将建设成优势农产品规模化生产基地,成为当地农业的精品工程、示范工程。

为将农业综合开发引导农村土地流转的工作落到实处,市农发办专门制定和出台了《威海市农业综合开发项目绩效评价办法》;通过强化对土地流转比例、农产品基地建设、龙头企业引入和农民合作组织扶持等绩效指标的事前评估和事后考核,严把项目立项审核和竣工验收首尾两关,有效地推动了项目区土地流转工作蓬勃发展。

四、促进农村土地流转的六点建议

全面推进农村土地流转已经成为解决我国农业和农村经济增长乏力亟待采取的措施。但在具体实施过程中，各级政府和有关部门应避免一哄而上、一刀切，搞运动。在保持农村稳定的前提下，从合理配置土地资源，促进农业规模化生产、产业化发展和增加农民收入的角度出发，下大力气抓好以下六项工作：

（一）正视问题，明晰产权

虽然土地延包政策执行不彻底有着复杂的历史背景，但其当前已成为推动农村土地流转的最大阻力。只有正视历史遗留问题，采取切实有效的措施，积极化解矛盾，理清农村土地承包关系，才能够实现我国农村乃至整个国民经济的进一步发展

（二）因地制宜，形式多样

农村土地流转面对的具体情况极其多样、极其复杂。必须立足当地实际，综合社会发展水平、产业结构和产业优势等多种情况，因地制宜地有序推进。既要鼓励转让、出租和入股等较先进的土地流转形式，又要允许转包和互换等传统流转方式的存在。同时更要结合当地风俗习惯，积极探索全新的流转形式。

（三）依法进行，规范程序

要有序地推进土地流转工作，首先要坚持依法流转的原则，规范流转程序，完备相关手续。其次要以自愿流转为前提，充分尊重流转双方的意愿。最后要注重对农民利益的保护，兼顾农民的当前和长远利益。只有这样，才能够在加快发农业和农村经济展的同时，保持农村的长期稳定。

（四）加强领导，政策保障

各级政府应积极制定相应的政策措施，从资金投入到平台建设等各个方面予以大力支持。镇级政府应成立专门的土地流转管理机构，制定区域土地流转规划，并为土地流转提供指导、监督、信息发布、法律咨询、档案管理和矛盾仲裁等服务。各级政府在对土地流转平台建设和运行予以资金保障的同时，应进一步加大农村社会保障力度，切实解除农民的后顾之忧。

（五）积极试点，典型带动

各级政府应充分发挥农业综合开发的"土地治理"、国土部门的"土地整理"、水利部门的"小型农田水利重点县"建设和发改委的"千亿斤粮食生产能力建设"等部门项目优势，统筹安排、合理布局，结合农村环境综合整治和小城镇建设，选择具备一定产业条件、群众基础好的地方先行开展试点，总结出适应本地具体情况的成功经验；通过典型带动，引导农民积极主动地参与土地流转。

（六）大力宣传，营造氛围

为配合土地流转工作大规模开展，各级政府应充分发挥舆论导向作用。一是应积极宣传土地流转对于促进产业发展和农民增收的作用，转变干部群众对土地的传统观念；二是应积极宣传国家相应政策法规，解除农民的后顾之忧；三是应积极宣传已有的成功经验，提高农民参与的积极性，为大规模土地流转创造良好的社会舆论氛围。

总之，土地流转已成为当前促进现代化农业发展亟待采取的措施。各级政府应正视历史遗留问题，研究制定整改措施；在坚持农民自愿的基础上，充分发挥现有各类相关项目优势，加大宣传力度，制定专项扶持政策，鼓励和引导农村土地流转工作的开展。

创新指标体系 威海市土地治理项目绩效评价工作取得显著成效

威海市农发办 王梓清 张 禹 丛 蕾

为切实做好农业综合开发项目的绩效评价工作，威海市就土地治理项目绩效评价工作的目的、定位、方法和指标体系设计进行了深入研究，创新性地制定了《威海农业综合开发土地治理项目绩效评价办法（试行）》。在全面贯彻执行农业综合开发各项规章制度的基础上，绩效评价工作取得了显著成效，对于全面提升项目规划和建设水平发挥了重要作用。

一、进一步明确了土地治理项目绩效评价工作的目的

作为财政资金管理整体工作中的一个方面，土地治理项目绩效评价工作的目的应包含两个层次的内容：

从宏观角度讲，是为了更全面、客观地评价农业综合开发资金的使用效益，建立科学、规范的使用、管理体系；提高财政资金使用的经济性、效益性和效率性，充分发挥财政资金在改善农业生产基础条件、促进农业和农村经济发展、增加农民收入等方面的积极作用。

从微观角度讲，是为了进一步强化农业综合开发土地治理项目管理，并通过绩效评价引导和促进农业生产发展、农民增收和社会主义新农村建设。

二、进一步明确了土地治理项目绩效评价工作的定位

明确绩效评价在农业综合开发整体工作中的定位，对于理清其与行政效能考核工作的关系，清晰与其他规章制度和工作之间的衔接，使之成为开发工作的有机组成部分具有重要的意义。

（一）土地治理项目绩效评价与行政效能考核

行政效能考核是一项以改善行政管理，提高行政机关工作效能为目标，通过加强行政效能监察促进机关管理水平提高的管理工作。绩效评价工作应是行政效能考核工作组成部分之一。如果将日常工作考核的有关内容列入绩效评价工作，将使之与行政效能考核工作相混淆，冲淡了绩效评价工作的主题和针对性。

（二）土地治理项目绩效评价与评估论证

评估论证工作是一项涉及不同专业领域的技术性工作；是一个就整体项目规划、布局和单项工程设计的合理性等进行评估论证的过程；是制定可行性报告的重要依据。但由于缺乏宏观政策方面的把握，使其在政策引导方面存在一定的欠缺。因而，通过实施绩效评价对项目的宏观必要性进行把握，由评估论证对项目规划的具体细节进行把关，既可使两项工作各有侧重点，明确各自的责任，又有利于农业综合开发整体水平的提高。

（三）土地治理项目绩效评价与检查验收

检查验收工作是一项根据国家下达的项目计划，对资金的使用和管理、项目计划完成及工程质量和规章制度执行等情况进行全面检查和验收的过程；是对已完成工作的总结。绩效评价工作是对项目建成后所达到效果的整体评价，具有宏观性和前瞻性；重点在于对未来工作的指导。两者侧重点不同，不能相互替代；但可以同时进行，并形成有机相互补充。

三、土地治理项目绩效评价工作几个重要概念和环节

（一）绩效评价的主体

主体的实质是由谁来具体评价，是进行绩效评价工作的基础。鉴于各级农业综合开发办公室具有综合管理职能和延伸到每个项目县的组织机构，由各级农发办作为绩效评价的主体，负责本辖区开发项目的绩效评价，不但责任清晰，机构稳定，而且便于开展工作。

（二）绩效评价的对象

如果把各级农发办作为绩效评价的对象，难免把很多日常工作，如文件信息上报、开发制度执行等列为评价内容；其结果最终或与行政效能考核工作混为一谈，或与检查验收模糊不清。因此，绩效评价的对象应当是项目本身，即已经纳入或拟申请纳入国家开发计划的土地治理项目。

（三）绩效评价的形式

土地治理项目绩效评价工作只包括项目立项事前绩效评价和项目完成事后绩效评价两种形式。前者主要对项目立项的必要性进行绩效评估；可行性由评估论证环节来完成。后者主要对项目完成的结果进行宏观评价，为今后财政资金使用提供参考和决策依据；项目建设中各项细节由检查验收来完成。事中评价意义不大，可暂不考虑。

（四）绩效评价的内容

为充分发挥政策的引导作用，保持政策严肃性和一致性，事前和事后绩效评价应采用相同的指标体系。事前绩效评价主要是通过对可行性报告中各项预设绩效指标进行定量考核，综合评价项目是否符合国家有关政策、各级政府农业和农村经济发展规划，以及项目预期经济、社会、生态效益等。事后绩效评价主要是通过对项目完成后各项预设指标的实现程度进行定量考核，综合评价项目实施是否达到可行性报告制定的各项预设绩效目标。各地可根据具体情况列入其他需要评价的内容。

（五）绩效评价组织与程序

各级农发办应成立常设的绩效评价组，负责本级农业综合开发土地治理项目的绩效评价组织。项目承担单位具体负责所承担地治理项目的自我评价，完成自我评价报告；并根据需要申请不同级别的绩效评价。在此基础上，各级绩效评价组根据工作需要对具体项目进行绩效评价，并做出绩效评价报告。

事前绩效评价可与评估论证工作一并进行；事后绩效评价可与项目验收工作一并进行，或充分应用项目验收工作的资料和结果。

（六）绩效评价结果的应用

绩效评价结果可实行百分制考核。事前绩效评价结果应当是决定是否准予立项的必要条件。在多个项目竞争立项的过程中，绩效评价结果可作为评判筛选的重要依据。事后绩效评价结果，一可作为检查验收结论的组成部分；二可作为对下级农发办行政效能考核的一项重要内容；三可作为今后资金指标分配和项目立项的参考；四可通过总结绩效评价结果，及时修正绩效评价指标体系或对本地区的农业综合开发政策进行必要调整。

四、立足宏观，突出引导，创新绩效评价体系的设计

指标体系是绩效评价工作的核心内容，是绩效评价工作中的关键环节。指标过细不利于具体操作；过于宏观则不利于对具体项目作出准确的评价。由于各地农业生产基础条件、农业和社会经济发展水平、今后农业的发展重点和方向等方面都存在极大的差异，在制定具体的绩效评价指标的时候，必须因地制宜、充分考虑各地的不同具体情况。以下是基于威海市具体情况制定的绩效评价指标体系及分析说明。

（一）威海市社会和经济发展基本情况

1. 社会经济发展较快，但第一产业比重持续下降。2010年，全市实现生产总值1944.7亿元，比上年增长12.7%。第一、第二、第三产业比例为7.92∶55.89∶36.19。第一产业在三产中所占的比重为历年最低值。这虽说明威海市经济发展取得了很大的成绩，但其中反映出的农业发展速度滞后也已引起我们的高度关注。

2. 农民收入持续增长，但增速趋缓。2010年，全市农民人均纯收入10517元。虽然这也是个亮丽的数字，但实际情况是随着第一产业所占比重的降低，传统农业生产收入在农民收入中所占比例也大幅下降；如何提升农业这一基础产业发展水平，实现农业增效、农民增收是我们亟待解决的问题。

3. 农业产业化发展较快，但集约化程度有待提高。截至2010年，全市规模以上农业龙头企业288家；其中国家级6家，省级50家。注册农民专业合作社968家，入社成员3万多户，辐射带动农户10万户。但平均每个龙头企业和农民合作组织辐射带动农民仅80户；说明我们多数龙头企业的规模较小，带动能力较弱。

4. 农业生产基础条件差，需要进行全面系统的改造。一是耕地面积偏少。全市土地总面积56.98万公顷；其中耕地仅占33.69%，人均耕地仅为1.16亩，远低于全国平均水平。二是土壤相对贫瘠。耕地多为丘陵，土壤质量较差。三是土地流转总体规模不大。土地分散已经严重制约了威海市现代化农业生产的发展。

(二) 创新性构建评价指标体系

针对以上情况，威海市于2011年正式颁布实施了《威海农业综合开发土地治理项目绩效评价办法（试行）》，创新性地构建了符合威海市实际的绩效评价体系，从以下七个方面，全面引导项目区农业产业化和现代化发展，切实提高项目规划和水平。一是通过对高效经济作物面积进行考核，引导项目区主动进行结构调整。二是通过对优势主导产业面积进行考核，引导项目区高效经济作物的规模化生产、产业化发展。三是通过对流转土地面积进行考核，积极引导项目区农民规范、合理、有序地进行土地流转。四是通过对引进龙头企业数量进行考核，引导项目区农业基地化生产、产业化发展。五是通过对扶持农民合作组织情况进行考核，稳定和促进土地流转，强化农民和龙头企业的关系，引导现代化农业发展。六是通过对项目和资金整合进行考核，引导项目区提高规划和建设水平。七是通过对连村路平整、绿化等工作进行考核，引导项目区在发展生产的同时，加快新农村建设步伐，实现农民生产生活条件的一体改善。

五、严把两关，狠抓绩效评价工作落实

在具体工作中，我们通过严把项目前期立项审查和后期检查验收两关，与其他开发工作进行有效衔接，狠抓绩效评价工作的落实。威海市2012年度土地治理项目区，粮食作物平均亩产达到1013.5公斤，农业生产基础条件大幅改善。高效经济作物播种面积达到项目区总面积的28.4%，种植结构调整进一步优化。苹果、梨和蔬菜等特色农产品种植达到项目区总面积的20%，优势主导产业进一步突出。流转土地和基地面积分别达到项目区总面积的21%和70%，农业规模化生产初步形成。万亩项目区平均拥有农业龙头企业1.4家，农民合作组织4.8家，农业产业化得到极大发展。万亩项目区平均整合各类涉农项目1.8个、资金876万元，带动企业投资2300万元，项目规划和建设水平大幅提升。项目区内所有行政村都完成了农村环境综合整治，农民生产生活条件得到了同步改善。威海市2012年度所有土地治理项目区都建成为当地农业现代化样板工程和示范工程，成为新农村建设的亮点。

发挥土地治理项目优势
做强做大优势产业

沂南县农发办　邱增云

近年来，在县委、县政府的正确领导和上级业务部门的大力支持下，沂南县农业综合开发立足县情，面向市场，充分发挥项目区基础设施完善、水利配套齐全的优势，大力调整产业结构，重点培植发展了粮油、蔬菜两大优势产业。全县粮油、蔬菜标准化生产基地达30万亩，全县74家企业申报"三品"认证，获得"三品"认证的农产品有211个，打造了"全国农产品加工创业基地"、"全国设施蔬菜发展基地县"、"全国肉鸭加工第一县"等特色鲜明的农业品牌。

一、围绕优势产业，科学编制综合开发规划

在产业结构调整中，根据沂南县西部系低山区、中部是狭长的沂河冲积平原、东部是长虹岭地带、南部平原四大区域特点，在主导产业布局上，坚持"因地制宜、扬长避短"的原则，西部山区着重发展林果、油料，东部着重发展蔬菜、粮油，南部着重发展高效设施农业。为推进优势主导产业快速发展，在编制农业综合开发规划时，针对每一区域的产业特点，按照"集中连片、规模开发、突出特色、综合配套"的总体思路，科学制定每一个五年规划，在开发过程中，确保每一个规划都落到实处。如高标准农田项目区位于沂南县南部，是沂河冲积平原和蒙河冲积平原，土壤主要是棕壤和潮土，较为肥沃，把综合开发的重点放在了高效节水灌溉模式的推广、改善农业生产条件上，为发展高效优质粮食、蔬菜产业打下了良好的基础。在东部长虹岭地带，针对当地土层较薄，砾石含量较多，易干旱，灌溉条件差等实际，实施中低产田改造，开发的重点放在土壤深翻，打井修路等设施建设上，有效改善了项目区的设施条件，为蔬菜瓜果产业的发展提供了有利条件。

二、围绕优势产业，大力改善基础设施条件

沂南县从 2006~2012 年共实施了 7 期土地治理项目，7 个年度的国家农业综合开发土地治理项目，共涉及 6 个镇 57 个行政村。共投入项目建设资金 7415 万元，其中，中央、省、市财政资金 6385 万元，自筹资金 1030 万元。7 个年度的土地治理项目共改造治理中低产田 5.6 万亩，建设高标准农田 3 万亩。中低产田改造共打大口井 107 眼，其中机电配套 38 眼，建蓄水池 16 座，拦水坝 4 座，开挖疏浚渠道 183.41 公里，埋设地下管道 10.41 万米，架设输变电线路 8.6 千米，建桥、涵、闸等建筑物 1009 座；扩大改善灌溉面积 4.8 万亩，发展节水灌溉 4.2 万亩，新增和改善除涝面积 2.6 万亩；改良土壤 5.4 万亩，新修复修机耕路 174.15 公里；培训农民 1.02 万人次，农业新技术示范推广 5.6 万亩；新建农田防护林网 5.6 万亩，植树 12 万株，建护林房 35 间。建设高标准农田 3 万亩，共新打、配套大口井 256 眼，射频卡灌溉管理系统 256 套，建灌溉泵站 5 处，铺设 PVC 灌溉输水管道 202 公里，配套变压器 13 套，架设 10KV 供电线路 52.9 公里，埋设地下电缆 83 公里，开挖疏浚渠道 135.4 公里，修建桥涵 990 座；改良土壤 3 万亩，整修道路 100.49 公里；发展防护网格 3 万亩，植树 8.8 万株；培训农民 10200 人次。

"十一五"期间，沂南县农业综合开发取得了显著的经济效益、社会效益和生态效益。通过实施中低产田改造项目和高标准农田项目建设，落实水利、农业、林业、科技等综合配套治理措施，基本解决了项目区制约农业生产发展的障碍因素，使农业生产条件得到显著改善，农业生产水平显著提高，农业综合生产能力明显增强，农民收入大幅度提高。据统计，"十一五"期间，全县农业综合开发项目区农田灌溉保证率由 20% 提高到 80%，灌溉周期由 15~20 天缩短到 7 天以内，科技成果应用率达到 80%，农业良种推广率达到 100%，林木覆盖率由 15% 提高到 23% 以上。粮食单产提高 70 公斤，油料单产提高 80 公斤，年增产优质粮食 280 万公斤，优质油料 140 万公斤，优质蔬菜 1500 万公斤，年新增产值 1800 万元，年新增农民人均纯收入 410 元。

三、围绕优势产业，着力加强优质产品基地建设

沂南县农业综合开发在高起点规划的基础上，立足主导产业开发，切实做到高标准建设。在土地治理项目上，为了保证工程质量，大胆创新，积极探索，实行项目建设招投标制，进一步完善了项目建设法人制、项目资金公示制，积极推行工程监理制，实行资金专款专户、县级报账管理制，严格工程施工程序，对各个单项工

程进行细化管理，严把施工关，推行领导包镇、干部包村、农民监督员制度，做到工程实施到哪里，质量监督就到哪里，确保工程建设质量。在产业化项目建设上，坚持把发展产业化与提高农业综合生产能力、与建设优势农产品基地、与农民需要统筹兼顾，紧密配合，围绕"一村一品"，大力发展专业村建设，打造精品产品、绿色产品和名牌产品，努力把项目区建成优势产业突出、农产品竞争力强、经济效益显著、农民收入增长较快的农业生产示范区。近年来，沂南县培育发展了沂南黄瓜、韭菜、草莓、芸豆等一批具有沂南特色的优质农产品品牌，沂南黄瓜种植面积35万亩，居全省第一位。以省级龙头企业沂南县鲁中蔬菜有限公司为依托在农业综合开发项目区内建立了2万亩优质黄瓜生产基地和2万亩优质韭菜、草莓生产基地。依托省烟草公司在项目区建立了500亩有机蔬菜生产基地。这些基地的建立起到了良好的示范带动作用，促进了项目区农业内部结构的优化调整，增加了项目区群众的收入。

四、围绕优势产业，积极推广农业实用技术

搞好产业开发，农民是主体。我们把农民的科技知识培训当作大事来抓，不断创新培训形式，丰富培训内容，增强培训效果。一是结合农时特点，积极开展向项目区群众"送科技知识到村、送良种到田、送技术要领到人"的"三送三到"活动。同时，通过专家讲课、技术人员现场指导、发放科普资料等形式，力争使项目区每户有一名掌握一到两门实用技术的"明白人"。二是按照农时季节逐项分解，制定《绿色食品蔬菜生产技术操作规程》和《绿色食品蔬菜标准》下发到农户，使农户对如何生产一目了然，规范化操作。三是建设科技示范园和良种繁育基地，带动农民科技种田，每年我们都要培训农民技术员5000人次，示范推广高效农业示范田1万亩。四是积极推广农业先进适用技术。重点推广了蔬菜无公害栽培、黄瓜高产优质栽培和小麦、玉米优质高产栽培、测土配方施肥等技术，同时在高标准农田建设中推广小麦规范化播种、氮肥后移等栽培技术。

五、围绕优势产业，精心培育龙头企业

近年来，由于受市场"价格—成本"的双重挤压，农业增产不增收的现象突出，延长产业链条，发展龙头企业，走产业化的路子，已成为促进农业增效、农民增收的有效途径。在实施农业综合开发产业化项目中，我们一方面围绕农产品蔬菜的深加工，以及畜牧规模养殖，重点扶持发展了一批辐射带动作用强、经济效益好、市场竞争力强的产业化龙头企业。"十一五"期间重点扶持了临沂农丰食品有

限公司、临沂三业成食品有限公司、山东青果食品有限公司、山东青田食品有限公司、沂南县鲁中蔬菜有限公司、沂南县彩蒙奶牛养殖有限公司、沂南县华胜食品有限公司等7家省、市农业产业化龙头企业。通过对龙头企业的扶持，不仅促进了企业的发展，加快了我县农业产业化进程，还增加了农民就业机会，为农民增收创造了条件，这些龙头企业为农民提供了1000多个就业岗位，农民仅此一项人均年增收1万多元。另一方面积极引导和支持群众发展各类专业合作社，组织人员深入合作社，现场指导培训，帮助建章立制，规范运作。近年来，沂南县以财政补助的方式对茂源果品种植专业合作社、鲁中畜禽养殖专业合作社等合作社予以扶持，通过扶持，不仅扩大了合作社规模，而且确实带动了当地农户发展，增加了农民收入，真正做到了产业化的示范带动作用。

农业综合开发实施的过程，就是特色主导产业不断培育壮大的过程。近几年来的农业综合开发工作，使我们深切地体会到，在发展现代农业、推进社会主义新农村建设的新形势下，要构建和谐、文明、富裕的新农村，必须进一步强化农业综合开发地位，为农业发展、农民增收打下坚实的生产基础；要推进农业综合开发事业顺利发展，必须进一步突出开发作用，形成农发办牵头、部门协作、政府搭台、农民唱戏的合作氛围；要实现农业增效、农民增收目标，必须以综合开发资金为龙头，科学整合各类支农资金，进一步加大投入力度。坚持"集中连片，规模开发，突出优势"的宗旨，重点发展蔬菜、畜牧业，积极扶持农民专业合作社建设，不断提升农民参与市场的组织化程度，推进农业综合开发工作再上新台阶。

风劲正扬帆　海阔任远行

——栖霞市农业综合开发纪实

栖霞市农发办　衣燕华

2012年度，国家农业综合开发春风吹动栖霞，给素有"六山一水三分田"之说的山城注入了新的活力。栖霞市委、市政府围绕提高农业综合生产能力，以"夯实基础、做强产业、高端引领、跨越发展"为工作理念，按照建设现代农业设施，树立现代农业形象的思路，在抓管理、保质量、上档次、重实效、增效益上下功夫，多管齐下，数措并举，整合社会各种力量，办成了群众几十年想干而没有干成的事情，得到了上级的认可，作为2010年新增项目县，连续两年获得烟台市第三名的成绩。

一、辛勤耕耘谱新章

"日晓辄有丹霞流宕，照耀城头霞光万道"，苹果之都栖霞，如同一颗璀璨明珠镶嵌在胶东腹地。素有"胶东屋脊"之称的栖霞，总面积2017平方公里，林地面积182.6万亩，耕地面积83万亩，其中中低产田52万亩，是一个典型的山区农业大市。栖霞市委、市政府、财政局领导和农发办同志以土地治理和产业化经营项目为依托，带着责任和感情，全身心投入到新时期农业综合开发工作中去。

两年里，栖霞市农发办在市委、市政府和财政局的领导下，组织由农业、水利、林业等部门专家组成的项目论证组，深入田间地头，走访农户，现场勘察，实地测量；两年里，他们从开挖第一铲土、建好第一座桥、修好第一条路、挖好第一段沟渠、栽好第一行树入手，严格执行项目法人责任制、项目公示制、招投标制、合同管理制、项目监理制、县级报账制和项目镇承诺制，兢兢业业，一丝不苟；两年里，他们从设计、勘测到发动群众再到解决占地和青苗问题，从施工到投工投劳再到组织验收和管护，充分尊重农民的知情权和监督权，严格进行了三期公示，调动了广大农民的积极性，保障了项目顺利开展……

当年荒草丛生、沟渠堵塞、缺桥少路，雨天满地水，旱天咧着嘴，雨天是

"水泥"路、晴天是"洋灰"路的农用机耕路，在他们的辛勤耕耘中变成了晴雨畅通的硬化路、砂石路；晴天满身灰、雨天满身泥、大车不能进、小车全靠推的低洼地，在他们的戮力建设下变成了旱涝保收、高产稳产、节水高效的"香饽饽"；昔日农田水利设施落后，工程老化，农业生产条件极差、旱涝不保收的中低产田，在他们的辛劳下变成了田成格、林成网、渠相通、路相连、旱可浇、涝能排，绿满阡陌、果花飘香的高标准农田！

二、锐意进取显锋芒

农业综合开发工作量大、面广、线长，是一项系统性的复杂工作，为了把项目建设好，栖霞市把农业综合开发列为头等大事，农发办同志废寝忘食、通宵达旦成为工作常态；为了自上而下理顺工作，他们殚精竭虑，上争资金，下抓协调，使栖霞的农业综合开发工作真正做到了思想上有位置、组织上有班子、工作上有部署、资金上有保障；为把农业综合开发落实到实处，土地治理项目从规划、选址、组织实施到竣工验收，产业化经营项目从考察、选择扶持企业、组织实施到验收，每一个环节都要认真研究，都要再三斟酌审核；在项目建设过程中，市领导多次深入工程建设第一线，现场解决工作中遇到的困难和问题，确保各项工作落到实处，使项目工程实现了当年建设、当年受益，示范带动了全市的农业和农村经济发展。

三、远景展望铸辉煌

农业综合开发项目三分建、七分管，为了把管护工作落到实处，栖霞市在工程建设初期就考虑建后管护问题，提前落实管护主体，使管护主体提前介入，确保工程规划、建设、使用、维护尽早衔接，避免因规划设计不合理或者施工不合理给后期管护留下的隐患，在保证建设质量的同时，实现了建、管的无缝对接，保证了项目工程发挥长期、最大效益。

风劲正扬帆，海阔任远行，两年的耕耘弹指一挥间。站在高山之巅，极目远眺，在起伏的山峦间，那明镜般的水库，那一行行绿树，那一块块平畴，像谱写在大地上激情飞越的旋律，在微风吹拂中，仿佛可以听到绿色生命的吟唱……未来的道路广阔又遥远，栖霞市将以更加开放的思维，更加饱满的热情，更加务实的作风、更加坚韧的精神，把农业增产和农民增收两篇文章做得更漂亮、更精彩、更加有声有色，开创栖霞农业综合开发更加美好辉煌的明天！

高标准农田建设的乐陵样本

乐陵县农发办　张仲义

乐陵市委宣传部　刘　敏

4年时间，乐陵建成高标准农田6.4万亩，项目区内农民人均年增收1000元，速度之快、效益之高位居德州各县市区前列。

一、沟渠路林结合，桥涵闸井配套，旱能浇、涝能排

2013年5月26日，笔者在乐陵市化楼镇高标准农田示范工程项目区采访，目极之处，皆是绿油油的麦田。笔者看到，成方连片的麦田里，条条沟渠纵横交错，笔直的砂石路四通八达、根根高压电线杆有序排列，桥涵井泵电等配套设施一应俱全。

陪同采访的乐陵市农开办负责同志介绍说，化楼镇高标准农田示范工程项目区规模为2万亩，于2011年投资2560万元兴建。完成开挖沟渠73公里，铺设PVC管道130公里，新打机井154眼，修建井池196座，安装潜水泵190台，修建桥涵闸429座，输变电工程已埋设130个高压线杆，修建变压器房36间，输变电线路铺设41公里，植树4万株，完成机耕路5公里。项目区呈现出田成方、林成网、沟相通、路相连、沟渠路林桥涵井泵电全面配套的良好格局。

该市农开办主任张仲义说，尽管近年来乐陵市在农业生产方面取得了较大发展，但农业基础设施依然相对薄弱，灌排设施老化失修、工程不配套、水资源利用率不高。2009年，乐陵高标准建设郑店镇3.1万亩高标准农田示范工程，有效破解了制约农业生产的关键障碍，使项目区抵御自然灾害能力显著增强，农业特别是粮食综合生产能力稳步提高。2011年乐陵市化楼镇2万亩高标准农田示范工程和2012年乐陵市黄夹镇1.3万亩高标准农田示范工程如期完工，当年12月8日，山东省、德州市农开办来乐陵视察工作，指出乐陵高标准农田示范工程建设进度和质量在各县市是最快、最好的。

二、生产效率大幅提升，项目区农民年人均增收 1000 元

"哎哟！可方便了，以前俺村的灌溉渠道老旧，浇 4 亩地得两天两宿，现在好了，修了沟渠，打了机井，地里五六十米一个出水口，4 亩地 3 个小时就能浇完。"谈起对实施高标准农田建设的感受，正在浇地的化楼镇前张屯村村民张新贵激动不已。

"比起以前，成本降低了，产量提高了。"郭寺村村民郭宗轩给笔者算了一笔账：他说，以前用机器浇地，1 亩地约需 3 升油合 23 元钱，需人工 2 个；建成高标准农田后，用电浇地，1 亩地约需电 10 度合 7.5 元，仅需人工 1 个，省去一个劳动力外出打工，一天能挣 100 元左右，这样 1 亩地浇 1 遍水便能节省成本 115 元。

据郭寺村党支部书记郭仁水介绍，现在该村 2000 亩耕地全部位于高标准农田示范工程项目区内，村内有沟渠 11 条、机井 22 眼、桥 60 余座、砂石路 25 公里，不仅改善了农业生产条件，更提高了农业综合效益。据初步测算，以小麦为例，项目实施后亩均增产 200 公斤，每亩每年节水 120 立方米，省水 33%，每亩每年节电 11 度，省电 30%，每亩每年节约人工工资 90 元，浇水省工 90%。

高标准农田建设，改善了农业基础设施条件，促进了土地的适度规模经营。张仲义说，目前郑店镇 3.1 万亩高标准农田项目区，形成了"企业承包，集体经营、大户承包，规模经营和联户承包，合作经营"三种土地承包模式，现有希森马铃薯集团有限公司承包经营土地 5000 亩，中谷淀粉有限公司承包经营土地 2000 亩，山东飞达集团有限公司承包经营土地 2000 亩。据初步统计，目前项目区在自己土地上从事种植业的农民减少了 20%，农民人均年纯收入比项目实施前增加 1000 元。

三、"钉子精神"成就"精品"工程

乐陵高标准农田建设速度如此快、效益这样高，一定形成了一套行之有效的政策措施，积累了很多成功经验。

"关键的还是认真的工作态度和持之以恒的'钉子精神。'"张仲义说，农开办全体人员和监理人员每天盯在项目区一线，下雨天一身湿，刮风天一身土。"在工地待上一天，晚上回到家吃饭时感觉嘴里都牙碜。"从 2009 年郑店镇 3.1 万亩高标准农田开工建设，到 2011 年化楼镇 2 万亩高标准农田到 2012 年黄夹镇 1.3 万亩高标准农田顺利完工，4 年时间，农开办工作人员 90% 以上的工作时间都在项目一线。他们对项目计划执行、工程施工进度和工程质量等情况认真监督，化楼镇项目区的生产桥建设时，没有按照图纸施工，且灰号不够，农开办工作人员发现后，立

即责令返工,并召开项目施工调度会,落实责任,确保了项目工程的标准、质量和按时完成。在资金的管理上,他们严格执行县级报账制,专人、专账、专户管理、专款专用。所有验收工程严格实行责任追究制,谁签字谁负责,杜绝了虚假验收。

张仲义说,市里对农业综合开发项目也非常重视,成立了农业综合开发施工指挥部,分管农业的副市长任总指挥,全面负责项目整合、组织调度和督促检查,及时解决开发中遇到的困难,为工程顺利施工提供了全方位的服务。项目乡镇也成立了专门的组织机构,水利、农业、林业、财政等相关部门密切配合,确保了项目建设保质保量完成。

关于对高标准农田建设的几点理解

东阿县农发办 井昊哲

加快高标准农田建设是党中央、国务院加强"三农"工作的一项重大决策，是政府推动农业发展方式转变的有效手段，是发展农业、繁荣农村、富裕农民的重大措施，是加强农业现代化的重要途径。当前和今后一段时间，农业综合开发应大力支持高标准农田建设，有效改善农业生态环境，提高农业综合生产能力，增加农民收入。这是推进新型农业现代化的现实需要，也是新时期农业综合开发需要致力完成的重要任务。现就对高标准农田建设的理解与认识谈几点个人见解。

一、高标准农田建设的发展历程

农业基础设施薄弱，中低产田面积占耕地总面积的 2/3，农业抗灾减灾能力不强，是我国农业基础设施装备的现状。1988 年以来，为解决农村改革政策能量释放后粮食生产长期徘徊不前的局面，国务院决定实施农业综合开发，改造中低产田，改善农业生产条件，提高农业综合生产能力。农业综合开发实施 20 多年来，一直致力于改造中低产田，但局限于投资规模和投资标准的限制，中低产田改造也仅仅是改善农业生产条件，还不能从根本上使改造后的农田达到现代农业要求的农业基础设施装备水平。随着国家财力的不断提升和农业生产水平的不断提高，推进农业现代化已成为当前我国农业发展的主旋律。提升农业装备水平，建设高标准农田也自然成为农业基础设施建设的目标。

2007 年中央 1 号文件《中共中央国务院关于积极发展现代农业扎实推进社会主义新农村建设的若干意见》中首次提出"按照田地平整、土壤肥沃、路渠配套的要求，加快建设旱涝保收、高产稳产的高标准农田。""增加农业综合开发投入，积极支持高标准农田建设。"回良玉同志在 2007 年 6 月召开的国家农业综合开发联席会议上强调农业综合开发的主要任务是："大力支持高标准农田建设，积极推进农业产业化经营，有效促进农业科技进步，切实保护和改善农业生态环境。"这几项任务，是建设现代农业的重点；回良玉同志在 2009 年 5 月召开的全国农业综合开发工作会议上进一步提出农业综合开发"资金安排向高标准农田建设聚焦、项目布局向粮食主产区聚焦"（简称"两个聚焦"）要求，农业综合开发当年即研究提出高标准农田示范工程指导意见，在全国率先启动高标准农田示范工程建设。

2009年8月，国家农业综合开发制定了《国家农业综合开发高标准农田示范工程建设标准》，并启动了首批高标准农田建设建设项目，2012年国家农业综合开发启动编制了全国农业综合开发高标准农田建设规划，计划到2020年建设4亿亩高标准农田，占全国计划建设8亿亩高标准农田的50%。

二、提高认识，明确任务

应该说，高标准农田是一个动态的发展过程，相对于一个时期、一个国家的经济发展水平，会有所不同。依据耕地、基本农田、标准农田的概念，参照目前的经济发展水平和山东省农业经济地理、地貌基本情况，笔者认为高标准农田就是指在现有基本农田的基础上，进一步提高基础设施配置标准，通过工程措施、科技措施和组织措施，对农田进行水利灌排设施、交通道路、农业机械、土壤改良、科技配套、防护林网等建设，要达到高标准农田的36字标准，即"田地平整肥沃、水利设施配套、田间道路畅通、林网建设适宜、科技先进适用、优质高产高效"。另外，在工程建设质量标准和运行管护上要能使高标准农田内的工程设施高标准运行10年以上；在生产组织形式上，种植品种、耕作、植保、收获要能实现一定程度的统一。在田间工程配置上，至少要有以下几个方面的配套设施：

1. 灌溉工程。解决农田灌溉问题，实现"旱能浇"。地下水位埋深20米以下的地区要实现节水灌溉，灌溉周期不超过一周。渠灌区要实现支、斗、农渠硬化，平原井灌区一般达到每50亩1眼井，地埋管道每亩不低于7米。

2. 排水工程。解决农田排涝问题，实现"涝能排"。标准不低于10年一遇，主要建筑物防洪标准不低于20年一遇。平原旱、涝交替地区，每万亩不低于一路一沟30公里排涝渠，顺地抻沟渠100~200米一座桥涵，顶地抻沟渠30~50米一座桥涵，桥涵布局要疏密有致，与沟渠配套协调，坚固耐用、美观大方。

3. 井电配套工程。解决灌溉用电问题。实现"井井通电"，确保灌溉供电充足。每万亩配套安装160KVA（或100KVA）变压器10台，实现一井一线。减少灌溉成本、降低灌溉劳动强度。

4. 田间道路工程。解决农机具进出田间作业、农产品运输和农民生产、生活出行问题。实现"路路相连、机械能进、货物能运，主干道晴雨畅通"。干级道路设计宽度不低于6米，支级道路宽度不低于4米，道路全部实现砂石硬化。

5. 农田林网工程。解决农田防风、防沙等生态防护要求。实现"林成网"，树种适宜、林相整齐，确保农田生态安全。一般按照一路两行树或一路四行树配置。

6. 土壤改良工程。土地平整，满足种植和灌排水要求；结合"沃土工程""配方施肥补助项目"等推广施用农家肥、秸秆还田、深松技术等措施，培肥地力，改良土壤，土壤耕作层有机质含量达到1.2%以上，土壤活土层不小于30公分。

7. 科技推广服务工程。大力推广优良品种、良种良法配套、合理密植、测土配方施肥、病虫害统防统治等实用技术。广泛开展技术培训，提高农民科学种田水平。积极探索推广"统一浇水、统一配方施肥、统一供种，统一机耕机播机收、统一病虫害防治"为主要内容的统一服务，促进粮食增产、农业增效。良种覆盖率达到100%。

三、尊重民意，抓好规划

高标准农田建设是以改水、改道、改田、改土为中心，各项措施都涉及项目区农民群众的切身利益，所以在工程规划期间必须充分征求农民群众意见，邀请熟悉区域水文气象、地形地貌的村民代表一同进行现场勘察，因地制宜，按照"治水与改土、防洪与降渍、园田绿化与砂石路建设、增产与增收"等因素相结合的原则进行全民规划。规划初定后，再一次征求项目区干部及村民代表意见，充分尊重农民群众的知情权，保证项目顺利实施并发挥应有的效益。

四、因地制宜，科学实施

由于高标准农田建设面积大，要求高，涉及面广，农时季节性强，在项目实施过程中，应正确把握好三方面的关系：

一是工序与进度的关系。根据高标准农田建设内容，在施工工序上首先要以修筑砂石路为主，其次修建排灌渠道，再次平整土地，这样，既有利于施工材料装运工地现场，又为平整土地形成格田打下基础，同时要合理安排施工队伍，根据项目区不同地段的工程量，确定若干个标段，这样有利于抢占农闲季节，全线出击搞好工程施工，实现当年建设，当年见效。

二是监理与监管的关系。为了保证工程的质量和进度，一方面要求中标的监理单位派员对工程建设进行全程监理，对隐蔽工程采取"双面制"，即必须由监理人员和业主工作人员现场验证和签证方为有效；另一方面要积极发挥群众的监管作用。高标准农田建设的规划涉及跨行政村、组的行政区划矛盾，群众对自己的利益看得比较重，对工程质量和进度的要求也比较高，一旦工作协调不及时，将会影响工程的顺利实施。为此，要在当地党委政府的领导下，加强协调与沟通，从村、组干部或农民中选择代表担任项目工程施工监督员,及时发现并改进施工中的质量与进度问题,反映群众的要求和建议,调解处理施工中的矛盾和纠纷。

三是当年建成与当年增产的关系。在高标准农田建设工程施工中难度最大的是土地平整,它直接影响到农民重新调整责任田的接受程度,直接影响到农民的生产计划和耕作质量。为此,施工队在施工中一要合理安排劳工和机械,二要抓工程进度,三要因地制宜形成格田,平整土地时力求做到"活土保留,死土搬家",以保持土地肥力,确保实现当年增产的目的。

五、拓宽渠道,助推产业

推进农业产业化发展,增强农业竞争力,促进农业增效,农民增收,始终是建设高标准农田的出发点和落脚点。农业综合开发要把扶持农业产业化摆在更加突出的位置,不断探索财政支持产业化的有效途径,加强现代化农业产业体系建设。

一要强化科技推广。农业稳定与快速发展的强大动力在科技。农业综合开发要在建成后的高标准农田区适时安排科技推广项目资金,强化科技培训,突出科技开发,推广新品种、新工艺、新装备,引导农科教力量向项目区集中,向农业产业经营主体集中,加速农业产业化发展,提升高标准农田的附加值。

二要着力打造农业产业化园区。建设农业产业化园区是拓展功能,提升效益的必然途径。要将高标准农田建设与产业发展紧密结合起来,坚持以当地农业产业化发展规划为依托,以完善基础设施为前提,以项目建设为载体,充分发挥农业综合开发产业化经营项目的政策优势,集中投入,扶持发展,促进农业优势特色产业集聚,使之成为农业产业特点和区域特色的示范区,引领改造传统农业的实验区。

三要加大财政投入力度。当地政府要积极统筹安排支农资金,发挥农业综合开发项目区的平台作用,集中投入高标准农田建设和促进产业化发展,使有限的资金投入发挥最大的社会效益和经济效益。同时,要充分发挥财政资金的引领作用,积极引导和鼓励民间资本投向农业产业化项目建设,逐步建立起多元化、多渠道、多形式的投入机制,为全面推动规模化生产、集约化经营,促进农村经济平稳较快发展作出新的更大贡献。

关于农业综合开发 内外资管理比较情况的报告

曲阜市农发办 陈 龙

利用外资进行农业资源开发是我国农业综合开发的重要组成部分,也是我国农业利用外资的重要内容。就曲阜市而言,在利用外资进行农业资源开发方面,先后实施了利用世界银行贷款加强灌溉农业一、二、三期项目,项目的实施取得了较好的经济、社会和生态效益,有力地促进了曲阜市农业和农村经济的发展,促进了农民增收。为了更好地利用外资项目,同时搞好农业综合开发内资项目,曲阜市组织专门人员,结合曲阜市实际进行了专题调查和探讨。下面,是曲阜市内外资管理方面的一些粗浅看法。

一、农业综合开发利用外资的意义。

农业综合开发作为我国投资农业的重要渠道,在夯实我国农业基础,优化农业结构,实现农民增收,促进我国农业快速健康发展方面发挥了重要的作用。特别是当前,我国已经进入了工业反哺农业的阶段,国家适时提出了建设社会主义新农村的战略部署。各级党委和政府高度重视农业发展,大力向农业倾斜,但是我们也应清醒地看到,我国总体上工业反哺农业的投资依然有限,这是我国国情决定的。充分利用外资,弥补我国投入农业的资金缺口,给我国农业发展提供了更为广阔的空间。农业综合开发利用外资是我国改革开放中期产生的,已经有了比较成熟的经验,且取得了比较显著的综合效益。

二、农业综合开发内外资管理的比较

内资和外资是我国农业综合开发资金的两条腿,要实现我国农业的快速平稳发展,我国要立足内资,利用外资,实行两条腿走路,协调发展。近年来,我国农业综合开发在利用内资和外资方面积累了比较丰富的经验,二者互相借鉴,互相融合,有力地推进了我国农业综合开发进程。综合我国农业综合开发利用外资和内资管理的实际情况,我们以为内资和外资管理方面既有共同点、又有不同点。

所谓共同点,主要涉及以下几个方面:

1. 前期工作比较规范。无论内资和外资都比较重视项目的前期工作,先发动群众,广泛宣传,在群众自愿的前提下,选择有潜力的开发地方进行申报,编制项目建议书,在审查通过的基础上,进一步编制项目可行性研究报告。

2. 工程监管制度比较完善。项目和资金公示制、招投标制、项目监理制、法人负责制都是二者工程中运用管理方法、方式。

3. 采用先进的资金管理方式。实行"三专"和报账提款制是二者在项目资金管理中都采用的管理方式,保证了资金的专款专用。

4. 计划的严肃性。二者都强调计划一经下达,不得随意变更或调整,要切实保证计划的严肃性。

5. 重视人员培训。加强项目管理人员和农民的培训,提高项目管理水平和农民技能,是项目规范管理的内在要求,也是项目按照标准保质保量地完成建设任务,确保达到预期效益的前提条件。

二者不同点,主要表现在:

1. 项目资金来源渠道不同,资金到位进度有快有慢。内资项目运用我国财政资金进行项目建设,按米下锅,资金到位快,有利于加快项目建设进度,利于农民田间生产。外资项目运用世行资金,来源面广,但容易受国际国内形势变化的影响,而且资金到位慢,致使项目建设打破原来项目区生产格局后,而又得不到及时建设,影响了农民生产。

2. 项目招标、采购主体不同。内资项目招标、采购权力下放,由县级或市级进行,便于项目尽快操作和物资尽快到位。外资项目招标、采购权利由省级或国家进行,统计时间长,周期长,影响项目建设进度,容易造成延误农时。

3. 项目评价方式不同。内资项目竣工后,各级通过检查或抽查的方式,了解项目产生的效益和影响。外资项目有一套完善的监测评价管理方式,便于各项数据的采集、整理、审查和汇总,使以后项目管理有了系统参考资料。

三、农业综合开发内外资管理项目借鉴

农业综合开发内外资管理项目互相借鉴,彼此促进,共同发展,可切实提高项目管理水平,可使农业综合开发管理不断完善,利于保持农业综合开发旺盛的生命力。结合以上探讨,我们认为:

1. 加快项目资金运作周期进度,提高资金产生的综合效益。农业作为弱势行

业,尤其是在我国这个农业大国,农业亟须加强、加大农业投入力度,加快资金运作,提高农业综合生产能力,促进农民增收。而这一切都需要农业投入尽快到位,早见效益,利于农业尽快发展,抢占农业发展制高点,提高农业竞争力。

2. 简化项目手续,适度下放项目管理权。建立简单有效的项目管理制度,提高项目管理成效,管理权适度下放,加强市、县级管理权,利于项目加快操作进程。

四、完善农业综合开发内外资管理机制的基本思路

农业综合开发经过多年的运作,已经形成了一套比较规范、完善的管理体系,但是作为县级开发部门,在实际工作中,也切实感到上级政策与实际操作之间有一定的差距。

1. 加强开发机构,便于项目管理。县级农发部门,是最基层的组织,而且承担着大量的建设任务,要面对村、面对户,做大量繁杂的工作,要协调县直、乡镇、村、户之间的关系,农发部门人手少,却承担着其他涉农部门几倍的任务量。与此不相适应的是开发部门机构规格低,对外影响力、协调力相对较差,人员流动慢,容易造成人员外流,不利于开发事业的健康发展,所以加强开发机构十分必要。

2. 从实际出发确定开发标准,利于项目操作。开发实行连片开发,规模大,标准高,特别是路、沟占地面积比较大,在这种情况下,难免有个别农户有抵触情绪,只顾眼前利益,不顾长远利益,没有大局意识,加之个别村没机动地,没有调整空间,就容易陷入僵局,影响其他工作的开展。

3. 项目管护机制,亟须加强。农业开发项目三分建,七分管,管护工作十分重要。发挥管护资金的导向作用,融合拍卖资金、社会资金投入项目管护工作,按照"谁受益、谁负担"和"以工程养工程"的原则,搞好资产转移,明确责任,克服农民民主意识淡薄、事不关己高高挂起的思想,切实形成社会关注、项目区农民人人参与管理的良好管护氛围。通过良好的管护促进项目长期持续运行,让农民切实感受到开发的好处,推进开发事业良性循环发展。

关于完善县级农发项目绩效管理的思考

荣成市农发办 刘 青

农业综合开发办公室是财政系统中少数既负责管理资金，又负责监管工程的部门。在开展财政绩效管理工作中，荣成市农发办能迅速调转重监管、轻绩效的管理理念，从只注重项目建设质量向建设质量和支出绩效两手抓转轨，充分发挥绩效考核在工作中的导向功能。通过绩效评价，农发项目各环节的工作步骤不断优化，各环节的不和谐因素不断剔除，工作效率和质量不断提高，使每一分财政资金落在实处。

一、提高县级农发项目绩效管理质量的思路

提高农发项目绩效管理质量，必须要通盘考虑，不能单纯认为仅是项目绩效；应以项目绩效考评过程为核心，提高整体工作质量；以项目绩效考评结果为依据，优化整体工作流程；以整体工作绩效考评为手段，全面提升农发系统形象。荣成市农业综合开发绩效管理工作重点落实"五关注"。

（一）关注工作思路是否明确

围绕打造城乡一体化和半岛蓝色经济"两个先行区"的总体部署，突出"科技兴农"主题，充分发挥农业综合开发在发展农业现代化中的重要作用，做到工作目标明确，发展规划科学，落实措施具体。

（二）关注工作机制是否完善

围绕上级农发办制定的规章制度，不断健全工作机制，细化规范文件，完善制度措施，形成转变职能、改进工作、优化服务的长效机制。

（三）关注服务效能是否提升

围绕诚信建设这一主题，务实推进服务指导，规范执行工作标准，培养农发干部的创新意识、服务意识、规范意识和责任意识，全面提高服务效能。

（四）关注联系群众是否紧密

围绕发展现代农业这一中心，为农业现代化发展打基础。把群众的需要放在首位，认真倾听群众提出的问题建议，耐心解答群众的询问疑惑。大力推进土地流转，扶持农民合作组织，使项目与群众的结合更加紧密，切实增加农民收入。

（五）关注问题整改是否落实

围绕项目绩效结果，重点查看存在的问题和不足，及时整理反馈，迅速落实整改，逐项检查到位。注重总结经验教训，完善绩效考评制度，避免同类问题再次发生。

二、提高县级农发项目绩效管理质量的做法

（一）提升思想观念，做到工作有安排

绩效管理工作能否取得成效，人的因素是关键。荣成市通过建制度、树决心的办法，组织农发干部多比多看，学习借鉴，科学实践，使大家认识到位，责任到位，全身心投入绩效管理中。

同时，荣成市还要求农发干部养成仔细、认真、耐心的习惯，做到事情勤思考，业务亲自干，责任敢负责的优良作风。深入施工现场、严格监管各个施工管理环节，对各项工作安排到位、落实到位、做好预案，不留隐患和盲点。

例如，在规划设计阶段，为落实镇村农民筹资投劳，荣成市注意做好现场勘察座谈，主动邀请受益群众代表参加，共同探讨，并对群众所关心的问题进行解难释疑。规划的工程和附属设备的安排，以满足项目区群众生产生活的需要为出发点。建设过程中，注意维护好群众利益，让群众能积极地配合农发项目的建设。

这些做法，有助于保证镇村农民筹资投劳到位，减少项目实施过程中的干扰，优化施工环境。反之，就可能恶化施工环境，影响工程的实施，好事办不好。

（二）细化规章制度，做到工作有标准

荣成市从完善和细化规章制度及工作标准上入手，深入调查，认真分析，逐步建立一套包括组织、质量、进度、考核等详尽的管理办法，使工程管理人员有据可依，施工企业有规可守。

同时，在项目中不断地培养规范意识，使承担单位、监理部门和施工企业等负责人员养成遵纪守规的良好习惯，确保农发规章制度对各方的工作起到制约和引导的作用。

（三）抓好奖惩措施，做到业务有考核

荣成市根据上级制定的项目绩效考核办法，细化考核、奖励、处罚等内容，引导和推进工作质量和效率。在考核过程中，严格遵守有利于开展工作、有利于调动积极性的原则，使绩效考核达到合理、科学、严谨的目的。

例如对施工企业，我们一是详细考核。按层次、分阶段进行全面检查，定期召开工程调度会，及时总结各单位的工程建设情况和存在的问题。总体来看，既要监督施工单位组织管理，又要检查具体班组工作情况；既要保证整体质量，又要严查细部工序处理，全方位无死角地提高质量。二是真实考核。坚决一切从实际出发，查实情、求实效，做到考核数据实、考核过程清、考核结果准，不做人情考核。最后，严格兑现奖惩目标，竣工后根据绩效评价结果，评出名次。尽职的镇企在今后规划项目时给予倾斜，尽责的施工企业给予优秀评价。

三、提高县级农发项目绩效管理质量的建议

（一）目标管理环节抓落实

一是征集项目阶段。每年1月到3月，县级农发办要及时向各镇、企、合作社等单位下发下年度项目申报指南。对上报的项目建议书，要组织相关专家到现场进行初步论证，进行工程设计和绩效评价，根据得分多少排序入库。

二是项目规划阶段。每年4月到7月，委托有资质的工程设计部门，对下年度拟申报的项目区进行可行性研究，做好初步设计，估算投资收益情况。

三是项目申报阶段。每年8月到12月，委托社会中介机构组织专家组，对下年度项目可研报告的规划、布局、单价等指标进行评审，提出修改意见，提高项目

申报质量。

（二）运行监控环节抓监管

一是计划下达阶段。每年3月到5月，及时将上级批复的本年度项目计划下达到项目法人单位，并召开项目实施方案编制说明会，提出指导意见，列明编制标准。在项目法人单位报送方案后，农发办组织工程、经济、农业等方面的专家，从规划、布局、设计、预算等方面对方案进行全面评审，查缺补漏。

二是资金入户阶段。每年4月到6月，在上级拨付的本年度项目资金到位后，及时履行拨付程序，在规定时间内拨入农发资金专户，专账管理，专款专用。

三是招投标阶段。每年5月到8月，在项目实施方案获得市级批复后，委托公共资源交易中心确定社会中介机构，编写招投标文件并公开招投标，确定优秀的施工企业负责工程建设。

四是项目监控阶段。每年9月到翌年4月，组织项目法人单位和监理单位对本年度项目建设进行质量监控，监管人员数量要足，管理范围无死角，在保证质量的前提下加快建设进度。

五是报账提款阶段。每年10月到翌年5月，按照县级报账制的要求，对阶段验收合格的本年度项目，在手续齐全的前提下，及时按完成的工程量拨付除质量保证金外的工程建设资金。

（三）绩效评价环节抓实效

一是自我评价阶段。每年4月，农发办制定项目绩效自评工作方案，明确各项绩效指标，要求上年度项目法人单位根据绩效评价指标进行建后自评。

二是财政评价阶段。每年5月，根据上年度项目法人单位的自评报告，农发办组织专家组对该项目进行财政部门绩效评价，逐项落实指标，将评价的档案整理成册。

（四）结果运用环节抓反馈

一是绩效结果反馈阶段。每年5月，根据财政部门绩效评价报告，把发现的问题及时反馈给被评价的项目建设单位，要求进行整改并将整改结果报送农发办。

二是建立绩效资料库阶段。每年6月，根据财政部门绩效评价报告，将总结的经验和发现的不足及改进的做法整理成文字材料，进一步提高今后的项目绩效水平。

当前，荣成市县级农发绩效管理制度，多是以农发制度细化说明的形式存在，尚存在主观性大于客观性的情况。今年，我们通过开展"绩效管理年"活动，对如何进一步提高县级农发绩效质量有了新的认识。

　　今后,我们将按照"目标管理环节抓落实、运行监控环节抓监管、绩效评价环节抓实效、结果运用环节抓反馈"的思路,在各阶段形成用数字或文字体现结果的综合考评法,不断提高绩效考评质量,进一步提高农发系统的形象。

加强绩效管理　提高农发资金效益

临沂市农发办　张云彩

"绩效管理年"活动，对于提高农发资金效益，全面提升项目资金管理水平有着十分重要的意义。临沂市农发办按照省财政厅、省农发办统一部署，从资金投入、资金使用、资金管理等方面入手，全面提升绩效管理水平，提高农发资金效益，充分发挥了农业综合开发项目资金对农业增效、农民增收的促进作用。

一、强化项目立项管理，把好项目资金投入方向

临沂市农发办紧紧围绕发展现代农业和增加农民收入这一目标，坚持以质量和效益为中心，强化项目立项管理，确保有限的财政资金发挥更大的效益。在土地治理项目上，坚持集中连片、规模开发，按1:2提报备选项目，由各县区编报项目可行性研究报告，再由市里组织专家到项目区进行规划及资金评审，择优选定上报。重点选择已经进行土地流转或下一步有高效农业规划的区域进行立项，优先选择那些基层组织健全、农民群众对农业综合开发工作认同、筹资投劳积极性高的乡镇、村或农民专业合作社作为项目建设单位。产业化经营项目，坚持扶大扶强原则，以增加农民收入为落脚点，立足资源优势，突出优势产业。对项目单位申报的产业化经营项目，做到严把"三关"。由县区农发办、财政局对申报项目组织专家进行初评，符合条件的择优申报进入市级项目库，把好初选关；市里委托中介机构对入库项目立项条件、提报材料真实性、财务状况等进行现场考察和资格审查，把好入门关；对中介机构考察合格的项目组织专家严格评审，评审结束后，严格按专家评审结果排序上报省，把好上报项目质量关。

据统计，2008~2012年，全市累计投入开发资金7.62亿元，其中用于土地治理项目资金5.78亿元，改造中低产田43.8万亩，建设高标准农田7万亩，完成小流域治理5.9万亩。用于产业化经营项目资金1.84亿元，重点扶持了101个农产品加工、畜禽养殖等项目，扶持龙头企业78个，农民专业合作社23个。由于立项规范严格，项目的科学性、可行性强，项目建设取得了显著的经济效益、社会效益

和生态效益。

二、强化项目建设管理，提高资金使用效益

我们始终把工程建设质量摆在首位，坚持打造精品工程，提高资金使用效益。结合"质量管理效益年"、"政策措施落实年"活动，按照科室职能细化分解任务，对重点项目制定动态管理台账，进行项目进度管理；加强工程建设监管，在充分发挥监理公司监管作用的基础上，市农发办分四个督导小组，深入项目区督导检查项目建设进度和质量，督促各县区农发办搞好项目建设和资金管理，并积极组织项目所在村的老党员、老干部和村民代表组成监督小组，对项目工程建设进行实时监督，强化了施工单位自控、专业监理把关、农发办技术人员指导、镇村干部和农民代表监督的"四级联动"管理体系；多次召开农发项目现场推进会，组织各县区农发办主任巡回对各个农发项目建设进行现场检查，现场汇报、现场点评、现场打分，达到相互学习、相互监督、相互促进的目的，使项目建设质量标准普遍有了较大提高，涌现出一批精品工程。例如，莒南县洙边镇1万亩中低产田改造项目、沂水县单家庄苹果专业合作社3000亩中低产田改造试点项目、沂南县青驼镇1万亩高标准农田项目、蒙阴县野店镇8000亩小流域治理项目等土地治理项目，和河东区田源食品有限公司1500吨蔬菜加工项目、罗庄区东开农民专业合作社100亩有机蔬菜设施栽培项目、沂南县鲁中畜禽养殖专业合作社1万只种鸡养殖场扩建项目、费县沂蒙小调特色食品有限公司1200吨核桃加工项目、苍山县双龙湾蔬菜产销合作社4000平方米蔬菜交易大棚改建项目等产业化经营项目，资金使用效益十分显著。

三、积极创新工作机制，探索项目资金管理新路子

一是创新土地项目建设主体承担机制。积极尝试由龙头企业或农民专业合作社承担土地治理项目的路子，项目区根据企业、农民专业合作社农产品生产基地建设的需要规划建设内容，打破原有中低产田改造固有的建设模式，解决了土地治理项目在规划设计、组织实施、自筹资金筹集、工程运行管护等方面存在的诸多难题，有效地提高了项目实施的科学性、实用性和投资效果。2012年，我市安排农民专业合作社承担土地治理项目试点4个，取得了较好效果。

二是创新资金投入撬动机制。通过引导、扶持农业龙头企业、农民专业合作社等建设规模化、标准化、品牌化优质农产品基地，吸引龙头企业、农民合作社、种植大户以及其他涉农资金投入农业综合开发，不断拓宽投资渠道；积极主动与农发

行等金融部门联系，加大招商引资力度，吸引信贷资金和社会资金增加对农业综合开发投入，逐步建立起"政府投入为主导，工商资本、金融资本、社会资金为补充"的多元化资金投入新机制。沂水县沂城街道中低产田改造项目区，吸引6家农业龙头企业和农民专业合作社，32个能人大户投入资金2200余万元，发展矮砧密集苹果5000多亩，农民年人均增收5000多元。

三是创新建成项目运行管护机制。由过去以乡村集体管理为主的计划经济模式逐步向以企业和农民专业合作社为主的市场经营管理模式转变。对龙头企业、合作社承担的土地治理项目，工程竣工验收后，在明晰产权的基础上，把工程经营管理权直接移交给企业或农民专业合作社，由企业或农民专业合作社负责运行管护，有效地解决了工程看管、运行、维护的难题，不但确保了工程长期发挥效益，而且企业或合作社在使用中将不断完善、提升现有设施，提高使用效率，确保了项目工程和项目资金长期效益的发挥。

四、完善规章制度建设，严格考核项目资金效益

通过活动的开展，全面完善工程招投标、工程监理、县级报账、建成项目运行管护、绩效考评等制度，规范了项目和资金管理。一是把国家和省有关规定制度筛选编辑成《农业综合开发制度汇编》，发给市、县区农发干部，组织大家学习。通过学习，使各级农发干部熟练掌握国家有关农业综合开发的各项规定，增强业务工作能力。二是结合我市实际先后出台了《临沂市土地治理项目监理工作考评办法》、《临沂市农业综合开发工程施工单位工作质量考评办法（试行）》等一系列管理制度和办法，进一步加强了对监理机构、施工企业的监督考评，逐步使全市农发项目资金管理工作走向科学化、规范化、程序化轨道。三是逐步建立起科学、合理、规范的农业综合开发项目资金绩效评价指标和评价体系，结合我市农业综合开发实际情况，在深入调研和广泛征求意见的基础上，制定出台了资金管理、信息宣传、日常工作三个工作绩效考评办法，严格按照各项制度对各县区农业综合开发工作进行综合绩效考核，考核结果将成为衡量各县区农发工作的重要指标，作为表彰先进、安排下年度项目资金和进行奖励的主要依据，进一步调动了各县区农业综合开发工作的积极性，提高了项目建设质量和资金使用效益。

建立精细化科学化管理体系 提高农业综合开发工作水平

商河县农发办 李 静

山东省商河县是一个农业大县,以小麦、玉米、棉花、蔬菜为主导产业。近年来,商河县认真贯彻落实国家农业开发办的各项方针政策,坚持以科学、有效的管理方式,积极组织实施农业综合开发工程,把严格、创新摆在农业综合开发工作的首位,围绕项目实施、资金管理和档案管理三个关键环节,建立精细化、科学化管理体系,提高农业综合开发工作水平。

一、严把项目实施关,确保项目高标准高质量完成

(一)组织领导做到"三个到位"

一是组织建设到位。自项目立项实施,就成立了以县长为组长,分管农业副县长为副组长,吸收各有关部门主要负责人为成员的农业综合开发领导小组,全面协调指挥项目的实施。各乡镇(办事处)和项目单位也相应成立领导小组、办事机构及专门队伍,具体负责项目的实施。县领导小组定期召开农业综合开发专题会议,进行专门研究,专题部署,及时处理项目实施中有关问题,为项目建设创造了良好的组织环境。

二是责任落实到位。在项目申报阶段,县开发办就与项目乡镇签订"工程建设合同书"。项目开工后,各方根据责任书和合同书约定,各负其责,齐抓共管,哪个环节出了问题是谁的责任谁负责,保证了各项工程的顺利衔接。

三是监督检查到位。县委、县政府把项目建设作为全县年度目标管理绩效考核中的重点项目,同步考核开发办和项目乡镇,由县政府督察室一月一督查,半年一考核,年终总验收,考核结果作为评价单位全年工作成绩的重要指标。监理单位盯在工地现场,及时发现和解决施工中遇到的困难和问题。县开发办、财政局对整个

项目开展全程跟踪检查，定期召开调度会，分期召开流动现场会，促进度，把质量，保证了项目的整体推进。

(二) 规划设计坚持"三个原则"

一是坚持因地制宜的原则。在规划前期，开发办及乡镇专业技术人员深入项目区实地查看论证，因地制宜确定工程类型，保证规划的科学性、合理性。例如，郑路镇2010年存量资金土地治理项目，因于位于商河引黄下游，地表水可用不可靠，我们在项目区内规划新打机井110眼，使项目区全部实现井灌。而当年玉皇庙镇增量资金土地治理项目，因其位于全县引黄的最上游，地表水充足，根据实际，我们规划新打机井90眼（后又变更为78眼），建设小型提水站点25处（后又变更为37处），充分发挥其地表水充足的优势。

二是坚持便民为民的原则。规划设计中，在符合项目建设标准的前提下，我们广泛听取项目乡镇、村及农民群众的意见，把工程建设与农民的生产生活需求紧密结合，努力方便于民。如2010年度郑路镇项目区东侧是原展家乡和原郑路镇接合部，沟不通，河不连，道不接，两乡镇合并后接合部群众要求改善这一现状的呼声颇高，我们多次征求乡镇和接合部村群众的意见，把断头沟、河、路、电等全部按高标准规划设计，实现了连通，解决了多年遗留的老大难问题，群众非常满意。同年玉皇庙镇砂石路工程，为方便群众交通，经我们多方考察和征求意见，最终选择在群众出行较多的主要干道进行硬化上，为周边三个村的农民解决了出行问题。

三是坚持综合开发原则。在项目规划设计中，我们致力于做足、做活农业综合开发工作，着重在"综合"上下功夫，做文章。2010年郑路镇土地治理项目区内规划设计蔬菜种植面积500亩，为使其成方连片，形成规模化、标准化生产经营，我们积极协调镇、村，在项目区解家村，通过土地流转的方式，引进一个农业合作社转租承包了该村500余亩土地，规划建设了高温蔬菜大棚，并通过项目工程建设，实现了该产业区域沟林路井电管综合配套。目前这一片区已发展为全县面积最大，标准化程度最高的大棚彩椒生产基地。2011年郑路镇计划在项目区规划建设200亩珍珠红西瓜采摘园，我们结合项目实施，为该采摘园铺设了沙石路，提升了采摘园形象。项目区内窦家村、文家村是我县社会主义新农村建设示范村，我们根据新农村建设要求，结合开发项目建设内容，在桥涵、路林的规划建设上给予重点安排，使两个村庄实现了绿化、美化和亮化，为这两个村的新农村建设起到了较好的推动作用。

(三) 项目建设注重"三个创新"

一是注重灌溉技术创新。2006年改传统的"机井+机房"节水灌溉技术为

"机井+隐蔽式机井防护池"，即"隐蔽式机井"技术；2008年改传统机井用水灌溉技术为智能射频机灌溉新技术，省时省力，便于管理；2010年改智能射频机灌溉技术为"井河双灌"技术，省地防盗，便于耕作，即在靠近引水沟渠的机井灌区，在引水沟旁设计一个进水口，与机井PVC管道相通，在地表水不足时，使用机井灌溉，地表水充足时，群众可将进水管与进水口相连，利用机井PVC管道使用地表水灌溉。这种设计，实现了PVC管道机井灌溉和地表水灌溉一管双用，提高了管道利用率，既方便了群众用水，更提高了群众保护PVC管道的自觉性和自律性。2011年，我们又创新实施了射频机和刷卡电表双控技术，为进一步便民进行了新尝试。

二是注重培训方式创新。相对工程建设来说，农民科技培训在开发工作中属"软项目"，在以往的农业综合开发农民培训过程中，我们一般都是委托项目乡镇负责实施，资金拨付到项目乡镇。项目乡镇往往是派农业技术员田间走一圈，培训资料各村发一圈，草草完事，培训效果不明显。在2010年的农业综合开发培训中，我们请市开发办牵头，委托济南市农广校进行培训，培训费直接拨付给农广校。2011年，为更好地搞好培训，我们又委托县蔬菜局进行培训，可随时随地到现场进行技术指导服务，更便于群众的交流和咨询。

三是注重工作环节创新。项目未落地，我们就科学选择群众基础好，政府积极性高，班子团结且凝聚力战斗力强，工作扎实，态度积极的单位为候选对象，便于项目的顺利实施。项目一落地，我们就与项目乡镇签订责任书，明确责权利，避免了推诿、扯皮问题的发生。项目一开工，我们就制定印发工程质量标准和技术规范明白纸，分别发放到乡镇、到村、到户，到施工单位和监理单位，并实行双公示制，在项目村公示建设内容和标准，在项目施工现场公示建设单位及负责人，认真接受社会监督，以便使工程更符合群众建设意愿。项目开工后，我们积极邀请项目评标监标单位对项目工程建设给予全过程监督检查，从而保证了整个项目的高标准建设。项目验收前，我们对机电井工程进行全面测试，保证每眼井、每条管道、每个出水口、每台变压器、每根电缆线都能正常运转，确保群众用得安全，用得放心。

（四）项目实施严格执行"四制"

一是严格执行项目法人制。确定开发办负责人为项目管理的第一责任人，项目乡镇的乡镇长为项目建设法人代表，监理单位、施工企业为项目质量总负责人，各负其责，齐抓共管，保证了责任落实。

二是严格落实项目公示制。在项目区和项目村采用公示牌、公示栏等形式，在项目前、中、后，分别对规划设计、建设内容、投资来源、工期、效益目标等内容进行公示，主动接受群众的监督，保证了群众的知情权、参与权和监督权。

三是严格落实工程招标制。为保证整个招标工作"公开、公正、公平、择优、诚信",我们聘请了山东达华工程管理有限公司对各类工程进行了招标、评标工作,并邀请县纪委、检察院、发改委、财政局和项目乡镇的负责同志全程监标,保证了整个招标、评标工作公平、公正、合理。

四是严格落实工程监理制。市开发办确定监理单位后,县开发办与监理单位签订了监理协议,监理单位向每个工地指派专人现场监理,定期向开发办提供监理报表,及时报告施工中遇到的难题和发现的问题,保证了项目建设质量。

(五) 工程管护采取"三种形式"

为更好地发挥工程效益,县开发办坚持做到边建边管,管建并举,根据不同的建设内容,采取不同的管护形式,收到了较好的效果。

一是村集体管护。对桥涵、道路、沟渠等公益性质的工程,以村为单位,按每个项目村2~3人的标准组建管护队伍,项目村各负其责,责任到人,具体负责本村已建工程设施的维护、维修工作。

二是个人承包。对机井、潜水泵、提水点、射频机、PVC管道、变压器、地下电缆等设施由农户承包,村集体与承包户签订承包协议,承包户负责管理、维修,自主经营、自负盈亏,保证了此类工程设施有人管,有人用,有人修,确保使用寿命。

三是公开拍卖。对项目区农田林网,由乡镇村负责全部拍卖到户,乡镇政府与项目村、村与农户签订协议,农户拥有树木的所有权,并对缺失的树木负责进行补植,保证了树木的成活率和保存率。

二、严把资金管理"三关",确保资金安全高效运用

(一) 严把制度关

严格按照国家农业综合开发资金管理规定,落实"三专"管理,县财政局设立专账、专户,实行专人管理。严格执行财政资金县级报账制等制度,确保项目资金不抵顶,不挤占,不挪用,达到账账相符,账物相符,账实相符,做到专款专用,保证项目资金的有效使用。

(二) 严把拨付关

在资金拨付上,施工单位根据工程进度提出拨付申请,监理单位、县开发办、

县财政局层层审核，严密程序，严格手续，严格把关，确保项目承建单位提报的拨付申请内容、数量、额度准确无误，将工程资金及时足额直接拨付到施工企业，保证了项目承建单位的正常运转。

（三）严把廉政关

认真执行政策，坚持依法办事，倾心为农服务，在项目选项、招投标、资金结算和拨付等各个环节严肃财经纪律，确保项目安全，资金安全。

三、严把档案管理关，确保档案齐全有序便于查阅

项目档案是反映整个项目建设过程真实面貌的一面镜子，既是项目检查验收的一项重要内容，更是项目审计工作的重要依据。工作中，我们也注重做到五个确保：

（一）确保项目档案的责任心

项目档案服务于项目建设，这是做好档案整理的根本出发点和落脚点。这就要求档案管理者必须认真学习《山东省农业综合开发项目档案管理暂行办法》、《国家农业综合开发资金和项目管理办法》、《单个项目档案资料流程》和有关档案管理的规定要求以及项目建设内容和标准要求等，学深学透学精，全面掌握项目实施的程序和手续，提高认知程度，站在搞好档案就是为项目建设、为验收审计服务的高度，提高责任心和事业心，夯实项目档案管理的思想基础。

（二）确保项目档案的真实可靠性

真实可靠是项目档案工作的最基本要求。工作中，我们注重保留各类项目工程实施前后的影像资料和文字资料，保证经手的档案资料的真实性；另外，对项目乡镇、施工单位、监理单位、供货单位等整理和提供的档案资料，也严格审查，逐项逐条核实，确保提供材料的真实可靠性，使入档材料全部符合立卷规定要求。

（三）确保项目档案的齐全完整性

归档资料能否全面记录和反映项目运行的各个环节和阶段工作，齐全完整是保障。我们从项目立项、申报、审核、批复、实施、竣工验收、资产移交到运行管护等各个阶段都严格按照项目要求，注意各项资料的搜集和保存，并对照省市验收的

方案要求，及时认真地进行查漏补缺，确保项目资料应有尽有，翔实详尽，环环相扣，事实相符，齐全完整，切实做到看完项目档案就能掌握项目实施全过程的目标要求。

（四）确保项目档案的先进性

在遵循原有项目档案管理规定要求的同时，我们及时学习新的管理规定要求，并按照新的办法和要求去改进，使项目档案跟上发展新要求。如2011年7月，国家农发办颁布了新的县级报账实施办法，新办法中规定，"在支付工程款时，要提供阶段性工程结算单和监理报告"。在这之前，我们的拨款手续中只有监理单位的审核盖章，但不是监理报告。新办法颁布后，我们及时与监理单位沟通，在拨款前由监理单位出具阶段性工程监理报告，再进行拨款。对拨付到乡镇的变压器安装工程款等，要求招标文件、预算、决算、拨款申请书、发票缺一不可，材料齐全后，我们才进行拨款，使项目建设过程中的各项政策新要求都能在档案资料中得到充分体现。

（五）确保档案的规范统一性

为做到档案整理规范统一，在县档案局整理档案时，我们安排专人参与活动，较好地提高了档案整理业务的实效性。在整理自己的档案时，我们又聘请县档案局的业务人员，对我们的档案整理工作进行审查和指导。同时，在实际操作中，我们严格按照"三孔一线"标准对档案资料装订成册，建档立案，编写好总目录、分目录、全宗号、案卷号、盒号、题名等，努力做到规范操作，标准统一，并将全部档案资料录入电脑数据，由专人专机专柜保管，为保存、查阅打下了良好的基础。

建设高效节水农田 助推龙头企业发展

博兴县农发办 李树安 焦武昌

山东省博兴县，中国厨都；吕剧之乡；董永故里。位于鲁北平原黄河下游南岸，是山东重要的粮棉生产基地和无公害蔬菜生产基地。辖区总面积900.7平方公里，人口48.9万，农耕地111.65万亩。自1988年9月被国家和省正式列为黄淮海平原农业综合开发县序列以来，累计完成投资2.45亿元，治理土地面积30.8万亩，扶持华康食品有限公司、龙升食品有限公司和山东博农农业发展有限公司等一大批农业龙头企业和农民合作社发展壮大。

2012年度国家农业综合开发增量资金土地治理项目，博兴县通过组织专家实地考察、优中选优，确定由山东博农农业发展有限公司作为农业综合开发项目机制创新试点，经公司流转土地后承担实施1万亩高标准农田示范工程项目。该公司成立于2010年，注册资金5000万元，主要从事农作物新品种的科研、生产、推广和优质专用商品粮的生产开发经营以及农业科技咨询等服务，实现育繁推、产供销、加储运一条龙的产业化经营。项目建设于2013年4月底建设完成，经过项目的实施，探索了一条农业龙头企业承担实施农业综合开发土地治理项目的新路子。

一、上下联动狠抓项目实施

按照"田地平整肥沃、水利设施配套、田间道路畅通、林网建设适宜、科技先进使用、优质高产高效"的总体思路，通过实行水田路林综合治理，使项目区形成"农田成方、集中连片；灌排配套、设施先进；道路畅通、设计规范；土地平整、土壤肥沃；林网适宜、生态良好；科学种植、产业明显；高产稳产、优质高效；管理严格、运行顺畅"的新格局，大幅度提升了农业特别是粮食的综合生产能力，实现了"藏粮于田"，以积极的措施从根本上保障国家粮食的长久安全。

项目坚持高起点规划、高质量建设、高标准管理，提升以农田水利为核心的农田基础设施装备水平，建成了完整的灌排体系。以方田建设为重点，改良土壤，培肥地力，挖掘土地增产增收潜力。加强先进适用的农业科技推广与应用，支持优质小麦良种繁育的标准化生产，提高粮食综合生产能力，打造集中连片的小麦良种繁育基地和粮食生产核心区。项目的实施积极推行项目公示制、法人制、招投标制、监理制和县级报账制，以实施科学化、精细化管理为着力点，努力提高高标准农田建设水平，打造农发项目精品工程。

二、因地制宜建设精品工程

灌溉工程年久失修，田间配套设施不完善，机耕路狭窄，用水高峰期农民抢水现象严重等，严重影响粮食产量。这是各个项目区以前普遍存在的境况，公司流转土地后也急需解决这些难题。针对公司正处于发展初期上升阶段的现状，博兴县农业开发办公室充分发挥规划引领作用，在项目规划前，组织专业人员深入开展调查摸底工作，全面掌握第一手资料，为规划提供科学依据。聘请农业、水利、林业等方面的专家，对规划方案进行充分讨论，集思广益，使规划更加具有实用性和可操作性。按照"因地制宜、节约用地、方便运输、合理布局"的原则进行规划布局，新建桥涵建筑物258座，其中新建生产桥10座，维修生产桥7座，新建过路涵65座，新建进地涵176座；硬化道路40.6公里；栽植107速生杨3.7万株，法桐等绿化树种0.3万株，真正把项目区建成沟、渠、路、田、桥、涵、闸、机电、井全面配套的高标准农田示范区。

三、强化科技支撑提升农田质量

不断强化科技在项目建设中的支撑作用，积极引进和运用新技术、新工艺，全面提升高标准农田质量和产出效益。一是推广高效节水灌溉，提高资源利用率。项目区发展机井低压管道节水灌溉1万亩，铺设PVC管道68.7公里，发展优质小麦育种繁育基地1万亩，优质玉米育种繁育基地0.2万亩，优质玉米生产基地0.8万亩。项目区183眼机井全部配套地下井池、无井房射频卡控制器、水泵以及输变电线路等设施。二是推广良种良法，提高土地产出率。加强小麦、玉米等种植管理技术的培训，积极加大新品种、新技术的引进和推广应用。聘请山东省农科院专家为小麦、玉米良种繁育基地技术顾问，常年对基地的小麦、玉米良繁进行技术指导。聘请县农技推广中心的专家对公司员工进行农业科学技术培训，培训公司技术人员2000人次，举办培训班2期，印发科技宣传资料4000份。通过新技术和新品种推广示范应用，有效改善了土壤质量，提高了土地产出率，良种推广率达100%。三是推广全程机械化，提高劳动生产率。公司现拥有100马力以上的大型拖拉机8台，30马力以上的中型拖拉机23台，拥有小麦、玉米播种机21台、玉米点播机

28台,自走式、背负式植保机械35台。由于耕作全部实现机械化,万亩耕地耕作一遍仅用20天。

四、效益凸显农民增产增收

"问渠哪得清如许,为有源头活水来。"高标准农田建设示范工程的实施,使得农业综合开发项目区呈现了一道亮丽的风景。通过水利、农业、林业、科技等措施,实行沟、渠、田、林、路综合治理,桥、涵、闸、泵、机电、井全面配套,实现了"旱涝保收、高产稳产、节水高效、耕作先进、科技覆盖"建设目标。项目工程的实施,改善了农田小气候,为农业生产建起一道绿色屏障;通过沟渠整理和防渗技术的配套,有效地控制了项目区水土流失;通过项目资金的投入和工程建设,增加了当地村民就业机会;通过对农民的培训,增强了农民的科技素质,提高了农民科学种田的水平。万亩高标准农田年增产良种88万公斤,增产粮食72万公斤,年新增农业产值599万元,经济净现值1306万元,农业规模化、标准化和区域化将在项目区内得以实现。

紧紧把握"五个环节"提高绩效管理水平

桓台县农发办　黄树增　王晓璇

省农业综合绩效评价体系的建立和实施，开启了全省农发事业和项目资金管理的新纪元。根据省、市绩效评价标准，桓台县不断探索新的工作方式，紧紧把握"五个环节"，适应量化考评和精细化管理的要求，进一步提高绩效管理水平。

一、紧紧把握规划设计环节，确保项目科学可行

农业综合开发前期规划是一项基础性工作，规划的质量决定着项目的标准质量和效益水平。在规划设计方面，我们坚持打破常规，创新发展，确保每一个项目符合当地实际，满足群众"胃口"，有新意，有亮点，用可行性和先进性来保持农业综合开发的生机和活力。一是创建规划机制。县开发办负责县域项目规划的编制、指导和审查，制定大盘子，确定总方向；项目镇设立项目规划编制小组，镇长负总责，分管镇长具体负责，水利站、项目村负责人全程参与；项目村编制各村详细规划，项目镇汇总各村规划情况，水利站负责技术指导和服务，从而构建起县、镇、村、井片四级规划组织领导体系，形成"纵向到底、横向到边"新型规划指挥网络，实现目标责任层层落实，规划设计任务层层分解，保障规划落到实处。二是更新规划理念。具体规划放弃以往单打独斗，蜻蜓点水式的布局方式，提出项目规划的"四个结合"，即农业开发总规划与县域规划相结合，项目规划与生态文明乡村规划相结合，田间工程规划与项目区村庄规划结合，农发田间规划与其他涉农项目规划相结合，做到各项规划不冲突、不矛盾，相互补充，相互完善，共同促进，形成有机整体。同时，探索了"整建制开发"新模式，即以项目镇为单元整体规划、逐片开发、综合治理，充分调动了项目镇的建设积极性和管护主动性，确保项目能够环环相扣，压茬进行，发挥项目的规模效应和整体效益。另外，尝试"两类项目结合"模式，土地治理项目与产业化经营项目结合规划，一方面着力构建特色优质粮食种植基地；另一方面促进农业产业化龙头发展，为服务全县经济社会发展

大局，乡镇农业农村工作和社会主义新农村建设发挥推动作用。三是创新工程设计。单项工程设计做到理论和实践的统一，主要骨干水利工程、道路工程、渠系建筑物的设计，聘请市级水利勘测设计部门现场勘查、实测，形成符合当地农业发展的规划布局图和工程设计图；田间工程的设计，摒弃老经验和旧观念影响，不断推陈出新，做到问需于民，问计于民，防止生搬硬套、闭门造车，在征询当地水利站、项目村、各井片群众意见和建议的基础上，吸收先进经验做法，再对部分设计进行升级改造，杜绝花架子工程和形象工程。我们在荆家项目区推行的"射频卡＋固定水泵＋地下防渗渠"模式，解决了群众自带水泵，自顺电线，自铺软管的灌溉难题，实现"一人一锨一卡"轻松浇地，做到了"五省"，即省时、省工、省电、省水、省钱；项目区设计的全塑硬质出水口、浮水泵、扬水站等先进设施，也大大解放生产力，确保各项工程科学可行实用耐用，深受农民群众欢迎。

二、紧紧把握工程招标环节，确保程序规范透明

农业综合开发工程招投标工作是项目管理中最重要的环节，关乎工程建设的公开、公平和公正，以及项目的建设质量、工程进度、造价控制。桓台县依据《招标投标法》、《政府采购法》、《山东省实施〈中华人民共和国招标投标法〉办法》和《农业综合开发招标投标管理暂行办法》等规定，不断规范农发项目招标投标工作，建立了完善的风险防控体系，有效预防和遏制违法违纪现象发生。一是实行项目招标投标备案登记。项目建设实施方案编制完成后，第一时间填报《政府采购项目申购审批表》、《项目招标代理机构选择情况备案表》、《项目招标投标监督监察立项审批表》等项目招标采购审批手续，招标代理机构选择、招标文件制定、公示发布、合同签订等相关资料报送纪检委、县政府采购办，办理备案登记手续，主动接受纪检监察部门的审查监督。二是规范执行招标投标各项规定。安排专人负责招标代理机构的考察，择优确定资质过硬，业务精熟、实力雄厚的项目管理公司或会计事务所负责代理工作，并与之签订详细的委托协议；根据《国家农业综合开发招投标管理暂行办法》的规定，所有土建工程和重点物资设备采购全部列入招标范围，进行公开招标和采购，避免各种化整为零和其他规避招标采购的行为；县开发办、纪检委、采购办、财政局业务科成立评审小组，安排专题评审会议对招标文件、委托协议等招标资料，进行详细会审，共同提出合理性修改意见，最终确定招标、评标办法，确保程序合理、合规、合法；招标代理机构负责全过程收集和整理档案资料和影像资料，并负责整理归档，保证程序有据可依、有据可查。三是邀请监督小组全程参与招标投标。招标投标活动的全过程全部在纪检委、检察院、财政局、审计局和采购办等部门派出专业人员组成监督小组监督下进行，监督小组亲临投标会议现场，按照相关法律规定要求，负责开标程序、专家评委抽取、标书

审查得分、中标单位资质审查、综合得分评定等过程的现场监督，以保证招投标工作人员严格履行职责，严肃执行招投标纪律。四是实行招投标公告网络公示。桓台县农发项目工程的招标全部采取公开招标方式，招标公告统一在中国山东省政府采购网和山东淄博政府采购网进行网络公示，公示时间不少于30天，为吸引具备实力的施工单位和材料供应商参与竞争提供公开平台。招投标结果确定后，按照规定内容及时在网络公布中标单位、中标价格等信息，通过公示接受社会各界监督和质疑。公示过后，在纪检部门、采购办的监督下，与中标单位签订施工或采购合同，为工程顺利进入实施阶段打下基础。

三、紧紧把握施工监督环节，确保工程质量过硬

质量是我们农发项目的生命。在施工环节，我们坚持"百年大计，质量第一"的原则，凡事亲力亲为，坚守基层一线，以最严格质量标准把控每一个环节，每一个细节，做到对项目负责、对群众负责、对自己负责，着力建设民心工程和德政工程。一是落实项目法人制。项目施工前，县开发办、财政局与项目镇签订《项目建设责任合同》，落实项目进度和质量责任，明确项目镇的法人身份，组建项目建设指挥部和指挥网络，镇长任指挥，分管副镇长任副指挥。指挥部为项目的进度安排、质量检查、工程调度和迁占工作提供组织保障。正常施工期间，乡镇指挥部采取周调度制度，每周部署工作任务，调度工程进度，通报质量问题；指挥部工作人员，配备专车，每天坚守项目施工现场，巡视每一个施工环节，发现质量问题，与施工单位就地联系现场整改，不留后患。二是落实项目监理制。与市开发办招标确定的监理单位签订监理协议，明确监理的职责和义务。施工期间，监理工程师配备专用交通工具，采取现场旁站、巡视等方式，按照施工合同、监理协议、技术规范、设计图纸，实施动态监理、跟踪监控。在质量控制关键问题上，监理工程师从严把控，一丝不苟，特别是机电井、防渗管网、渠系建筑物、输变电工程、机耕道路等方面，提高混凝土、砂石料、灰土的标准质量抽检抽验密度，按照井泵房、机电管等设备的规范标准和安装程序，选择旁站监理和现场指导，对于不合格部分，能整改的彻底整改，不能整改的坚决推倒重来。监理人员在施工过程中，同步收集，分类整理监理报告、监理规划、实施细则、监理月报、开工资料、签证资料、材料报验、工程质量验收等监理资料，保证各施工环节质量控制的严谨、规范和可控。三是执行项目公示制。项目申报、实施和竣工验收三个阶段，参照《山东省农业综合开发土地治理项目和资金公示制实施细则》的相关要求，分项目镇、项目村两级，在项目区的配电室、项目村的公示栏、公示墙等醒目位置，设置公示牌、公示栏，对项目资金等情况进行公示，主动接受群众和社会监督，公示遵循真实、及时、公开的原则，凝聚了全社会和项目区干部群众关注开发、支持开发、监

督开发的重要力量，保证项目建设经得起公众的检验。四是推行基层工作法。项目施工的关键时节、关键环节、关键问题把握上，县开发办采取基层工作法和"5＋2"工作制度，做到情况到一线了解，问题到一线解决，工作到一线落实。施工季节放弃所有节假日，在指挥部和项目区安营扎寨，全天候盯守施工现场，现场录制所有施工影像资料。施工质量的拿捏从重、从严，防渗渠、地埋电缆等隐蔽工程，现场督查、现场指导，有效避免消极懈怠、避重就轻、偷工减料的等现实问题，做到在基层一线"比作风、比效能、比贡献、争一流"，保证了项目以最快的速度、最高的标准投产达效，发挥作用。五是落实竣工验收制度。工程竣工后，县开发办、财政局、监理单位、项目建设单位、施工单位联合组成验收组，制定翔实的验收方案进行项目县级验收，验收采取全面验收的方式，从工程数量、工程质量两个方面综合考查，竣工图绘制翔实，井号、桥涵号、变压器等标注定位精确，防渗渠、电缆的长度分段明确标示，达到图实相符，数量一致；施工单位提供的结算真实可靠，签证资料齐全完整，工程量与实施方案、计划调整数达到一致。验收组根据验收情况，综合填制验收登记表，出具每个单项工程的详细验收记录。根据验收情况，县开发办、财政局、监理单位联合出具竣工报告，真实反映项目建设管理情况，验收人员签字确认。验收完成后，及时下发验收反馈意见，规定整改内容和整改期限，督促相关责任单位在市级验收前落实到位。通过竣工验收环节的控制，从根本上杜绝项目建设单位和项目施工单位的活思想，让项目能够达到群众的期望，经得住历史考验，真正做到"实用、好用、耐用"，确保效益正常发挥。

四、紧紧把握资金管理环节，确保财政资金安全

在资金的拨付使用过程中，按照精细化管理要求，严格执行《国家农业综合开发会计制度》、《农业综合开发财务管理办法》、《山东省农业综合开发会计制度》和《山东省农业综合开发资金县级报账提款暂行办法》，根据项目建设进度、质量标准采取县级报账提款办法，完善有关报账提款手续，坚持先报账后拨付资金，通过预算拨款凭证等直接支付到项目建设单位，有效防止弄虚作假、虚报冒领、挤占、挪用现象违纪现象发生。县、镇两级认真落实专人、专账、专户"三专"管理，保证资金的专款专用，最大地发挥了资金使用效益。在具体工作中主要做了以下几点：一是细化操作程序。严格执行报账提款操作程序，加强对财务报账人员的培训和指导，做到所有报账资料齐全完整、合规合法，杜绝资金挪用、截留。财政部门按要求整理和收集会计核算、财务档案，所用的财务档案资料规范、齐全、完整。二是指导监督到位。县财政局与开发办定期和不定期地联合对乡镇进行项目资金管理情况进行指导，在项目建设过程中支付工程或设备款时，指导项目法人单位组织报账申请、税务发票、工程进度审核表、阶段性工程结算单、单项工程竣工验

收单、工程监理报告、物资设备购销合同及签收单等资料；在项目完工支付工程款时，全面指导项目建设单位组织好报账申请、税务发票、工程进度审核表、工程竣工决算审计报告、工程监理报告、竣工验收合格报告等相关资料，报账手续不完整、不合理的，及时指导和纠正，做到有令必行。三是参与项目全过程管理。实施事前、事中、事后监督，特别是对大宗物料的购进，对较大工程的报账提款，实行政府采购的办法，通过招投标进行事前管控，依据投标价格报账；项目建设中，根据项目建设进度和阶段性工程结算单，财政局、开发办采取现场核实和听取汇报等方式进行事中监督；工程竣工后，依据工程竣工验收资料、工程结算书和中介机构出具审计报告，对发生费用进行现场核实，然后如实报账，达到事后监督目的。四是严格落实资金配套。桓台县是全国粮食主产县、千亿斤粮食规划县，县级配套资金省财政代配套。在县以下自筹和农民投资投劳的管理上，县财政加强自筹资金配套管理，采用项目镇、项目村承诺制，县财政调度制，有力地保障资金足额及时配套。五是发挥资金报账驱动作用。项目资金及时拨付到专账专户，报账进度与工程进度一致，资金使用与实施方案所列用途一致，从而为施工单位保质量、抢时间、赶进度提供资金支撑，避免因资金问题制约工程质量进度问题；项目管理费的提取和使用、科技推广费安排与使用，县级农发机构开发事业费落实与使用符合国家和省规定，有力地保障农发事业的高效运行。

五、紧紧把握信息宣传环节，确保业绩成效彰显

宣传工作是提升农发系统地位，树立单位形象，凝聚各方力量的重要工具。桓台县始终将宣传工作放在重要位置，注重用宣传来扩大影响，凝聚力量，推动工作。一是以不同施工阶段为线，动态宣传农发项目进展。在项目规划测量、开工、建设、竣工等环节"一条线"报道工程进展，为农发项目全过程留下真实的施工镜头资料。宣传阵地选择县政府参阅文件、县级报纸、地方电视台等主流媒体，每年均在县级参阅文件、政务信息发表调研文章2期，在当地报纸、电视台报道各种类新闻10期以上。二是以项目建设亮点为题，彰显部门新成效新业绩。在项目建设中，桓台县农业综合开发不断创新新工艺、新做法，在推进高标准农田建设，发展现代农业以及粮食高产创建中先行先试，打造了很多亮点，形成了诸多好的经验做法。这些亮点性、特点性的题材，不断通过上级党报党刊、省农业综合开发网站、财政专网等平台大力进行宣传。2013年以来，在中国报道、淄博日报、淄博电视台、齐鲁晚报、省财政专网发表各类宣传信息7篇，进一步突出了农发的成效业绩，树立了农发的良好形象。三是以项目竣工验收为契机，多媒体展现农发风采。项目建设过程中，高度重视音视频资料的录制和收集。县开发办配备专业摄像设备，在整个施工过程，安排专人深入每一个施工现场，从不同角度录制沟、渠、

路、林、桥、涵、闸、井、泵、房、机、电、管的施工、安装、配套等细节，形成完整的过程资料，工程竣工后，视频资料刻盘存档，积累了珍贵的农发视频历史资料。省市项目竣工验收时，以年度施工影像资料为基础，聘请影视机构，编制多媒体视频汇报材料，面向上级验收组，声情并茂，立体展示桓台县农业综合开发的项目建设管理成果和效益情况，为上级部门了解桓台县农发、支持桓台县农发提供窗口。宣传工作发挥镜子作用，彰显部门的影响力和向心力，营造全社会关心开发、支持开发营造了浓郁的氛围，也赢得各级领导的关注和重视，成为提高农发绩效管理水平的重要推动力。

莒南县把项目放在"园"上 把"园"建在项目上助推现代农业发展

莒南县农发办 孙明亮 宋 磊

1927年9月，毛泽东同志率领秋收起义部队实行"三湾改编"，创造性地提出了"支部建在连上"的原则，确立了党对军队绝对领导的制度，使红军战斗力倍增。莒南县借鉴历史经验，发扬革命优良传统，明确项目管护主体，把农发项目放在"园"上，把"园"建在项目上，使农业综合开发效益倍增，助推现代农业发展。

莒南县是山东省农业大县，农业资源较为丰富，尤其是花生、蔬菜、茶叶、柳编、板栗、畜禽等产业优势突出，是中国"花生之乡"、"茶叶之乡"、"蔬菜之乡"和"柳编之乡"。全县拥有市级以上农业产业化重点龙头企业47家。莒南县素有改山治水的光荣传统，毛泽东主席曾在20世纪50年代作出"愚公移山，改造中国，厉家寨是一个好例"的光辉批示，充分肯定了莒南厉家寨艰苦奋斗改造山河的创业精神。近年来，莒南县又把农业综合开发作为推进现代农业园区建设的重要抓手，结合本地实际，把实施农发项目与建设高效农业园区结合起来，有效地带动了全县现代农业的发展，为农业增效、农民增收、农村繁荣作出了新贡献。

一、农发项目为现代农业园区打造骨架

近年来，莒南县现代农业的发展正按照县委、县府提出的"一区三园"总体规划有序推进。所谓"一区"，即将全县作为一个大园区进行优势特色农业产业布局，着力打造在全省有竞争力的优质农产品生产基地。"三园"是指在西部平原地区打造优质蔬菜园区；在北部山区打造优质杂果生产园区；在南部丘陵地区打造优质茶叶、蓝莓生产园区。围绕"一区三园"总体规划，农业综合开发找准自身工作的切入点和着力点，主动跟进开展项目建设。在北部山区着力扶持花卉、杂果、核桃、草莓产业的发展，先后建成2010年大店镇项目区、2012年涝坡镇项目区和2013年文疃镇项目区，通过串点连线，打造了3万亩杂果农业园区；在西部平原

地区着力扩大瓜果、蔬菜等种植产业规模和进行新品种示范推广，依托 2007～2009 年道口镇、石莲子镇项目区，通过提升扩面，打造了 4 万亩蔬菜瓜果农业园区；在南部丘陵地区着力培育发展茶叶、蓝莓等特色主导产业示范点，通过整体推进，将 2011 年坊前镇项目区、2012 年洙边镇项目区和 2013 年相沟乡项目区连成一片，打造了 3 万亩茶叶、蓝莓农业园区。农发项目安排与全县现代农业发展规划的高度一致，以及项目建设与农业园区建设的有机结合，为全县三大版块农业园区框架的形成提供了有力支撑，加快了全县高效特色农业的发展进程。

二、农发项目为现代农业园区提供示范

农业园区建设是推动现代农业发展和农民增收的重要举措。农发项目落在"园子"上，在帮助园区改善基础设施条件的同时，通过科技措施投入，更为园区建设添上了"点睛"之笔。农发项目打造的一个个示范样板，正有力推动着园区的发展，带动农民实现增收致富。

洙边镇以丘陵地貌为主，发展茶叶条件得天独厚，但多年来茶叶生产始终存在科技含量低，品种单一，品质不高的问题。2012 年该镇依托农业综合开发创建了玉芽茶叶科技园区，新建立的茶叶生产示范基地通过农发项目扶持，建设大棚 86 个，引进繁育无性系茶苗 150 万株，安装大棚微喷设施 2000 亩，一下子解决了品种和品质的问题，打响了品牌。玉芽茶叶科技园很快成为莒南设施一流、管理规范、效益突出的示范园区，并被省农业厅评为首批"省级标准茶园示范基地"。园区还牵头组建了有 350 户茶农参加的茶叶专业合作社，辐射带动了周边乡镇茶叶生产的发展。

壮岗镇农发项目区的蓝莓生产基地是山东省果树研究所建立的两处重点基地之一，近年来，基地在农发项目扶持下，引进美国"公爵"等蓝莓品种，安装高科技防虫太阳灯，采取生态有机种植方式，种植优质蓝莓 4000 亩，亩产量达 2000 余斤，亩收入 13 万元以上，使该基地成为临沂市第一个、也是最有影响的家庭农场。位于大店镇农发项目区的草莓生产示范基地，同样得益于农发项目投入，发展草莓大棚种植 2 万亩，共涉及 9000 多农户，通过建立"公司 + 基地 + 农户"的产业化经营模式，每个草莓大棚户每年可收入 6 万多元，带动一大批农户走上了致富之路。此外，在石莲子和道口两镇 2009 年农发项目区建立的蔬菜生产示范基地，通过引进蔬菜新品种，发展优质、高效大棚蔬菜 4000 亩，每亩可增收 5 万多元。

三、农发项目为园区招商引资栽上"梧桐树"

"栽好梧桐树，引来金凤凰"。农业综合开发项目建设，为园区招商引资、发

展新型经营组织搭建了平台。近年来,莒南县农发办利用项目区良好的基础设施条件,吸引工商资本进入农业,积极引导企业到园区建立农产品生产基地,帮助当地农民建立专业合作社,为特色产业发展和农民增收注入了新的活力。

2010年度土地治理项目区大店镇,曾为山东省政府旧址和八路军115师驻地。县农发办把促进项目区发展与开展红色旅游结合起来,引导地方政府积极发展花卉业,吸引青岛等地企业建立了3000多亩花卉生产基地。每年旅游旺季,数以万计的游客前来观光。

2011年农发项目区坊前镇,通过引进能人大户组建农民专业合作社,发展黑松育苗3000亩,带动周边村镇发展苗木种植达1万亩。该合作社培育的黑松苗木销往全国20多个省市,实现社员增收6000万元。2012年农发项目区涝坡镇,引进金盛集团建设优质富硒花生生产基地4000亩,通过提高花生品质,增加产品附加值,实现农民增收1000万元。

2012年农发项目区洙边镇,引进临沂市玉芽茶业有限公司发展有机茶叶生产基地5000多亩。玉芽茶业有限公司是北方地区实力较强、知名度较高的一家农业龙头企业,曾于2010年5月举办"沂蒙玉芽茶文化节"暨海峡两岸茶叶产业发展论坛活动,为展现沂蒙茶乡特色,促进现代茶产业发展,起到了重要的推动作用。公司在园区落户后,带来先进的种植技术和管理经验,有力地带动了当地茶产业的发展。目前,园区茶叶种植面积已发展到20000多亩,成为当地农民增收的一条重要渠道。2012年农发项目区相沟乡,项目建成后,吸引了外地客商投资,建设玫瑰园基地,实现了"园区建在项目上",促进了当地农业的发展。

在引导龙头企业入园建立农产品生产基地的同时,县农发办还积极支持园区农民合作组织建设,以提高产业发展规模和农民组织化程度。在2012年农发项目区相沟乡,扶持成立了朝阳果蔬种植合作社,发展社员260户,建立草莓生产基地800多亩。每年在草莓成熟季节举办草莓采摘节,吸引大量游客到园采摘品尝鲜果,带动观光农业的发展,使草莓种植户新增年收入达9000多元。

四、农发项目与园区相结合,为项目长期发挥效益提供保障

项目的管护使用工作是农发项目长期发挥效益的关键,以往部分项目区由于管护不到位,管护主体不清晰,出现人为或自然损毁现象,导致部分设施无法正常发挥作用。把项目放在"园"上,把"园"建在项目上,农发项目与园区建设的有机结合,为项目工程的管护提供了新的模式,同时吸引多元化资金进入农发项目。所有项目工程由园区业主负责,实行统一使用和维护,确保了项目工程长期发挥效益。2012年洙边镇农发项目与玉芽茶叶科技园区相结合,项目区内的电灌站和大棚微喷设施等由玉芽茶叶科技园使用和管护,解决了管护不力的问题,并且项目区

内的水利措施得到长期使用，确保了项目工程长期发挥效益。

通过借鉴历史经验，发扬革命优良传统，莒南县把项目放在"园"上，把"园"建在项目上，明确项目管护主体，农发项目与园区建设有机结合，实现多方共赢，让沂蒙老区走出了一条农业综合开发的新路子，使农业综合开发效益倍增，大力助推现代农业快速发展。

两类项目结合让滨城麦产品走向世界

滨城区农发办　宋迎敏　王际灵　王清清

滨城区是山东省滨州市市委、市政府驻地，地处半岛城市群、省会经济圈与京津冀经济圈、滨海新区叠加地带，黄河穿城而过，是黄河三角洲高效生态经济区建设的主战场。滨城区辖10个乡镇办事处，耕地面积85万亩，总人口53万人。是鲁北农业大区，盛产棉花、小麦和果蔬，拥有周恩来总理誉为"棉区一面红旗"的全国产棉典型杨柳雪村，鲁北最大的有机韭菜生产基地三河湖镇。近年来，滨城区坚持农发土地治理和产业化经营两类项目融为一体，以"围绕产业扶龙头，围绕龙头建基地"为出发点，利用农业综合开发土地治理项目建设平台，充分发挥龙头企业的引领带动作用，统筹安排项目建设内容，达到1+1>2的互动与双赢的效果。滨城区土地治理与产业化经营结合试点项目的主要模式是，土地治理项目区内由产业化龙头企业滨州泰裕麦业有限公司全部采用"三免一加"订单种植模式进行优质麦生产与回收，实现小麦本地加工增值。

"通过两类项目结合，滨城区推广高质高效优质麦70万亩（包括本地企业在外地发展的种植基地），每亩每年为农户增收320元。滨城区企业泰裕麦业有限公司的优质小麦深加工产品达到30余个品种，产品销售网络已覆盖除西藏以外的所有地级以上城市，与沃尔玛、大润发、家乐福、易初莲花等国际知名连锁超市建立了长期的业务合作关系，产品还远销日本、韩国、泰国、蒙古等国家和地区。企业是国家农产品加工业示范企业、山东省级农业产业化重点龙头企业"滨城区副区长边洪芳介绍："通过两类项目结合既改善了生产条件，又提高了农业综合生产能力，还促进了农业产业优化扩大了企业加工转化能力；既实现了农业增产，又促进了企业增效，还达到了农民增收致富的目的"。

一、立足振兴"三农"需要，围绕产业发展规划，坚持土地治理项目与产业化项目相结合

农业综合开发的任务是加强农业基础设施和生态建设，提高农业综合生产能

力，保证国家粮食安全；推进农业和农村经济结构的战略性调整，推进农业产业化经营，提高农业综合效益，促进农民增收。今年两会上，很多农业界的代表委员呼吁关注耕地质量，提高粮食产量，时刻绷紧粮食安全这根弦。多年以来，滨城区农业综合开发工作立足振兴"三农"工作需要和增加粮食产量和效益的要求，在规划修建排灌渠道桥闸等基础设施的同时，按照区域分布和产业化企业发展要求规划产业示范区。根据优质麦管理不同阶段的需要，项目区专门多修建一些机耕道方便运输和现代科技管理。

滨州泰裕麦业有限公司是滨城区一家以优质小麦精深加工为主的股份制公司，年加工小麦能力24万吨，是国家农产品加工业示范企业，山东省农业产业化重点龙头企业，2007年、2008年获省政府优秀龙头企业。2007年，率先在全国取得了面粉和挂面的出口食品卫生注册证，37个系列产品在国内外市场享有较高的声誉。产品先后荣获"中国名牌产品"、"绿色食品"、"放心面"等多项国家级荣誉，销售网络覆盖全国除西藏之外地级以上城市，居全国同行业前五位，被国家发改委、科技部、铁道部、国家粮食局等部委列为专供面粉，产品远销欧美、日韩。近5年来，公司每年都在滨城区发展优质麦订单种植基地10万亩以上。为探索两类项目结合发展的路子，滨城区农开办在2009年的农业综合开发项目区内帮扶作为龙头产业化企业的泰裕麦业有限公司实施了0.5万亩的"三免一加"订单生产的试点，即免费供种、免费播种、免费收割、比市场价加价10%收购，取得了两类项目相结合的成功经验，企业与农民已结成了紧密的利益共同体，在此基础上滨城区年年规划建设，每年扩大1万亩。

二、紧紧围绕巩固两结合成果，提高农开项目效益，坚持两类项目科技措施相结合

近几年，滨城区农业综合开发办公室在抓紧项目任务完成的同时，将土地治理项目中的科技措施与产业化项目中的科技措施相配套，促成两类项目实行深层次的结合，保障项目实施的利益最大化。在2009年实施两类项目结合试点工作中，选择了旧镇镇1万亩中低产田改造，新建高标准方田网格44个，每个占地250亩左右。方田内斗、农两级沟渠全部衬砌，实现100%自流节水灌溉，灌溉保证率75%以上，水利用系数0.68以上。提高沟、渠、路、林、桥、涵、闸建设标准，中心路宽7米并进行路面硬化，普通路宽5米，林带宽2米，植树3行，项目区四至以高标准沟路渠林封闭，灌排自成体系，封闭运行。项目区内7个村都要建设围村路，围村路与村主干道有机相连，实施村级绿化、亮化、美化工程，全力打造新农村建设示范区。实施的泰裕麦业公司年产30万吨优质专用粉扩建项目主要是对生产车间及仓储设施进行改扩建，包括改建研发中心300平方米，新建3600平方米

成品库，新增部分专用粉生产设备和化验仪器。项目建成后，企业年新增生产能力6万吨，龙头带动能力进一步增强。

两类结合项目总投资2034万元，项目建成后，1万亩优质麦年年由企业全部回收，每年可实现直接经济效益684万元。企业与农民签订"三免一加"种植合同，可使农民每亩直接增收192元。同时，小麦每亩可增产100公斤，每亩新增纯收入93.5元。玉米每亩增产150公斤，每亩新增纯收入115.5元。三项之和，农民每亩新增纯收入401元。对于企业来讲，订单种植的优质麦完全可替代同类进口加麦和美麦，按现行价格计算，企业每公斤小麦可节支0.27元，这样企业不但能得到质量稳定的原料，而且可以减少国际小麦价格波动带来的不利影响。6万吨小麦面粉加工扩建项目每年可实现纯效益282.57万元。为提高栽培技术水平，项目区内农民全部纳入中裕谷物专业合作社，并聘请山东农业大学作为技术依托单位，严格按照绿色食品的要求进行标准化生产。

近5年来，滨城区坚持优势互补、强强联合的两类项目结合式开发，先后实施中低产田改造项目10万余亩，惠及本区群众86000多户，户年均增加收入1600多元。同时，带动周边县区按此模式发展三免一加优质小麦40万亩。

泰裕麦业有限公司也得以快速发展，构建成了我国最长的小麦产业链。6月10日到滨州泰裕麦业有限公司采访，我们碰上一位毕业于山东农业大学的硕士员工，他的工作是与母校的教授合作搞优质小麦新品选育。泰裕总经理张志强介绍："泰裕2006年就开始搞育种，现在不仅搞面粉加工，还建设了小麦产业链，包含优质小麦良种繁育、推广种植、收购储存、初加工（面粉、挂面、食品加工）、精深加工（谷朊粉、高档酒精、有机饲料等）、高科技生态养殖、品牌快餐连锁等环节，贯通第一、第二、第三产业，应该是目前全国最长的小麦产业链。"

三、拓展服务空间，扶优扶强产业，促进农民增收

多年来，滨城区农业综合开发办公室充分发挥部门的行业技术优势，积极拓展服务空间，主动加强与产业化企业和农业合作社的联系，对企业的内部规范管理特别是财务管理工作认真考察，及时将考察意见跟企业和合作社交流，拿出整改意见和帮扶措施，促其改进和完善。

摒弃传统思维方式，咬定优势产业项目不放松。在实施开发扶持工作中，滨城区不唯上不唯书只唯实，根据当地实际和群众需求持续不断地扶持优势产业，连续六年帮扶滨州泰裕麦业推进"三免一加"两类项目结合，并取得了明显的社会效益。自泰裕麦业2008年开始推广优质麦的种植以来，滨城区农业综合开发办公室充分发挥自身优势，从集中精力建设粮食核心产区的目的出发，扶持泰裕麦业发挥科技兴粮增效工作，先后在年产30万吨优质专用小麦粉扩建项目、农业开发良种

补贴项目、良种基地补贴、小麦粉深加工及小麦副产品综合开发利用项目等项目中给予引导和扶持。在每个项目规划中，突出实际，重视规划的前瞻性、现实性和可行性有机结合。对于两类项目结合项目区，滨城区以"实际、实用、实效"的效益导向为原则，不仅注重经济效益更重视社会效益、生态效益。既重视提高粮食生产能力的经济效益，同时重视基础设施建设的公共产品属性和社会效益生态效益。如今，通过两类项目结合实践成功的"三免一加"不仅为滨城区86000户农民年增收1.4亿元，还辐射带动周边市县发展优质高产小麦40万亩，亩年均增收260元以上。

通过多年的探索实践，滨城区两类项目结合的项目区已经构筑成了以路为骨、以林为韵、以水为魂、林水相依、粮丰林茂、北国江南的现代农业示范区，成为黄河三角洲高效生态经济区农业开发的亮点。

四、思考和启示

多年来，滨城区通过不断地创新和完善土地治理和产业化经营两类项目相互促进的良性发展机制，快速提升了农业综合开发的效益和水平，推进了全区现代农业的快速发展。根据滨城区的实践，要更好地统筹好土地治理和产业化经营两类项目，重点要做好三项工作：

一要精雕细琢项目区，好中求优选产业。两类项目结合中的土地治理在改造中低产这一基本任务的同时，还要为优势龙头企业服务，设施建设既要符合现代农业生产、管理需要，还要便利农产品收获、运输，要创新土地治理项目做法，千方百计地与产业化经营进行互动，实现土地、资本、技术、劳动力等资源的合理配置，有效地发展农村生产力，提高农业综合生产能力和综合竞争能力，所以对项目区建设要求精雕细琢、狠抓质量、完善功能，力求完美。好中求优选产业关键是要选择有实力有前景能兴农富民的产业。

二要重视区域环境，提高农民组织程度。两类项目结合中的土地治理改造任务不是面对千家万户来实施，而是要走集约化经营之路。两类项目中农田改造的土地使用权全部在农民手中，要开发必须要先流转土地，要想实施好两类项目必须高度重视区域发展环境，该区域的第二、第三产业发展必须要好，转移劳动力的人数必须要多，只有这样，才有利于土地流转，推进适度规模农业的发展；在两类项目有机结合的建设过程中，项目实施单位不仅要完成好项目建设任务，还必须建设好农民合作经济组织，只有这样，才能有利于使企业与农民达到双赢的目的。滨城区两类项目结合后，项目区内农民全部纳入中裕谷物专业合作社，成为学技术有保障、耕种管理有组织、产品销售由途径、年年收入有保障的合作社社员，为长久发展提供了基础保障。

三要领导高度重视，运营管护到位。通过多年的运行，滨城区干部群众已经对两类项目结合有了充分的认识，区委、区政府把每年的农业综合开发工作纳入重要议事日程，对两类项目结合的推进工作，区委书记赵伟宏、区长焦本强亲自调度，并专题召开区长办公会研究部署。最近3年的土地治理与产业化经营两类项目结合一直被纳入滨城区委、区政府的重点工作，形成区、镇、村三级推进的整体工作合力。滨城区在城市快速发展过程中，也具备了"以工补农"的实力，每年都协调充足的项目配套经费统筹城乡发展；健全运营机制，增强带动作用。两类项目有机结合，在滨城区形成了"土地治理改善生产条件—企业订单优惠种植—合作社落实绿色优质麦标准化生产—企业回收产品深加工增值"的完整产业链条，企业与农民结成了长期稳定的利益共同体。与此同时，每年还带动全区及周边发展订单优质麦35万亩以上，实际带动了8.7万农户增收。

完善运行管护。多年来，滨城区严格按照国家农业综合开发工程管护办法，建立了专项管护机构和管护队伍。对于灌排工程管护和使用采取经济自立灌排区管理模式，通过组建供水公司和农民用水者协会，实行实体运作，实现用水者自我管理灌区、灌区经济自立良性循环。林带管理以承包到个人为主要方式进行管护，确保项目长期发挥规模效益。企业加工能力扩建项目工程管护由项目企业负责。

农发项目工程监理存在的问题及对策

沂水县农发办 孙照青

"监理制"是农业综合开发土地治理项目推行的"六制"管理之一,监理制推行的好坏直接关系到项目建设和管理水平的高低。监理工作贯穿于整个项目建设的始终,是项目建设管理的重要抓手。

农业开发单体工程相对较小,而且极其分散,这种工程特点决定了工程监理的必要性和高难度,充分发挥好项目工程监理作用对于提高整个项目的建设和管理水平显得极其重要。近年来,沂水县在推行监理制上做了一些尝试和探索,对于如何运用好和发挥好监理的作用有了一定的认识,通过具体项目的实践也取得了初步的成效。

一、现状分析

农业综合开发项目工程自实施监理以来,经历了由走过场到实际发挥作用的过程,就目前的监理情况来看,监理工作对于提高农发项目工程建设和管理水平发挥了积极的推动作用。具体情况分析如下:

一是保证了工程量足额完成。监理人员从项目区开工建设就开始驻守工地,对工程建设实行全过程、全方位跟踪监理,特别对于招投标工程来说,通过对投标工程量清单和招标设计图纸的有效复核,确保了工程建设规模和建设数量,杜绝了项目建设单位以旧顶新和工程缩水现象的发生,有效地防止了套取财政资金的情况出现。

二是提高了工程建设质量。监理人员通过对工程施工过程中的每个关键环节实行有效监理,较好地把握了工程开工关、材料质量关、施工工序关、质量验收关,有效遏制了偷工减料、不按技术规范施工的现象,工程质量明显提高。

三是加快了工程项目建设进度。监理人员通过督促施工单位制定详细的周节点计划和工期节点计划,优化施工组织设计,提前把好施工组织关,并实行周监理例会制度,定期调度和督促工程进展情况,做到抓住关键施工节点和施工期,严格施工工序，减少了窝工和返工现象的发生，有效加快了工程进度，确保了工程按期完工。

四是提高了项目内业资料的编写质量。对于农业综合开发项目来说，项目的内业资料和外业工作同等重要，因为项目内业资料记录了项目建设的全过程，是见证和检查项目建设和管理情况的重要载体。监理人员在施工现场做好自身监理资料的实时记录整理的同时，也会督促和指导施工企业及时做好相关资料的整理和提报工作，保证了项目内业资料的及时、真实和完整，大大提高了项目内业资料的编写质量。

五是提高了项目管理水平。监理单位对工程建设质量、进度、资金进行有效控制，加强了合同和信息管理，做到资料及时记录和整理，保证了原始资料完整收集。同时积极做好业主、设计、供货、施工及项目村等各方的协调工作，从而较好地调动了各方的积极性，强化了各方责任，化解了许多矛盾，凝聚了各方力量，使得项目建设管理水平和管理效率得到较大提高。监理人员积极参与工程建设与管理，也在一定程度上缓解了农业开发人员和技术力量短缺现状，农发办人员可从具体的工程施工监管工作中解脱出来，有更多的时间深入业务研究、宣传、交流等工作，工作效率显著提升，项目管理水平也有了较大提高。

二、存在的问题

农业开发监理工作在实际的实践和探索中虽取得了一定的成效，规范了农业开发项目管理程序，但就目前的监理情况来看仍存在一些问题，主要表现为以下几个方面：

一是监理人员素质参差不齐。有的监理单位为降低成本，临时雇佣离退休人员或实习人员，其中有的没有监理工程师资格证书；有的监理人员缺乏现场管理经验，不能及时发现问题和解决问题；有的竣工资料编写不规范、表格填写不清楚或不完整，个别监理人员甚至对合同条款、监理程序、监理方法了解不深，不能按规范的监理程序开展工作。

二是监理工作程序不规范。有的监理单位没有按照项目的实际特点编制详细可行的监理规划，在实际的监理过程中失去了监理规划的指导意义，使监理工作无章可循；监理资料记录没有完全按照规范来进行，监理资料的字里行间经不起推敲和比照，个别工程的报验没有严格按照程序来进行，导致有些资料出现自相矛盾现象。

三是监理单位投入不足。监理人员数额配备不到位，监理人员专业素养不能满足工程监理需要；现场监理人员使用的测量仪器仍延续过去使用的钢尺、测绳等陈旧的检查工具，有时借用施工单位的仪器进行测量，缺少现代化的设备和手段，如配备GPS定位仪及测量仪，超声波检测仪器等；监理人员缺乏代步工具，农业综合开发土地治理项目区面积大，工程分散，单靠徒步进行监理很难实现及时和全覆盖监理的要求，监理工程师去项目区工程现场大多搭乘建设单位或施工单位的车辆，工作效率不高。

三、对策建议

农业综合开发监理工作是创新管理机制工作的重要内容，农发监理工作既要符合一般工程监理对于程序和内容的要求，又要针对农发项目的特点有所改进和创新。针对存在的问题提出以下几点对策：

一是择优选择监理单位。把业务能力强、综合素质高、社会信誉好的监理单位选入农发建设监理市场。强调人员配备、资格配备及设备配备。同时要了解监理人员工资标准等情况，以保证监理专业技术人员的相对稳定，特别是经验丰富、熟悉农业综合开发政策的监理工程师如能保持工作的连续性，会达到事半功倍的效果。

二是加强对监理单位及监理人员的业务培训。由于农业综合开发自身的特点，靠单一的专业知识，对农业开发项目进行监理有其局限性。因此，要通过培训培养一批既懂工程监理技术，又懂农业综合开发知识的监理人员，以适应农业开发监理市场的需求。

三是规范监理工作内容。监理工作包括对工程质量的有效监督；对工程进度的有效控制；对工程投资费用的有效控制；对合同的有效管理；信息资料的及时搜集与管理；项目各方的统一协调和组织管理；在工程保修阶段，监理还要负责检查工程质量状况，承担质量责任，并督促承包单位保修。

四是规范农发项目监理内容的操作准则。对不同类型的项目、不同措施的工程，采取不同的监理办法，明确监理单位和监理人员在项目管理各个阶段的责任、权利和义务，制定方便农业综合开发项目监理使用的资料表格和往来函件标准文本。

五是规范监理工作方法。监理单位应自觉将监理工作纳入项目管理的范围之内，注重与项目建设的管理程序相结合，既要以管理者的身份又要以执行者的角色把监理工作融入项目建设管理的全过程中。采用阶段验收、监理例会、材料报验、质量评定等多种程序和环节促进工作的规范和管理水平的提高。

六是加强对监理单位工作的考核力度。制定切实可行的考核和奖惩办法，在保证监理费用足额提取的同时，激发监理单位参与农业开发项目监理的热情和动力，激活监理单位竞争有序参与农业开发项目监理的市场，为农业开发项目"监理制"的深入推行奠定基础。

农业开发搭起群众"致富金桥"
——来自临朐县龙岗农业综合开发项目区的调查

临朐县农发办 倪 伟

近日,笔者在龙岗农业综合开发项目区调研,穿行在项目区内,一派生机铺面,满目葱茏景象:梯田内,各种农作物丰收在望;山坡上,渠水长流,碧波荡漾,瓜菜大棚一望无垠;沟壑内郁郁葱葱,瓜果遍布;机电井、蓄水池、出水口、塘坝、桥涵星罗棋布;蜿蜒绵长的环山路上,一行行行道树茁壮挺拔,形成了蔚为壮观的"绿色长廊",让群山叠翠,绿色铺面。极目所望——"山顶防护林戴帽,山间经济林缠腰,山下瓜菜粮田丰茂"。

近年来,临朐县连续4年在龙岗镇东部丘陵区规模实施农业综合开发,惠及农民2万多人,改造中低产田达5.3万亩。以此为依托,调结构,转方式,发展特色产业,加快了农业综合开发项目区农业产业化进程,促进了农村经济的可持续发展,做活了"农村发展、农业增效、农民增收"这篇"三农"大文章。据调查,2012年项目区涉及的40个行政村实现农村经济总收入1.75亿元,其中仅瓜果菜收入一项达1.47亿元,占总收入的84.12%。农民人均纯收入8938元,较农发项目实施前年均增长22.75%。项目区乡村几年间实现了华丽转身。

"政府给俺整了地,还把水引到了山上,有了水俺就敢种果树了,俺这片樱桃林一年收入五万多元呢。"正在给樱桃树拉枝的杭山村樱桃种植户杜立胜满脸喜悦。问及山乡巨变之源,老百姓的言语中尽是山区农业综合开发。

一、农业综合开发,"三个坚持"夯实了现代农业基础

坚持规模治理,培育规模优势。龙岗镇农业综合开发项目自2004年开始组织实施,改造中低产田53000亩。工作中,从规划设计,到组织施工、验收,始终坚持高标准、严要求、创精品、争一流的原则,集中规模治理,提高基本农田标准,培育规模优势。2007年项目被省评为全省土地治理优秀工程。

坚持综合治理,提升装备水平。坚持山水林田路统一规划,综合治理。在荒坡

治理上，以建设高标准基本农田为主。在水利建设上，本着"小型为主，开源与节流并重，截、蓄、挖、改相结合"的原则，把地表径流拦蓄起来，把地下水提起来，提高水资源利用率。项目区新建复修扬水站28座、新打机电井137眼、配套34眼，建蓄水池36个，架设输变电线路104千米，埋设输水管道164千米，为项目区发展大棚瓜菜果基地提供了良好基础。坚持生物措施与工程措施相结合，坡面治理与沟道治理相结合。项目干到哪里，路就修到哪里，电就架到哪里，树就栽倒哪里，市场就建到哪里。进入项目区，"一河清泉水，一道风景线，一条经济带，一串产业链"的农业产业化格局让人们耳目一新。

坚持建管并举，突出治理效益。项目区树立质量第一的理念，视工程质量为项目建设的生命，严格按照设计标准，规范施工，层层检查验收，确保了工程质量。始终坚持"三分治七分管"，每年一次"回头看"，对已治理的项目区进行串联补配，对已建成的基地、设施，落实承包政策，建立责任制，强化监督措施，制定了《临朐县农业综合开发项目区管理制度》、《建成项目运行管护办法》、《机井、机井房管理办法》、《节水灌溉工程管理办法》、《农田林网、经济林、道路管理办法》等，落实管护措施，提高了管护自觉性，真正做到了治一片，成一片，效益一片。

二、产业结构调整，特色产业让农产品"点石成金"

新思路调出新格局。根据市场和当地实际，龙岗镇农业综合开发项目区在组织实施土地治理项目中，确定了"治土治水抓果菜，优化结构扩规模，科学管理上水平，开拓市场增效益"的农业产业结构调整思路，大力调整种植业内部结构，以岭上调整促岭下调整，以调整增强项目区经济活力。新开发荒坡发展大棚果，岭下良田发展大棚瓜菜，把发展大棚樱桃、大棚桃、大棚蔬菜、大棚西瓜作为特色产业发展主攻方向。项目区新发展大棚果1100亩，大棚瓜菜6400亩，新建经济林基地5200亩，构筑了产业规模。项目区结构调整，特色产业的形成，推动了面上现代农业发展，目前，该镇仅大樱桃面积就发展到20000多亩，其中大棚樱桃8000亩。闫吾村只有230户，就发展大棚瓜菜1600亩，形成江北长茄基地，每年春秋收获季节，日销售量达到8万~9万公斤。村民张好德的6亩大棚蔬菜年纯收入6万多元，郭武种植的6亩瓜菜大棚平均每天收入2000元。在加快结构调整步伐的同时，注意品种的搭配，形成最佳结构，拉长产业优势，逐步形成"规模+特色"的农业产业化的新格局。

"四轮"驱动堆起"金饽饽"。新一轮农业结构调整，既是项目区内种植业的一次革命，也是一场深刻的思想革命。必须引导群众跳出"小而全"的圈子，消除小富即满的思想，着眼于大农业、大市场、大流通，走市场农业、现代化农业之路。为此，龙岗镇党委政府先后组织外出考察学习2000多人次，进一步解放思想，并采取"讲出一个明白理,算出一笔效益账,推出一批好典型"的做法,靠宣传发动、典型带动、政策推动、利益驱动的"四动"齐驱,广泛宣传大棚果菜生产带来的高效益,积极为群众提供科技、销售、资金服务,制定出台一系列优惠政策,大大调动了群众发展大棚果菜生产的积极性。为此,印制1万份《致广大农民朋友的一封信》,发到农民手中,让群众重点掌握效益对比账;组织由10个大棚果带头户组成的宣讲团深入项目区各村巡回演讲,营造大力发展大棚果生产的浓厚氛围。2004年项目区殷家庄村共有131户,484口人,耕地面积764亩,其中山坡地占80%以上。全村瓜菜、果树大棚达到510个、户均收入3.1万元,涌现出了20多个带头户。开发后的2006年全村经济总收入达400多万元,农民人均纯收入突破7000元,其中来自大棚生产收入占90%。就连六七十岁的老人们梁曰增、殷世平、梁丰新等也种植了大棚瓜果菜,年收入达到3万多元,全村仅有3户没有大棚,成了名副其实的专业村,特色产业成了群众手里的"金娃娃"。

三、改革创新服务,"四招齐发"帮农民插上"翅膀"

第一招:抓政策服务,打造引领"发动机"。着重完善了投资、用工、奖惩和管护四个方面的政策。坚持"谁受益谁负担,多受益多负担"的原则,以受益村为主,坚持政府投一点,受益村出一点,争取上级扶持一点,部门、个人捐一点的"四个一点"措施。对扶持资金实行"早干早扶持,晚干晚扶持,多干多扶持,少干少扶持,不干不扶持",以扶持资金为"引子",鼓励群众增加劳务、资金投入。几年来,项目区总投资2500万元。开发之后,采取"先治后包"、"拍卖使用权"、"租赁"等办法,迅速承包到户,建立严格的管护责任制,强化监督措施,调动群众自觉管护、加大投入的积极性,形成良性循环。2005年春天,他们按照"明晰所有权,搞活经营权"的原则,对项目区内150多处小型水利设施进行了拍卖、租赁和股份合作经营。用收回的资金兴建各类水利设施36处。既解决了水利建设管护不力,发展后劲不足的难题,又拓宽了投资渠道,实现了建管并举,滚动发展。2007年,镇党委、政府研究制定了一系列优惠政策:新建一个大棚帮助协调贷款3000~5000元。同时,把落实大棚果菜面积列入镇村干部责任制严格考核,将完成情况与镇村干部利益挂钩,大大增强了广大干群众发展大棚果菜生产的责任感和积极性。

第二招:抓科技服务,强身壮骨"助跑器"。首先健全科技服务体系。成立"龙岗镇大棚蔬菜协会"、"龙岗镇果业协会",建立农业技术学校,常年负责对项目区及全镇菜农、果农的培训和新技术推广。其次强化培训。龙岗镇聘请了山农大教授任科技副镇长,坚持每月办一次大型培训班,发放一张明白纸,播放一次科技录像,每周一次广播讲座。三是抓好科技示范。从书记、镇长到两委成员,到包村机关干部，人人在项目区有自己的示范园，村支书、主任有自己的样板方，示范园成了科技推广站，干群连心园。村村有了科技示范户，户户有了技术明白人。四是大力推广科技成果。充分发挥科技副镇长和科技推广体系的作用，对一些先进实用的技术，以点带面，大力推广。几年来，重点推广了大樱桃高效栽培、保护地栽培、测土配方施肥等10多项农业新技术、新成果。特别是土地治理"临朐县玄武岩山区保护地栽培配方施肥示范与推广"科技示范项目的实施与推广，引发了一场设施农业肥水管理的变革。

第三招：抓信息服务，瞄准市场"听诊器"。首先广开渠道，建立健全信息服务网络。设立"龙岗镇信息中心"，搞好信息搜集。先后在全国68个大中城市设立信息联络点、聘请100多名龙岗籍在外工作人员担任信息员，在长春、哈尔滨、上海、常州等22个大中城市的果品、蔬菜市场设立直销点或办事处，形成信息网络。其次信息引导，实现农户、项目区与大市场的对接。把工作的着力点放在稳定发展，提高质量，增强市场竞争力上来，努力寻求产量与质量的最佳配置。做到人无我有，人有我优，人优我特。在组织群众建基地抓管理的同时，多渠道、多形式引导农民外拓市场增效益。

第四招：抓流通服务，选准产业"助力器"。一是打响龙岗品牌。为增强龙岗大棚果、蔬菜产品市场竞争力，2005年他们注册了"启源牌"农产品商标，在全国各地果、菜市场直销点、办事处挂出"启源牌"果品、蔬菜专卖的牌子，打响了品牌。每年春秋，各地客商就通过多种渠道，同项目区群众达成购销意向，形成"订单农业"。二是着力培育市场。在项目区南边界潍临公路北侧，投资300万元，建成一处"临朐县龙岗瓜菜批发市场"，占地面积40亩。新建交易大棚2座，占地面积2000平方米，露天交易面积20000平方米，配套平房32间，新建80吨电子磅一座。是一座集收购、销售、交易、配送于一体的大型瓜菜批发交易市场。并在镇区建成的三处大樱桃批发市场，配套市场管理处及餐饮、旅馆等服务设施。制定了优惠政策，鼓励果品、蔬菜生产大户到交易市场经营，有80%的果品、蔬菜从这里销往全国各地，实现了销地市场向产地市场的转移。三是培植龙头。组建"山东启源果品配送有限公司"，公司拥有大棚果基地400亩，有机果品基地400亩，以此带动辐射基地发展。四是搞好生产资料供应服务。项目区附近现有生产资料供应站10处，主要做好大棚瓜果菜生产用化肥、种子、农药、农膜等供应，有力地促进了大棚果品、瓜菜产业和高效农业综合开发项目区的发展。

四、发展新型组织，农业生产焕发生机

项目区农业新型经营机制的创新转型，仿佛给农业换了颗"脑袋"，激发了农业发展。

一是规范引导土地流转。项目区目前土地流转面积1.5万亩,并且建立健全了土地流转管理和服务机构及制度,建立完善流转土地台账并录入电脑存档。仅2011年帮助群众完善合同213份,调解土地纠纷8起。

二是规范发展农民专业合作社。以推动农民增收、农业增效、农村繁荣为目的,念好"能、优、联"三字经,促进农民专业合作社规范发展。

立足"能"字求发展。采取多种措施,积极鼓励和引导有眼光、有经营头脑、有奉献精神、有组织管理才能的农村能人和科技能人创办、领办农民专业合作社。目前,该镇注册专业合作社82家,发展联合社1家,土地股份合作社1家。

瞄准"优"字促规范。立足本地山青水绿的环境优势、土特产品丰富多彩的资源优势,培强扶优,不断发展壮大农民专业合作社。每年从果蔬、种植等优势产业合作社中选取15家进行重点培育,参加县级示范社评选。目前,有1家省级示范社,1家市级示范社,10家县级示范社。临朐县尧山农产品购销专业合作社成立后,发挥所在龙岗镇自然环境好,农产品质量优,种植传统历史悠久的优势,围绕品牌做文章,通过绿色食品认证和农业标准化基地认证。发展有机谷子生产基地1000亩、有机樱桃生产基地500多亩。同时,改善合作社生产基地基础设施条件,投资150万元,引进先进设备建成小米加工厂,并通过省级QS认证,累计增加社员收入1500万元。

抓好"品"字闯市场。着力抓好农业专业合作社规范化建设,以创建品牌大幅度提升农业生产组织化、标准化,打造闯市场的"敲门砖"。合作社从标准化生产入手,制定生产技术规程,强化自律管理,做到有质量、有品牌、生产销售"六统一"。目前,全镇农民专业合作社拥有绿色食品认证18个,注册"金鸽山"、"上林红"等商标8个,樱桃和小米获得了有机认证证书,同时,正在申办小米的国家地理标志。由合作社主导的水果购销市场有23处,其中,天源大樱桃专业合作社筹资建立的临朐龙岗大樱桃批发市场今年预计实现销售收入7000万元。

近日,笔者走进天源大樱桃合作社理事长王克国的樱桃大棚,枝丫上已挂满了开始泛红的大樱桃。老王喜滋滋地告诉笔者:"村里我是第一个建棚种樱桃的,没想到收成一年比一年好。去年秋后我又建了这个2亩的大棚,现在果还没熟,光订单就有好几份了!"随行的镇领导介绍说,柳行沟村60户人家,几乎家家种大棚樱桃,现在这个偏僻的小山村人均年纯收入已达8000元。

农业综合开发工程管护存在的问题及对策思路

威海市农发办　张明波　戚伟波

加强农业综合开发建后工程管护工作，是新形势农业综合开发工作提出新的要求，也是项目区广大农民的期盼。如何实现工程建后管护工作科学化、制度化、效益化，确保工程管护运行良好，最大限度地发挥其长期作用。我们带着这个问题进行了调研。

一、当前工程管护存在的问题

从调查的情况看，尽管近几年来，威海市农业综合开发项目工程在使用和管理上逐步走向规范化、制度化，但在执行各项政策和制度上，目前仍存在一些问题和不足，其主要有以下几点：

（一）产权界定难

由于农业综合开发资金的投入由财政和自筹两部分组成，财政资金由国家、省、市、县四级按不同比例投入。项目建设内容分为农业基础设施建设、林网、农机、科技服务等。从调查的情况看，农业开发不但资金构成复杂，而且受建设、使用、管理及其他方面的因素影响，使农业综合开发产权界定困难，这部分资产属于国有资产、集体资产还是个人资产，长期以来，莫衷一是。不管是政策或者法律层面对此都没有予以明确，也未进行账务处理，导致农业综合开发形成的资产，形成了"两套账"的管理窘态，自筹资金形成的资产在镇政府财政管理，市区以上财政资金在市区财政管理。各地在实际操作中，虽然进行了产权移交，只能说是移交的使用权、经营权，真正的资产所有权并没有移交，所有权和使用权长期分离，工程产权不明确导致工程的管护存在"群众无权管"、"村里无钱管"、"镇里不愿管"的现象，造成了一些资产尤其是早期建成的固定资产受到不同程度的毁坏，导致资产的流失，项目长久效益难以体现。

（二）管护资金少

农业综合开发后期管护，需要资金投入。由于政府在项目建设中已投入了一定的配套资金，对后期管护的投入明显不足，而村集体没有资金积累，加上农村税费改革后，集体经济实力日渐弱化，截至2012年底，威海市2731个行政村中，无经营收益的村达到1257个，占总数的46%，村集体经济捉襟见肘，无暇谈及农业开发土地治理项目工程管护。再者，由于基础设施工程分布范围广、易受自然灾害等方面因素的影响，损失、损毁易发生，所以其后期管护都需要资金保障，过去由于没有设置专项管护费，即使采取"谁受益、谁使用、谁管护"的原则，也较难筹齐筹足管护资金。近几年，农业综合开发允许在财政资金中提取1%的工程管理费，每个项目区按1000万元投资计提，只有十几万元的工程管护费，亩均不足10元，杯水车薪远远不能满足管护的需要。当出现由于自然灾害等不可抗力或人为因素造成工程损坏、损毁时，由于维护经费缺乏，无人关心，形成了许多废弃工程，造成了很大的浪费。

（三）管护意识差

由于对工程损坏现象的调查取证难及追究成本等问题，造成对损坏行为的追究困难，不能有效地起到警告作用，对损坏行为缺少惩治效力。常使一部分开发工程使用不久即有损坏。地下防渗管道堵塞、出水口损坏被盗，若有一处损坏未及时维护导致整个机井灌溉不能正常使用；由于项目区田间林网影响到路边农户农作物的生产，使林网树木成活率、保存率较低；部分农田道路被人为损坏、侵占；机井泵、农电线、变压器时常有被盗和破坏等现象。

（四）日常管护机制不完善

日常管护可以通过解决工程设施使用中的小问题来避免大损失，现在由于这项机制的不完善，往往等到工程出现较大损坏时再进行维修，维修费用大，造成工程管护费使用紧张。这些问题不及时解决，造成农业开发工程不能良好地长期发挥作用，实际上是国家财政资金的很大浪费，有违于农业综合开发项目建设的初衷。

二、对策和建议

为进一步加强农业综合开发项目工程管理，保障农业持续、稳定、协调发展，土地治理项目工程建后管护工作要坚持从实际出发，注重工作实效，工程竣工后，把工程直接移交到项目所在乡镇，由乡镇安排统一管理，管护经费本着"谁受益，谁负担"和"以工程养工程"的原则，实行乡镇、村集体、农户多渠道承担。

（一）出台相应法律法规，明晰工程产权

目前，对农业综合开发工程建后管护始终没有明确的法律依据，而项目的运行管护只有用法律加以规范，使之由行政措施变为法律措施，才能保证项目工程的正常运行。建议出台农业综合开发工程建后管护以法律形式进行运行，做到有法可依，依法保护项目工程设施，对破坏工程设施的单位或个人给予处罚处分；对项目监督不力的，严肃追究有关责任人的失职、渎职行为。产权的归属问题，直接关系到项目工程建后管护能否有保证，从以往项目工程建后管护比较薄弱的实际可以看出，造成这一现状的最重要原因就是产权不明晰，虽然表面上看项目工程建设完工后，由建设单位农业开发部门将项目整体移交给项目承建单位，各种管护内容也以书面形式加以明确，但由于产权不明确，管护制度仅停留在纸上，既没有跟踪督察，更没有相应的处罚，致使工程管护得不到有效落实。在产权的明晰上，可以按照农业综合开发资金投入的数额和比例，明确产权构成。在产权的管理上，属于国有资产的，由乡镇人民政府进行管理；属于集体资产的，由村级集体经济组织管理；属农户家庭资产的由农户直接进行管理。这样，层层明确了产权，也就明确了管护主体。

（二）在管理形式上探索多元化的管护主体

宜统则统，宜包则包，宜租则租，宜卖则卖，使项目工程的建后管护逐步由行政管理型向市场带动管理型转化，达到以工程养工程，以项目养项目的目的。具体可以确定以下几个管护主体：

1. 专业部门管护。项目完成后，由有关部门统一管理工程和设备。水利骨干工程，由乡镇水利部门管护；农技设备等由乡镇农技部门统一管护；骨干道路由乡镇委派相关部门统一管护。

2. 村集体统一管护。项目竣工完成移交后，由村统一管理工程和设备。项目区内小型农田水利工程、机耕路，由受益的村集体经济组织或村委会指派专人或成立专业队管护。

3. 水利专业户管护。在坚持工程产权归村集体或乡镇所有的前提下，由乡镇村采取公开竞标的办法，将工程使用权通过承包、租赁、拍卖的形式落实到专业户，与专业户签订运行管护合同。

4. 农民联户管护。喷滴灌等设施由受益农户联合起来共同负责运行管护工作。

5. 农村专业合作经济组织管护。由乡镇或村委托项目区内的相关专业合作社或协会管理工程。

6. 龙头企业管护。采取项目区建设与农业龙头企业基地建设相结合，龙头企业参与投资项目工程建设，由乡镇委托企业对项目区内的工程统一管理、使用。

7. 个人管护。通过调研我们发现如果一项工程不能让农民受益，还会给农民带来一些影响，哪怕影响很小，想仅靠要求农民提高思想境界来支持该项目建设，是脱离现实的。路边防护林影响邻近农作物生长是现实，要想保证树木不被人为损坏，必须让农民从防护林中受益。林网以"树随地走、靠近谁，归谁管，管好就归谁"的形式，全面落实林权，即谁家地头的树就归谁管理，保证成活，成材后收益部分或全部归树的所有者。用这种管理体制的创新，可以有效地解决防护林保存率低的老大难问题。在条件适合的地方，也可以考虑因地制宜地栽植一些不影响生产的松树树种，以减少对作物的影响。

（三）探索和创新管护经费提取和使用方式

一是建议由国家、省统一出台办法，允许将工程招投标节余资金和监理招投标节余资金转为项目管护经费，按照以前几年威海市土地治理工程招投标的经验来看，威海市的每个土地治理项目能有10万~50万左右的节余资金，这两部分节余资金，由项目工程的直接管护人或组织依据合法有效的支出凭证向县农发办报账支付；二是以县为单位统筹使用管护费。由县级农发办根据实际需要，可以跨年度、跨项目区统筹使用，重点保证新建项目区在3年内能充分发挥作用；三是建议在总投资不变的前提下，适当提高管护费的提取比例。目前，管护费提取比例为财政资金的1%，科技措施提取比例为财政资金的4%~8%，植树措施比例为财政资金的4%左右，相比而言，管护费所占比例明显过低，建议压缩科技推广和植树措施的资金投入，"微调"出来的资金用于工程管护。

（四）强化建成项目管护监督考核

一是各级农发部门要把农发建成项目管护纳入上级农发部门对下级部门工作考核范围，增强对建成项目管护的监管力度；二是县级农发办在项目库入选时，将以前年度建成项目管护的监管工作纳入其工作目标考核范围，对已建项目区毁损严重、管护不力，没有发挥正常作用的不予入库。

（五）加强管护宣传，增强管护意识

农民是农业综合开发的主体，提高农民的产权意识，是农业综合开发的一项重

要工作。因此，利用电视、广播、报纸等媒体以及宣传栏、群众会议、宣传标语等形式，大力宣传关于基层农业综合开发项目管理的法规制度，做到家喻户晓，充分调动农民参与农业综合开发的积极性，增强农民管护农业开发资产的自觉性，使农业开发资产管护工作变被动为主动，形成"我要管、我应该管"的资产管理氛围，最大限度地提高农业综合开发项目设施的利用率。在项目区形成一个建设工程、使用工程、爱护工程的良好氛围。

农业综合开发土地治理项目的调查与问题思考

招远市农发办 于玲玲

招远市地处山东半岛西北部，总面积1433.18平方公里，耕地面积67.2万亩，其中：平原15.4万亩，约占总面积的22.9%；丘陵25.8万亩，约占总面积的38.4%；山区22.1万亩，约占总面积的32.9%；洼地3.9万亩，约占总面积的5.8%。全市总人口58万人，其中乡村户数16.35万户，乡村人口44.86万人，乡村从业人员21.53万人。境内气候温和、降水充沛、四季分明。由于复杂的地形地貌和明显的气候特征，农业特色资源十分丰富，以红富士苹果、龙口粉丝为主的特色产业全国闻名，是"中国红富士苹果之乡"和"中国粉丝之乡"。招远市经济实力雄厚，2012年国内生产总值511.12亿元，比上年增长20.7%，在全国农村综合经济实力百强县评比中，居第三十八位。地方财政收入首次突破30亿元大关，完成33.8亿元，同比增长18.5%。农村经济总收入1028.4亿元，农民人均纯收入1.4万元。

自1998年列入国家农业综合开发序列县以来，农业综合开发投资逐年增加，规模逐年扩大，内容逐年丰富，为农业持续稳定发展注入了活力，有力地推动了全市农村经济的快速发展。近5年来，全市进行土地治理面积17.7万亩，投入资金9682万元，其中财政资金8182万元，自筹及投工折资1500万元。在农业综合开发的具体实践中，市委、市政府高度重视，建立健全农发机构，调整充实农发队伍，严格项目资金管理，按照国家和省下达的建设任务，精心组织实施，全面地完成了建设任务，受到了省、市农发部门的肯定，得到了广大人民群众的欢迎。农业综合开发项目的实施，有效地改善了项目区生产条件，增强了抵御自然灾害的能力，提高了综合生产能力，取得了较为明显的经济效益、社会效益和生态效益，加快了农业向集约化经营和现代化发展的步伐。土地治理作为国家支农惠农的一项重要政策，在当地农业生产和农村经济发展中起到了巨大的带动作用。

一、农业综合开发项目建设的经验与成效

近年来，随着农业综合开发土地治理投资标准的不断提高，管理工作日益规

范，工程建设标准也日渐提高，开发效益也越来越好，项目建设在现代农业发展中的基础性、示范性、高效性越来越明显。主要体现在：

一是制约农业生产发展的主要因素被基本消除，现代农业可持续发展的基础更为牢固。招远市处于丘陵干旱区，水资源严重缺乏，这成为农业可持续发展的主要制约因素。为此，在项目建设中，水利措施成为土地治理项目建设中的主要内容，投资额占总投资的70%以上，最多的年份达到80%。水利措施中，我们执行"开源与节流并举"的方针，除了新挖大口井、机电井、对原有的井进行清淤扩建外，还采用了引水入库和引水入井的办法，把过境水充分利用起来，增加水资源的利用量；同时，大力发展节水灌溉，根据不同地形和不同作物种植，在项目区采用了渠道浆砌、埋设田间管网、发展果园喷灌和微灌等各种节水灌溉方式，项目区作物全部实现节水灌溉。解决了水的问题，农业可持续发展就有了牢固的基础。

二是农业优新品种、现代科学技术在项目区广泛推广，项目区的先进性和示范性越来越明显。通过对项目区劳动力的科技培训，农民的科技素质得到明显提高，小麦、玉米等农作物的优新品种覆盖率达到100%，绿色农业、无公害农业的生产意识已经深入人心。优势农产品苹果生产方面，有先进的优质矮化新品种烟富3、烟富4等，采取了设施栽培技术、树下种草技术、有机苹果生产技术，采用了苹果微喷灌溉技术，建设了目前国内最先进的苹果生产示范园。项目区成为节水灌溉示范区、种植业结构调整示范区、现代农业示范区。同时，通过环境的绿化、美化，项目区建设正向着观光旅游农业方向迈进。

三是经济、社会效益显著，有力地促进了项目区社会的稳定。土地治理项目的建设有力地改善了农业生产环境，提高了土地产出率，使低产田变成了中产田，低效田变成了高效田。水利条件得到明显改善之后，乡镇政府积极采取措施引导农民进行种植结构调整，在丘陵山区大力发展果品种植，近两年，招远市在项目区每年新发展苹果2000亩以上，达产后平均每亩年纯收入增加6000元以上，平均每人年均纯收入增加400元以上。土地治理项目的实施，解决了实行家庭经营责任制来一家一户解决不了的问题，受到了广大农民的热烈欢迎。首先是水的问题，许多山梢地是靠天等雨，大旱之年基本是颗粒无收，有点水源地，也需要农户自己千辛万苦开着"小手扶"，载着几百米甚至上千米的管子到山抽水浇地。项目完成之后，山下电闸一拉，山上开关一扭，水就哗哗地流进田里，极大地方便了群众，农民心中有说不出的高兴。再是道路，过去山中小路坑坑洼洼，一不小心运输车辆就会翻车，山上一级果经过山中崎岖小路一路颠簸变成了三级果，果农叫苦不堪，如今道路平坦，果品收购商的车可以一直开到果园边，这如何能叫果农不开心？农民得到实惠，打心眼儿里感谢党、感谢组织。通过项目建设，进一步增强了基层党组织的向心力和凝聚力，提高了他们在群众中的威信，进一步密切了党群关系，促进了社会的长治久安。

二、主 要 做 法

（一）深入调查，科学规划设计，建设"实用工程，民心工程"

招远市土地治理项目区是典型的丘陵山区，区内七沟八岭，地形十分复杂，按照现行的投资标准远远不够，为此，我们按照"整合资金，保证重点，讲究实用，发挥长效"的思路对项目进行规划设计。"整合资金"：有的项目区内容纳了水务部门的水利项目，改善了区内部分农田的水利条件，开发部门在该区域内配套修建了道路和桥涵工程，水务、开发各有自己的工程标志，在一定程度上节省了开发资金，提高了项目建设质量。"保证重点"：近80%的资金用于水利措施上，消除制约农业生产的重点因素，解决农民一家一户解决不了的难点问题。"讲究实用"，首先是工程实用，邀请区内村一级干部参与项目规划，根据他们生产中需要来确定工程建设内容；其次是方案实用，在实施方案初稿形成后，我们到项目区广泛征求各方意见，对所有工程进行逐一核实，使实施方案更实际、更实用，确保了工程施工的顺利进行。"发挥长效"，在工程规划中就注重项目成就后的设施管护问题，成立用水户协会，并为其配备了先进设备——无线网络，为管好用好工程，让开发设施发挥长效打下基础。

（二）全面落实各项制度，扎扎实实抓好项目管理。施工方面，抓住"四个"环节，确保工程质量

一是公示制。按规定在项目上报前、计划下达后、工程竣工验收后对工程进行了公示，接受广大群众的监督。二是招投标制。委托烟台信一项目咨询管理有限公司对项目工程实行了公开的招投标，程序规范，资料完善。三是监理制。工程监理单位积极发挥职能作用，与开发办紧密协作，抓好工程质量和进度。除了工程监理外，我们又让受益村各安排一名老党员或老干部作为监督员，对分布在该村范围内的项目工程进行施工全过程监督，他们对工作非常负责，发现问题及时反映。镇政府也安排一名水利技术员靠在项目区现场，形成了由专业工程监理、市财政、镇政府、受益村四方构建的"四位一体"工程质量监督检查体系。四是报账提款制。严把报账关，凡进行报账的工程都有监理部门的工程验收报告书，不合格的工程绝不报账拨款。资金方面，实行"三专"，即专人、专户、专账。严格按照资金管理有关文件规定，对项目资金实行严格管理，做到专款专用，做到不合格的工程不拨款，不合格的凭证不入账，按照工程进度进行资金拨付，确保资金的使用质量。文档管理

方面，采取"专人、专柜"的办法。由专人负责，项目验收完之后，对各项目的档案进行整理、装订，做到案卷清晰，内容条列，确保案卷的完整性和可查性。

（三）采用灵活多变的工作方式，解决项目实施中的"老大难"问题

土地三十年不变，没有"机动地"可调剂，而开发项目中修路、架线必然占用一部分土地，且没有补偿政策，这个矛盾解决不好必然会影响到工程实施的进度和项目建设质量，成为多年来开发项目建设中的一个"老大难"问题。解决这个问题，我们主要采取了三种方式：一是宣传发动到位，让项目区广大干群了解开发、支持开发。项目申报前各村召开村民代表会议时不仅宣传开发的好处，而且告知要牵涉占地问题、青苗问题，让群众有心理准备，预防、减少一些矛盾的产生；二是干部带头，典型引路。2012年高标准示范工程建设项目区内新架设的高压线路三根杆子竖立在项目区侯家沟村书记的地里，原来可以用机械耕种的地现在几乎不能耕种，老同志没有一句怨言。我们对他这种无私奉献的精神在项目区进行了大力弘扬，在他的感召下，许多需要占地的农民都自觉地把地倒出来。三是采取让群众自我教育的方式化解矛盾。2012年项目修建硬化主路拓宽时占用农田，其中一户不想倒地就挡在挖掘机前面不让施工，镇里就把本村所有经过这条道路的农户集中到现场，说明如果道路拓宽达不到标准的话，硬化工程将调整到其他村，农户们都知道，如果没有这个项目的话，这条道猴年马月也硬化不了的，一听着急了，有的劝说，有的指责，有的甚至说如果这户农民觉得吃亏的话，每年到秋天后各家凑点粮食给补补，听着大家七嘴八舌的议论，这户农民觉得很不好意思，再也没有阻拦施工。

（四）务实创新，积极探索工程管护运营新机制

为让开发工程长期发挥效益，我们在项目规划时就计划了用水户协会的成立和管护设施的配备。如2012年高标准示范工程建设项目在工程建设初期就成立了"招远市金岭镇南海农民用水户协会"，设立理事会，由中心村书记担任理事长，其他村各有2名村干部担任理事会员，参与用水户协会的日常管理。理事会在各村下设管委会，每个扬水站灌溉范围内各成立一个用水户小组，管委会作为协会和各村用水户组长之间的联系纽带。项目建设中为排灌站安装了无线网络的监控设备，采用太阳能蓄电池，为工程设施管理提供了良好的条件。

用水户协会在运转上实行非盈利性企业经营，测定出亩灌溉成本，制定出统一的收费价格，实行单个扬水站承包经营，所收管理费扣除日常费用，余钱用于设备维护维修和有关人员的误工补贴。协会在财务上实行公正、公开、透明。协会设立总财务，每村一名记账员，协会统一汇总。每季度召开一次代表大会，财会人员将

财务情况进行汇报，年度进行审计决算。协会经全体理事会成员反复讨论，确定了章程，完善了各种制度，公示到全体会员中，并确定在今后的运行中继续完善。

用水户协会的成立首先实现了资源共享。2012年项目区内大户陈家村水资源丰富，南冯家和侯家沟2个村自身水资源不足，用水户协会的统一管理下，一个排灌站可以给3个村同时供水，提高了水资源和工程设施的利用率。其次，协会的成立还可以消除和化解农村的一些干群矛盾。一些经济落后的村一旦集体有了承包收入，就会怀疑是不是又让村干部独吞掉了，协会的运行，消除了他们的疑虑，实行统一的价格，让各村农民不会在灌溉价格上进行抱怨。

（五）示范、发展高效农业，提高农业综合开发效益

一是品种示范。在农作物方面，先后引进了优质小米、紫薯、雪莲果等优质高效作物种植，取得了成功，为农民种植提供了优质种子和宝贵经验。在果树种植方面，引进了烟富系列矮化种植苗木。二是技术示范。先后推行了农作物标准化生产技术、瓜菜生产秸秆反应堆有机肥应用技术、果树矮化设施栽培技术等。三是农业规模种植管理方式示范。通过项目区合作社，发展农作物区域化生产、规模化种植，统一品种供应、统一技术指导、统一作物管理。通过这几项措施，在很大程度上降低了农业生产成本，提高了农产品的有机含量和科技含量，提高了商品价格，同时提高了农民的收入。

三、值得探讨的几个问题与建议

一是进一步提高丘陵山区投资标准，并将扶持政策向这些地方进一步倾斜。特别经过前些年开发之后，水源比较充足、地势比较平坦、经济比较发达、比较容易开发的地方基本全部改造，目前已经到了严重的干旱缺水区、地形复杂、经济落后区，开发难度进一步加大。除了由于地形复杂，道路、田间管网需要增加投资外，水源地建设也越来越成为水利措施中的一个重要内容，投资比例逐年增加，以招远市为例：2009年水源地工程建设投资为172万元，占总投资的17.5%；2010年水源地工程建设总投资达到235万元，占总投资的25.5%。一个经济基础相对薄弱的乡镇政府来争取高标准建设项目，在他们规划的一万亩的丘陵山区开发中仅有4000亩左右有水源保证，其余6000亩全部要靠新打岩石井来解决，开发难度相当大。

二是改善丘陵山区项目工程建设标准，少注重形式内容多注重实效。经过十多年的治理，平原洼地和那些大中型灌区水源充足的地方已经被治理完毕，余下的都是地形复杂、水源为小型或季节性塘坝的地区，在现有的投资规模下，与其安装投

资大、难以管理的高压线路组成的扬水设备，对于农民来说倒不如安装水利部门提倡安装的分散式管网来得实惠。再如道路建设，路直路平固然好，但丘陵山区道路建设在某些路段设立过道拦水坎也是必要的；排水沟保持畅通是必要的，但路肩留草对于保存水土也很重要；在高效作物种植地方，种一些矮化、美化品种或在果园边可以不种树等，以效益为中心制定丘陵山区开发的标准。

三是完善开发投资内容。在所有的农业项目中唯有我们农业综合开发土地治理项目有道路建设的标准，不可避免地要占用小部分的地，虽然通过晓以大义等各种工作把农民思想做通了，道路修成了，但那毕竟是对农民权益的一种侵害，没有补偿是不对的，既然这项补偿是我们项目建设中产生的，占用农民耕地补偿应列入开发投资中，可以在资金列支中加"不可预见费用"来解决。其次是结构调整，在丘陵山区，要提高开发效益必须对种植结构进行调整，发展高效作物，否则那些提高项目区农民收入的数是虚的，要做好效益这篇文章，就要把引导农民调整种植结构列入开发建设内容中，并在资金上予以补助，把结构调整列入农业措施中。

农业综合开发项目区农业结构调整的调研与思考

泰安市岱岳区农发办 王建新

泰安市岱岳区地处举世闻名的泰山脚下,辖 17 个乡镇办事处,710 个行政村,总人口 95.1 万人,农业人口 91.6 万人,耕地面积 101 万亩,是典型的农业大区。近年来,随着短缺经济时代的结束和农产品买方市场的初步形成,岱岳区农业发展也面临着农产品卖难、农民增收减缓等新问题。为此,岱岳区农业开发项目建设顺应农业发展的新形势,紧紧围绕实现农业综合开发的"两个转变",在改造中低产田的同时,致力于进行农业产业结构特别是种植业结构调整,在实践中积极探索项目建设与推动种植结构调整的结合点,使项目建设不断向广度和深度发展,取得了明显成效。几年来,项目区大汶口、房村、良庄、徂徕等几个乡镇 10 多万亩耕地由单纯种植粮食作物,逐步形成了以瓜菜、桑园、林果为主的多种经营,粮经比例由原来的 9:1 调整为 5.5:4.5,其中新增瓜菜面积 3.75 万亩,桑园面积 1.6 万亩,经济林及育苗面积 2 万亩。项目区农民生活水平大幅度提高,2013 年农民人均纯收入比开发前增加 452 元。

一、加强项目区农业基础设施建设,为结构调整奠定坚实基础

实践证明,农业综合开发是进行种植业结构调整的主要条件,也是实现农业现代化的必由之路。在农业综合开发建设过程中,坚持高起点规划、高标准设计、高质量施工,把改善农业生产条件作为发展特色农业、提高项目效益的重要内容来抓。

一是项目开发坚持集中连片。为了把项目区建成现代化农业的先行区和示范区,按照项目建设的具体要求,针对项目区的地理状况、生产条件和制约农业发展的障碍因素,打破原有田间格局和乡镇、村、户的界限,确定了不同的开发重点和治理模式。例如,项目区的山阳水库 2 万亩灌区实行防渗渠灌;徂徕山前低丘区 0.5 万亩实行喷灌;南部 0.5 万亩大棚瓜菜区实行滴灌;10 万亩平原井灌区实行

PVC低压管灌。通过科学规划、精心设计、高质量施工,逐步走出了一条连片开发、规模经营的路子。

二是水利建设以节水灌溉为重点。在农业综合开发项目建设中,始终紧扣加强灌溉农业这一主题,坚持开源与节流并重,新建与配套并举,大力发展节水灌溉工程,成效明显。

三是注重农业生态环境的改善。农业综合开发是种植结构调整的基础工程,坚持把工程建设与改善农业生态环境相结合,做到经济效益和环境效益的同步提高。例如,良庄镇选用优质苗木,采用条带灌墒的方式栽植农田林网,确保了98%的成活率,采取留遮荫地,实行承包、拍卖等形式,保存率达到95%以上。生态环境的改善,为大力发展高值高效经济作物奠定了基础。

二、培植特色产品和主导产业,推动农业结构向深层次调整

为彻底转变农业综合开发以追求粮食产量为主的传统模式,岱岳区在农业综合开发项目建设过程中,注重立足项目区实际,大力调整优化农业经济结构,积极发展特色农业,努力实现农业增效、农民增收的目的。

大力优化农业产业结构。适应市场需求,立足项目区实际,确立了"六位一体"的开发思路。引导项目乡镇发展优质粮食,扩大经济作物,大大提高了农业发展的内涵和结构调整的效益。种植结构得到明显优化。

二是积极优化农产品区域布局。结合项目区自身资源优势、传统优势和新兴产业优势,按照每个乡镇发展1~2个主导产业的标准,实施大规模、少品种、高效益的"一大一少一高"的发展战略,实行区域化布局、专业化生产、科学化管理,极大地提高了项目区的农业产出效益。目前,项目区已形成了良庄镇"泰绿牌"高值瓜菜基地1.5万亩,其中仅早春拱棚土豆就达1万亩;房村镇西红柿基地1万亩,芦笋基地3000亩;大汶口镇"圣女红果"西红柿基地5000亩,桑园基地5000亩;徂徕镇黄金梨、大樱桃基地10000亩,桑园基地5000亩。特色产品、主导产业成为项目区农民增收致富的主要经济来源。

三是着力优化农业发展模式。设施农业是实现农业高产高效的重要途径,按照以效益为中心,以冬暖式大棚为主、大中小拱棚并举的建设思路,因地制宜,在项目区发展起了多种模式的设施栽培。项目区新建冬暖式大棚4000多个,大中小拱棚2.1万亩,设施保护栽培总面积达到2.6万亩,占瓜菜面积的69%。其中良庄镇早春大拱棚土豆最高价格达到8.4元/公斤,亩均收入7000多元;房村镇"圣女红果"西红柿年棚均产值高达2.9万元。

三、提高项目建设的科技含量,为农业结构调整提供典型示范

一是加强农业高科技示范园建设,实施科技龙头工程。农业科技示范园是集品种引进、实验、示范、推广、服务于一体的产业化实体,也是促进农业新技术、新成果推广应用的重要载体。把农业科技示范园作为农业开发项目建设的科技龙头,先后拿出100多万元扶持资金,引导项目乡镇按照"三有、三好、四高"的标准,即有较大规模、有较高档次、有领先水平,周边环境好、基础设施好、产品质量好,科技含量高、管理水平高、外向程度高、产出效益高的标准。坚持以新品种为突破口,以培植壮大当地的传统优势产业为目标,辐射带动周边地块的种植结构调整。房村镇农业高科技示范园总面积600亩,建有微控温室1座,高标准冬暖大棚240个,为农民提供各类种苗1000万株,带动了1.5万户2万亩土地的种植结构调整。大汶口镇科技示范园充分发挥教给群众学技术、帮着群众找销路、带领群众快致富的示范效应,引导项目区农户新建冬暖式大棚1766个。

二是开发推广先进实用的农业科技成果,实施农业创新工程。为适应农业种植结构调整的需要,从改良品种入手,坚持"人无我有,人有我优,人优我特"的改良思路,先后扶持项目乡镇引进中华苔韭、以色列彩椒、玲珑西瓜等农作物新品种30多个,推广CO_2施肥、自动卷帘、遮阳网越夏栽培、西红柿扦插、生物综合防治等新技术近百项,有效地提高了项目区的农业科技含量,增强了农产品的市场竞争力。

三是努力提高群众的科技素质,实施科技入户工程。在抓好项目建设的同时,积极探索有效的科技推广新体制。一方面,先后组织项目区近万名干部群众到寿光、莒县、苍山等地参观学习,开阔视野,解决了广大干部群众不敢调的问题;另一方面,充分发挥农业高科技示范园的作用,引导农民调、指导农民种、帮助农民销,解决了群众不会调的问题,使项目区的广大干部群众逐步实现了由"要我调"到"我要调"的思想转变。同时,加强与大中专院校和科研单位的合作,把项目区列入了山东农业大学教学、试验、实习基地,在项目区举办各类农技培训班200多期次,培养了上千名"土专家"、"田秀才",成为农业结构调整的"领头雁",科技推广的生力军。

四、搞好市场建设和产品营销,服务于农业结构调整

按照产业化的思路推进优质高效特色农业的发展是种植业结构调整的内在要求。

一是扶持农产品专业批发市场建设。围绕开拓大市场、发展大流通、促进大调

整、取得大效益的总体框架,我们根据项目区产业布局,按照区域化、规模化、专业化的要求,重点扶持发展了良庄镇北宋蔬菜、房村镇西红柿等专业批发市场。其中北宋蔬菜批发市场占地240亩,可同时容纳350辆卡车进行交易,该市场与全国联网,产品远销20多个省市,年交易量达4亿公斤,交易额3亿元以上,形成了周边地区的瓜菜集散中心、信息发布中心和价格形成中心,带动了农业种植结构调整的扩延和深化。

二是大力培植各种类型的流通组织。培育发展各种类型的流通组织,是连接小生产与大市场的有效载体,也是调整农业结构、发展特色农业的客观要求。立足于把千家万户的农民组织起来进入市场,按照"产业化+合作社"的总体要求,把扶持农村合作经济组织作为搞活农产品流通的重要手段,围绕农产品销售,积极鼓励农村能人、大户和农民经纪人,联合组建专业合作社,提高整体竞争力。目前,项目区围绕瓜菜、林果等建立起专业流通合作社达到20多个,发展社员5000多户,成为农产品流通的一支重要力量。房村镇良一村的瓜菜生产合作社完全解决了本村西瓜外销问题,2013年该村为瓜农运销到杭州的西瓜每公斤价格高于当地市场0.4元,受到农民好评和支持。

三是引导个体私营经济参与农产品营销。在充分发挥个体私营经济,特别是个体运销大户在掌握市场信息上抢先一步、在营销策略上技高一等、在市场开拓上超前一步的能人效应,引导他们把当地的农产品销出去,把外地的客商引进来。目前,项目区各类农产品运销大户达到252户,在全国20个省、市设立农产品销售网点或摊位1500多个,成为农产品流通中的一支生力军。良庄镇个体大户葛茂山和冯德伦去年分别促销各类瓜菜1500万斤,户均收入10多万元;个体大户张连慈去冬从东北购进60车皮土豆种,带动了项目区近万亩土豆的发展。同时,还制定了许多优惠政策,大力吸引外地客商,借助外力,活跃项目区的农产品流通。仅良庄镇就有80多个外地客户常驻北宋蔬菜批发市场,在农产品运销中发挥了重要作用。

围绕发展高产优质高效农业,积极调整农业种植结构,发展特色农业,继续探索农业综合开发的新路子,对促进项目区的农业发展、农民生活水平的提高具有积极的作用。

五、项目区农业结构调整尚存的问题与矛盾

1. 部分项目区产品规模、特色等优势不明显,没有形成规模效应。如房村的西红柿、黄瓜,尽管结构调整模式明显,有一定的先进性和市场前景,但实施面积较小,尚不能形成规模效应,削弱了项目的示范和推广力度。

2. 农民群众在结构调整中筹资和承担市场经济风险的能力普遍不强。虽然农

业种植业结构调整使农民群众尝到了市场经济的甜头,但是由于种种原因,农民在结构调整建设过程中配套筹资能力有限,抵抗和承担市场经济风险的能力依然不强。

六、加快农业综合开发项目区农业结构调整的思考

1. 进一步整合资源、集中资金,推进结构的块状发展。农业结构调整要着力于不断整合本地的特色资源和优势资源,集中资金投入,培育主导产业,逐步形成规模优势,以实现结构调整的块状发展,进一步推进特色农业、品牌农业的建设。如良庄"泰绿"牌高值蔬菜、房村西红柿、汶口"圣女红果"、徂徕黄金梨、大樱桃观光农业等现已都具有一定的特色和规模优势,应是岱岳区农业结构块状发展的重点扶持对象。

2. 找准项目切入点,探索多模式的发展方向。要避免现行结构调整"一哄而上、模式单一"的通病。新的项目建设应从市场需求特点切入,结合新品种、新技术、新材料的开发应用,发挥项目的科技优势,合理压缩项目区的粮经种植比例,着重发展风险小、利润高的"无公害蔬菜"和"放心菜"、"绿色安全食品"等经济作物生产,积极探索如果业、畜牧业和加工服务业的优化建设,以灵活多样的模式和基地的规模效应,增强市场竞争力,提高结构调整的经济效益。

3. 强化龙头企业的基地产业化建设,推动"公司+农户"的订单农业与结构调整同步发展。农业结构调整形成一定规模后,必须建立相应的龙头企业作支撑,以调节市场供求,保护农民的利益。除了要积极发挥现有龙头企业对结构调整的拉动作用外,还应在项目区结构调整形成规模优势的基础上,广开渠道,采取农民自办或招商引资的方式,建立产地龙头企业,促进项目区农产品生产、加工、储运于一体的产业化发展,形成集约化、规模化优势,降低市场竞争风险,增强辐射带动功能。

4. 技术扶持与科技培训相结合,培育建设农民科技队伍。要与科研单位合作,在加大项目技术扶持力度的同时,加强对农民科技培训教育,尤其要加强对农村富余劳动力的生产技能培训,提高农民科技素质和科技意识,增加农产品的科技含量。由于技术依托单位不可能长期进行田间地头的技术培训,各项目区乡镇还应通过重点培训一些示范户和农民技术员的形式,努力培育建设一支能留得住的农民自己的科技队伍,以保证项目区结构调整的持续发展。

5. 改进政府行为,实行项目招投标管理。实行项目实施乡镇和技术依托单位相结合的项目招投标管理,在一定范围内由竞标乡镇和技术依托单位自由结合,共同编制项目可行性研究报告参与竞标,并由专家对实施乡镇、技术依托单位和项目规划方案分别进行评估和筛选。选定项目区时,要着重考察基础设施条件、区位优

势、种植习惯、干群积极性、种植带头（人）户等因素，对技术依托单位的选择，不仅要充分考虑专业优势、人员力量、驻点能力、科技成果转化率等多项内容，还要重点评估论证其提供的项目规划方案的科学合理性。

6. 发挥财政资金优势，加强信息服务、流通领域建设。适当考虑财政资金的倾斜力度，改善财政资金的投向结构，扩大财政资金在补助、奖励等方面的使用比例，加大对结构调整的信息服务、流通领域建设的资金投入。一是倾斜部分财政资金扶持用于产地批发市场建设；二是倾斜部分资金用于项目建设乡镇中起模范带头作用的乡镇；三是倾斜部分资金用于项目区农业信息网络的建设。

浅谈如何做好农业开发管理档案工作

聊城市农发办　张锡厚

农业综合开发档案管理是项目管理的一项重要内容,是项目建设的依据和必要条件,也是国家、省、市对项目竣工验收检查的主要内容之一,它对农业开发事业的承前启后持续发展有着重要的推动作用,更具有总结过去、指导现在、规划未来的参考价值。因此,做好农业开发项目档案管理工作具有十分重要的意义。

一、档案管理工作应遵循的原则

一是真实可靠性原则。农业综合开发项目档案包括了过去和现在项目管理工作中所形成并接收的各种项目资料,是当前和今后项目管理的重要资料。因此,归档的材料必须真实可靠,不能弄虚作假,擅自改变原始材料的内容,更不能以假乱真,伪造资料。

二是齐全完整性原则。农业综合开发工作既包括项目建设的工程量、工程质量等外业方面,又包括工程投资、工程概预算、资金拨付、工程移交及工程管护责任落实等内业情况。如果没有齐全完整的档案资料,农业综合开发的检查、考评等工作就难以进行。为此,项目档案资料要按照项目进度及时收集、归档,确保档案资料的齐全、完整。

三是规范统一性原则。随着农业综合开发实践时间增长,档案数量将越来越多,作为查考的资料和原始凭证,不仅要做到承上启下,避免重复,更要做到利用方便,查找快捷。为此,档案要按照统一规格归档,统一标准分类,做到统一保管,分类存放。

二、加强组织领导,高度重视档案管理工作

农业开发档案是农业开发项目实施管理的真实载体和历史记录,科学、规范、

齐全的档案资料对于指导项目实施、保证项目顺利验收、为领导提供决策依据具有十分重要的现实意义。因此要加强对农业开发档案的管理工作。一是加大领导力度，成立档案管理小组，确定一名副主任直接分管档案的管理工作，确定一名项目管理人员专门负责收集日常项目档案资料，确定一名专门档案管理人员对所收集的所有档案进行分类、归档、管理等日常工作。二是加强基础建设，配备档案管理所需要的专用柜、电脑、复印机等档案归档设施。三是建立健全档案管理的各项规章制度，保证档案管理工作规范化、制度化和科学化。

三、采取有力措施，做好档案资料的日常收集

档案齐全是档案管理的最基本工作，在日常工作中，要明确责任，责任到人，狠抓各类档案资料的收集整理工作。对于文书档案，要建立严格的收发文登记制度、由专人负责传阅工作，做到收文不丢不压，发文不缺不少。对于项目档案，按照项目的前期工作、规划设计、项目实施、项目竣工验收、项目工程的移交管护等各个环节，由负责收集档案资料的项目人员进行归类收集，做到应收尽收，资料齐全完备。对于会计档案，由会计人员在收集整理后定期入档。

四、确定农业开发归档资料的内容，制定合理的分类标准

农业综合开发档案应分Ⅰ文书档案、Ⅱ项目档案、Ⅲ会计档案等三个一级类目，在一级类目下还应设若干二级类目及三级类目。

文书档案分为指导类和综合类。指导类应包括领导讲话，上级来文，有关管理规定、办法，会议材料，上机机关批准的项目规划，实施计划等。综合类应包括本单位发文、工作总结，典型材料，统计资料及简报、杂志、规章制度等。

项目档案应分土地治理项目类和产业化经营项目类两类，并按照形成时间、项目建设两条线整理。

土地治理项目类档案的内容应包括：（1）项目前期形成的文件，"一事一议"资料、项目建议书、扩充设计及其审定意见，可行性研究报告、计划汇编、项目批复文件、资金指标、实施方案，项目区的规划设计等。（2）项目建设过程中形成的文件，包括项目和资金公示、工程招投标文件、工程建设承包合同、单项工程设计、工程监理、工程施工记录、进度报表等。（3）项目完成后形成的文件，包括项目完工验收单，工程竣工预决算表，项目区建设工作总结，项目竣工验收请示，项目竣工报告，项目资金审计报告，有关工程建设的图片资料、录像、照片，工程建后的管护制度，工程移交资料、"三图"等。（4）科技项目培训的培训计划、培

训会议通知、培训资料、培训人员签到表、培训记录（讲课内容，授课人员，授课人员的资质证明、培训对象）、培训总结报告、有关图像照片等。

产业化经营项目档案内容包括：项目申报材料（项目可行性研究报告和申报书）、有偿资金财政承诺、产业化经营项目建议书、项目前期立项的审计报告、项目批复、项目实施计划、项目建设工作总结、项目竣工验收请示、项目竣工报告、项目资金审计报告、有偿资金回收情况、风险预警报表等。

五、提高档案人员的业务素质，狠抓归档资料的管理

农发工作的特殊性要求档案管理人员既要熟悉农业开发工作的具体业务，又要掌握档案管理的专业知识。因此，档案管理人员要加强学习，掌握农业综合开发项目建设的各个流程，自项目立项论证准备初期就对项目档案工作进行全盘考虑和统筹安排，做到心中有数。在学习掌握项目知识外，还要加强档案管理专业知识、计算机操作技能的学习，以提高他们的专业素质和档案管理知识。

各类文件资料整理归档是档案管理的核心工作，必须严格规范，明确具体。为此，在实际归档中，首先对收集到的档案资料进行筛选分类，把不归档的资料剔除；其次，对需要归档的资料按形成时间、项目建设两条线进行整理；再次按档案资料的具体内容进行归类立卷，确定每类内容的保存期限，整理出每卷的目录和全部档案资料的总目录；最后把档案资料按科技、文书、财务三类档案资料归类立卷编号归档，按照档案管理要求将档案资料装盒保存，并将所有档案目录录入微机，实现档案资料的微机化管理。

强化县级报账制度 提高资金管理水平

威海市农发办　王德兰　贺　蓉　马红喜

威海市农业综合开发办公室自2010年机构合并以来，在抓好项目建设的同时，十分注重抓好农发资金的管理，结合当地的实际情况，大胆地实践，探索出一套比较完善的农发资金县级报账管理制度和资金管理办法，使威海市农业综合开发资金管理走上了规范化、程序化、制度化和科学化的轨道，提高了资金的使用效益，达到了项目建设的预期目的。

一、健全县级报账　促进制度管理

面对新时期、新任务，威海市农发办不断探索有利于农业综合开发资金管理工作的新机制，集中精力抓制度建设，根据财政部新出台的《农业综合开发财政资金县级报账实施办法》，进一步修订完善了《威海市农业综合开发财政资金县级报账实施办法》，出台了《威海市农业综合开发资金管理办法》。在总结以往好的管理经验基础上，完善和创新现有农业综合开发资金县级报账制度，通过精心编制农业综合开发报账流程，科学设置从施工方提出验收申请、验收组进行验收、办理竣工决算和财务结算报账流程，使威海市的县级报账制成为更加完善的农发资金报账管理体系，从而使农发资金管理更加规范化、程序化、制度化和科学化。通过全面建章立制，逐步细化完善，在全市建立了从计划编制到资金拨付，从监督检查到报账核算，涉及资金运行各个环节的一整套财务管理机制，逐步形成统一、规范的农业综合开发资金全过程监控管理体系，为县级报账制的规范运行提供了有效的制度保障。

二、严把报账质量　促进规范管理

工作中威海市农发办加大了报账监督检查力度，严审工程预决算。全市资金管理人员积极参与项目管理，掌握每个项目工程规模、预算、资金投入，按预算拨付资金，按实施方案资金的用途支配资金，确保资金跟着项目走。一是严把"凭据"关。资金科管理人员严格把好票据的审核关，从票据票面开具的时间、单位、单价、数量、金额等方面作认真的检查，仔细核对；项目科管理人员从工程进度、工程的质量、规格型号、数量等方面与合同及初步设计的一致性作认真核实，以确保资金支付进度与实际工程完成量吻合。坚决杜绝不真实、不合规、不齐全的票据报账，确保报账凭证的真实性、合法性、有效性和完整性。二是严把工程"质量关"。对项目实行严格的招投标管理，实行项目责任终身追究制，经审查的项目工程预算和工程合同作为拨付资金、施工单位办理工程结算的依据。对前期未按规定程序进行招投标的项目、准备工作未完成、工程概预算未核定，一律停拨或缓拨资金。并在办理竣工决算前，预留部分资金，待项目竣工验收和财务决算审计结论确定后予以清算。三是严把资金"拨款关"。我们始终把资金拨付报账作为实行县级报账制管理的重点和关键，坚持"四按"拨款，即按年度计划、按基建程序、按年度预算、按工程进度拨付，合理控制项目资金的流向、流量，努力提高资金的使用效率。

三、明晰报账范围　促进效益管理

为确保项目资金的使用效率，项目招投标后，在认真编制预算的基础上，严格界定县级报账制范围，将报账的"关口"前移，即实施报账制以项目管理为主，所有的报账资金必须在项目范围内实施，凡属擅自扩大项目范围或者减少项目建设投资的不得办理报账手续；实施报账制以计划管理为主，所有报账资金必须在批复计划内实施，工程数量、工程质量、工程布局与计划不相符的不得办理报账手续；实施报账制以预决算管理为主，所有报账资金必须严格控制在预决算范围之内，未列入预算范围内的工程和未进行决算的工程不得办理报账手续。

四、规范管理模式　促进科学管理

在县级报账制实施过程中科学规范"四统一"报账流程，确保农发资金安全运行和使用高效。一是统一拨付渠道。报账专户，实行专人管理、专户储存、专账核算。项目资金由报账专户直接拨付给项目施工单位、物质供应商或劳务提供者，减少拨付环节，加快资金报账进度，确保资金的合理使用。二是统一预算定额。在全市建立了统一、规范、科学的工程设计标准和预算定额，把预算和当地实际有效地结合，和合理布局相结合，坚持一个计划管理项目、一本预算控制资金，确保了报账制的真实性和科学性。三是统一财务管理。按照合法性、规范性、真实性的原则，全市统一报账材料和报账表格，通过集中培训、交流检查、参观学习等形式，培养了一批素质高、业务精、能力强的财会骨干，促进了全市报账管理水平的整体提升。四是统一会计核算。坚持会计核算统一明细到六级科目，全面、完整、系统地反映农发资金的收入来源和支出方向，清晰、快捷、真实地核算每一个单项工程的资金构成，做到账证相符、账账相符和账实相符，确保了农业综合开发会计信息的质量。

五、抓好"三个结合" 促进动态管理

一是资金报账工作与工程招标相结合。全面实行建设工程招投标后，对招投标节约的资金进行计划调整，扩展工程布局和增加工程数量或提高工程标准。在报账时以双方签订的工程建设标准为依据，从而提高了项目资金的整体使用效益。二是资金报账工作与工程监理相结合。在办理报账手续时，根据签订的监理合同，严格统一报账程序。坚持物资采购未经监理人员验收的不报账；施工单位上报的工程数量未经监理人员核实的不报账；完工工程未经监理人员认可的不报账。在具体的报账过程中，统一规范报账流程。要求各个环节的责任人员，人人签字把关，步步审核查对，环环衔接相扣，确保了资金的安全运行。三是资金报账工作与合同管理相结合。资金管理人员都自觉参与合同管理，熟悉建设合同内容，掌握建设工程布局和数量，工程开工前，仔细审查施工单位提交的总进度计划，审核施工单位落实计划的保证措施；工程实施过程中，深入工程现场和工程一线，了解掌握第一手资料；工程完工后，协同监理单位参与工程验收，在报账过程中了解工程进度和资金支出内容，确保资金拨出进度与项目建设进度相吻合，保证了报账工作的真实性和科学性。

六、完善监督机制 促进安全管理

一是实施群众监督。在项目和资金公示制、项目招投标制的过程中，威海市坚持规范操作，使项目区广大农民群众了解农业综合开发项目和资金的情况。在项目实施过程中，让项目村群众积极参与，使其有更直接的参与权和决定权，形成了农业综合开发资金管理的群众监督机制。二是实施内部监督。市农发办资金科和项目科密切配合，定期不定期地深入项目区进行检查指导。掌握项目建设和资金报账情况，及时发现问题，解决问题。每年都要开展年度项目、资金管理阶段性检查，采取重点检查和专项检查相结合的办法，查漏补缺、防微杜渐。三是实施外部监督。

项目年度工程竣工后，各市（区）都会委托审计部门或者有较高资质和专业能力的会计事务所、审计事务所对项目工程资金使用情况和报账制工作执行情况进行专项审计，出具工程竣工验收审计报告和资金审计报告，从更专业的角度保障资金安全。每年市级验收市办都会邀请市局监督监察室和投资评审中心一同前往各市区进行市级验收，从而进一步提高了市级验收效果。

七、明确各自职责　促进相互配合

实施县级报账制，涉及农发办、国库集中支付中心、乡镇政府、工程监理单位、施工单位、科技措施承担等单位。大家明确各自在资金管理工作中的职责，相互支持配合，从而营造良好的工作氛围，齐心协力，共同做好资金管理工作。农业综合开发资金纳入国库单一账户统一管理，报账资金的拨付按照财政国库管理制度有关规定，其资金的监督和管理由县农发办负责。国库科（或国库集中支付中心）依据县农发办开具的资金拨付文件拨付资金。属于政府采购范围的，按照政府采购制度规定执行。农发办对报账工作负总责，项目乡镇做好报账制的基础工作，认真编制和审核单项工程决算，核算好单项工程成本，结报好各项收支。所有单位都掌握工程项目建设的第一手资料，参加项目实施中的监管及竣工验收，提高资金运行效率。进一步加强了上下级和内部之间的沟通，加强部门之间协调，保证收支各个环节的有效畅通，切实提高工作效率。实行资金限时办结管理责任制，明确各环节的办结时限，缩短了资金在途时间，提高了全市报账工作水平。

八、强化学习培训　促进队伍建设

2010年9月威海市农发办机构合并，市办成立了资金管理科，之后各市区农发办也相继成立了资金管理科，但大部分同志对农业综合开发资金管理业务生疏，面对这种情况威海市强化培训工作，提高综合素质。市办把业务培训作为提高业务水平的一项重要措施，做到经常化、制度化，提高了全市资金管理人员的工作能力和业务水平。一是树立学习意识，塑造一支讲业务的干部队伍。每周五组织业务学习，及时了解掌握上级有关做好"三农"工作的方针政策，不断提高资金管理人员的政策理论水平和业务能力。市办多次举办了威海市资金管理培训班，主要是对各市区农发办副主任和资金管理科科长、项目区乡镇、施工企业、项目建设单位财务人员进行培训。会上资金管理先进单位交流资金管理经验，会后大家观摩了先进单位的会计账簿、档案材料，收到很好的效果，有效地提高了农业综合开发报账员的业务技能；市办还组织了赴外地考察学习，学习先进地区建设现代农业的项目和资金管理经验，为农发工作注入新的活力；总之，通过召开现场会、组织交流检查、安排考察学习等形式，开展市、县间的帮学活动，以先进带后进、以典型带全局，不断地提高了资金管理人员的专业技术水平和项目资金管理能力，促进了全市报账制管理水平的整体提升。二是树立大局意识，塑造了一支讲团结的干部队伍。工作中坚持以人为本，强调讲团结，顾大局，树立"一盘棋"思想，团结协作，互相支持；充分发挥每个人的工作积极性、主动性、创造性，形成齐心协力搞开发的良好的工作氛围。注重加强作风建设，坚持求真务实，围绕农业综合开发的重大课题，深入基层开展调查研究，撰写了多篇符合实际切实可行的调研报告，促进了农业综合开发事业的蓬勃发展。三是树立了责任意识，塑造了一支讲务实的干部队伍。省级验收和市级验收工作结束后，每个人都总结本年度工作经验或亮点，找出工作中的不足之处，交流检查验收的启示和工作体会，对今后工作提出意见或打算。通过交流，大家查找了差距和不足，明确了方向和目标，激发了热情和干劲，鼓舞了斗志，增进了友谊。进一步增强了资金管理人员做好农业综合开发工作的责任感和使命感，真正做到把好每一道关口，管好每一笔资金，建好每个项目，发挥效能考核的激励引导作用，有效地调动资金管理人员的积极性，保证资金管理工作务实高效，提高资金管理工作水平。

丘陵地区农业综合开发工作的新探索

烟台市福山区农发办 逄玮

农业是国民经济的基础，农业现代化是四个现代化的重要组成部分。农业综合开发作为提高农业综合生产能力、促进农业现代化的一个重要途径，加快推进了农业发展方式转变，推动了农业科技进步与创新，不断夯实了农业稳定发展的基础，为促进农村经济社会平稳较快发展做出了新的贡献。笔者所在的胶东地区，因其特有的丘陵地形，在进行农业综合开发工作时，需要一些新的做法、新的探索。

胶东地区位于我国山东省胶莱谷地以东，东、南、北三面环海的半岛地区，也称为山东丘陵，是一个低缓山冈与宽广谷地相间的丘陵。这里气候良好，属暖温带季风气候类型，四季分明，降水集中、雨热同季，春秋短暂、冬夏较长，受海洋的影响，与同纬度的内陆相比，气候温和，夏无酷暑、冬无严寒，气温变幅较小，1月均温在0℃以上，7月均温25℃左右，年平均降水量一般在550~950毫米。半岛上丘陵起伏，除崂山、沂山、蒙山、泰山等少数山峰高过1000米以外，其余大部分地区海拔高度不足500米。当地粮食作物以小麦、薯类、玉米为主，经济林作物以苹果、梨、大樱桃为主，其中，烟台苹果、莱阳梨、大樱桃等闻名全国，素有"水果之乡"、"花生之乡"等称誉。对于胶东地区而言，因其特殊的丘陵地形使得农发工作更为复杂，而且农业生产以种植经济林作物为主，550~950毫米的年平均降水量也满足不了胶东林果的生长需求。所以说，农业综合开发工作在胶东地区是大有可为的，在工作中也产生了一些新探索。

一、少移栽行道树，多培植经济林

为了维护农业综合开发修建的道路，移植行道树是农发工作中惯用的方法，然而在丘陵地区却可以采用多培植经济林的方式来代替移栽行道树。胶东半岛丘陵居多，且坡度较缓，位于我国东部暖温带落叶阔叶林区，境内植物资源非常丰富，总计有3100种，其中经济作物200种，分布面积大，用途广，经济价值高。优良的森林植被资源给半岛地区带来了巨大的生态效益,不停地维持着陆地的动态平衡,还改变着环境,防止洪水,保持水土和减免风沙等自然灾害。森林可以通过树冠、树干和枝叶缓解降水对地表的直接冲击,减少沙土流失;又因森林植被的残落物和林木的庞大根系,使森林土壤形成涵水能力很强的孔隙,落在林地的雨水能迅速下渗储存起来,在特大暴雨下能起到削弱洪峰、缓和险情的作用。少移栽行道树不仅仅介于上述原因,行道树还会对路旁的农作物产生遮阴影响,所带来经济利益也远不如经济林,这就极大地增加了与农民占地补偿的利益纷争,得不偿失。因此对于丘陵地区的农业综合开发,就没有必要大量移栽行道树,只在必要的坡度地带移栽作为防护即可。

胶东丘陵地区的农业综合开发工作:第一,可以将林业措施和农业结构调整相结合,因地制宜营造樱桃、苹果、梨等经济林,增加农民收入,还可以拓展产业化项目,建立农民专业合作社、鲜果交易市场等。福山区多年来申请获批的产业化项目为农村经济发展和农民持续增收做出了重要贡献。烟台圣春秋果业专业合作社等,极大地提高了项目区及周边干鲜果整体管理水平,促进了经济果实生产的优质、高产、高效,带动了其产业的提档升级,促使了农民持续增收,企业增效和行业健康、快速发展。第二,可以把林业措施实施与项目区杂树清理相结合。尤其在胶东这种丘陵地区,很多野生树木落籽成苗、不砍自成林。项目区路肩、渠坎、田边地头常长刺槐、枸树等杂灌树,经济价值低、树形差,影响项目区农作物生长和项目区形象。因此,农发办在开展林业措施工作中,应在保持生物多样性的基础上,对一些没经济价值、树形差的杂树和残次树进行清理,把项目区不但开发建设成希望田野,而且建成美丽田园。

二、挤出资金路面硬化,务必保证浆砌排水沟

在丘陵地区,农发工作必须修建上山路,而又因其特殊的坡度地形,仅仅按照惯常的压实路面做法是不足以应对雨水对路面的冲击、损毁。因此,对于丘陵地区的农发工作,路面硬化是直接方案,而资金限制使得浆砌排水沟成为保底方案。"要想富,先修路"。路对项目区的后续发展和项目区长期发挥效益极为重要,农机生产、农产品运输、自驾游市民采摘、休闲旅游等都离不开便利的交通。而且胶东地区以种植经济林为主,经济林的产出果实,需要在运输途中保持路面平整,这样才能减少运输损失,增加农民收益。土地治理项目中,生产路的要求是铺设简易砂石、压实路面即可,但在丘陵地区,一场大雨过后,砂石路面就面目全非,改善交通的作用不明显。要真正改善交通状况,道路必须硬化,这才是一劳永逸的措施,不但防止水土流失,而且能保持路基稳定,便于经济果实的运输。

但是路面硬化所需投入大,仅靠农发资金远远不够,所以另一个解决方案就是

浆砌排水沟。相对于路面硬化，浆砌排水沟的资金包含在项目资金之内，且花费相对较少，而产生的效益却相差不大。2002年福山区首次进行农业综合开发，当年没有对项目区进行浆砌排水沟，资金有限也未进行路面硬化，在大雨的冲刷下，砂石路几乎被损；通过吸取2002年的教训以及专家的仔细探讨，在2003年，农发办就进行了浆砌排水沟实验，一直到2008年，才按常规对该项目区进行了水毁修复。由此可见，对于丘陵地区的农业综合开发，浆砌排水沟是基础、必要之举，如果能结合其他资金，充分发挥村民大户自筹，进行资金整合，就一定要进行路面硬化，从而真正地把致富之路拓宽，为新农村建设奠定坚实的基础。

三、将弃耕撂荒地等高格田化，采用土地流转方式集中承包给用地大户

丘陵地区的特殊坡度地势造成农民耕地不易。近年来大量村民外出打工，很多山地被弃耕，成为撂荒地，而且由于路不通、水不到，仅有的部分水利措施也因年久失修而失去功效，荒坡荒地依然被长期闲置。近几年，土地撂荒呈逐年扩大的趋势，这不但影响了粮食生产、制约了农民增收，而且浪费了宝贵的土地资源。

为了切实解决丘陵地区的弃耕地撂荒问题，有以下建议：第一，丘陵地区出现撂荒地多是因为土地地处山高沟狭地带，土地贫瘠，零星分散，耕种条件差，产量不高，加上农业基础设施差，抵抗自然灾害能力弱，一些农民干脆弃耕不种造成的。针对此原因，农业综合开发的工作就是要将处于山坡上的难耕地进行土地治理，坚定不移地打梯田牌、走梯田路，通过土地整治深化梯田建设，依照"等高线，沿山转，宽适当，长不限，大弯就势，小弯取直"的要求，统一规划，全面整治，建成田块结构好、道路网络好、地埂利用好、径流调控好的"四好农田"，保水、保土、保肥的"三保田"。第二，对于外出人口较多，务农人员较少，耕地大部分会出租的村和村小组，而有些种植大户又需要租赁耕地的情况，撂荒地可采用集中流转的方式，按农民家庭责任面积租赁给种植大户、签订租赁耕地合同，供其使用。土地流转带来的以龙头企业和合作社为载体的适度规模特色产业经营，既能解决土地撂荒的问题，解决农民进城后对土地的后顾之忧，又能提高种地收益，为农业大户、专业合作社等新型农业经营主体发展创造更好环境，一举多得，从而真正实现农业生产规模化、集约化。

四、积极吸引其他资金，多方共同配合

近年来，国家对农业的投入越来越多，但由于管理体制不一，政出多门，影响

了整体效益的发挥。例如，福山区2012年农业综合开发项目区位于门楼镇，共5000亩，而紧靠在此项目区附近的国土局2012年的大型项目区共10000亩，双方不但要共用上山道路，而且很多单项便民工程的建设都可以结合共事，节省资金。可是由于相关政策的限制，不但单项工程无法共事以便于节省资金，而且农开发修整的道路被大项目区建设用的大卡车压毁，不得不更改路线，又耗费了大量资金。

因此，农业综合开发要在"综合"上下工夫，以项目为抓手，一方面要逐步加大农发资金的投入量，调整增量，优化结构；另一方面要以农发项目为平台，整合相关涉农资金。农发办可以采取争取财政补助、示范项目扶持、专项列支直接扶持、"以奖代补"等措施，优化现有财政资源，提高资金投资绩效，从而较好地完成支持美好乡村建设、财政服务保障的任务。与此同时，通过整合，进一步形成多元化投资格局，发挥市场机制，大力发展社会捐助和村民自筹，带动社会资金投入，提高项目区建设标准和档次。

五、建管并重，加强项目区工程后期管护

搞好工程管护，是巩固开发成果，确保项目工程长期发挥效益的关键。但在项目建设中，重投入、轻管理的现象在各地都普遍存在。通过调查，部分项目区在项目建设中积极性高、热情高、干部群众主动配合，但工程建成后，由于管理体制、管理责任、管理资金等方面的因素，对工程建后的管护重视不够、管理弱化，致使一些建后工程不能长期有效发挥作用。如一些桥、涵、闸、站、渠、路等基础设施工程，由于建后管护维修不够，时常出现人为或自然损毁现象，导致部分设施无法正常发挥作用。

针对这个问题，不但要做到建管并重、完善制度，而且可以充分发挥乡镇经济组织的作用，将后期管护工程承包给合作社，产生循环经济效益。例如，福山区的做法是制定了农业综合开发项目管护制度，坚持"工程竣工、管护上马"，在项目建成验收后，及时做好工程产权移交，完备移交手序。同时，监督指导乡镇及项目区所含村签订项目工程管护合同，落实责任到村到户，从根本上保障已建项目工程的正常运行，确保工程长期发挥效益。福山区农发工作的一大亮点就是针对扬水站设施被盗严重问题，对扬水站统一安装了自动监控装置，监控信息可直接发送至管护人手机，切实增强了管护力度。莱州市2009年中低产田改造项目后期工程维护则采取将行道树承包给合作社的方式。合作社通过种植梧桐树，长成足够大后卖给城市进行绿化，再补种行道树，不但形成循环经济效益，而且能促进合作社更积极地维护项目区后期工程。

农业综合开发困难较多，机动性、灵活性非常大，不仅要协调好一些开发工作中的干群矛盾，更要因地制宜地规划管理、科学设计开发工程。尤其在丘陵山地地

| 实践与探索

区，农业开发的难度大、矛盾多，更需加大力度，找准突破口，认真做、埋头干、下苦力，不断加强农业基础设施和生态建设，推进农业和农村经济结构的战略性调整，提高农业综合效益、促进农民增收，不断提高农业综合开发的水平和效益，为广大父老乡亲的美好明天做出积极贡献，为"中国梦"增添更加美丽的幸福光环，为全面建成小康社会添砖加瓦。

全程强化管护
提升农业综合开发效益

金乡县农发办 刘秀江 靳魏魏

农业综合开发土地治理项目是一项强农惠民工程，农民是项目建设的直接受益者，同时也是项目建设的参与者，更是工程管护的主体。项目工程功能的发挥和经济效益的显现，很大程度上取决于管护措施的落实。管护工作不仅仅是对项目建成后的看护和修补，更应该从源头抓起，未雨绸缪。近年来金乡县农发办引导项目区受益农民树立建前、建中、建后全过程落实管护的理念，取得了明显的管护效果。主要做法是：

一、建前引导农民树立管护理念，强化管护的思想基础

项目工程管护贯穿于项目整个使用过程，是一项长期工作。多年来金乡县农发办坚持"谁受益、谁管护"和"寓管护于使用之中、依靠使用落实管护"的指导思想，让农民成为管护的主体。金乡县农发办在项目立项建设前就引导农民树立爱护工程管理项目的理念，强化管护的思想基础。首先金乡县农发办在立项前组织拟开发项目区干部群众到已开发成功取得显著成效的项目区参观，置身其中，现场感受，面对面与开发项目区农民直接交流，让他们提前分享开发后的喜悦和快感，调动其积极性，增强积极参与的欲望，树立起建后管护的意识和思想基础；其次，金乡县农发办尊重项目区农民意愿，按农民实际需要规划设计项目建设内容，让老百姓倍加珍惜开发成果，自觉自愿加强项目运行管护工作，达到工程永续发挥效益。在项目区选择上，坚持选择在开发条件基本具备、乡镇干部积极性高、拟开发区群众迫切需要开发的区域，在项目规划设计上，聘请有资质的单位深入拟开发区域，严格按照项目要求，现场勘测设计，规划完成后，交项目区群众民主讨论，力争达到规划科学、实用、超前，方便群众生产、生活，项目建成后，在较长时间内保持先进性。在近几年项目区规划设计上，金乡县农发办充分尊重农民意愿，利于项目区农业机械进出田间作业，在顶头地留有两米宽生产路，对进地桥涵统一规划设计为六米宽、桥帽高出地平面5~6厘米，创新设计了隐蔽式节水灌溉系统，研制了

牢固、防盗型出水栓，此系统不但省时省工安全，而且极大地方便了群众进行农田灌溉，对桥涵与机电井定位权，在不违背整体规划的前提下，交项目区群众集体商讨合理确定。针对项目区大多数群众因栽植杨树遮荫面积较大、故意损坏、造成树木成活率和保存率较低的现实，我们选择在项目区东西路两旁栽植遮荫较少、四季常青的大叶女贞，南北路栽植经济效益较高的速生白腊等树种，在易坍塌路段，沟坡设计栽植护坡杞柳。

二、建中实施全面质量管理，强化管护的质量保障

提高工程质量是长久发挥工程效益的必然要求，在项目建设过程中，严格"三审"、把住"三关"、强化"三个"监督、开好"四个"会议、落实"四项"制度。"三审"：一是严格审查报名施工单位资质，把好工程招投标的第一关口，确保施工能力；二是审查报名企业信誉，特别是承担农业开发工程情况、履约情况，确保工程质量；三是审查施工组织设计方案，看施工组织是否合理，是否符合现场实际，是否可行，确保施工进度。"三关"：一是材料关，工程所需材料和设备必须附有产品质量合格证或出厂证明，报监理及指挥部技术人员共同复检；二是建设关，建立四级质量监管体系（县管理部门、专业监理、指挥部成员、村干部及受益农户代表），特别是隐蔽工程，指定专人，现场跟踪；三是验收关，实行县镇两级验收，镇及指挥部人员在平时监管的基础上，进行工程竣工决算前的验收，县根据镇提供验收申请再组织有关专家进行工程竣工验收。"三个"监督：一是业务监管，在项目集中会战期间，县开发办派出业务骨干常驻施工现场，全面了解和掌握工程建设动态，对每个单项工程指挥部成员均实施全天候无缝隙监督，确保无死角、无真空，保证各类工程顺利建设；二是专业监理，工程监理人员每天到施工现场跟班守岗，监督每个环节尤其是PVC、电缆等隐蔽工程的施工质量和工程数量，对施工过程中出现的问题现场下达整改通知；三是社会监督，项目区所在村干部及聘用的群众代表作为义务监督员，直接参与项目全过程建设和工程质量监管，发现问题及时报告。"四个"会议：一是由群众代表参加的项目立项申报会；二是开工动员会；三是施工过程中的质量与进度分析会；四是项目竣工总结整改提高会。"四项"制度：一是明确责任主体，落实项目法人制；二是提高项目透明度，实行项目与资金公示制；三是降低工程造价，落实项目工程招投标制；四是提高工程质量标准，实行工程监理制。

三、建后健全管护制度，强化管护主体责任

首先，项目工程竣工验收合格后，及时对各项工程登记造册，办理资产移交手

续，根据各项目区实际，制定明确管护范围、标准和奖惩措施，县出台工程管护绩效考评办法，项目镇和行政村共同制定工程管护公约，牢固竖立在项目区显著位置，张贴在村务公开栏内，以刚性约束确保工程持续完好，长期发挥效益。对大型桥涵、机耕路、引排水沟等公益性工程，由镇、村成立专职管护队伍具体负责，进地桥涵由联户使用的农户共同管护；对隐蔽式节水灌溉系统所有工程，以行政村为单位，由各村民主推荐的用水管理员统一进行管理、运行和维护，承诺在供电部门审核的电价范围内适当收取水费，一部分作为其报酬，大部分作设施运行维护费用；对变压器及高低压系统由各行政村委托镇供电部门管理；对林网树木采用市场化运作机制，引入专业苗木公司，对道路两旁的绿化树，采取3～5年更新一次的办法，合理确定苗木公司、项目镇和农户三方的责权利，有效解决树大遮荫和管护经费不足难题。其次，通过让群众参与项目建设全过程，项目工程建设质量逐年提升，使用性越来越高，群众自我管护意识明显增强，项目区与非项目区相比，农业增产、农民增收成效凸显，在充分听取群众合理化建议的基础上，在2011年项目区隐蔽式节水灌溉系统每眼机电井旁，设计安装了现场控制箱，不仅方便了农田灌溉，更重要的是减少了灌溉中间停顿时间，缩短了灌溉周期，2012年采纳群众和供电部门意见，把现场控制箱改为射频开关控制系统，并采用IC卡，更加地方便了老百姓进行农田灌溉，大幅度提高了劳动强度，提高了劳动生产率，极大地调动了农民的管护积极性。最后工程竣工验收后，及时在项目区显著位置进行公示，自觉接受农民和社会监督，并把项目所有工程移交给各行政村，交给老百姓无偿使用，让农民吃上定心丸。

为使项目区管护工作深入人心，调动项目区群众自觉参与工程管护的积极性，增强其责任感，近几年来，我们通过召开村民代表大会、致项目区群众的一封信、三个公示（实施前、建设中、竣工后）和在建筑物上喷涂警示标语及安装标牌标记等有效形式，逢会必讲，广泛宣传工程管护的重要性，注重项目区与非项目区及项目区建设前后效益的比对，激发群众由要我管护到我要管护的意识，在全县项目区形成了一个建设工程、爱护工程、使用工程的浓厚氛围。

设施农业区实施中低产田改造项目的实践及启示

昌乐县农发办 滕继华

2013年5月,宝城街道承担的昌乐县土地治理中低产田改造项目经过一年的施工建设全面完工,顺利通过市级检查验收。至此,宝城街道结束了过去"逢雨就涝,逢涝就绝产"的生产时期,农业和农村经济发展迈入了一个新阶段。

一、实施土地治理中低产田改造项目的背景

宝城街道位于昌乐县城西郊,处于昌乐、寿光、青州三县(市)交界。辖区内共有27个行政村(社区),2.7万人口,总面积43平方公里,辖区4.7万亩耕地全部种植瓜菜,而且全部实行保护地栽培,西瓜占瓜菜总收入的80%,被誉为"中国西瓜第一镇"。

近年来,随着街道设施农业的快速发展,农户投资瓜菜大棚建设积极性不断提高,惜地观念日益加深,加之连续近十年的久旱少雨,大部分农户对大棚地防汛抗涝意识逐渐淡化,原生产方田修成的排水沟渠逐渐被农户大棚扩建占用。2011年秋季的几场大雨,使街道近1/3的瓜菜大棚变成了一片水田。严重的内涝,致使当季大棚瓜菜几近绝产,再加上部分田间道路、农田及大棚设施的损毁,致使街道瓜菜生产陷入了生产难、收获难、运输更难的不利境地,辖区部分土地成为"名副其实"的中低产田,实施土地治理改造提高农业综合生产能力势在必行。

二、实施土地治理中低产田改造项目面临的主要问题和解决方法

在惜地如金的设施农业区开展土地治理中低产田改造项目,项目区清障成了摆在工作人员面前最大的困难。而清障工作的顺利进行是日后各项主体工程开展的根

本基础。同时，清障工作能否稳步推进直接影响着当地的稳定大局。由于项目区清障涉及大棚拆迁，群众对清障拆迁补偿等政策诉求不一，使得清障过程一度受阻。另外，设施农业区中低产田改造成本较高，资金经费仍显不足等，同样制约着工作的推动和进展。针对这些困难，宝城街道及施工单位进行了大量有针对性且富有成效的工作，具体如下：

——深入宣传发动，充分调动项目区群众工作积极性。项目承接后，宝城街道迅速成立工作小组，将项目区划片区，分区分组进行宣传发动。通过电视、网络、广播、进村入户散发宣传单等形式，第一时间下村对项目区内工程建设涉及农户进行宣传，向他们讲解项目内容及意义，讲解中低产田改造带来的种种好处。在工作中做到村村去、户户到、家家讲、人人通。对部分不理解的农户家反复去、多次去，直到做通工作为止，做到绝不强拆硬拆。通过深入细致的宣传发动，逐步统一了项目区群众对中低产田改造项目的认识，从最初群众的不理解、不配合，甚至对施工的阻挠拦截，到后来的理解支持、积极配合，到最后的主动拆除棚头。期间共发动群众主动拆除瓜菜大棚头3250余个，退地还沟530余亩，无一起因大棚拆除清障而引发的矛盾纠纷事件发生。

——注重对社会资金的有效统筹利用，充分吸纳社会资金融入农业综合开发项目建设中。项目实施期间，积极协调项目区内涉及的企业单位参与到中低产田改造中来，做到合理利用社会资金，助推农发项目建设。其中，济南铁路局在位于项目区西部的胶济铁路路段投资210万元，修建运输通道一处，将铁路南北施工项目有效贯通连接，既方便了项目区群众的出行和生产需要，又保障了项目工程的建设质量。

——积极做好政府联动工作，推动项目建设顺利开展。在项目建设过程中，宝城街道积极加强与兄弟县市区的联系、沟通、协调，加大对人力、物力、资金的统筹协调力度，形成中低产田改造工作合力。紧邻寿光市的项目区施工建设得到了该市政府的大力支持，建设中积极配合帮助调用大型机械80余套台，开挖沟渠2000米，极大地推动了项目建设顺利开展。

三、项目建设取得的成效

经过近一年的持续会战，项目最终得以圆满完成。对丹河、尧河、潍龙河等三条河流，双营路、共青路、东梁路等九条排水沟渠进行了集中清理。在大棚区内开挖主排水沟27条50余公里，实现了排水沟渠网大贯通。配套机井105眼，铺设地下管道35公里，建设桥涵390座，新上80kVA输变电设备2台套，配套地下电缆23公里，整修道路39公里，整修田间生产路50余万米，栽植苗木1.1万株。

通过项目实施，对大棚区水、路、田进行综合整治，彻底地解决了项目区内农田排水防涝及灌溉和电力供应不足的问题，农业生产基础设施条件明显改善，抵御自然灾害的能力显著增强,农业特别是西瓜产业综合生产能力及品质大幅度提高。形成了田成方、林成网、旱能灌、涝能排、沟渠路桥相配套的格局,项目区成为稳产高产、旱涝保收、节水高效的高标准现代设施农业示范区。

四、几点启示

——充分发动和依靠群众是实施好农发项目的前提基础。开展土地治理中低产田改造项目建设的根本目的是改善当地落后的农田水利基础设施和生产生活条件,提高农业综合生产能力,使农民受益。从项目的设计、前期准备到实施、管理,都需要充分地依靠当地群众,用深入细致的思想工作发动群众,用行之有效的政策措施激励群众,充分发挥农民群众参与农发项目建设的积极性和主动性,激发农民的建设热情和管理热情,确保项目顺利建设。

——积极创新资金引导方式,进一步加大农发项目资金投入力度是实施好农发项目的根本保障。由于前期历史原因,部分农田水利等基础设施配套建设已经远远不能满足目前设施农业生产发展需要。虽然通过政策项目资金扶持建设有了一定改善,但是设施农业区农田基础设施配套建设投入高,需要在下一步发展中积极争取政策资金支持,进一步加大投资力度,不断提升设施农业建设水平。同时,发展可持续的现代农业仅仅依靠国家有限的项目资金投入是不够的,需要通过设立专项资金,创新融资形式,扩大项目建设资金来源渠道,调动社会各层面投入现代农业生产的积极性,保障项目资金能够源源不断,实现对设施农业配套建设投资的持续性。

——设施农业区实施土地治理项目,有利于推动引领现代农业更快更好发展。通过土地治理中低产田改造项目资金扶持,一方面,在一定程度上弥补了项目区农户势单力薄,进行农田改造、基础设施配套有心无力的局面;另一方面,项目区设施农业的生产优势能够通过中低产田改造项目更大的激发显示出来。同时,群众的生产基础设施条件得到明显改善,不仅有助于提高劳动生产率,促进农业增效和农民增收,更有利于促进项目区的和谐稳定,项目建设的经济效益、社会效益成倍增加。

——进一步完善项目后续管理,有利于保证项目建设长期发挥效益。项目建设完成后巩固建设成果在一定意义上更显重要,需要通过加强组织领导,严格资金使用,规范资产移交,健全管护机制等,进一步完善项目区后续管理,真正实现项目开发一片、建成一片、发挥效益一片,实现项目工程长久发挥效益。

实施农业综合开发
促进农业持续健康发展

鄄城县农发办 孟宪振

近年来，鄄城县农业综合开发办公室坚持以人为本，贯彻和落实科学发展观，以改造中低产田为重点，加大农田基础设施配套力度，立足鄄城资源优势，建设高效现代农业生产基地，走产业化农业发展之路，实现了农业增效、农民增收的开发目标，为农村经济更好更快的发展注入了新的生机和活力，促进了农业持续健康发展和农村的富裕、文明、和谐、进步，为建设社会主义新农村做出了积极的贡献。

2007~2013年，鄄城县农业综合开发高标准实施完成了一大批农业综合开发项目。一是2007年度郑营乡农业综合开发中低产田改造项目；二是2008年度引马乡优质专用小麦综合配套技术推广项目；三是2009年度红船镇、吉山镇农业综合开发中低产田改造项目；四是2010年度富春乡、什集镇农业综合开发中低产田改造项目；五是2011年度临濮镇农业综合开发中低产田改造项目；六是2012年度古泉办事处和董口镇高标准农田示范工程项目。通过综合开发，配套治理，项目区实现了田成方、林成网、旱能浇、涝能排的开发目标，实现了沟渠路林、桥涵闸、井泵电相配套，建成了一大批高产稳产农田，提高了项目区农业生产能力和农业技术科技含量，农作物产量和经济效益显著提高，实现了农业增效、农民增收。通过治理，项目区与2006年、2007年非项目区相比每亩可增产粮食80~95公斤，棉花15~20公斤，油料70~75公斤。年人均纯收入与2006年、2007年非项目区相比提高300元左右。项目区良种覆盖率达到了100%。通过种植业结构调整，提高了复种指数，项目区实现年新增粮食1640万公斤，新增种植业总产值3400万元。这些对保证鄄城县农产品的有效供应，建设和谐社会，发展农村经济都起到了积极的重要作用。

一是改善了农业基本生产条件，提高了农业综合生产能力。以改造中低产田为重点，加强农业基础设施建设，大力推广节水灌溉，整地改土，平衡施肥，提高农业综合生产能力。累计共完成投资7003万元，治理改造中低产田面积8.2万亩，营造农田林网8.2万亩，开挖沟渠267千米，渠道防渗9.28千米，建桥涵闸建筑物1411座，新打机井835眼，修复旧井55眼，埋设地下管道321.2千米，改良土壤 6.7 万亩，修整、硬化机耕路 215.16 千米，架设输变电线路 66.97 千米。二是调整优化了农业结构，增加了辐射带动能力。围绕优质中药材、无公害蔬菜等生产，在项目区建设优质农作物种植基地和中药材生产基地，项目区成立了生产协会，形成了"协会+基地+农户"的产业链条，并带动周边地区发展，增加了群众收入，提高了农民从事农业生产的积极性。三是推广先进实用技术，提高了农业科技含量。通过加大科技投入，推广新品种、新技术，广泛开展农民技术培训，提高了项目区的农业科技水平和综合效益。先后推广农业新品种、新技术 10 多项，项目区良种覆盖率、土壤改良率达到 100%，科技贡献率达到 60%，节水灌溉面积达到 80% 以上，累计培训农民 20000 人次。四是改善生态环境，促进了农业可持续发展。项目区共完成林网面积 8.2 万亩，植树 20 万棵，改善了农业生态环境，提高了农业生产抗御自然灾害的能力，起到了防风固沙的作用，促进了可持续农业的发展。五是项目区初步形成了"公司+基地+农户"的链条。为增加农民收入，优化产业结构，鄄城县在农业综合开发项目区先后建设了一批优质农产品生产基地，与加工企业合作，发展订单农业，项目区初步形成了"公司+基地+农户"的产业链条，带动了周边地区发展。

为做好农业综合开发这一惠农、利民事业，鄄城县在科学开发和效益开发上进行了有益尝试，在开发思路和开发模式上进行了创新。主要措施：

一是加强领导。鄄城县农业综合开发项目从立项起就得到县委、县政府主要领导的高度重视，并多次深入项目区进行调研。为确保鄄城县农业综合开发项目的顺利实施，首先县里成立了以县政府分管领导为组长、县财政局、县农业综合开发办公室、项目乡镇等有关负责人为成员的项目建设领导小组，对项目实施进行全面领导。项目实施列入了"一把手工程"，实行统一领导，统一规划，统一施工，做到人、财、物三到位，形成了上面有人抓、中间有人管、下面有人干的实施体系，使项目建设在组织领导上有了可靠保证；其次建立项目管理目标责任制，从上到下都明确项目技术责任人，采取分片、分段包工程，明确职责，加强监督，严把工程质量关；再次建立领导小组例会制度，定期召开项目乡镇、中标施工单位、项目管理人员参加的调度会，通报项目实施情况，总结交流经验，对项目实施过程中出现的问题及时提出整改意见，确保了项目建设工期和项目工程质量，从而形成了一个上下贯通、左右协调、高效运作的工作机制。

二是科学规划。项目在实施之前，我们组织农业、林业、水利等部门专家，深入到项目区进行实地考察论证，确定项目实施区域，并委托省水利科学研究院制定了项目可研报告。在项目实施方案设计过程中，我们始终坚持因地制宜搞开发，把群众的需要和高标准农田的发展作为我们工作的重点。在项目区推广了节水灌溉技术。在沟渠设计上，实行灌排分设，达到 1~3 天暴雨，1~3 天排除，我们会同有关专家实地论证后，严格按沟渠标准坡度进行设计，保证了项目区的沟渠质量。项目区方田面积按照 250 亩左右的标准进行布局，每 80~100 亩耕地新打 1 眼机井，并配套桥涵、节水管道等田间建筑物。项目区灌排保证率达到75%以上，排涝标准不低于5年一遇。水利工程的实施，不仅提高了项目区渠系的引水蓄水能力，而且达到了既灌溉又补源的双重效果，从根本上解决了项目区群众浇水难、排水难的问题，提高了抗御自然灾害的能力。

　　三是加强项目管理。为确保项目建设高起点、高标准、高质量、高效益。在项目管理上，我们严格实行了工程"八制"管理制度。第一，坚持实行项目法人制。进一步明确项目法人地位，保证项目按期全面完成建设任务，并对项目建设实行全过程监管。第二，坚持执行项目评审制。由县政府主要领导牵头，组织农林水有关专家，择优选择开发潜力大、群众开发积极性高、农业基础设施条件差的区域作为项目区的首选条件。第三，坚持实行项目公示制。县农业综合开发办公室始终把农民群众利益放在第一位，帮助他们解决最关心、最需要急于解决而又无法解决的问题。项目规划设计时，主动请项目区群众建言献策，询问他们哪里需要打井，哪里需要修桥，哪里需要开挖沟渠等，力求使项目工程科学布局，设计合理，群众满意，更能体现民情民意。在实施每个子项目时，都向项目村村民公示，广泛征求村民意见，并取得2/3以上村民同意。项目实施前，向农民群众公示项目建设地点、规划方案，需农民筹资投劳数量等内容。在项目实施阶段，向农民群众公示项目建设内容、主要工程量、财政资金及农民筹资投劳的使用情况等。第四，实行项目工程招投标制。为打造阳光工程，在项目实施之前，我们严格按照上级要求办事，对项目工程，全部按程序实行公开招投标。为了做到公开、公平、公正，择优选择施工队伍，经县监督部门批准，我们委托招标代理公司对各年度项目工程施工进行公开招标。整个招标程序的组织全部由代理公司运作，包括招标公告的发布、招标文件的编写、评委的选择等，开发办只负责组织、协调、监督以及提供项目基础资料等工作。在招标、开标过程中，我们做到了不干预、不插手、不打招呼，为招标工作创造了一个良好的环境。第五，实行工程监理制。认真执行《国家农业综合开发土地治理工程建设监理执行办法》，对项目工程全部实行了工程监理制，聘请项目区群众监督员配合县乡及监理人员管理好本村辖区内桥涵、节水管道等工程质量，监督人员尽职尽责，不怕吃苦，公道正派，坚持原则，不徇私情，定期参加指挥部召开的工作例会，项目如出现工程质量问题，群众监督人员与监理人员负有同等责任。群众监督员享有工资报酬。县开发办在项目区成立了工程指挥部，工程指挥部以印发明白纸、开培训会等形式向项目区干部群众宣传工程施工技术规范、质量标准，使干部群众了解工程质量要求，从而积极参与到施工监管中来。第六，实行县级报账制。县财政局严格执行资金报账管理制度，规范资金报账手续，严禁挤占挪用开发资金。第七，坚持项目验收制。现场检查项目施工单位工程质量，对项目工程不符合施工技术规范的，不予验收，限期整改，对经市县开发部门验收合格的工程，及时与项目受益单位办理资产移交清单，明确产权。项目区新建机井在实施前就与项目区受益群众签订管理合同，并确定产权人，明确了产权人在机井质量监督及建后使用的责任和权力,有效地提高了机井建设质量,避免了重建轻管问题的发生。第八,坚持项目工程管护制。明确项目工程管护主体,确保项目工程运行正常,长期发挥工程效益。为使项目管理规范化、长期化,我们依照国家有关政策、法规,结合当地实际情况,制定了相应的管理制度,并出台了《鄄城县农业综合开发建成项目运行管护办法》。

四是加大科技投入,提高项目科技水平。在实施项目时,加大了科技的投入与创新,对部分农户进行了技术培训,并鼓励农技推广机构和高等院校、科研机构通过技术培训、技术承包等形式与加工企业和农户开展合作,不断提高农民的科技水平,从而提高农业生产的管理水平和农产品质量标准。培训形式采取现场指导、集中办班、外出参观等形式进行,几年来共举办培训班九期,组织群众外出参观学习五次,提高了项目区农民科学种植水平,克服了群众从事农业生产的制约问题,提高其种植积极性。在项目建设上大胆应用农业新技术、新成果,使项目区初步形成了规范化生产的科技示范推广基地。目前,项目区共发展中药材 1 万多亩,优质蔬菜种植面积近 5000 亩,亩效益 2000 元左右。种植基地的成功建设对周边群众发展中药材、优质蔬菜生产起到了较强的示范带动作用,2013 年全县共发展中药材 5 万多亩,优质蔬菜种植面积 1 多万亩。

五是坚持生态开发,促进农业可持续发展。坚持农业开发与改善和保护农业生态环境并重。在项目规划设计时,将"桥、涵、闸、沟、渠、林、路"等建设内容与建设社会主义新农村紧密结合,通过桥、涵、闸建设,方便了群众生产生活;通过防渗渠道及地下管道建设,节约了农田灌溉用水,通过沟渠开挖疏浚及整平机耕路,美化了农田和村庄环境;通过农田林网建设,改善了生态环境,从而不断地推进农业和农村的可持续发展。

六是建立专业协会,提高农民组织化程度。为提高农民的组织化程度,鄄城县加强了农业生产、流通和信息服务方面的建设,在项目区相继成立了用水者协会、金银花种植专业协会和甜叶菊种植协会等。县农业综合开发办公室对生产协会在办公场所和办公设施上给予一定的扶持,帮助他们建设农业生产信息网络。协会的建立解决了农民单家独户想做而又做不好的事情。

鄄城县农业综合开发,通过成功实施项目取得了显著成效,为全县农业发展做出了突出贡献。下一步,我们将以党的十八大精神为指导,全面贯彻落实党的十八大精神和科学发展观,齐心协力,开拓进取,坚持科学开发,和谐开发,严把工程质量关,不断创新开发机制,使项目区群众真正享受到农业综合开发给他们带来的实惠,切实实现农业增效、农民增收的目标,促进当地农村经济社会和谐健康发展。

实施农业综合开发
助推新农村建设

沾化县农发办　李金军　杨金军　殷炳政　周　彬

农业综合开发作为国家财政支农工作的重要组成部分，是实现农业增效、农民增收的有效途径，在新农村建设中具有不可替代的优势和重要作用。滨州市沾化县既是国家农业综合开发重点县，又是国家黄河三角洲开发和山东半岛蓝色经济区建设的主战场。近几年来，沾化县坚持不懈地大力实施以中低产田改造为重点的农业综合开发，并注重与社会主义新农村建设相结合，有力地促进了全县农业和农村经济的快速健康发展，新农村建设取得明显成效。

一、强化措施，切实提高农业综合开发工作水平

（一）坚持竞争择优立项，高起点定位，高标准要求，为项目建设提供质量保证

为确保项目建设的高质量，沾化县在农业综合开发项目安排上，实行了竞争择优立项，按照县农业综合开发总体规划，向各乡镇下发农业综合开发项目申请立项函，明确立项条件、开发任务、资金投入和质量标准。入围的乡镇，首先由项目区受益村提出申请，然后组织有关部门和专家进行实地考察评估，优先选择开发潜力大、自筹资金有保证、领导重视、群众积极性高的地块作为项目区，做到了干部群众没有积极性的不立项，不具备开发条件的不立项，质量标准无保障的不立项，杜绝了"关系项目"和"人情项目"。在项目建设中，坚持多措并举，确保工程质量。一是加大监督力度。推行农发部门、监理公司、项目乡镇、群众质量监督员"四位一体"管理机制，严格按照施工方案放线，按照规范管理，按照合同验收。二是严把"三关"。材料关，施工材料必须经验收合格后方能进入工地。工序关，每一道工程工序必须经过自检、监理检查、指挥部验收三个检验程序。工艺关，要

求施工队伍必须严格按照图纸设计工艺要求施工。三是实行质量保证金制度。各施工队进入工地前预交质量保证金,签订工程质量管护合同。施工中,发现质量问题即可按照合同给予罚款处理。四是倒排工期,合理安排施工计划和顺序,适时增加专业队伍和机械数量,确保项目工程按时竣工。

(二)严格执行项目建设和资金使用管理程序,确保工程顺利实施

在项目施工前、施工中、竣工后三个阶段,沾化县及时向农民群众公示开发项目建设和资金使用情况,切实提高项目和资金的透明度,推行了项目法人制、工程招投标制和建设合同制。对于财政资金超10万元的单项工程,委托具备水利工程或土建工程建设监理资格的单位进行规范监理。对项目资金实行专户管理、专账核算、专款专用,各级财政资金实行了县级报账提款制,财政部门严格监督自筹资金的使用,杜绝项目资金挪用,把有限的资金用在刀刃上,切实提高了资金使用效率。几年来,由于严格落实项目建设和资金使用管理程序,没有发生一起项目区群众上访事件。

(三)强化项目建后管护工作

近年来,沾化县研究制定了《农业综合开发项目管护办法》,落实各项工程管护措施,切实消除重建轻管现象。对建筑物、林网等固定资产按照不同类别和标准登记造册,以灌溉区或受益村为单位成立用水者协会,对灌溉用水进行成本核算,确定收费标准,负责其范围内的水利设施管理和日常维护工作;对一些已建成的林网实行划片拍卖,落实产权主体,由产权人负责树木管理,通过树木采伐更新获得收益。

(四)切实加强对农业综合开发工作的组织领导

沾化县对农业综合开发工作高度重视,专门成立了由县政府分管副县长任组长,县农发办、财政、农业、水利、林业等部门的主要领导和专业技术人员为成员的农业综合开发领导小组,具体负责全县农业综合开发的组织实施和协调工作。领导小组下设宣传、施工和后勤三个工作小组,明确职责分工,实行岗位目标考核。全县各乡镇也都相应成立领导机构。在项目建设期间,县乡分管领导和施工技术人员都驻扎工地一线,明确分工,责任到人,现场指挥项目实施,严把工程质量标准关,及时解决项目建设过程中遇到的矛盾和问题。为充分调动全县广大干部群众参与、支持农业综合开发的积极性,在项目组织实施前,通过召开动员大会、电视台、政府网站、公开栏、宣传车、简报等形式,广泛宣传农业综合开发的政策和重

大意义，做到家喻户晓，人人皆知，真正让农业综合开发深入人心，努力营造人人想开发、人人议开发、人人干开发的浓厚氛围，为搞好农业开发奠定坚实的群众基础。

二、注重结合，以农业综合开发促新农村建设

（一）实施土地治理项目与加强农业基础设施建设相结合，提高农业综合生产能力，促进"生产发展"

农业综合开发的重点是改造中低产田，着力提高农业综合生产能力。在中低产田改造过程中，沾化县立足当地实际，坚持连片规模开发的原则，不断加强农业基础设施建设，通过运用工程、科技、生物等措施，解决制约农业生产的主要障碍因素，进行水田林路综合治理，提高现有耕地的产出率和水资源利用率，建成了"田成方、林成网、路相通、渠相连、旱能浇、涝能排"的高标准农田，改善了农业生产基本条件，增强了农业发展后劲，促进了粮食稳定增产和农民持续增收。截至2012年底，全县累计完成农业综合开发中低产田改造65.5万亩，完成资金投入2.78亿元。改造后的中低产田年亩增粮食200公斤，皮棉30公斤，冬枣560公斤，为建设新农村奠定了坚实的物质基础。

（二）实施产业化经营项目与转变农业增长方式相结合，发展效益农业，促进农村"生活宽裕"

增加农民收入、提高农民生活水平是新农村建设的根本目标。当前农民收入低、农业效益低、农村组织化程度低、农业抗风险能力低，是当前"三农"最突出的问题，治本之策是大力发展农业产业化经营。在农业综合开发中，沾化县坚持开发、基地、龙头、产业"四位一体"，大力扶持竞争力、带动力强的龙头企业和示范基地，积极推行"企业+基地+农户"、"企业+协会+农户"等多种产业化经营模式，提高农业的组织化程度，把龙头企业与农民结成生产、加工、销售一条龙的利益共同体，努力做到开发一个项目区，建设一个高产优质高效农业基地，培植一项主导产业，发展一个龙头企业，致富一方百姓，实现了"共同宽裕"的目标。通过产业化经营项目和标准化生产示范项目建设，扶持和建立了沾化冬枣实业总公司、浩华果汁、贵富乳品、海金食品等一批规模大、效益好、带动力强的农业龙头企业，培植了沾化冬枣、畜牧、水产等特色产业基地。截至2012年底，县级以上重点农业产业化龙头企业达到48家，其中省级以上8家，农民专业合作组织（协会）达到361家，山东省著名农产品商标达到5个，农民的组织化程度和市场

竞争力明显增强。

(三) 科技推广与提高农民素质相结合，培养有文化、懂技术、会经营的新型农民，促进"乡风文明"

农民是农业资源开发和新农村建设的主体，农民科技素质的高低直接影响农业开发的效益和新农村建设步伐，新农村建设必须培养新型农民。针对全县农村劳动力规模大、整体科技素质偏低的现状，沾化县坚持以人为本的理念，以农业综合开发项目建设为载体，大力实施科技推广与农民培训工程，提高农民学科技、用科技的能力。在农业综合开发过程中，创新科技推广机制，加强科技开发，积极推广应用农业科技成果，科技指导直接到村，良种良田直接到田，技术要领直接到人。同时，通过采取举办培训班、邀请专家讲课、科技人员现场指导示范、发放科普宣传资料等多种形式，不断加大对项目区农民群众科技培训的力度，提高他们的整体素质，实现了"乡风文明"的目标。自2008年以来，项目区新建、完善乡镇农技综合服务站12个，引进示范推广新品种21个，新技术16项，农业新技术普及率、良种覆盖率达100%，农业科技含量达70%，农业科技贡献率为60%以上，培训农民10万人次，农业科技含量和农民的科学文化素质显著提高。

(四) 项目示范推广和保护生态环境相结合，改善农民生活环境，促进"村容整洁"

改变乡村面貌、实现村容整洁是新农村建设的重要环节。在农业综合开发中，沾化县注重把项目建设与村庄道路、树木绿化、环境整治、村容村貌等方面结合起来，最大限度改善农村的面貌。围绕"道路"建设，把农业开发的生产路与"村村通"工程相结合，有效解决村庄道路的硬化问题；围绕"水利"建设，把农业开发田间浇灌等水利设施建设同人畜饮水工程相结合，实现农村生活用水安全化；围绕生态文明村建设，把农业开发农田防护林建设同村容村貌整治相结合，改善和美化群众生活环境，实现了"村容整洁"的目标。

(五) 资金、项目管理与制度创新相结合，激发农民的主人翁意识，促进"管理民主"

新农村建设管理民主的要求，就是加强和完善农民民主法制建设，营造和谐平安的发展环境。农业综合开发在项目投入、立项、建设、管护等各个环节都体现了民主管理的要求。在项目投入上，实行"国家引导、配套投入、民办公助、滚动开发"的开发机制。在项目立项上，坚持以"农民要办"为前提，须经过2/3以上村民签字同意或村民代表大会讨论通过，项目的筹资投劳，严格按照"一事一议"制度办理，做到了充分尊重农民意愿。在项目建设中，邀请受益村村民代表监理工程施工，在验收合格单上签字后，施工单位方可报账，保证了工程建设节约、实用、质量高。项目竣工后，项目乡镇将水利工程、农田林网等项目资产移交给受益村、受益户，由受益村、受益户自主管理，自我发展，实现了"民主管理"的目标。

实现精细化管理搞好项目绩效评价切实提高农业综合开发项目总体效益

文登市农发办　林宏兰

近几年，随着国家对农业重视程度的提高，农业综合开发资金投入逐年增加。但在项目管理上比较粗放，存在"重规模、轻绩效，重建设、轻管理"的现象。全面推进农业综合开发精细化管理，树立"抓管理、重绩效"的绩效意识、成本意识、责任意识是落实科学发展观的必然要求，是加快实现农业现代化的重要途径，是做好农业综合开发工作的客观需要。因此，在2012年项目实施工程中，威海市把"精细化和绩效评价"贯穿于项目管理的始终，具体做好以下几个方面：

一、坚持综合评价原则择优选项

项目选择及项目库建设，是项目建设成败的基础。如何坚持择优立项，完善项目库建设，建立项目评价体系，做到多中选好，好中选优，保证高质量项目源是关键。一是明确选项条件，建立选项评价体系。将基本条件、产业现状、开发潜力、干群意愿、筹资筹劳能力、资金整合能力、开发效益等要素列入评价体系，确保选项的科学性、合理性和准确性。二是规范项目选项、立项工作流程。选项工作必须经过调查摸底、初选、评选、核准、公示、上报六个流程，力争做到"公平、公开、竞争、择优"，杜绝临时动议和人情项目。

二、推行项目法人制提高项目建设效率

按项目法人制管理要求建立项目建设部，人员由开发、财政、项目镇等相关人员组成，在项目区落实办公场所，项目部人员集中办公，具体负责项目工程的计划落实、合同管理、实施推进、质量管理、竣工验收等事项。及时组织各类培训会、动员会、推进会，确保了项目按时、保质、保量完成。

三、严格计划管理确保项目规范运行

具体做到两个"严":一是严肃计划。严格按计划内容、设计标准、工程图纸、建设地点组织项目实施,无特殊原因,绝不轻易变更和调整。同时,对招投标节余经费,按项目管理要求,全部增补工程,并统一列入计划管理。二是严格程序。严格按管理权限和程序实施计划管理,相关事宜由开发、财政、审计、项目镇、村、监理单位、设计单位共同商定方案,并按权限履行手续,维护了计划的严肃性。

四、规范工程招投标提高资金使用效益

严格执行省开发办项目工程招投标相关规定,所有项目工程全部进入政府招标办公开招投标,杜绝"暗箱操作",提高财政资金使用效益,为把项目建成阳光工程、德政工程、优良工程奠定了基础。

五、强化工程监管提高工程建设质量

为确保工程质量,切实推行"三位一体"质量监管机制。一是择优选择监理单位和监理人员。确保监理不缺位、不滥竽充数,充分发挥专业监理的作用。二是强化项目质量检查。项目管理部门经常对项目工程进行质量巡查,加强中期检查验收,发现问题及时整改。三是聘请群众质量监督员。在土地治理项目中每个施工标段落实一名群众监督员,对群众监督员明确监管要求,充分发挥他们现场熟悉、监管灵活、督察方便的优势,切实加大工程施工跟踪和"旁监"力度。四是加大对施工单位、监理单位考核力度。不断完善项目考评和质量管理制度,积极推行末位淘汰制和"黑名单"制,通过采取综合措施,实行绩效挂钩,有效保证了项目工程建设进度和质量。

六、严格执行县级报账制发挥项目资金应有效用

一是项目资金严格实行专户储存、专账核算、专人管理、专款专用。二是严格审核把关。在项目建设过程中,各施工单位每月要及时把工程建设进度情况和资金

使用情况上报监理公司，监理公司对上报内容逐一审核把关。每期报账前再聘请社会有资质的中间机构对所报项目工程量及资金使用情况进行审计，审核合格方才安排资金拨付。三是资金直拨制度。财政资金的拨付一律实行县级国库集中支付，通过转账方式拨至项目中标单位，特别是在管理费支出上，坚持做到支出内容合规，支出手续齐全，支出限额不突破，资金直拨到发票开具单位的账户上，保证项目资金不被挪用、乱用，充分发挥项目资金的效用。

七、对完工工程进行绩效情况分析

主要做好四个方面的分析：一是项目经济性分析。对整个项目的预算和决算、计划的执行、节约资金成本情况进行分析，总结经验、查找不足。二是项目的效率性分析。农业综合开发工程是一项季节性强的跨年度工程，以春节为界限划分为两个阶段：当年12月前和次年3~6月。12月以前为土建工程和输电线路架设，次年以3~5月为植树、机耕路整修等措施实施，5~6月为自查自验和整改阶段。通过对每阶段工程完成效率分析，找出工程进度的障碍因素，以便在下年项目施工前早打算、早准备。三是项目有效性分析。对所建水利工程对周边百姓作物灌溉发挥作用情况。新技术、新品种的推广应用情况。科技示范项目的带动作用情况进行调查、分析，为以后各项措施的应用做好参谋。四是项目可持续性分析。工程完工后移交至项目村进行管护。在工程正常运行一年内，市、镇、村加强工程运行状况巡视，在运行过程中出现问题，由施工单位进行统一维修，费用在质保金中支出；一年后，其管护费用及人员机构安排应纳入项目村委的预算支出和安排。管护费用在批复设计中已按财政资金总额的1%提取，不足部分由项目村实行有偿服务的形式进行补充。在项目工程管护上，要求各村对重点水源工程、机电设备、机耕路等项目进行定员管护，对工程进行定时检修，严格履行管护制度，确保工程能够持续有效地发挥其效益，使其真正成为民心工程，而不是摆设。

农发项目资金的"绩效管理"

东营市河口区农发办 王志勇

所谓"绩效管理",顾名思义,就是为实现一定的目标期望值而进行科学有效的组织、协调、操控或监督管理活动,说白了就是通过管理活动来获取成果、效益,其目标或最终目的是成果、是效益,其措施或办法是管理。农业综合开发是国家保护、支持农业发展,实现农业可持续发展的战略措施,由中央财政设立专项资金,省和地方各级财政按一定比例给予配套投资,对农业资源进行综合开发、利用。农业综合开发项目资金的投入、使用必须以经济效益、生态效益和社会效益这"三大效益"为追求和目标,这是由农业综合开发的任务和要求所决定的。换言之,"三大效益"应该就是农业综合开发项目资金"绩效管理"的追求目标和评定标准。只有实现了这个目标,才能真正提高农业综合生产能力,保证国家粮食安全;推进农业和农村经济结构的战略性调整,提高农业综合效益,促进农民增收。为抛砖引玉,笔者就本区农发项目资金的使用情况,在"内部管控"、"审计监督"和"社会监督"等三个方面的大体做法,作一简述,以期相互交流、借鉴和提请专家指正。

一、内部管控

"内部管控",就是单位内部按照规章制度和目标任务要求进行的"自我管理、自我监督、自我控制"。为保证农业综合开发项目资金的安全运行和有效使用,防止差错、违规、舞弊或"跑、冒、滴、漏"等不良现象发生,我们认真贯彻落实财政部印发的《农业综合开发财政资金县级报账实施办法》,并结合实际,制定实施了《河口区农业综合开发资金和项目管理办法》,按照这"两个办法"的要求,农业综合开发项目资金一律执行县级报账制度,区财政局根据审核无误的拨付申请和所附的经过层层监督把关的报账清单,办理支付手续,直接把款项拨付到项目建设单位。农业综合开发办公室建立备查账簿,凭财政局报账批复件、收付款凭证复印件及报账所附的各种原始凭证原件等,由会计报账员进行账务处理、登记、造表和备案。具体工作中,我们一是干部带头,认真学习和执行政策、制度。单位

"一把手"率先垂范，做财务管理模范，既要抗得住压力，也能顶得住阻力，"其身正，不令则行"，"上梁正，下梁孰敢不正?"，领导决策层"自我管控"好了，"说情风"、"关系风"和其他歪风邪气就自然而然地失去了市场。二是设置合格的专职会计报账员。报账员必须经过严格的上岗培训和职业培训，取得会计从业资格，持有会计从业资格证书，还需定时定期参加法律法规学习和职业再教育，富有担当精神和责任心，做到素质高、业务硬、工作细、无疏漏。三是严格程序，明确任务。会计报账员收集已履行签字手续完备的各项报账资料（包括原始发票、合同协议、工程预决算资料、验收资料和其他有关的重要资料），按年度项目资金批复计划汇总报账，制作报账汇总表和支付清单。会计报账员必须按照经办程序，完成目标任务，并对会计凭证、会计账簿、财务会计报告、会计核算资料和重要经济合同等，分别按项目发生年度时间顺序建立档案，严密保管，以防损毁，以备查考。由于"内部管控"工作扎实有效，实施新的会计报账制度以来，全区先后实施农发项目23项，累计投入资金总额12亿多元，经过严格审计，没有发生任何挤占、挪用、损失浪费、低效使用或违规违纪使用农发专项资金现象，农发资金的投入全部做到了安全、正确、有效，无一差错。

二、审 计 监 督

"审计监督"，是审核项目资金是否安全运行和正确使用的重要环节，也是判断绩效管理成功与否的重要组成部分。它的介入，不仅可以直接推动项目的安全和高效，还可以洞察是非，既能让违规、违纪和违法乱纪者无"立足之地"，还能够"还好干部一身清白"。为光明磊落和扎实有效地开展农发工作，我们做到了"三个坚持"。一是坚持"事前介入"，每一项工程在建伊始，便邀请审计人员参与监督，帮助把守一切环节和关口，审计人员全程参与对招投标文件、施工图纸、工程预算和中标队伍资质能力等多方面的监督、审核，坚决防止和杜绝工程施工不按规定招投标，高套定额、高估造价等违规违纪情况的发生。二是坚持"事中监督"，邀请审计人员对农业综合开发工程建设的全过程、全部施工现场和资金拨付程序、数额等进行全面监督，特别是隐蔽工程签证和部分设计变更事项要逐一落实查证、签字，检查监理日记、材料合格证明、构件试验报告等，为竣工决算审计掌握第一手准确资料，为审计部门日后开展项目竣工审计、资金审计以及项目资金的规范化管理提供可靠的基础依据。三是坚持"事后跟踪"，就是对项目工程的数量、质量、工期、造价等进行终结审计，并对项目的绩效管理作出正确评价。我们的做法主要是，成立由审计、财政、监察、设计、监理、建设、施工等单位共同组成的竣工验收小组，负责全区农发项目的验收、评定，并以《工程施工合同》、《工程预算书》、《竣工验收方案》和《工程质量评定标准》等作为审计的标尺，严格审查工程决算资料，对工程价款是否真实、工程决算是否符合规定、验收计价是否及时、相关资料是否完备等，进行严格审查、审定，最后形成审计报告。实践证明，加强审计监督，可以有效地提高项目建设质量和项目资金的"绩效管理"水平，避免"跑、冒、滴、漏"和违规违纪现象发生，切实把项目资金用在"刀刃"上，发挥出应有的经济效益、社会效益和生态效益。

三、社会监督

"社会监督"，就是号召和发动全社会对农业综合开发项目从建设施工到竣工决算和审计监督等全程进行"再监督、再审核、再评定"，尤其是项目实施所在地的广大人民，对项目数量、质量、工程造价和对生态环境的影响等更为关注，他们的眼睛是雪亮的，若存在问题和漏洞，他们总能第一时间发现并及时上访反映。各级新闻单位的舆论监督也是社会监督的重要组成部分。工作中，我们邀请新闻记者们随时随地予以跟踪报道，既肯定成绩，又大胆挑刺、挑毛病，实事求是，有一说一，有二说二，置农业综合开发项目和资金投入情况于阳光之下，全部透彻、透明、透亮，毫无隐私，全方位接受社会监督，真正营造"讲绩效、重绩效、求绩效"和"管理监督"、"绩效监督"、"社会监督"的氛围，"用钱必问效，无效必问责"，这样既促进了项目管理的正规化、科学化、绩效化，又可以"还农发干部一身清白"。由于我们重视和鼓励社会监督，积极动员社会力量关注农发项目，使得农业综合开发工作更深入民心，也使得我们农发干部更有尊严。俗语说"心底无私天地宽"，正因为我们出于公心，所以才敢于广泛地接受社会监督，正因为把工作置于阳光和透明的状态之中，所以才能调动方方面面积极因素，群策群力，把农发项目资金管好、用好，把农业综合开发工作搞好，脚踏实地，多出成果，不落空谈。

当前，河口区正在积极响应省财政厅号召，认真开展以提升预算支出管理绩效为主要内容的"绩效管理年"活动，在农发项目资金管理上，正在努力创新思路，大胆探索，灵活有效地开展工作，并对照活动要求找差距、查漏洞，时刻警钟长鸣、防微杜渐，保持清醒头脑，厉行节约，反对浪费，进一步完善制度体系，严格管理措施，争取创造更优异的"绩效管理"成绩，为"活动年"增光添彩。

李克强总理在新一届国务院第一次全体会议上曾经指出，要把有限的钱花在建机制、增效益上，要注重"花钱换机制"。李总理的指示高屋建瓴，为我们加强农发项目资金"绩效管理"指明了前进的方向。现在，我们正处于建设美丽中国和建设全面小康社会的最新最好时期，我们将大胆探索、积极努力，不断转换机制，用更科学、更有效的方式方法，管好、用好每一笔农发项目资金，提高项目资金"绩效管理"能力和水平，为保证粮食生产安全，提高农业综合开发的"三大效益"，促进农民增收做出更大、更多和更积极的贡献。

土地治理项目机井及配套工程施工及管护经验

商河县农发办 朱家松

在农业开发项目过程中,机井工程是关键,这是项目运转的关键环节,也是群众最关心、最实用、反映最强烈的惠民工程。在新打机井、配套工程及管护上商河农发办有如下经验:

一、新打机井

1. 摸清现场地下水资源分布情况。参考水利局与乡镇地下水资源分布图,询问乡镇农办、土管所等部门的负责同志。有时,水资源分布图并不十分准确,乡镇部门分管人员不可能了解到每一个方田的具体情况,因此,我们在施工的过程中,特别注意询问项目区年龄大的村民,他们对于村里的地下水情况很了解,有利于更好地掌握项目区方田水资源情况,便于合理布置井位。

2. 布置井位时注意事项。2010~2011年商河县玉皇庙镇中低产田改造土地治理项目施工时,新打机井过程中,出现过跨沟施工的情况。这种情况多碾压了麦田,个别村庄村民意见大。原因是这种情况下,机井铺设地下电缆需要转过桥涵,多用了电缆;有时需要跨沟布设,电缆埋设在泥中甚至在水底,缩短了电缆使用寿命。在2011~2012年郑路镇中低产田改造存量与增量资金项目实施过程中,在地下水资源差距不大的情况下,我们尽量安排在新开挖路的一侧而不是沟的一侧,这样方便了新打机井施工作业,避免过多碾压耕地和跨沟铺设电缆。

3. 新打机井工程监督。2010~2011年商河县中低产田改造项目机井施工过程中,存量与增量资金项目施工之初新打的几眼机井都在填沙量上出现过问题,增量资金的机井井管开孔率也达不到要求,在现场检查过程中,开发办及时纠正了这些情况。2011~2012年商河县郑路镇中低产田改造存量与增量资金项目机井工程施工过程中,开发办、项目乡镇、监理和项目村庄共同监督,层层把关,确保新打机井质量。施工队入住工地后,开始新打的几眼机井,一定要严把质量关。开发办将机井建设标准印发给监理、项目乡镇、项目村庄相关负责人，并与他们一并到现场查看整个打井过程，告知他们打井深度、井管质量、填沙情况、洗井等环节注意事项。凡是发现不合格的机井，一律要求施工队整改返工。这样，施工队在之后施工中没再出现过偷工减料情况，确保了工程质量。

4. 全面准确掌握清楚每眼机井的出水量。由于整个项目1万亩耕地地下水资源分布有差异，新打机井出水量不同，为使得所有机井能够发挥效用，我们配置了3KW和4KW两种功率不同的潜水泵，机井施工企业对所有新打机井的出水量做好备案，为我们购置潜水泵提供参考。

5. 做好编号。对于项目区的所有新打机井，做好编号，做到竣工图与现场实际完全吻合，便于后期铺设电缆及其他工作开展。

二、管道、变压器、地下电缆等配套设施安装

1. 管道铺设。管道铺设过程中，首先在开挖管道沟时，确保开沟深度80厘米以上，埋设管道后，管道上部距离地面距离70厘米以上，防止农民在耕作过程中损坏管道。施工过程中每眼机井预留出水口不超过8个，机河双灌不超过9个，出水口必须呈直线布置，排列整齐美观。特别注意农民的耕种方向，有的方田存在南北种植与东西种植两种方式，我们在铺设管道时坚持垂直与种植方向的原则，方便农民灌溉。在商河县怀仁镇，商河县某农田水利部门在铺设管道时，在有两种种植方式的方田中，完全按照工字型布设，出现了将4个出水口铺设在同一农户耕地的情况，而方田中其他农户无法利用，浪费了资源。

2. 变压器安装。一是按照电力部门提供的变压器有效半径参数合理确定压器位置，防止线路末梢效应引发的电力不足致使潜水泵无法正常运转，引发群众的焦虑和不满情绪。二是对于从哪里接入高压线，一定要摸清项目区10千伏高压线具体分布，搞清从哪个地方接入，距离最短，节省高压线。三是在确定变压器位置时，布设在路口，方便下一步的地下电缆铺设和现场施工。

3. 地下电缆铺设。电缆沟开挖深度一定要达到80厘米以上，接线口是关键环节，处理不好会出现漏电现象，接口处防水胶布一定要按要求缠好。根据机井编号，每一条线缆在配电箱位置，标注好通往几号机井，出现故障，方便排查和检修。

4. 潜水泵、射频机安装。安装前，由供货单位技术员现场逐个测验，主要检测是否通电、是否运转。安装后，主要看是否正常运转和正常出水。如跳闸，可能是某处线路或射频机出现短路问题，不出水或出水量小可能是潜水泵接头接反以及观测出水口之外其他出水口没关、管道破裂等问题，这需要逐项排查。若是观测出水口之外其他出水口没关，则关闭其他出水口再检测；若潜水泵接头接反，更换接头即可；若短路则需要射频机及电缆施工企业排查短路位置，修复；若管道破裂，

则要求施工企业维修。

5. 联合办公，配合调试。整个机井工程是一个系统的工程，涉及方方面面。工程结束后，为保证老百姓能用的住，开发办要及时组织管道铺设、电缆铺设、潜水泵安装、射频机安装、电力安装等具体施工和供货单位的负责人和直接责任人成立联合调试队伍，每眼机井都测试到位。测试时，以距离机井最近的出水口为准，然后由近及远依次测试，保证每个出水口测试5分钟。通过这次集中测试，就能全面检测出线路是否短路、机器是否故障、出水量是否达标、管道是否渗漏、出水口是否达标、管道是否渗漏、出水口是否堵塞等一系列问题，谁的责任谁负责，当场维修，现场解决，不留一丝隐患，不留一处"盲点"和"死角"，切实做到心中有数。

三、完工后管护

开发办负责对整个项目区工程建后管护的指导、协调、督察、管理，加强对管护主体的组织管理、协调指导和检查监督。项目区自上而下形成多层次、齐抓共管、建管并重的农发工程运行管护体系，保障工程管护工作的持续扎实开展。

项目区机井工程运行管护的主要模式：

1. 通过乡镇政府或村委会统一管理模式。工程完工后，开发办与项目所在乡镇签订工程移交协议，将工程的管护责任落实到乡镇，再由乡镇与项目村协商落实管护责任人、管护经费和管护制度，村集体统一进行维护和保养，由农户出义务工或由村委雇专人进行维修，管护费用由村集体统一解决，项目区农发工程管护纳入乡规民约中。

2. 农户个人经营管理模式。由项目村按照"谁受益，谁负担"、"以工程养工程"的原则，在明晰产权的前提下，实行所有权与使用权、管理权的分离，将有经营性收益的工程管护责任落实到受益农户个人经营管理，并自行筹集工程管护费用，从而以市场化手段，充分调动管护人员的积极性、主动性，实现管用双赢的目的。具体又分为三种类型：

一是承包经营型。在工程产权不变的情况下，村集体把机电井等灌溉设施承包给农户，由村委与农户签订承包合同，承包农户负责灌溉设施的运行维护工作，并按国家规定从水电费中适当提取一定金额的资金作为维修费用，村委负责监督。

二是拍卖经营型。就是村委采取一次性拍卖的方式，将工程设施拍卖给农户，村集体与购买户签订拍卖管护协议，设施的产权和后期一切管理维护权归受益人所有，并以其经营收益负责该工程设施的保养、维修、管理，村委对受益人行为予以一定的限制和监督，并从拍卖所得中提取部分费用用于公益性工程设施的维护。

三是托管经营型。实行谁收益、谁承担、谁管护，管护费用由农户个人自理，明确了产权，充分调动了管护自觉性。

3. 联户经营管理模式。鼓励农村有能力的大户投资或是能力不足的小户合股投资，共同出资建设工程设施，建成后的工程设施由受益农户以股份制的形式共同管理和使用，产权一步到位，实行"谁投资、谁拥有、谁管护、谁维修、谁受益"。采取这种管护模式实现了建设权、所有权、管理权的统一，形成了集建设、管理、自我积累、自我发展于一体的农业综合开发工程运行管理机制，由于工程运行管理直接涉及农户个人利益，管护措施能够切实落实，管护效果较为明显。

4. 协会或合作组织经营管理模式。由项目村通过建立农民用水者协会，将水利工程设施运行管理责任落实到该协会，以协会为管护主体按照水费改革后新的管理机制统一进行运行管理。项目区以协会成员为主体，密切了联系项目区群众的纽带，增强了群众管护的责任感和自觉性，提高了广大群众参与管护工作的积极性，工程运行管护水平、管护效果明显提高。

威海市农民合作组织发展情况及对策分析

威海市农发办 丛 蕾 王梓清 张 禹

一、农民合作组织发展基本状况及特点

截至目前,威海市注册农民专业合作社1449家,注册资金总额8.3亿元,社员7.09万户,辐射带动16万多农民,促进农民增收5.5亿元。在威海市委市政府的大力支持下,通过各级各有关部门的共同努力,威海市农民专业合作组织发展呈现出以下三个特点。

(一)辐射范围广泛

按涉及产业划分:果品542家、蔬菜154家、畜牧养殖219家、粮油212家、水产养殖88家、药材23家、农机103家、其他108家。涉及全市的主导产业及特色产业,基本覆盖了全市各市区,辐射各镇、办事处及周边地区,成为当地农业和农村经济发展的主力军。

(二)领办主体多元

龙头企业领办占10%,村两委领办占22%,专业大户领办占52%,供销社领办占11%,其他占5%。经营服务内容涵盖了农副产品生产、加工、流通过程,为社员提供农业生产资料的购买、农副产品的贮运销售、技术信息指导、农业标准化生产等服务。

(三)服务内容全面

合作社的经营服务内容涵盖农副产品生产、加工、流通的全过程,主要为社员

提供农业生产资料的购买、农副产品的贮运销售、技术信息指导等农业产前、产中、产后服务。

二、农民合作组织在现代农业发展中的作用

农民合作组织的飞速发展，对于加速威海市农业现代化建设进程正发挥越来越突出的作用，具体体现在以下五个方面。

（一）加快了农业经营方式转变，提升了农产品质量安全

合作社发挥自身特有的组织载体优势，推行"统一农资供应、统一技术指导、统一业务培训、统一农产品检测、统一产品销售"模式，实现产购销一条龙。围绕当地的主导产业、优势产品，组织农民从事专业化生产，促进了农业生产的区域化布局、规模化生产，带动了"一村一品"的发展，荣成市崂山镇雨夼村的草莓、文登市宋村镇石羊村的蔬菜，已成为当地的特色产业，同时也是农民增收的主要来源。把一家一户的零散力量统一整合，改变技术规范不同、产品标准不一而导致的无序竞争，建立农产品质量安全追溯体系，有利于生态农业、品牌农业、标准化农业等现代农业的推广实施。经过近3年的努力，全市已获得无公害、绿色食品认证的合作社41家，注册无公害、绿色食品58个。荣成市崂山街道办事处十七个合作社联合起来，实现了"投入无违禁、管理无盲区、产品无公害、出口无障碍"，成为农产品质量安全管理的典范。

（二）拓宽了农产品销售渠道，有效地带动农民收入快速增长

通过合作社注册统一商标，使用统一的标识代码，可以直接与超市对接，改变了过去单一农户产品难进超市的局面。环翠区裕丰果品专业合作社被评为国家级示范合作社，环翠区山里红果蔬专业合作社被评为"农超对接"全国示范社；环翠区裕丰果品专业合作社、乳山市人和果蔬专业合作社等六家合作社被评为"全省农民专业合作社示范社"；荣成民兴生猪养殖专业合作社、文登汇通果品专业合作社等39家合作社被评为市级示范社。据统计，这些示范社年经营收入可达上千万元，盈余可达上百万元，可带动农民户均增收3000余元。

（三）有效提高了农民综合素质，加速了新品种新技术的推广应用

合作社定期对农民进行专业培训，培养适应现代农业发展方式的新型农民，农

民的农业技能和综合素质逐步提高,接受新技术的能力大大增强。涉农站所等有关部门在合作社找到了技术推广的契合点,改变了过去点多面大难推广、农民接受新技术不积极等问题。荣成市雨夼草莓合作社,采用蜜蜂自动授粉、叶面喷洒鲜奶等新技术,生产的草莓被农业部认定为绿色食品,亩均收益由2万元增加到现在2.5万元左右,增收了30%以上。

(四)推动了农村经济社会发展,促进了农村的繁荣和稳定

合作组织对于加快引进现代生产要素,加强同龙头企业的合作,加速农业产业化进程,都起到积极的促进作用;通过产业链的拉长,把城乡产业、城乡市场对接起来,有效促进城乡统筹发展,实现了工业与农业、城市与农村的良性互动,推动了城乡一体化的发展;合作社的理念和精神,有利于营造民主、合作的氛围,推动基层民主建设,密切党群、干群关系,促进农村社会的和谐与稳定。

(五)优化了组织管理模式,构建起基层新型管理体系

合作社突破了基层组织地域局限,打破了原来单纯以行政区域划分的组织管理模式,把党组织组建在产业链上,通过合作社行业组织把游离的流动党员联结起来,有利于基层党建工作的开展。荣成市在全省率先成立了农民专业合作社党建协会,该党建协会是由荣成市委组织部牵头,由农业种植、果茶、蔬菜、水产、畜牧、农机六大区域农民专业合作社联合成立,农民专业合作社党建协会的成立,旨在加强农民专业合作社党的建设工作,扩大党建工作的覆盖面、影响力和渗透力,更好地发挥党组织对农民专业合作社的服务性和引导性。

三、当前农民合作组织发展中存在的主要问题

无论从合作社内部运行机制来看,还是从政府推动指导来看,威海市农民专业合作社发展尚处于初级阶段,还存在以下五个方面的突出问题:

(一)思想认识不足

从政府个别部门看,表现出两个偏差:一是对合作社缺乏了解,对合作社在发展现代农业中的作用认识不够,缺乏必要的推手和措施推动,存在放任自流、无所作为的思想;二是对新型农民专业合作社的性质、地位认识不清,忽视合作社发展中农民的主体地位,政府包办,村社合一,致使合作社生命力不强,农民不认可。

从农民群众层面看,有的合作社领办者更多地是为了销售农资获利,有的龙头企业组建合作社目的是利用合作社优惠政策"合理"避税,大多数合作社参与者只是为了销售产品,对参加合作社的好处、社员的权利等所知甚少、期望不高。

(二) 政策扶持不够

资金扶持方面,市政府自 2010 年起每年安排 200 万元的扶持资金,但部分市区扶持资金尚未到位,对扶持合作社的发展可以说是杯水车薪。融资方面,合作社融资能力不强,缺乏信贷支持。由于农民专业合作社缺少抵押质押物品,农业贷款风险高、成本大,导致农民专业合作社很难得到银行的信贷支持,贷款难问题非常突出。

(三) 管理存在漏洞

由于目前农民成立合作社,只需参与者带身份证到工商部门注册登记即可,缺乏必要的资格认定程序,合作社门槛太低,致使发展数字上很"繁荣",实际上很多是"空壳"。合作社主管部门,缺乏相应的"抓手"和工作手段,不能及时了解合作社发展的实际情况,很难对农民专业合作社行使指导、服务、扶持、管理的职责。从合作社层面看,合作社领办者大多是农村能人和专业大户,多数属于传统农民,文化素质不高,急需进行合作社知识相关培训。而且,由于农业是弱势产业,许多专业技术人才不愿意投身合作社,因此缺乏专门的管理人才和技术骨干,直接影响到市场竞争力的提高,制约了合作社的发展。

(四) 管理有待规范

部分合作社的运行方式和经营机制存在问题。有的管理、决策不民主,社务、财务不公开透明,特别是一些大户、龙头企业牵头兴办的合作社,凭借其优势地位,剥夺多数人的话语权,社员参与程度低。有的章程不完善,组织结构不健全,内部管理制度不完备,规范管理无章可循。有的只是在工商部门进行了注册登记,没有真正开展工作,形同虚设。有的产权不明晰,社员出资不到位,利益关系比较松散,合作社缺乏凝聚力。

(五) 专业人才匮乏

农民专业合作社以成员为主要服务对象,提供产前、产中、产后的技术、信息、生产资料购买和农产品的销售、加工、运输、贮藏等服务。当前,市场的竞争是人才的竞争,合作社作为一个市场主体,要在市场中参与竞争,必须要有高素质的人才进行运作和管理。这就要求合作社经营管理人员必须具有获取信息的渠道和提供技术的能力。由于经营管理人员缺乏合作社的专业知识,缺乏实践经验和市场开拓能力,难以适应合作社进一步发展的需要。实践证明,合作社的发展需要一批有较高文化知识、懂技术、会管理、善经营的复合型人才。目前,我市许多合作社以现在的条件还不能吸引拥有专业能力的大学生参与其中。

四、促进农民合作组织发展的几点建议

农民是专业合作社的主体,"民办、民管、民受益"是合作社必须坚持的原则,在现阶段农民文化素质低、民主意识差的条件下,发展农民专业合作社,必须在充分尊重农民主体地位的前提下,由政府引导发动、政策带动、强力推动。针对合作社发展存在的问题,提出建议如下:

(一)把握两个原则

一是突出农民的主体地位。办不办合作社,是农民自己的事情。政府的工作更多的在于教育引导、制度设计、行业规范、激励约束,不可强迫命令、包办代替。二是保证合作社的经济组织功能。合作社的主要功能是把农民有效地组织起来与市场对接,从而共同抵御风险、减轻负担、增加收入,政府部门不可人为地把一些非经济组织功能强加于合作社。

(二)强化政策扶持

一是要健全完善制度。在合作社登记注册、财政信贷、项目立项、经营范围,以及供水、供电、用地、产品运输、检验检疫等方面制定优惠政策,激励合作社发展壮大。二是要积极搭建融资平台。充分发挥现有涉农金融机构的支农功能,鼓励融资多元化,积极迎合农村经济发展需求,大力支持农民专业合作社发展;简化贷款手续,降低准入门槛,实行利率优惠,加大贴息贷款和小额贷款。积极创新金融产品,以"公司+基地+农户"的运作模式为依托,将小额贷款向农民专业合作社及其成员倾斜;对参加农民专业合作社的农户,增加贷款额度,扩大农户受益覆盖面;探索推行土地承包经营权抵押等有效抵押、质押形式,有效解决合作社抵押品种类过少的问题。三是要支持品牌建设。在品牌建设上,有关部门要为农民专业合作社注册产品商标创造良好的氛围,要简化手续,减免收费,开展咨询服务,为农民专业合作社注册农产品商标提供方便。

(三) 做好长期规划

制定合作社发展的中长期规划,用 3~5 年的时间,强化教育培训,强化政策扶持,强化考核推动,全力做好合作社的发展规范工作。再经过 3~5 年的时间,培育出真正的龙头合作社,并推进合作社联社的建立和完善,让合作社在农业经济链条中处于举足轻重的位置。

(四) 提升"农超对接"水平

为引导农民专业合作社开拓产品市场,促进农民增收,把开展"农超对接"作为今后的一项重点工作,积极组织,大力推动。采取多种方式,帮助农民专业合作社与大型连锁超市搭建沟通对接平台;开展"农超对接"公益性培训,增强合作社食品安全和品牌意识,提高种养殖技术水平;协调有关部门,争取进一步加大投入力度,支持农民专业合作社加强标准化生产、产品质量安全检测、品牌化建设和小型冷藏库及冷链运输设备建设,支持农民专业合作社为超市开展配送业务,提升"农超对接"水平。加强对农民专业合作社的服务,为合作社提供及时的市场供需信息。加大对农民专业合作社成员的培训力度,帮助农民专业合作社掌握市场规律,熟悉国际农产品流通先进经验,树立精品、诚信意识,拓宽合作社产品销售渠道。

(五) 加强宣传引导

各级政府应当充分利用电视台等新闻媒体,采用多种形式、多种渠道加强宣传,在社会上营造合作社发展的良好环境,并对农民进行合作社知识教育培训。积极组织实施示范社创建工程。按照合作社管理规范化、生产标准化、经营品牌化的要求,积极开展示范社创建工程。通过突出支持重点,创新扶持方式,实现示范带动、加快发展的目标。

文登市高标准农田示范工程建设调研报告

文登市农发办 刘承军

为了认真贯彻落实中央农村工作会议精神，深入实践科学发展观，集中力量建设长久性高标准农田，形成粮食生产的长效机制，确保国家粮食安全，结合威海市高标准农田建设实际情况，文登市农发办就威海市丘陵地区建设高标准农田示范工程的相关问题进行了调研，并形成以下调研报告。

一、主要做法

威海市从1989年起就成为山东省农业综合开发项目市，并作为主要区域之一进行重点扶持，多年来的不断投入，完善农业生产基础设施，为提高全市农业综合生产能力发挥了重要作用。特别是从2010年起，威海市开始进行高标准农田建设示范工程试点，推行规范化管理，综合措施配套，建设高质量农业综合开发项目，到2012年威海市已建成高标准农田示范工程2万亩。具体做法：

（一）创新两种建设模式

根据威海市的丘陵地貌特点，因地制宜，科学规划，形成了两种开发建设模式。一是山间盆地、河谷平原农田"平整格田化"。主要选择山间盆地、河谷平原，地形比较平坦开阔、集中连片的农田，进行水、土、田、林、路等综合治理，达到"田成方、路相通、渠相连、桥涵闸配套齐全"。二是丘陵、坡地农田"等高格田化"。主要选择丘陵地带、坡地农田等相对集中连片农田，进行水、田、林、路综合治理。田块按等高线分层次相对平整，使其同样达到"田成方、路相通、渠相连、桥涵闸配套齐全"。

（二）推行四项规范化管理制度

优良的工程质量是确保建设高标准农田，使其成为高产稳产农田的基础。威海市在高标准农田建设实施过程中重点抓好项目竞争立项、招投标、工程监理、项目验收四个环节，结合威海市实际情况，建立了相应的管理制度，为建设高标准、高质量的工程提供了保障。一是推行项目竞争立项制。通过充分调研，结合各地实际情况，明确参与竞争立项的镇、村的责任和权利，要求竞争立项的项目镇提前做好规划、设计，择优选择项目区，使农业综合开发项目真正成为"农民要办"的项目。二是推行工程施工招投标制。根据国家农业综合开发项目招标投标管理暂行办法的有关规定和威海市农业综合开发办公室制定的项目招投标管理办法，第一，明确招投标项目范围、规模，对财政投资工程全部实行公开招标，同时对项目进行分段招标。第二，全面推行明标暗投百分制评标办法，即对投标单位的综合素质和投标报价进行量化评分，得分最高者为第一中标排序人。第三，实行资格后审强制性招投办法，采取网上报名，执行招标核准、备案、告知制度，进一步加强了项目招投标的监督管理。三是推行项目工程监理制。对全市农业综合开发土地治理项目主要单项工程的施工实行了工程监理制，监理工作采取合同管理形式，由威海市开发办以招标方式选择确定具有相应资质的工程监理单位，对主要单项工程进行了全程监督管理。四是推行分阶段验收制。威海市根据国家和省级农业综合开发验收要求，积极创新验收方法，将每个年度农业综合开发项目的市级验收分中间验收和竣工验收两次进行，中间验收在年底前进行，主要验收工程进度、质量，竣工验收在次年4月底，对项目工程进行全面验收。通过两个阶段的验收，有力地推进农业综合开发项目实施管理工作，确保了项目工程任务的及时完成和工程质量的不断提高。

（三）实行四项综合配套措施

一是水利措施实行水源、输水、田间工程三位一体化配套建设。重点解决水源工程，解决全市农田缺水的矛盾，同时建设扬水站、埋设地下管道，建立完整的灌溉体系，有效提高了灌溉效益，增强了抵御旱涝灾害的能力。二是农业措施加强田间道路、机具配套安排。在实现水源有保障，输水能通畅，排灌自如的高标准粮食生产基地的基础上，威海市还大力推进农业机械化，同时，为高标准农田项目建设配套安排修建机耕道和改良土壤项目，实行机械深翻深松整地，减轻了农民劳动强度，缓解了常年施肥造成土地板结的现象，提高了农业精耕细作水平。三是科技措施实行农民培训、良种推广、高效栽培模式推广一体化。要使项目区真正成为粮食生产核心区，除了完善各项基础设施建设，还要提高项目区的农民素质，推广适用的先进技术，不断提高项目区农业科技含量，实现粮食的增产增收。2010～2012

年,威海市对高标准农田项目区农户开展5100人次技术培训,示范推广花生标准化生产1000亩。通过培训和示范使项目区农民文化素质和粮食产量有了明显提高。四是具体施工措施实行设计、审查、施工标准化。为确保高标准农田工程能够达到设计合理、符合实际,充分发挥工程效益,要求所有工程施工图纸向市办上报审查。由市里聘请的施工图设审专家组,对其集中进行审查,提出详细审查意见,在按要求完成修改后,才能组织施工。在施工工艺上,威海市结合本地实际情况,全面推行标准化施工,确保项目工程质量。

二、对建设高标准农田的一些认识

(一)从宏观方面来看高标准农田建设

通过两年来的实践,我们认为建设高标准农田是解决国家粮食安全的有效手段,也是农业生产和农民群众的迫切需求,应该成为农业综合开发工作的立足之本和今后的主攻方向,在新阶段要大力推进高标准农田建设,特别是集中力量在粮食主产区建设一批永久性的高标准农田,进一步提升农业综合开发的核心竞争力。

(二)从具体建设高标准农田方面来看

具体如何建设高标准农田,建设怎么样的高标准农田,我们认为,对于丘陵地区建设高标准农田,一是在立项原则上,坚持"集中成片、综合治理、改造一片、成功一片"的原则,选择集中成片的农田,集中治理,成片开发,形成规模。二是在项目选择上,要优先对乡镇和农民群众积极性高的地区安排项目,通过连续几年持续投入,彻底解决影响该区域农业生产的不利因素,达到"服务配套、功能齐全"的目标,发挥示范带动效应。三是在项目规模上,考虑到丘陵山区人多地少,人均耕地约1.3亩的实际情况,建设规模应在连片5000亩左右。四是在项目措施上,要充分考虑丘陵地区地形地势条件差异较大,存在相当的坡耕地等实际情况,按照既不违背自然规律又不破坏生态平衡的原则,在集中成片的农田中,以等高线统一放样,实行土、水、路、生态综合治理。土以增厚土层,减少坡度,降低地下水位,有利耕作为标准;水以排灌通畅,能排能灌,排灌自如为标准;路以有利于机械化操作,初步形成项目区有主干道,田间有机耕道,最大限度地满足机械化操作要求为标准。五是在管护措施上,要明确建设主体和管护责任,通过实行管护补贴等形式,扶持用水管理协会等专业管护机构的建设,确保各项工程设施长期正常发挥保护农田、服务农田的主要功能,进一步提高抗灾和保障能力,更好地服务于农业生产。

三、高标准农田建设存在的问题

威海市在高标准农田建设中取得了不少成绩，但在项目建设过程也遇到了一些问题。

（一）农田平整难度较大

由于丘陵山区的特点，大多数农田多为丘陵、山陂地、河滩地，土壤层较薄，田块自然形成一定的坡度，造成上下有一定的落差。对平整土方，常出现平原盆地农田，田间平整土方较少，但易缺少机耕道填筑土方，需额外运土填平；坡耕地农田，则土少砂石多，机耕道填筑土方可就地取采，但田间平整及肥土回填土方工程量大。

（二）农田调整工作非常复杂

由于国家对农民的土地承包权实行三十年不变政策，导致有些项目区农村的土地多年未调整过，遗留了许多历史问题，特别是目前农村人口流动较为频繁，有出生死亡的、有娶进嫁出的、有农转非的等多种情况，对项目区的规划面积的土地调整时，意见也很难统一，有的要求按现有农村人口全面进行调整，有的要求维持原有的承包面积进行调整，所以土地调整难度大。特别是有时出现项目所涉及的绝大部分农户都满意，仅仅因为某一户或某一个人不满意而影响了整个项目区施工的情况。

（三）人为因素影响较多

一是农业工作点多面广，政府领导也较为关注和重视，因此在项目安排上，存在领导条子项目多，需要配合的政府中心工作多，如配合新农村建设、移民扶贫、病险水库除险加固等情况，对项目安排产生一定影响。二是项目管理人员对建设高标准农田建设标准认识不到位，存在重水利轻田间的现象，资金和项目安排比较分散。三是项目区乡镇积极性不高。由于目前农业综合开发项目建设基本上是由农发部门唱主角，由农发部门人员直接下到项目上进行管理，项目区乡镇不直接参与项目的建设，只起配合作用，有责无权，因此缺乏积极性，只是被动地参与项目管理。四是村干部素质高低不一，存在部分村干部能力低、作风差，甚至利用自身权力故意刁难、讹诈项目施工队伍，从中获得利益，影响项目的正常建设施工。

（四）高标准农田投资标准偏低

一是自筹资金投工投劳难以到位，导致实际投资标准低于计划投资标准。由于农村劳动力大部分外流务工，家里只剩下老人、妇女和儿童，很少能投工投劳，项目就很难参与。二是物价上涨幅度较大，相应降低了建设标准。近几年，经济的增长使社会成本不断提高，表现为劳动力工资和材料单价在迅猛增长。从目前市场来看，钢筋、水泥、人工工资、挖掘机费用都有一定涨幅。而我们在进行项目评估预算时，多数地方执行的劳动力工资标准还是20世纪80年代的水利工资定额，与当前的劳动力工资相差近3倍，特别是由于农业综合开发项目工程实施的特殊性，都是集中在秋收后施工，而砂、砖、块石、水泥等材料单价按市场经济运行规则，这个时候往往会季节性地涨价，个别材料单价甚至增长50%以上。一边是市场物价的大幅上涨，一边是亩投资标准每年增幅只有10%左右，导致单项工程造价不断增加，实际亩投资标准也在不断下降。三是丘陵山区农田建设成本偏高。由于丘陵山区大多都是人多地少，因此，在农田规划设计时，为便于农田分配和农民耕作管理，一般相应的灌排渠系设置也较为紧密，从而增加了工程量与田间平整土方工程量，大大影响了实际亩投资标准。

四、建　议

（一）建议高标准农田标准部分内容进行补充完善

国家农发办下发的《国家农业综合开发土地治理项目建设标准》（国农办〔2004〕68号）对高标准基本农田标准从水利措施、农业措施、林业措施、科技措施有详细的要求，从多年来的实施情况，基本能适应于高标准农田建设。但部分内容建议补充完善。一是建议要求各地结合自然环境的实际情况制定详细的实施细则，细则中明确水源工程、渠道工程、田间工程等应采取什么措施进行治理。二是建议机耕路干道改为必须进行简易硬化的砂石路。从多年来园田化项目实施情况来看，机耕道修建当年乃至两三年内，由于机耕道土方碾压难以到位，夏季雨水天气多，易造成所修道路坑洼泥泞，农民群众出行不便。三是增加工程质量要求，目前项目建设标准中工程内容主要是对规模有具体要求，缺少质量标准，因此建议补充对工程的质量要求，如详细规定维修后小型水库正常使用年限、衬砌渠道的合理使用年限等。

(二) 建议完善高标准农田的内涵

"稳产高产"是高标准农田的基本特征;"旱涝保收"体现了高标准农田的抗灾能力;"节水灌溉"突出了高标准农田生产方式的变革,在此基础上,"持续发展"应是高标准农田最终目标,也符合保持生态环境、实现资源循环利用时代要求。因此用"高产稳产、旱涝保收、节水灌溉、持续发展"来定义高标准农田的本质内涵较为完善。

(三) 建议完善项目建设标准指标

一是要继续提高亩均投资标准。根据农业开发先易后难的实施原则,今后实施难度会越来越大,加上建材和劳动力价格的逐年上涨。从测算情况来看,现行投资标准满足不了工程实际需要,为此我们建议在今后5年内亩均投资要达到2000元左右,财政资金亩投资达到1600元元较为合适,针对丘陵地区地形复杂的特点,对亩投资标准应给予一定的上下幅度控制,综合实际建设情况来看,上下幅度控制在15%左右为宜;二是为使投资标准更加符合实际,应逐年降低自筹资金比例,力争在3~5年内取消自筹资金安排。在自筹资金未取消之前,在计算亩投资标准时,应剔除自筹资金,以财政资金作为计算基数。三是建立以建设高标准农田为主的任务指标,取消或弱化中低产田改造任务指标的作用。

(四) 建议完善和修订农业综合开发工程的概算定额

通过对水利工程、农业设施、各类地区人员的工资定额的细化和相互配套,尽快改变过去一种定额使用几十年的传统,努力提高工程概算定额的准确性和项目投资的科学性。

(五) 建议进一步完善项目管理机制

一是编制高标准农田总体开发规划。以每个乡镇为一个项目区,开展土地资源调查,并按照科学发展观的要求,按流域或区域等划分,统筹安排,编制一个或数个万亩高标准农田开发规划。规划一经确定,以后年度项目的申报应在规划范围内进行,增强项目建设的前瞻性和连续性,提高项目建设综合效应。二是整合高标准农田建设资金。目前用于高标准农田建设的投资渠道主要有水利、农业、开发和土地整理等项目,按照"渠道不变,资金配合,各负其责,各记其功"的原则进行整合操作起来比较困难,因政出多门而产生的扯皮现象将很难避免。建议将高标准农田建设的全部项目资金由一个职能部门来投放，有利于项目的组织实施，有利于建设标准的提高。三是建立协调的运作机制。农业综合开发是一项跨行业、跨部门、多学科的系统工程，需要强有力的政府行为来保证开发工作协调运作，实现宏观上的有效调控，微观上的协调运作。因此，建议将高标准农田示范工程建设纳入政府考核范围，切实增强各级领导的责任意识。四是鼓励实行土地先流转后开发。根据农村劳动力大规模进城务工，农村出现种田大户、农民专业合作社和农业龙头企业承包土地的新形势，探索和鼓励由种田大户、农民专业合作社和农业龙头企业直接申报农业综合开发项目，并优先予以扶持。

依托农业综合开发
打造高效"希望田园"

临沂市兰山区农发办 洪 波

兰山区在实施农业综合开发过程中，依托农业综合开发平台，多措并举，创新机制，通过建基地、育龙头、创品牌，以"高效农业片"为引领，积极培育壮大农业优势产业，大力发展优质高效农业，成为农业发展新优势的重要载体，推动了全区农业转型升级，促进了农民增收和农业增效，为统筹城乡发展夯实了基础，将"高效农业片"打造成"希望的田园"。

一、抓基础设施建设，为高效农业发展夯实物质基础

兰山区农业综合开发以改造中低产田，建设高效农业基地为重点，加强农田基础设施建设，改善农业生产条件，提高农业综合生产能力。在严格执行国家、省、市农业综合开发项目管理规定的基础上，打破中低产田改造原有的规划和建设模式，按照农业龙头企业及农业合作组织建设原料生产基地的需要，科学合理的安排开发资金及工程建设内容，找准农业综合开发与高效农业基地建设的结合点，项目区基本实现田园化，成为资源优势和市场竞争力增强的优质农产品基地，为高效农业发展奠定坚实基础。撤市建区以来，累计投资3.1亿元，其中财政投资7793.5万元，共改造中低产田20.2万亩，完成产业化经营项目12个，发展高效农业示范片区12个，共计4.8万亩，农民年人均纯收入增加1.5万元。

二、抓优势主导产业扶持，为高效农业发展提供产业支撑

多年来，兰山区积极扶持和引导产业化龙头企业、农民专业合作组织建设专业化、规模化、标准化基地，不断培育壮大当地主导产业和优势产业，提高农业综合效益，增加农民收入。坚持做到"三个结合"：一是把土地治理项目与产业化经营

项目相结合，实现两类项目的相互促进，达到规模化开发，标准化生产，企业化管理；二是把提高农业综合生产能力与农业龙头企业建立原料生产基地相结合，实现产品质量提升，项目建设的效益最大化。在工作中，具体做到了因地制宜，统筹规划，积极培植优势主导产业，把土地治理项目区建设成为农业龙头企业的生产基地，把扶持的产业化经营项目龙头企业做大做强，实现农产品深加工的标准化、规模化发展，提高农业生产组织化程度和农业产业化经营水平；三是把农民利益与企业效益相结合，实现企业与农民共赢，达到开发增效、企业增利、农民增收。

山东龙盛农牧集团实施农业综合开发产业化经营项目，拥有占地300余亩的禽类肉食加工基地一处；占地500余亩的有机农业示范和生物科技园区一处；集团年饲料生产能力180万吨，年肉鸭加工能力8万吨。近几年先后获得"农业产业化国家级重点龙头企业"、"中国驰名商标"、"中国饲料工业协会常务理事单位"、"山东省禽类饲料工程技术研究中心"、"山东名牌"等荣誉。

兰旗花卉专业合作社依托农业综合开发，实行示范带动、培训入村、服务到户的一条龙联结服务模式，为社员统一提供良种、统一提供肥料、统一提供农药、统一技术培训、统一生产标准、统一销售产品等"六统一"服务，成为具有市场主体地位的农民专业合作组织，成为一家以农技推广服务为先导，以鲜切花种植产前、产中、产后一条龙服务为纽带，由种苗供应、鲜切花生产、销售的企业与种植户自愿参加的新型农民专业合作社。

三、抓土地规模流转，为高效农业发展拓展空间

按照"基地化开发、规模化发展、标准化生产、企业化管理"的工作思路，把机制创新作为提高农业综合开发项目建设水平的主抓手，积极探索新型的发展模式，创新开发经营思路，以涉农龙头企业和农业经济组织为载体，通过加快土地流转，建设优质农产品基地，提升兰山区高效农业发展空间。

兰山区农业综合开发工作中，注重改变以往一家一户分散经营的模式，以龙头企业为载体，以利益分配为纽带，围绕市场、企业和农民的需求，把项目开发与农业龙头企业建立生产基地紧密结合起来，优先选择能够引进农业龙头企业发展规模化基地的地方作为开发项目区，优先扶持能够促进土地流转的龙头企业。同时，积极做好农民的思想工作，引导农民依法、自愿、有偿转让土地经营权，稳定完善土地承包关系，规范土地流转合同，明确双方的权利和义务，按市场价格采取浮动土地租金制并保证企业用工优先吸纳土地出租户农民，避免企业将市场风险转嫁给农民，切实保护好农民的利益。

2008年度8000亩的茶山海棠基地建设两类项目结合试点项目实施过程中，金锣集团和半程镇30多个村集中签订了土地流转合同，承包期30年，每亩承包费

1.5万元。租地本金存入集团为村开设的银行专户，然后每年定期与相关村庄结算利息，并且由镇农经站将此款直接兑付给村民。每亩租金的利息额按照1000斤小麦的价值计算，当每斤小麦市场价低于0.8元时，按照每斤0.8元计算，当市场价每斤高于0.8元时，按照实际价格计算。这样，村民每年每亩地至少要得到800元以上的纯利润。同时，集团将种植的茶山海棠园又反包给村民管理，总算下来每亩土地农民的纯收入达1300元左右。另外，村民全年还在金锣集团干季节工，有七八千元收入。这样，农民把地租赁给金锣后除了能得到租金（或粮食外），还可以变成企业职工，年轻人到企业工作，年龄大的可以管理茶园，农民的收入不仅大大增加，而且解决了农民的后顾之忧。通过这种方式，项目区8000亩土地顺利实现流转，企业还依次为契机，又流转土地7000亩，建设完成了1.5万亩的企业茶山海棠种植基地。

2013年方城镇8000亩土地治理项目结合高新农业（农校对接）示范园项目，有望带动4200亩土地流转，吸引企业投资2.1亿元，目前项目已签约动工。龙盛集团年存栏10万套种鸭养殖项目，成功流转土地150余亩，5000万固定资产贷款贴息项目，成功流转土地1000余亩，建成现代农业循环经济产业园。

四、抓科学技术投入，为高效农业注入活力

兰山区把引进科学技术和推广科技成果作为农业综合开发一项关键性措施来抓，始终坚持以农业科技部门为依托，加强与农业院校合作，不断加大科技资金投入力度，通过集中与分散、培训班与田间指导、影像文字与口头讲解相结合等方式，努力提高农业综合开发项目科技含量，为高效农业注入活力。项目区共引进推广玉米、小麦新品种及丰产栽培技术，测土配方和科学施肥技术，新品种引进及丰产优质配套技术，无公害病虫防治技术，绿色蔬菜生产技术等农业新技术、新成果48项，示范推广小麦、水稻、蔬菜、花卉、果树、畜禽等优良品种105个，科技培训2.9万人次，良种普及率达100%。项目区科技示范、推广服务体系健全，农民科学种田水平和科技文化素质得到显著提高，农业科技进步贡献率与非项目区相比，提高了近20个百分点。

2007年农业科技进村入户试点项目，通过公开招投标，项目具体由区农业局农技推广中心负责，在7个项目示范村280个示范户实施。试点项目以课堂培训、科技成果展览、科技咨询服务、田间指导、发放科技教材、明白纸、专家现场答疑等形式，及时有针对性地解决了生产中存在的实际问题，特别是开设田间课堂和科技夜校，培训现场气氛热烈，实用性和互动性强，受到了农民学员的热烈欢迎。项目实施期间，共进村办班35次，科技培训5000人次，发放技术资料5万份，入户、田间技术指导620次，采集土样320个点64个，指导配方施肥1.2万亩，新

建果树、蔬菜、花卉示范基地 3 处，引进金沂蒙、实用百合等果蔬、花卉新品种 12 个，推广实用新技术 6 项，指导农民新建果蔬花卉大棚 56 个，果树改劣换优 3000 亩，示范带动周边村农民发展果蔬花卉大棚 800 多个，直接经济效益达 620 万元。

五、抓高效农业园区建设，为高效农业发展树立样板

兰山区农业综合开发，坚持围绕打造高效农业这根主线，围绕建设放心基地、放心工厂、放心市场"三放心工程"这个目标，本着扶优、扶大、扶强的原则，积极推进高效农业园区建设中，重点培育了 3 个高档瓜菜生产园区，1 个特色果品生产园区。一是李官镇优质蔬菜生产园区。该园区共认证无公害蔬菜 5250 亩，绿色蔬菜 3300 亩。基地年产绿色蔬菜 7600 吨，年销售收入达 1120 余万元。二是 300 亩"孝河"白莲藕生产园区。年产量白莲藕 75 万公斤，园区注册了"孝河"牌商标，申报认定了国家地理标志农产品，打造了春夏观莲、秋冬食藕、四季品文化的生态观光园区。三是 1500 亩大蒜、洋葱园区。位于白沙埠镇新河村、东安静、诸葛城等 8 个村，年产大蒜洋葱近万吨。四是李官镇万亩大桃生产示范园区。现已发展面积 3.3 万亩，年产加工用黄桃 8.5 万吨、鲜食类黄桃 1.5 万吨，总产值 2.6 亿元，促进农户年增收 16000 余元。认证有机黄桃 2800 亩、绿色黄桃 3500 亩、无公害黄桃 9300 亩，创建了"重阳红"、"全乐"和"黄中皇"等市级名优品牌。

打造高效农业，农业综合开发工作任重道远。一是要在做大传统农业品牌上下功夫，对瓜果、蔬菜、鲜切花等优势农产品进行重点筛选、培育、推广，放大品牌效应，提高竞争力；二是要在做优现代农业基地上下功夫，一手抓新基地建设，一手抓老基地提升，集中力量打造一批精品工程；三是要在做强农业龙头企业上下功夫，落实优惠政策，加大服务指导力度，创新联合带动模式，支持龙头企业向更高层次发展；四是要改革创新农业经营管理，着力打造高效农业新亮点，在农村土地流转上、农业技术服务上、培育发展农业合作社上和农产品流通方式上等四个方面实现新突破，把"高效农业片"建成现代农业经营管理模式的展示园。

枣庄市山亭区2012年度农业综合开发项目绩效调查评价报告

枣庄市山亭区农发办 刘 涛

2012年，山亭区农业综合开发紧紧围绕新农村建设总体目标，以科学发展观为统领，以扶持当地农业特色产业和促进农民增收为重点，立足当地农业资源优势，认真实施农业综合开发项目，以加快农业增长方式转变，优化农业农村经济结构，基本实现了土地产出率、资源利用率和劳动生产率的全面提高。为充分了解和反映全区2012年度农业综合开发项目建设成效，山亭区自2012年12月至2013年6月，对全区2012年度农业综合开发项目的建设成效进行了全面调查和评价。现将有关绩效调查评价情况报告如下：

一、2012年度农业综合开发基本情况

2012年，山亭区实施农业综合开发土地治理类项目2个，立项总面积1.8万亩，其中，冯卯镇丘陵山区农业综合开发中低产田改造项目1个，治理面积0.8万亩；北庄镇国家农业综合开发高标准农田示范推广项目1个，治理面积1万亩。冯卯项目区共涉及3个行政村，总人口0.85万人，其中农业人口0.85万人，涉及农户2580户。农业劳动力0.3875万人。北庄项目区共涉及5个行政村，总人口1.3万人，其中农业人口1.25万人，涉及农户3820户，农业劳动力7167人。项目总投资2308万元，其中，各级财政投资2160万元。

2012年实施的农业综合开发项目，综合运用水利、农业、林业、科技等措施，着力解决制约当地农业生产发展的障碍因素，提高现有耕地的产出率，在不增加土地面积的前提下，最大限度地带动农民增收。据统计，在项目总投资中，水利措施投入1597.76万元，占总投资的73.97%；农业措施投入358.65万元，占总投资的16.60%；林业措施投入124.4万元，占总投资的5.76%；科技推广投入28.16万元，占总投资的1.3%；其他投入51.04万元，占总投资的2.36%。在被调查项目区内，共建设拦水坝12座，打机电井21眼，输电线路配套14.8公里，开挖疏浚

渠道20公里，衬砌渠道13公里，埋设地下输水管道64.7公里，建设渠系建筑物303座，节水灌溉示范面积200亩，建设小型蓄排水工程51座，改良土壤1.05万亩，修建生产路46.2公里，栽植防护林折实0.11万亩，培训农民5500人次。累计完成土石方38.6万方。

全区被调查项目区在立项前，由于项目区域内既有梯田，又有山坡地，地形地貌比较复杂，沟渠路桥涵闸站等基础设施严重不配套，灌排能力差，机械化作业程度低，导致粮食产量低而不稳，农业结构调整缓慢，制约了当地农业经济的发展。一是项目区内的梯田由于缺乏配套的沟渠，干旱时无法及时灌溉，洪涝时不能及时排涝，抵御自然灾害的能力较弱，农作物产量低、效益差。二是项目区内由于田间道路缺乏，农民从事农业生产极为不便，农业生产资料的输入和农产品的运出都比较困难，农业生产成本较高；三是项目区内的农业大多以种植传统农产品为主，科技含量不高，农产品产出率较低。同时，项目区原有的部分水利工程也是多年失修，老化毁损严重，农业机械无法入内作业，农机服务设施无法到位。

针对农业生产中存在的制约因素，山亭区在实施农业综合开发项目建设过程中，注重把改善农业生产条件和发展特色产业结合起来，因地制宜地发挥资源优势和比较优势，提高农业的综合生产能力。项目建成后，较好地解决了项目区内农业生产发展的制约因素，农业生产基本条件大为改善，农田灌排渠系和坡面水系得到了综合治理，建成了一批"田成方、路成行、林成网、渠相通、桥涵闸配套完善"的高产稳产基本农田，基本上实现了灌溉有渠、排水有沟、蓄水有塘、护坡护坎有林的基本目标，特别是砂石山经过治理后，抗御干旱的能力明显增强。土层加厚了，地块变大了，生产路贯通了，水到地头了。同时，项目区通过对农业适用新技术和新品种的引进，以及对项目农民群众进行科技培训，在项目区实行"良田、良壤、良种、良技、良法"配套，有力地提高了项目区农业的科技含量和项目区农民的科学种田水平，为发展现代高效农业奠定了良好的基础。

二、项目区促进农业结构调整情况

山亭区在选定和实施2012年度农业综合开发项目过程中，坚持实事求是、因地制宜的原则，科学论证、科学规划，坚持以建设标准化生产基地为导向，以完善带动农户的组织制度和利益联结机制为核心，做到宜粮则粮、宜林则林、宜经则经，着力发展现代高效农业，大力实施农业结构调整和引进新品种新技术，加快项目区农业向商品化、专业化转变，突出打造促进农业增效和农民增收的有效载体，通过引导成立农民合作组织、建立规模化特色种植基地，形成了一批果蔬栽培基地和粮油生产基地。

据调查，全区2012年度项目区的粮油播种（复种）面积，在立项前的冯卯项目区复种指数为1.6，北庄项目区复种指数为1.8，项目实施后，冯卯和北庄项目区复种指数分别调减为1.3和1.5，两年间共调减5400亩。相反，具有较高经济效益的经济林果产业在项目区快速发展，到2013年，项目区经济林果种植面积由立项前的4000亩增加到1万亩，两年间增加了6000亩，由此可见，项目区农业结构的调整和农业科技的投入，有效地提升了项目区农业生产的经济效益。截至2013年6月，项目区在常规农业的基础上发展高效农业面积1万亩，比立项前增加了将近2.5倍。在项目区高效农业面积中，累计拥有设施农业面积1000亩，占10%。

三、项目区吸纳社会资本投入情况

通过实施2012年度农业综合开发项目，极大地改善了项目区农业生产条件，提高了农业综合生产能力，优化了项目区的投资环境，加快了项目区土地流转进程。项目立项当年和建成后的2013年新增流转面积5200亩，比重占28.9%，平均每亩流转价格为800元。项目区土地的有序流转，为社会资本投资农业创造了良好条件。项目镇通过招商引资，吸引业主进行土地租赁、承包发展苗木种植业，促进了土地集中规模经营。北庄镇项目的实施，引来了大枣密植种植专业合作社和新生绿化苗木种植合作社的入住，通过实施2012年度高标准农田示范推广项目，先后深翻改良土壤0.25万亩，修建生产路26.2公里，砌垒地堰4公里。栽植路旁树4万株，累计完成土方21.6万方，开展技术培训2500人次，较好地解决了项目区发展高效农业的制约因素，建成了渠相通、路相连、树成行的高标准密植大枣基地。同时，通过技术培训推广栽培管理技术，提倡健康生态种植模式，提供"产前、产中、产后"的跟进式服务，有效地解决了农业小生产与社会需求大市场之间的矛盾。使项目区已发展成为枣庄地区新品种更新的引导园、先进技术推广的示范园、生态农业的观光园。

冯卯镇2012年度中低产田改造项目区地处丘陵，立项前主要种植传统大樱桃和花生、地瓜等农作物，项目区用水主要是利用河水发展一家一户灌溉，灌溉渠道全部为土渠，渠系建筑物配套不齐，输配水渗漏严重，渠系水利用系数低下。立项后，通过对项目区内沟、渠、田、林、路进行合理布局，着力强化基础设施建设，大力建设拦、蓄、提水等工程，发展节水灌溉，使农业用地受旱的现象得到明显改善，既节约了灌溉水源，又防止了水土流失。同时，项目区利用传统种植果树的规模优势，大力发展果树产业，成立了山亭区春雪桃果树种植专业合作社，目前已达5000亩，占全部工地面积的62.5%，促进了农民收入的快速增长。亩均年收入可达1万余元，户收入多则20余万元，少则3万~5万元。一个高效优质农业示范园已初具雏形，显示了农业综合开发项目的巨大威力。

四、项目建设综合效益的基本评价

山亭区2012年度农业综合开发项目建设,立足全区农业和农村经济发展要求,围绕农业增效、农民增收,突出重点,集中投入,规模开发,通过采取水利、农业、林业、科技等措施,全面加强农业基础设施建设,不断改善农村生态环境,大力调整农业生产结构,并加大对农业龙头企业的扶持力度,取得了明显的社会、经济和生态效益。

一是项目建设提高了项目区农民的组织化程度。项目实施后,项目区内新增农民合作经济组织3个,涉及农户社员500余人。在农民合作经济组织的辐射和带动下,社员的土地亩均年收益达2200元以上。同时,农民专业合作经济组织依法制定自己的章程,完善自身的服务体系,在技术培训、新品种推广、市场信息预测预报、种苗供应、成品销售等方面,成功地开展"产前、产中、产后"全过程服务,初步实现了"订单农业"模式,新型农业产业链已初见端倪。

二是项目建设提升了项目区农业的经济效益。项目区通过综合治理后,农业生产条件明显改善,综合生产能力显著增强。到2012年底,项目区新增粮食生产能力85万公斤,新增果树96万公斤,新增油料生产能力26万株,项目区农业亩均年收入由2011年的2230元提高到3318元,亩均增收1088元。

三是项目建设带动了项目区农民收入的快速增长。到2012年底,项目区农民纯收入增加总额由368万元增加到810万元,两年间增长2.2倍;项目区农民年人均纯收入由2011年的2800元增加到3500元,增长700元。

四是项目建设促进了项目区综合效益的整体提升。通过农业综合开发项目实施,项目区已呈现出一派整洁、宁静的田园风光,直接带动了区域内都市农业、休闲农业的发展,促进了地方种养殖业与旅游业的有机组合。项目建成后,项目区共栽植各类苗木6万株,使整个项目区处于绿树环抱中,形成了绿色屏障,净化了空气,美化了环境,保持了水土。特别是农业科技设备的逐步引进和应用,大大提高了农产品的产量和市场竞争力,有力地促进了农业主导产业的发展壮大和项目区农民的增收致富,实现了农村社会的和谐稳定。

五、工作中存在的问题及改进建议

山亭区为低山丘陵区,山地丘陵面积占全区的88.6%,山峦叠嶂、沟壑纵横、土层瘠薄、道路崎岖是山区的基本特点,山区农业综合开发与平原地区相比,不仅治理难度大而且费用高,还不能全面的高标准治理。此外,由于项目区群众受传统习惯的影响，加上文化水平的限制，还不能快速适应高效农业发展的需求。主要存在如下问题：

1. 合理利用涉农资金。充分利用土地整理项目、扶贫开发项目、小流域治理项目、林业等项目等涉农资金，进一步完善项目区建设，提高项目区农业综合生产能力和经济效益。

2. 加大科技推广力度。不断引进新品种、新技术，加大对农民科技人员培训力度，采取示范引导、跟踪服务、政策扶持等手段提高农民管理水平。

3. 加快产业化建设。推动项目区优势农产品向产业化方向发展，积极申报扶持具有带动辐射能力强的农业龙头企业，积极培育各类专业合作社、行业协会、农民联合体等农村合作经济组织，促进项目区农民尽快致富。

4. 加强项目后期管护。进一步做好项目工作的运行和管护工作，认真探索市场经济条件下加强农业综合开发工作的有效管理手段，确保工程长期发挥效益。

周村区实行绩效管理
实现农业综合开发工作新突破

淄博市周村区农发办 曲 娜

国家农发办于2011年7月14日颁布了《国家农业综合开发项目资金绩效评价办法（试行）》，这标志着农业综合开发绩效管理工作更加规范化、科学化。省办适时启动了"绩效管理年"活动，下发了一系列绩效管理的文件和规定，把绩效管理理念延伸到了"日常工作"、"信息宣传"等方面，吹响了向新时代农业综合开发科学管理进军的嘹亮号角，使全省农发系统为之一振，焕然一新。淄博市作为全省农业综合开发战线的排头兵，管理工作始终走在全省前列。周村区农业综合开发办公室紧跟时代步伐，认真贯彻落实上级农发部门有关绩效管理的文件和规定，全区农业综合开发工作实现了新突破。

一、绩效管理的意义

（一）绩效管理的含义

绩效就是业绩与效能，绩效管理是指各级管理者和员工为了达到组织目标而共同参与的绩效计划制定、绩效辅导沟通、绩效考核评价、绩效结果应用、绩效目标提升的持续循环过程。绩效管理的目的是持续提升个人、部门和组织的绩效，提高组织或团队的效率，保证组织目标的顺利实施。绩效管理的方法是通过设定共同和个人目标，来实现组织和个人的工作目标。绩效管理为资源管理和分配提供了必要的依据，推进绩效管理有益于在系统内部的各个部门引入竞争、效率意识，合理配置资源，提高政府的服务质量。20世纪80年代以来，西方发达国家政府为克服官僚主义，提高行政效率与效能，推行了一系列管理体制的革新。随着绩效管理理念逐渐引入中国，转变了原有的思维定式和思维方法，打破了原有的一些不适应客观形势发展的习惯做法。因此，大力推动农业综合开发系统绩效管理具有重要意义。

(二) 农业综合开发管理的发展

农业综合开发部门的工作性质，使农业综合开发项目管理工作始终走在其他农业项目管理的前列，国家农发办颁布的《国家农业综合开发县管理办法》、《农业综合开发财务管理办法》、《国家农业综合开发资金和项目管理办法》和《农业综合开发资金违规违纪行为处理暂行办法》等管理办法和制度，保证了农业综合开发项目的顺利实施，对于提高农业综合生产能力，促进农民增加收入有极其重要的作用。这些规定和制度对其他农业项目具有显著的借鉴和指导作用，在区县一级，经常出现其他农口部门借鉴农业综合开发资金和项目管理制度的实例，这是值得每位从事农业综合开发工作的干部职工骄傲和自豪的事情。在充分肯定农业综合开发取得成就的同时，我们也应该清醒地认识到，农业综合开发在资金使用和日常管理中仍存在效率不高等问题。目前，农业综合开发项目立项前的可行性研究报告虽然从项目区概况阐述了项目经济效益计算期内的经济评价指标、社会效益、生态效益及项目区原先的物质基础条件、社会经济条件、人文环境和生态环境，并请相关专业专家组成评估组进行评估，但原始数据的提供是项目区所在镇政府提供，缺乏相应的指标进行专业的调查统计，项目完成后所产生的效能也没有充分的考评，直接效益、间接效益无法客观反映，有可能导致开支增加但结果没有明显改善。因此，通过进一步对目前的管理加以改进，建立开发项目的绩效管理，减少环节，降低开支，完善农业开发项目和资金的管理，将有利于更好地促进资金的滚动开发，为农业生产创造更好的条件。

(三) 农业综合开发采取绩效管理的意义

农业综合开发作为政府对农业的投入和扶持，属于公共支出范围，符合政府绩效管理的特定对象，满足绩效管理目标、核算、区分度、时间四要素。农业综合开发项目管理的工程招投标、工程质量监理制度、县级财政报账制度、检查验收等基本方法和程序也是绩效管理所必备的。农业综合开发的绩效是开发部门管理活动追求的目标，是经济效益、生态效益、社会效益的综合反映。农田水利小型配套设施工程使用寿命不是很长，少则几年，多则十几年，如果不能在有效期限内最大化发挥它的效能，投入的资金就成了浪费。因此，如何客观评价有效期限内农业综合开发所做的业绩、成就和实际作为，就需要运用科学的方法、标准和程序对立项前项目区的现状和项目建成后项目区产生的经济效益、生态效益、社会效益尽可能地给予准确的评估。通过评估，鼓励和促进各级开发部门之间的竞争，加大公众监督力度，诊断出管理过程中的问题并找到针对性的改进措施，从而使资金分配更加科学、公正和合理。围绕农业综合开发工作绩效的主要方面，实行绩效管理，有利于明确各级开发部门的职责确保"十二五"规划的完成及长期工作目标的实现。

二、农业综合开发绩效管理的经验和做法

(一) 坚持强化领导,推动绩效管理新举措

加强绩效管理的目的是确保项目的稳步推进和高质量完成。周村区政府牵头成立了全区农业综合开发建设指挥部,将农业综合开发建设任务作为硬性指标纳入全区目标管理考核,对农发办和各项目镇进行量化考核,各项目镇也与项目村签订了绩效管理责任状。在项目实施中,周村区建立了农业综合开发项目工程建设联合巡查机制,建立健全了金融开发部门、专业监理、项目所在镇及项目区群众代表"四位一体"的绩效管理网络。通过以上绩效管理的有效措施,提高了项目工程建设的管理水平,强化了对项目工程的分类指导和监控管理,打造了精品工程,提升了投资效益。

(二) 坚持绩效管理与机制创新相结合

作为绩效管理的一项措施,周村区专门组织规划设计、工程监理等部门的专家和技术人员系统编制了产业化经营项目申报流程及申报要点技术手册、土地治理项目施工手册等材料,在农业产业化经营项目企业、合作社及土地治理项目区施工队中发放,将全区近年来在项目申报、建设中的经验做法汇编成册,确保项目建设的规范和质量提高。为统筹安排好土地治理和产业化经营两类项目的有机衔接,探索多元主体开发新途径,周村区积极开展机制创新的实践。2012年试点徐灵秸秆养藕专业合作社为开发主体,承担土地治理项目,取得了明显的效益,实现了土地治理项目与产业化经营项目的结合,开发项目与结构调整并举,良种藕品种得到全面调整,达到了项目的预期效果。

(三) 坚持从严要求,促进绩效管理迈上新台阶

为进一步提升农业综合开发项目科学化、精细化、规范化管理水平,周村区坚持从严要求,努力提高项目管理水平。一是严肃项目规划。初步设计聘请专业技术人员,深入项目区一线,在充分了解项目区实际情况的基础上,听取项目区群众意见和建议,使项目规划达到了田林路综合布置、桥涵闸站渠的全面配套,项目规划更贴近实际,更加科学、合理。二是严格项目招投标管理。为进一步规范土建工程

招投标管理工作，区农发办、财政局采取委托招标的方式，与山东齐信招标有限公司签订合同，由其代理土建工程的招投标工作。设备采购按照《中华人民共和国政府采购法》的规定，所有采购全部进入区政府采购中心，实行政府询价采购。土建和设备采购过程面向社会公开招标，择优选拔合格的中标商，充分体现了招投标的公开、公平、公正原则。三是严格工程监理。所有项目都实行区农发办+专业监理+镇技术人员+群众监督的监理模式，实行项目建设全方位、全过程监理，确保监理到位、到边、到沿，实现零死角目标；四是严格遵守项目实施方案。要求所有项目工程必须按照项目批复的数量、规格要求去做，坚决杜绝短斤少两、以旧充新，坚决杜绝变更项目批复设计，确保工程一个不少，数量一个不缺；五是严格资金管理。项目资金严格实行专户储存、专账核算、专人管理，在项目建设过程中，各项目单位每月都要及时把工程建设进度情况和资金使用情况上报区农发办、财政局、监理公司，经三方审核把关后，再安排资金拨付，彻底杜绝项目资金违规现象。

三、工 作 成 效

周村区农业综合开发办公室对2012年度5个农业综合开发项目进行了绩效考评，包括2个土地治理项目、3个产业化项目。土地治理项目为王村镇0.8万亩中低产田改造项目、徐灵秸秆养藕专业合作社0.1万亩中低产田改造项目，产业化经营项目为淄博周村康恒食用菌专业合作社200万袋食用菌香菇菌棒生产基地财政补助项目、山东玉兔食品公司贷款贴息项目、山东双岐面粉厂贷款贴息项目。考评结果显示，在各级领导的关心支持和相关部门的配合下，项目绩效取得了较好的成绩，在全区农发系统内树立了绩效观念，使广大农发干部和项目承建单位更加关注项目资金的效益性和项目的成效性，为进一步推动我区农业综合开发工作的科学化和精细化打下了基础。在项目验收中，周村区2012年度项目获得全市前三名的好成绩，周村区农业综合开发工作受到市级农发部门的肯定和支持。

2013年，周村区农业综合开发利用绩效管理全面提升管理水平，创下周村区农业综合开发获得上级财政扶持资金的历史新高。2013年度土地治理项目总投资980万元，相比2012年投资增加100万元，增幅11.4%。产业化经营一般项目4个，比上年增加1个，财政资金投资183万元，比上年增加67.5万元，增幅58.4%。农业产业化经营"一县一特"项目也花落周村，山东七河生物科技股份有限公司申报的年产3250吨香菇种植基地新建项目总投资3775万元，其中申请中央财政资金500万元，地方配套资金215万元，企业自筹资金3060万元。项目可行性研究报告、实施方案获省、市农发部门批复通过。项目建成后，将年产香菇3250吨，年均销售收入3900万元，利润1545.23万元。项目带动订单原料基地1万亩，订单农户2600户，户均增收1200元。同时带动252户香菇种植户，安排260人就业，增加工资性收入550万元。项目实现了经济效益、社会效益的双丰收。

  周村区农业综合开发实施绩效管理以来，优点突出，成效显著，但还有需要进一步完善的地方。如考评指标需要进一步合理设计，考评资料需要进一步充实完善，考评效果需要进一步提高。绩效管理工作只有做到不断探索、改进与完善，才能使农业综合开发事业不断进步。

筑起"五道"防线
确保项目资金安全

新泰市农发办　张富强

新泰市农发办发挥县级监管职能，强化农业综合开发土地治理项目的科学化、精细化管理，自2009年开始不断创新监管机制，在坚持执行"工程监理制"和"项目法人制"的同时，率先引入"全面监管、全程审计和人民监督员制"，通过四年的探索与完善，逐步构建起"县级主管部门自始至终督促着干、审计部门一审到底边审边干、监理公司旁站式紧盯着干、项目法人履职尽责管着干、农民群众义务监督帮着干"的五道防线，先后建成2009年羊流镇1.7中低产田改造项目和东都镇1万亩生态综合治理项目、2010年度楼德镇0.9万亩中低产田改造项目、2011年度汶南镇0.8万亩中低产田改造项目、2012年度翟镇1万亩中低产田改造项目和谷里镇1万亩高标准农田示范工程，充分调动了各方参与项目建设和资金管理的积极性与主动性，施工质量高，工程进度快，实现了高效能管理、高标准建设和高效益投资，确保了农业综合开发资金和项目安全。由于监管到位，近年来，新泰市农发土地治理项目建设标准高、质量好，资金使用规范合理，项目区粮食持续增产，农民持续增收。"五道"防线监管机制的探索和实践，构筑起保护干部安全的廉洁防线，杜绝了政府性投资建设工程中的腐败问题，实现了项目优秀、干部优秀的"双优"目标，促进新泰市农业综合开发工作的全面协调可持续发展。

一、发挥职能，全面监管

市农发办作为全市农发项目主管部门，负责项目的日常检查、监督工作，严格项目管理流程，强化监管责任，以内部检查与外部检查相结合，严格管理工程建设，严格执行责任追究制。

一是对项目法人履职尽责的监督检查。监督检查项目法人在项目实施中是否管理及时到位，是否发挥综合协调管理作用。二是对中标施工单位执行建设标准情况进行检查。为确保工程进度和建设质量，严格按照国家和省级项目建设标准和项目实施方案规定的内容，农发办不定期派驻工作人员到施工现场检查督导，对不合规程、不达标准的建设项目，坚决叫停并推倒重来。三是对监理公司进行监督检查。审核监理公司派驻人员的资质，看是否按规定旁站式监督，重点调阅隐蔽工程监理日志。四是强化对追加工程的检查力度。项目招标节余资金，由建设单位因地制宜提出追加工程申请，严格按上级批复建设，任何人不得随意支配节余资金从事项目内容。五是对农发办内部人员的监督检查。规范农发工作人员在日常管理工作中的行为，杜绝不利于公正规范管理的不正常现象发生，阳光施政。

二、全程审计，一审到底

邀请审计部门全程参与，与农发办共同监督，及时发现工程建设中存在的问题和不足，提出审计建议，严肃查处，督促整改和完善，避免相同的问题重复出现。

邀请审计部门提前介入。项目计划批复后，在开工前参与前期准备，让审计部门对农发项目全面了解，全程参与项目的建设和资金使用。针对以往项目管理中存在的问题，根据项目审计的规定和要求，共同探讨行之有效的监理办法，为实质性进入施工、后期验收报账打下基础。

施工现场进行审计。针对投资额大的标段和隐蔽工程，不定期派驻专业审计人员进驻工地，实地监控，当场丈量，审查施工各个节点的记录、设计变更通知、施工日记、监理日记、构件实验报告、主要材料合格证等，不留任何审计死角和漏洞。

单项工程竣工审计。现场丈量实有工程量，对照上级下达的实施方案实地进行清点。

工程竣工决算。审计机构参加项目竣工县级自验，审计施工单位提供的决算书是否真实，根据施工竣工图及其变更通知单、验收记录、监理资料等审查工程量计算表，全过程核对。

严格资金决算审计。工程竣工后，通过实地测量工程量，审查工程量与项目资金支付是否相符；通过农发资金支配方式和专户的资金划转流向，审查专人管理、专账核算、专款专用的"三专"资金管理情况；通过查项目基础资料，看有无违纪违规使用资金问题，据实出具审计报告。凡审计出现问题的，一律不予报账。

三、点面齐进，确保成效

（一）专业监理，质量为先

通过参加泰安市级招标，优选监理公司，新泰市农发办与中标监理公司签订监理合同，以合同的形式落实监理公司和监理人员的监理责任，监理公司对工程质量负总责。施工过程中，所有在建工程按施工程序进行旁站式监理，对工程进度、质量和投资实行"三控制"，对工程合同和工程信息进行"两管理"，严把工程开工关、材料质量关、施工工序关、工程进度关和质量检验关。监理公司按时向市农发办报送监理日志、旁站施工记录和监理月报，主动接受监督。

（二）落实法人，明确责任

项目乡镇作为项目建设单位是项目的直接受益者和重要责任者，是农业综合开发项目法人，对农发项目负有重要责任。项目乡镇的主要负责人是项目第一责任人，对项目建设全过程负总责。在项目乡镇均成立农业综合开发工程指挥部，镇长任总指挥，明确1名副镇长具体抓项目的资金筹集、劳力组织、工程实施及其他方面的协调工作。工程指挥部是项目建设的组织实施者，也是项目建设的监督者，综合指导、管理、检查、督导、协调工程的顺利实施，对验收工程的数量和质量负责，对全面审核工程决算负责。

（三）立足长效，创新监管

以实现好人民群众的根本利益为第一要务，在项目区设立人民监督员，设置资金和项目公示栏，主动接受公众监督。一是在项目区和以村为单位的分片项目区推行资金和项目公示制，在公示牌上详细列明项目区总投资情况、改造面积、具体的工程措施以及各项措施的财政投资情况，让项目区广大农民群众了解掌握资金使用的具体情况，真正将项目实施和资金使用置于广大群众的监督之下，使之成为受益群体的同时也成为监督群体。二是从项目区所在村的老党员、老干部或群众代表中，每村邀请两名义务工程监督员，把项目建设的知情权、参与权、监督权进一步交给农民群众，自觉接受他们对农业综合开发工作的监督，使项目建设更加符合群众的意愿。通过让农民群众知情、参与、监督，充分调动项目区群众参与农发项目建设的积极性，提高农业综合开发项目建管质量。

抓好"七个落实" 提高项目绩效
——聊城市产业化经营项目实施工作的基本做法

聊城市农发办 刘保国

项目实施阶段是农业综合开发项目管理的重点,也是提高项目绩效的关键环节。这一阶段的主要任务是在规定的范围、工期、费用、质量内,高效率地实现项目目标,将计划"蓝图"变成项目实体,实现投资决策意图。本阶段在项目管理周期中工作量最大,投入的人力、物力和财力最多,项目管理的难度也最大,核心问题主要反映在以下七个方面:干什么?怎么干?谁来管?怎么管?何时完?花多少钱?达到什么目标?围绕这七个问题,聊城市在组织实施产业化项目时着力抓好"七个落实"。

一、落实建设方案,明确干什么的问题

落实项目建设方案是搞好项目实施的基础性工作,聊城市在项目投资计划批复后,结合项目实施方案编制工作,由县农发办召集有关专家,协同项目建设单位和设计单位工程技术人员进行实地考察,针对影响产业化发展的主要制约因素,认真细致地勘测设计,对整个项目进行统筹规划,对主要建设内容进行整体布局。根据项目建设条件和建设要求探讨项目建设方案,经过对多个方案比较分析后,找出最佳建设方案。然后将建设方案涉及的土建工程、仪器设备和科技投资任务等逐级进行分解,层层抓好落实,通过项目建设方案全面、系统、完整地反映出整个项目的全貌,让每一个项目管理者、建设者和参与者都胸中有数。

二、落实施工设计,明确怎么干的问题

精心设计是提高项目质量的重要保障。施工设计以单项建设内容为基本单位来进行,按照技术可行、工艺先进、经济合理、设备配套、结构安全可靠等原则,凡

是项目涉及的基础设施，在明确布局、地点、面积、体积、结构等建设要求的前提下，进行深层次设计，确定相关的建设标准和技术参数，提交满足施工要求的设计图纸。农产品加工项目涉及的生产车间、仓库等主体工程和配套工程，一律委托具有相关资质的建筑设计单位进行设计。生产设备选型时，明确所需设备的名称、数量、规格型号，由项目建设单位派人到设备生产厂家多方进行实地考察，充分考虑各主机之间、主机与辅机之间、硬件与软件之间的配置是否协调、匹配，确保所购设备在生产效率、安全可靠性、通用性、适应性等方面能满足项目需要。

三、落实组织分工，明确谁来管的问题

为使各项建设任务得到有效落实，县级农发办组织建设单位、施工单位、工程监理单位等有关人员成立项目领导小组，负责项目施工期间的全面工作，在项目实施过程中准确、快速地处理日常事务。从组织协调、工程施工、技术管理、工程监理、财务管理、设备采购、材料供应、科技培训等方面着手，明确项目领导小组成员的职责和权限，履行好各自的权利和义务。县级农发办派驻工作人员负责项目指导、方案审批、监督检查和阶段性施工核查；项目建设单位作为项目实施的第一责任人，负责对项目全过程管理，与施工单位、监理单位签署合同，处理与项目有关的外部关系，对项目实施过程中的人力、材料、设备、技术、信息等生产要素进行优化配置和动态管理。

四、落实管理措施，明确怎么管的问题

项目实施过程中涉及大量的人、财、物，聊城市制定相应的管理措施，建立必要的考核和激励机制，创造有利于项目实施的环境。一是在项目管理方面，对项目中涉及的实体性建设内容，如土建工程和生产设备等，制定切实可行的工程质量保障措施。近年来聊城市对部分项目开展了土建工程和生产设备的招投标试点工作，以降低项目建设成本，提高开发资金特别是财政资金的使用绩效。对于科技投资等形不成实体的建设内容，如技术培训、技术引进等，聊城市强化项目实施的过程管理，确定科技支撑单位、专家，确定引进的新技术要点和对农民培训的具体内容。二是在资金管理方面，除严格执行县级报账提款制度，实行开发资金"三专"管理以外，还结合项目具体情况制定相应的管理制度，明确开发资金收支管理、会计核算体系建设等有关措施。

五、落实建设进度，明确何时完工的问题

为保障项目按期完成建设任务，聊城市根据农业项目季节性强的特点和不同项目的实际情况，按照"时间安排要合理、工期安排要得当、建设环节要衔接"的要求，由项目建设单位编制项目施工进度计划和施工进度控制管理措施，明确每项建设内容的开工时间和完工时间。在具体实施过程中，县级农发办跟踪管理，对出现的偏差及影响工期进度的因素及时进行分析、调整，同项目建设单位、施工单位加强沟通协调，及时通报有关情况，及时采取有效措施，解决项目建设中遇到的困难和问题。对于部分基建规模较大的项目，在项目施工关键阶段，通过开展施工会战的方式加大人员、设备投入，确保项目如期完工。

六、落实投资预算，明确花多少钱的问题

项目投资预算是项目实施、资金报账、检查验收和绩效考评的重要依据。聊城市要求把投资预算作为一项最主要的内容在项目实施方案中予以体现，把项目投资预算编制与预算执行贯穿于项目实施的全过程。编制投资预算时，由预算编制人员、项目管理人员、工程技术人员、项目单位财务人员共同参与，细化预算标准，对建筑材料费、工时费、能源费、设备费、管理费等列出最切合实际的参考标准和计算方法，按照项目投资计划把建设内容逐项单列，明确各项建设内容的建设规模、投资标准、单位造价和投资额。在编制项目支出预算的同时明确建设资金的具体来源，说明资金筹集方式，制定资金使用计划、管理措施、成本核算与控制办法。在项目实施过程中，不定期地进行项目建设情况检查和预算执行情况检查，及时发现并解决项目资金管理中存在的问题，提高项目资金使用绩效。

七、落实项目目标，明确项目建设成效

实施农业综合开发项目，归根结底是为了实现项目目标。聊城市从加强目标管理入手，在项目实施阶段实行分级管理和动态管理。项目单位按照项目建设要求与县级农发办签订项目责任书，明确项目产能目标、效益目标和工程质量目标，切实抓好项目施工；县农发办管理人员负责收集项目实施过程中的基本信息和基础数据，按季度汇总上报市农发办；市农发办组织专业技术人员开展施工检查和量化检查，对照项目投资计划和实施方案核查设施设备数量、工程质量、基地面积

和产能目标，实地调研龙头企业和农民专业合作社同当地农民签订的原料收购合同或产品订单的执行情况，引导项目单位在实现其自身效益和需要的基础上，带动农民增收、发展主导产业、追求综合效益，充分发挥和放大农业综合开发产业化经营项目绩效。

综合开发点石成金
玉米产业成就糖城

禹城市农发办 李振明

在山东禹城,如今玉米成了"金豆子"。从昔日的粗粮到饲料,再到当前功能糖产业的主要原料,玉米的身价连连攀升。从玉米、玉米芯中提取功能糖,到利用功能糖废渣养殖食用菌,再到利用木糖渣进行生物质发电,形成一个较完整的产业链条,玉米粒、玉米芯、玉米秸秆全部转化玉米增值30倍。目前,禹城市年转化玉米100万吨、玉米芯80万吨、玉米秸秆90万吨,以玉米为主要原料的功能糖产业规模以上企业12家,是全国生产能力最大、品牌最好、品种最全、技术最先进、市场占有率最高的研发生产基地。2005年9月29日,禹城市被中国轻工联合会授予"中国功能糖城"荣誉称号,禹城成为全国唯一一家"功能糖城"。2007年"两会"期间,中央电视台《新闻联播》头条对禹城功能糖产业进行了深度报道。10多年来,禹城玉米从数量的年年递增,到品质的不断改进,再到能量的层层裂变,在这一惊人的变革中,农业综合开发起到"点石成金"的作用。

一、因势利导搞开发,大力培植优势产业

禹城地处鲁西北平原粮食主产区,人口50万,耕地80万亩,是全国重要的商品粮生产基地县(市)。自1988年被列入全国农业综合开发先期试点县(市)以来,我们牢牢抓住这一政策机遇,认真贯彻落实上级关于农业综合开发的一系列方针政策,紧紧围绕农业增效、农民增收和可持续发展这个主题,发挥粮食主产区的优势,着力改善农业生产条件,因地制宜调整种植结构,加大投入扩张优势产业,重点建设了一大批优质玉米生产基地。

大力改善农业生产条件。禹城属黄河冲积平原,水源条件较好,但土壤沙化和盐碱地较多。农业综合开发中低产田改造项目给这里农业发展带来了机遇。20年来,禹城开发人励精图治,艰苦创业,一期一个新思路,一年一个制高点,一步一个新台阶,累计改造中低产田50万亩,治理盐碱地5万亩。全市60%的耕地得到

了有效改造。工作中，坚持统筹规划、集约投入、连片开发，运用水利、农业、林业、科技、生态等综合措施，进行水土田林路综合治理，桥涵闸站机全面配套，相继创造了"井灌沟排盐碱低洼地综合治理"、"引黄自流节水灌溉"和"井河双配套旱涝保丰"等先进经验，将项目区建成了"田成方、树成行、路相通、渠相连、旱能浇、涝能排"高产稳产田。

依靠项目培植优势产业。玉米是禹城的第一大传统农作物，常年种植面积50多万亩。2001~2003年，我们借实施"农业综合开发科技推广综合示范项目"之机，将玉米列入了项目扶持的三大产业（玉米、畜牧、果蔬）之一，以中国农业科学院和省农科院为技术依托，在房寺、张庄两镇建立了2400亩的优质玉米良种繁育区，每年提供优质玉米良种48万公斤。在市中办、梁家、伦镇等5镇建立了6万亩的高淀粉、高油玉米和优质饲用玉米生产基地，先后引进玉米新良种12个，引进示范推广种植新技术20多项，保证了玉米种植的良种化、优质化和高效化。2003年，重点实施了"鲁北万亩优质专用玉米生产基地"项目。该项目按照"区域化布局，基地化建设，标准化生产，产业化经营，外向型发展"的要求，在大力加强农田基础设施建设和生态环境建设，提高农业生产装备水平和综合生产能力的基础上，突出抓了"三大"体系建设，即优质玉米生产基地基础设施体系建设，无公害专用玉米信息网络体系建设和优质玉米质量监测监控体系建设，实现了传统农业综合开发模式向现代农业开发模式的转变。在项目区大力推广种植了"鲁单50"、"鲁单981"、"农大108"等优质品种，培训农民1万人次，重点推广了精细播种、合理密植、肥水管理、适期收获等栽培技术，同时，通过信息网络、广播电视讲座、印发明白纸等形式，把新技术及时送到农民手中，全面提高玉米种植和管护水平。当年，项目区玉米亩产达570公斤，比上年增产100公斤，取得了显著的经济和社会效益。

二、发挥优势倾力扶持，发展壮大龙头企业

多年来，禹城坚持"围绕农业办工业，办好工业促农业"，立足当地资源优势，突出发展以玉米、玉米芯深加工为特色的农业龙头企业。功能糖产业就是其中之一。功能糖是以玉米、玉米芯为主要原料，采取高新技术提取的功能性低聚糖、功能性膳食纤维等功能性糖类，具有低热量、高营养、可促进和改善人体生理机能的保健功能，作为蔗糖的替代品，为糖尿病患者带来了福音，被广泛应用于各种保健营养补品和食品工业中，成为国际上流行的功能食品基料。禹城市通过政府引导、技术引进、成果转化、自主创新，逐步形成了以福田药业、保龄宝公司、龙力公司、绿健公司、百龙创园为龙头的功能糖企业群体。其中，国家高新技术企业3家，省级高新技术企业4家。年消耗玉米100万吨，带动周边种植玉米250万亩，

年消耗玉米芯80万吨，原来当柴烧的玉米芯如今卖到了每吨600元，年直接带动农民年增收近5亿元，同时，功能糖产业的发展又为许多配套企业创造了大量的就业机会，玉米深加工产业已成为禹城响当当"黄金产业"。

扶优扶强优势产业。禹城市农业综合开发在实施产业化经营项目中，始终围绕玉米加工这一主导产业加大培植力度。自1988年以来，共实施农业产业化经营项目22个，完成投资近亿元，其中，以玉米为原料功能糖产业是扶持项目最多、投资力度最大的一个产业。扶持项目12个，投资达7400万元。其中，2003年，投资960万元扶持保龄宝公司新上了年产5000吨医药级异麦芽低聚糖项目。2004年，投资1120万元，扶持保龄宝公司新上了年产2万吨高纯度果糖项目，两个项目都是以玉米淀粉为原料，生产的异麦芽低聚糖和高纯度果糖产品填补国内空白，被广泛应用于食品、保健品和医药产品中，年消耗玉米5万吨，直接带动农民年增收200多万元。2005年，保龄宝公司年产5万吨异麦芽低聚糖加工项目被列入财政参股入股项目，先后获得扶持资金3000万元。2006年，禹城市又争取财政贴息60万元，扶持保龄宝公司新上了投资3000万元的年产2000吨赤藓糖醇项目。该项目的建成投产，在国内首次实现了赤藓糖醇的工业化生产，产品填补国内空白，被广泛应用于无糖食品、饮料、保健品及药品等领域。2008年8月28日，保龄宝公司成功上市，成为全市第一家上市企业。2010年，帮助百龙创园公司争取固定资产贷款贴息98万元。2011年，禹城市又将百龙创园和绿健生物两个功能糖公司列入贷款贴息项目扶持对象。目前，禹城已成为全国最大的以副产品为原料的功能糖生产基地，为我国功能糖工业化生产做出了巨大贡献，2005年9月，被中国轻工业联合会、中国发酵协会联合授予"中国功能糖城"荣誉称号。功能糖产业已被列入山东省重点发展的十大高新产业。

建立"第一生产车间"。依托农业综合开发，借助农业产业化项目，大力兴办各类生产基地，20年来，先后建立了玉米、小麦、花生、蔬菜等生产基地30个，面积32万亩。其中，良种繁育、高油玉米、高淀粉玉米、新品种示范推广、平稳施肥等玉米生产基地12个，面积达24万亩，年产优质玉米13万吨。为确保基地农户的利益，共同抵御市场风险，积极引导农户建立各类生产合作社或行业协会，自发组织起来，进行自我管理、自我服务，用市场的手段解决生产销售中的难题。同时各合作社或协会与龙头企业根据市场变化情况，每年与企业签订玉米生产销售合同，并进行公证，不仅筑牢了企业与基地农户的生产合作关系，帮助企业建立了稳定的"第一生产车间"，而且也让老百姓吃下了"定心丸"。

三、实施科技推广项目，助推循环经济发展

科技是第一生产力。多年来，禹城功能糖产业从无到有，从小到大，每次进

步，每个新产品的问世，都闪烁着科技的光芒。农业综合开发科技推广综合示范项目的实施，为功能糖产业走向科学发展的快车道提供的动力十足的引擎。多年来，禹城市农业综合开发项目与优势产业的对接，直接推动了以玉米为原料的功能糖产业的迅猛发展。玉米粒、玉米芯、玉米皮、农作物秸秆，经过高新技术精深加工，实现多次变废为宝梯级开发，让玉米身价增值30多倍。以玉米粒为原料年生产淀粉80万吨、转化玉米100万吨；以玉米淀粉为原料，年生产低聚糖、谷氨酰胺、赤藓糖醇等产品30万吨；以玉米芯为原料，年生产木糖、木糖醇、木寡糖20万吨，转化玉米芯80万吨。玉米、玉米芯通过第一次精深加工，生产出了功能糖系列产品，对玉米芯废渣进行第二次精深加工，生产出燃料乙醇，通过提取燃料乙醇后的废渣用于食用菌培养、火力发电，火力发电的草木灰又作为肥料还田。不仅通过对农副产品和农业废弃原料的梯次精深加工，开发出了领先世界的一流产品，增值效益明显，而且还变废为宝，延长了产业链。其循环轨迹：土地→玉米、玉米芯（农副产品）→功能糖系列产品→废渣→燃料乙醇→发电→草木灰→土地，实现了由农业到工业再到农业的产业链良性循环。更为重要的是，通过开发利用现代生物技术酶解工业纤维废渣（玉米芯废渣等）、农作物废弃物秸秆等生产燃料乙醇，用可再生资成功替代了不可再生资源，是中国乃至世界能源产业的一次革命，是能源发展史上的里程碑，对开发替代能源、节约粮食、改善生态环境具有划时代的意义。

古有大禹治水泽被华夏，今朝农业开发造福百姓。禹城人巧用农业综合开发撬起功能糖产业的杠杆，获得了丰厚的回报。2012年，功能糖产业综合生产能力达到120万吨，销售收入达100亿元，功能糖产业已成为禹城响当当的第一大产业。

耕耘与收获

让梦想开花

——东营市河口区农业综合开发纪实

东营市河口区农发办　马洪涛

> 为了心中的梦想
> 我们冒严寒顶酷暑，流血流汗，栉风沐雨
> 为了心中的梦想
> 我们可以深入最艰苦的地方
> ……
> 这片贫瘠的土地拴住了我们的心
> 还有我们的真诚和炽情
> 把它开发、建设好，让它遵从我们的愿望
> 长出最美的林果、瓜菜、棉花和稻粮

——上面摘录的是东营市河口区农业综合开发办公室全体工作人员集体创作的《让梦想开花》中的几行诗句。语言朴素无华，但感情真挚、动人，字里行间渗透着农发人员的梦想、追求、无私和坚毅。然而，在贫瘠的土地上，让梦想开花，是何等艰难！

一、科学规划

有梦想，就会有力量，就能绘蓝图。但蓝图不会凭空而来，也不是只靠热情想象而成，而必须有科学、严谨的态度，深入村庄农舍、田间地头，反复调查研究，掌握准确资料并予科学论证之后，所作出的规划设计，它要合乎农业发展的规律，合乎国家政策，合乎当地自然生态和区情、民意。这样的蓝图才有吸引力，才会受人们欢迎，才可通过拼搏努力而得以实现；建立在这种蓝图层面上的项目才是科学的项目，才会有前途，才会有绩效，国家才会扶持，当地群众也会积极参与和投资。正因为如此，河口区农业综合开发办公室从领导干部到职工，全体人员一律深入田间地头、荒郊野外，看地貌、搞测量、做调查，一个乡镇又一个乡镇，一个村

庄又一个村庄,全部都摸清摸透、深入细致,旮旯地头也不放过,掌握得滴水不漏;河口南部、西部大部分地块总体较好,北部和东部有些土地却十分盐碱;这一片适合搞林蔬间作、林果间作,那一片适合搞枣粮间作、果粮间作;有的适合种菜,有的适应种棉,有的该种花生、大豆,有的最好种小麦和玉米;更荒碱的那一片应该搞"上农下渔",还有的应该发展芦苇;有的应该首先开发,尽快开发,早出成效,有的则应该缓一缓,循序渐进,逐步开发;彻底、详细、深入、明白的调查研究,是科学规划的前提和基础,是农业综合开发项目论证的关键。有了这种真实、全面、详细、透彻的第一手资料,项目规划才有科学性、可行性和前瞻性。多少个春秋,多少个冬夏,多少个艰苦卓绝的日子,河口区农发人员不叫苦、不叫累,冒风雨、顶烈日,废寝忘食,餐风饮露,流血流汗,无私奉献,无怨无悔。如同诗人,他们吟诵着;如同画家,他们描绘着。他们要画出最美的蓝图、最美的未来。

为避免规划偏差甚至失误,河口区农业综合开发办公室每次都把规划方案和大量调查资料上报区委区政府,征求区领导进一步审查、进一步核定;并积极征求相关部门和各乡镇、街道基层组织的意见和建议;更难能可贵的是,他们还带着规划设计方案到地头、炕头、村头走访老农和有关村负责人,请种粮、种棉、畜牧养殖等专业大户和村干部出谋划策,靠群策群力来共同探讨和筛选项目的最佳方案。河口区委区政府领导更是身先士卒,经常挤时间到村头树下,听取基层干部和广大农民群众意见,他们跑林地、走荒滩、看水文、做谋划、算效益、探远景,详细彻底、严谨认真,一丝不苟,帮助和推进了农业综合开发工作的全面开展。

科学的规划精神、严谨的工作态度和求真务实的工作作风从根本上提高了项目规划的科学性和完美性。在历届区委区政府和全体农发人员的共同拼搏努力下,从1988年到2013年7月,河口区共规划实施了农业综合开发项目67个,面积58.22万亩,累计投入资金29071万元,其中各级财政投入14855万元、项目区自筹10017万元、贷款4199万元。其中稻田开发项目3个,2.5万亩;棉田开发项目2个,2.5万亩;草场建设和改良项目4个,7.5万亩;荒碱地开发项目3个,8万亩;果品基地、保鲜项目4个,2.1万亩;蔬菜大棚项目1个,0.02万亩;鱼塘开发项目1个,0.2万亩;枣粮间作项目1个,2万亩;上农下渔项目5个,1.7万亩;水库建设项目2个;干渠开挖项目1个;中低产田开发项目26个,34.1万亩;土地沙化治理项目1个,0.6万亩;产业化经营项目15个,扶持企业6家。共计开挖疏浚各级沟渠7875条,动用土方4894万方,新增引水能力20立方米/秒,扩大和改善灌溉面积34万亩;修筑机耕硬化路47公里;新建库容650万立方米大型水库1座、中小型水库4座,打通王庄二干渠16.07公里,新建扬水站68座、各类桥涵闸5168座,修筑衬砌渠道72.3公里,埋设管道371公里;培训农民31000人次;植树98万株。改良土壤8万亩,新增粮食生产能力3340万公斤,使114个行政村、9500户农民从中受益,连续6年农民人均纯收入递增1000多元。成绩面前,他们没有骄傲,而是进一步积极努力,正在规划设计和论证着1个高标准的农田开发建设项目，面积为1.2万亩。

实践证明，因地制宜、科学规划是农业综合开发成功的前提，比如从1996～1999年实施的1.7万亩"上农下渔"开发项目，就是在深入调查研究、掌握全部详细情况的基础上，反复规划、论证并筛选的最佳方案，没有盲目性，只有可行性，是河口人探索、独创的一种新型开发模式，非常适合于盐碱程度较高的区域。该项目实施之后，台上长庄稼，池塘养鱼虾，取得了显著的效益，受到了农民欢迎，很快便辐射带动了各地"上农下渔"的规划开发和建设。二十多年来，河口区在农业综合开发中，始终立足本地实际，大胆探索，因地制宜，科学规划，走出了一条独特的农业综合开发道路，取得了一系列显著成效，不仅深受当地群众欢迎，还得到了省、市乃至国务院领导的好评……1992年10月22日，原国务院副总理田纪云到河口区视察王集水库等农业开发项目，对河口区因地制宜、科学规划、综合开发工作给予了肯定；2009年4月14日，山东省原农业厅厅长战树毅在河口区视察"上农下渔"示范基地建设，对河口区独创的"深沟条田"、"上农下渔"两种示范模式给予了高度评价。

二、严格管理

"穿花蛱蝶深深见，点水蜻蜓款款飞。"每当春天来临，河口大地水暖花开，香飘四溢，秀色迷人，恬静、明媚，清新、亮丽，"桃花红、杏花白，石榴开花灿如海"……各个综合项目开发区沟、渠、路、林、桥、涵、闸配套完整，田成方、树成林、路相通、渠相连，绿油油、光灿灿，生机勃发、欣欣向荣，鸟雀、蜻蜓、蜜蜂、蝴蝶自由自在地飞行穿梭于如诗如画般的田园风光里，让人感受着生态文明的幸福和快乐。昔日的盐碱滩，今朝竟然变成了金银窝，怎不让人唏嘘感叹，诗意涌动！

放眼田园美景，低头沉思，河口区农业开发人员献身事业的光辉业绩和感人精神怎能让人忘怀？扪心自问，若不是他们风里来、雨里去，风餐露宿，流血流汗，科学规划、严格管理、优质服务，怎能让一片片荒碱滩生长出招人欣喜的粮和棉！每一次项目实施，他们都脚踏实地、尽心尽责。他们重点推行的是"五制"管理法：项目公示制、项目法人制、招标投标制、工程监理制和全程审计监督制。从施工准备开始，即聘请有资质单位，制订科学的招投标方案，从严掌握，选择有实力，认真负责的施工队伍和监理单位。生产施工中，区农开办和项目单位的技术人员，总是盯工地、守现场，认真负责，严格管理，全程示范指导，他们既是指挥员、管理员，同时又是施工员、生产者，每一道工序，每一个环节，每一个角落，他们都认真把关，一点一滴，从不马虎。不达标准，坚决返工，质量问题一律进行"责任追究"，杜绝弄虚作假、吃喝拉拢和说情现象，既确保了各项工程的质量标准,还提高了项目建设速度。为了项目,为了工作,张学杰、董立柱等同志经常舍小家、顾大家,无论严寒酷暑,始终如一。工期紧了,他们就干脆住在田间工地上,一方面帮助施工队伍布置人力、联系机械,另一方面又给建设和管理提供后勤服务,他们兢兢业业、一丝不苟,忘我劳作、夙兴夜寐……工地上、农田里,留下了他们拼搏奋斗的身影,洒下了他们辛劳晶莹的汗水。

　　管理就是效率,管理就是成果。严格而科学的管理不仅可以保障农业开发项目的质量,还可以提高施工速度,提前收获效益。河口区义和镇1万亩中低产田改造项目,位于河口区义和镇境内,属于王庄二干引黄灌区,东起郭河,西至王庄二干,南起五二村南公路,北至三分干。项目总投资960万元,其中中央财政资金600万元。项目于2011年10月开工建设,由于管理到位,严格、细致、科学,于2012年4月底,完成了全部建设内容,并于6月初通过了东营市财政局、农业综合开发办公室组织的市级验收。该项目共计修筑各类水工建筑物212座,其中新建泵站3座,斗渠节制闸5座,斗门2座,农门142座,生产桥41座,穿涵14座,渡管4座,提水点1座。其中包括在原址上拆除新建的3座。新建机耕硬化干道7899米,机耕干道15条,长16318米,机耕支路148条,长50220米。项目建成以来,该区域农业经济效益明显提高,2012年当年度新增产值835.1万元,实现利润292.3万元,受到了项目区农民群众的欢迎。

　　项目管理,不仅包括建设过程,还包含资金的有效调配和运转。河口区,在严格项目管理、确保质量的同时,还重视加强了项目的资金管理,严格落实县级报账制度。区财政局、农开办严格执行《山东省农业综合开发资金县级报账提款管理办法》,所有开发资金一律按照项目实施方案,实行县级财政资金报账管理制度,专人管理、专户储存、专账核算,项目实施单位要及时足额将自筹资金缴入农业开发资金专户。根据工程进度,对施工单位上报的工程量严格核对、核实,并经"四级会审"来审核审定工程量和资金款项,全部审查无误后,再由区财政直接拨付施工企业,确保资金投入安全、有效,竣工决算一律实行"竣工审计",同时还要接受社会监督和舆论监督,提高资金的绩效管理水平。

　　项目建设完成之后,他们不是撒手不管,而是按照"建管并重"、"谁受益,谁负责"、"以工程养工程"以及"市场手段与政府补助相结合"等原则进行运行管护,不断创新管护机制。项目乡镇负责本乡镇农业开发工程支级沟渠路的管护(支级以上由区水行政主管部门负责);支级以下所有沟渠路的运行管护,按照"谁受益、谁所有、谁负责"的原则,受益范围明确为某一行政村的,实行"政府监督、村集体组织、农户管护"的管护形式,由村民委员会直接负责或委托受益范围内的农民专业合作组织等进行管护;已明确归属企业或个人管理的,由受益企业或农户个人直接管护。不断强化"管护"管理和"管护"监督,以确保项目的长期运行有效。

　　时时处处、方方面面细致而严格的管理,促进了农业综合开发项目的实施,项目区"旱能灌、涝能排、渠相连、路相通",既改良了土壤,改善了生态条件,又提高了地力等级和农作物产量,拓宽了农民增收的渠道,给农民群众带来了实实在在的好处。现在的河口,只要深入田间地头,就能常常听到农民群众幸福的歌声:"渤海涛声吆喝黄河浪,美丽的黄河三角洲啊,我可爱的家乡、地广五谷丰、草青六畜旺,桃李满枝头、冬枣飘香、棉田落白云、鱼虾跃池塘,碱地变良田,荒滩成林网,村村换新貌,家家奔小康……"

三、优 质 服 务

科学的规划,严格的建设、管理,是农业综合开发的重要组成部分,相辅相成,缺一不可,但是它们都属于过程,属于手段,还不是最终目的,其最终目的或目标应该是效益、是成果、是农业的可持续性发展和生态环境的全面进步。基于这一认识,河口区财政局、农业综合开发办公室在努力抓好规划和建设管理的同时,还把工作的着重点放在了"优质服务"上,他们不断地更新思想、转换观念和工作方法,向服务要成果、要效益,通过服务促管理、促效益。

他们重点从三个方面开展了服务活动。一是项目开发建设前的前期服务。农业综合开发,尤其是中低产田改造项目,不同于荒地开发,中低产田虽然地力等级低下,但总还有些收入,仍然属于可耕地范畴,区域或地块不同,所播种、经营的作物就不一致。如果服务不周到,进行"一刀切"开发,有些农民就会受损失,就会有意见。为了保护农民利益,更为了确保开发实效,他们提前进村入户,与农民沟通协调,引导农民播种熟期比较一致作物,这样就可以在比较一致的时间里收获,农民把作物统一收割之后,便可主动配合项目实施,进行统一的土地开发改造,避免了"好事也能扰民"的现象。二是项目实施中的建设管理和优质服务相结合。他们牢固树立"管理就是服务"的观念,在严格把关质量、进度的同时,积极主动地为建设队伍提供力所能及的后勤服务和生活帮助,消除其后顾之忧,让他们安心从事生产、建设。三是项目建成之后的服务。他们结合项目、结合地域、地块与土壤特点,从长远利益和保护生态环境入手,帮助农民合理调整产业结构,引导农民种植既有高效、又能养护土壤的农作物,推行果粮间作、粮蔬间作、豆棉间作等种植模式,还帮助农民引进各种优良品种,帮助联系农产品销售渠道,千方百计帮助农民提高效益,促进农业经济可持续发展。

四、跋 语

一分耕耘,一分收获,这就是自然规律。多年来,河口区始终坚持以项目实施

实践与探索

为载体，突出财政支农、科技进步，狠抓项目规划和管理，做到了与发展现代农业、社会主义新农村建设、农业产业化以及"两黄"开发、"三网"绿化、"黄蓝"战略等多种工程的紧密结合，齐头并进，有力地促进了全区农业经济效益的提高和农业生态环境的进步。

"给自然留下更多修复空间，给农民留下更多良田，给子孙后代留下天蓝、地绿、水净的美好家园。"这是党的十八大报告中确立的生态文明建设的标准，为农业综合开发、生态文明建设指明了前进的方向。河口区财政局、农业综合开发办公室正在沿着这一方向，迈着坚实的步履，科学规划、严格管理、优质服务，不骄不躁、再接再厉……

近年来，河口人自编自唱的"顺口溜"越来越多、越来越形象，还越来越生动，这里仅摘录八句，以飨读者。

茫茫渤海荒碱滩，土壤贫瘠耕种难。
农业开发有神效，十万荒场变良田。
高台庄稼长势好，新塘鱼虾游食欢。
农民手中有好地，又长粮食又长钱。

我们想，这该是农发人的梦想在开花吧？谁又能说不是呢！

"水把头"的护水情结
——莒县阎庄镇尹营村排灌站管护员尹勋记事

莒县农发办　陈维强

为了全村500亩丘陵地浇上水，十年来他吃住在野外的排灌站，从来感觉不到一点苦，反倒以此为乐；为了管理好村里的水利灌溉项目，十年来他自掏腰包，打制了30多把钢钎、铁锨，没向村里要一分钱补贴；谁家的地块、怎样顺水，他如数家珍，被群众亲切地称为"水把头"……

被群众称为"水把头"的，叫尹勋，是山东省莒县阎庄镇尹营村排灌站管护员。金秋时节，我们走近莒县阎庄镇尹营村农业综合开发项目建成的排灌站，近距离感悟一位老人的管水护水情结。

一、有一份担当在平凡中升华

"夏季田，早一宿，高一拳，庄稼缺水不是小事，可等不得。"面对笔者，已60多岁的尹勋谈起他的灌溉情结，唠起来语言厚道而真实。这么多年，他已经把排灌站当成了自己生命中的一部分。

尹营村是一个典型的山区村，用尹勋的话说："咱这穷旮旯儿老少几辈子守着500多亩地靠天吃水，过穷日子。"因为怕穷，改革开放以后，全村600多口人，目前仅有一半留守在老家务农。

2002年，县农发办在闫庄镇搞农业综合开发，为村里修建了一处排灌站后，却为这个村没有集体班子而着急，没有班子谁来管护，排灌站能发挥应有的作用吗？设备保得住吗？尹勋，这个干了一辈子机械的农民看在眼里急在心，是呀！农业综合开发，这是个实实在在为咱百姓办好事的项目呀！虽然，曾经推辞过镇里要求他主持村里工作的事，虽然，当时自己家里过得并不宽裕，但望着那么一个好设施将要成为一种摆设，他主动请缨，担任管护员。

从16岁开始跟着父亲走村串户做铁匠活，到自行研制全镇第一个农户压水井头，尹勋感觉自己天生对机械有感情。自从农业综合开发项目为村里建起这座排灌站,尹勋就把它当成生命中的一部分,从最初的不懂,到自行钻研摸索。总不能眼睁睁看着有好东西,老少爷们浇不上水吧!他这样认为,"干这活,在村里咱最合适,因为自己懂行嘛!"电机、水泵哪里有问题,咱听听声音就知道怎么回事。用水期,每天都要检查电机、水泵,出了问题都是尹勋自己动手解决,螺丝坏了自己换,水泵漏气自己换垫圈,线路不通自己检查……这么多年,他先后使坏了10把尖锨,撬折了8根钢钎,铲秃了12张铁锨。因为自己本是铁匠出身,这些对他来说,算不上成本。

二、有一份真实在无私中流淌

"用水贵如油,缺水就发愁。"尹勋,道出了农田灌溉缺水的现状。2012年,县财政局在阎庄镇搞农业综合开发项目,规划配套尹家营村电灌站,扩大灌溉面积,这让尹勋无比激动。

排灌工程首先要建一座长90米、宽40米、深6米的蓄水池,需要清理十几户人家的菜园,包括路边种植的树木。刚开始土地调整的很顺利,可到最后节眼骨上,有一户怎么做工作就是不答应让出菜园,工程进展不下去。尹勋看在眼里,急在心里,主动提出把自己家位置最好的地拿出与他交换。排灌站项目终于顺利完工。

"有我在,哪家也缺不了水。"排灌站的建成,让老尹有了为之用心呵护的用武之地。

过去村民浇一亩地收费40元,现在他浇一亩15元;从最初老百姓每逢浇地自己要到地头看着,甚至乱挖放水沟,到如今,村民们都不用到地头,忙的时候,他自己雇浇水工。对他的经营模式,村里没有一个人提出过异议。即使这样,每到收水费,他会把详细的收支情况贴在村里显要的墙面上,让村民监督。每家浇了多少地,交了多少钱,他都细化出来。"为的是让大家伙明白,村民也清楚,咱能运转起来,就很不容易!"谈到零收益,他很坦然。

三、有一份大爱让生命更加精彩

"以前,很多排灌站因为管理不善,成了烂铁一堆,甚至电机被盗,而我们村的这个运转了多年一切都正常!"在尹勋眼里,电机、泵站就是他的宝贝,任何人动不得。每天,他都要到机房里转转,每个机械都要抹一遍,这个习惯,他从来不曾间断过。

一张用石头撑起来的床,一个发黑的白瓷茶壶,和那简单得不能再简单的餐具，随便放在农发项目为他建的看护房内，收音机就是他平日唯一解闷儿的伙伴。他告诉笔者，他现在唯一的愿望就是能够找到一名满意的接班人，等他干不动了，还有接班人继续把排灌站管好，让农业综合开发这个项目永久发挥作用。

"干这个活不容易，咱村里这情况，又帮不上忙，碰上个年头雨水充足，见不着一分钱，设备得维修，他家里还有些家底就拿来用了，为这，他老婆没少唠叨。"由于村里穷，现任村支书尹建全很是愧疚。

他告诉笔者，3~6月，是尹勋在排灌站待得最多的时候，遇到天旱，不分昼夜地为乡亲抽水。为了不耽搁时间，他吃住都在排灌站机房，最多时连续工作七天七夜，把排灌站的水都抽干了。有的村民白天等不到水，晚上去找尹勋，他二话不说，放下碗筷就抽水，今年的小麦，很多地方都减了产，而尹营村户户都获得了大丰收。

电闸一开，泛着浪花的汩汩清水从排灌站喷涌而出，带给群众的是希望，留给百姓的是幸福。尹营村这个原本只种粗粮的丘陵村，如今也开始了产水稻、小麦等细粮了，对于自己这份坚守，尹勋很是享受。

采得百花成蜜后，为谁辛苦为谁甜？十年，尹勋一如既往地默默努力着，无怨无悔地为乡亲们守护在排灌站，阳光下，尹勋已显年迈的身躯，却做得扁担锄把，担得起千钧重担。

爱岗敬业 团结奋进
共谱农业综合开发新篇章

——蓬莱市农发办人物纪实

蓬莱市农发办 潘少丽

寒来暑往，花谢花开，自2002年蓬莱成为农业开发县以来，农业开发工作已经走过了11个年头。这11年来，蓬莱农业开发的同志们不畏严寒酷暑，夏天走泥湾，冬天过冰桥，为全市的农业开发做出了不可磨灭的贡献。

曾经，他们以南王山谷合作社名义申报了土地治理项目，开创了以两类项目结合，带动"土地治理、产业化经营、合作组织建设、新农村建设"整体推进的农业开发新机制；曾经，他们实施的村里集镇土地治理项目区被评为全省十佳优秀项目，这是烟台市有史以来第一个省级优秀项目；曾经，当时的张代令市长在全省农业综合开发会议上做了典型发言，是参加省级会议的唯一一个县级市；曾经，他们筹备了国家开发工作会议现场，国家开发办韩国良副主任、省开发办曹云龙主任，对蓬莱市开发工作给予了很高评价，称蓬莱市开发机制为全国的丘陵区开发工作提供了示范样板。

这11年来，蓬莱共申请并实施了农业综合开发项目37个，项目总投资18367.41万元，其中财政资金投入8927万元。这一切成绩的取得，和开发队伍中每个成员的辛苦付出是分不开的。我没有美妙的歌喉，但我愿用我最真实的情感讴歌这些平凡而又伟大的人们；我不是诗人，但我愿用最朴实的笔触赞美这些高尚而又无私的人们。

蓬莱的开发队伍个个是多面手，从项目申报书的编写、项目规划图制作、项目预算、土地治理项目的效益评价到项目摄像、视频的初步剪辑我们都能独立完成，晚上加班到十一二点那是常有的事儿，有时甚至加通宵。林主任的腿骨折了两次，两次都是项目申报的关键时刻，人在家里工作却不耽误，在家里遥控指挥，半夜农发办的同志们拿着文件来回爬黑咕隆咚的楼梯，一个项目改了十遍不止，他认真负责的工作态度一直影响着大家，干什么事都要精益求精。后来他得了重病，和开发工作太劳累也有很大的关系，他是我们每个人一生的学习榜样。

在他的影响下，农发办的每一个成员自觉加班加点，毫无怨言。沈主任老家在外地，四五年才回一次老家过年，可偏偏又接到电话说初十要把项目报上去，初四来加班，他二话没说，马上坐着飞机赶回。每周多次下乡规划、监督检查项目，晴天一身土，雨天一脚泥，那么大的项目区有时连建设单位都找不到哪个工程在哪里，他却了如指掌。尤其是夏天验收前，挨个工程试水，在山上跑一天，又晒又累又渴，不是一般人能受得了的，但他从不抱怨。有些司机不愿出车，说他迂，说把钱拨下去就行了，整天看什么看呀？殊不知，身为一个财政干部，监督国家的资产不流失，监督项目单位严格按项目方案进行项目实施，这是财政干部的工作职责，每个人要对得起自己的职责，这样的干部不应该被嘲笑，每个人应该为有这样的财政干部感到自豪和骄傲！

现在刘主任刚升为农发办主任，身兼数职，他的办公室总是电话铃声响个不停。经常在周末来加班，在最忙的验收期间，刘主任特意中途从验收组赶回来，重新看了项目区，对汇报视频提了修改意见，对工作认真负责的态度让农发办的每个成员深受感染。

农发办的潘少丽同志2007年1月27日举行婚礼，那时正逢报项目的关键时刻，她对谁也没提结婚的事。征得老公的同意后，把婚宴全部安排在周末进行。婚宴举办了三个周末，一天婚假没请过。2012年9月26日她女儿突然阑尾穿孔，必须当天做手术，孩子还不到四周岁，那天她正在烟台新闻中心接受专家评审2013年贷款贴息项目，接到老公的电话时，她考虑到所有材料是她一手所整，9月28日要把材料修改好重新报上去，一天之内别人接手很困难，她狠狠心咬咬牙，把孩子做手术的事全推给了老公，顾不上上医院就直接赶回了蓬莱，回到单位晚上干到深夜，9月27日她又从早上忙到下午，不吃饭不休息，剩下的扫描、装订别人可以接手了她才走。到了医院，女儿把脸别过去不理她，护士、病友都在小声议论说："小女孩的妈妈终于来了，小女孩昨晚上动完手术疼得哭了一晚上找妈妈。"听了后，她的眼泪都要掉下来了。有个病友家属说她："你干什么重要工作？如果我是胡锦涛的助理，孩子做手术了助理我也不干了，我也会赶来。"她笑着说："我是未来的胡锦涛助理"。这虽然是句玩笑话，但她认为，身为农发人，要对项目申报单位负责，也要对同事负责！不能让奋斗了好几个日夜的项目就这样白白溜走，也不能扔下一个烂摊子让同事为难。到如今想起这些来，她说她虽然对不起她的女儿，但她对得起申报单位，对得起同事，也对得起自己的良心，她无怨无悔。

过去的已经过去，未来的还在征程。为民造福是他们坚强的信念，争先创优是他们不懈的追求，打造精品是他们铿锵的誓言。群雁高飞头雁领，他们深信，在刘主任的带领下，在他们农发干部的共同努力下，爱岗敬业，团结奋进，全体农发干部一定会乘着国家政策的东风，破浪前行，共同谱写出农业综合开发和谐美好的新篇章！

身退心不离　农发情未了
——献给农业综合开发实施 25 周年

潍坊市农发办　郝夕升

我 1982 年参加工作，1988 年从事农业综合开发工作至今。2013 年是农业综合开发实施 25 周年，按政策也是我工作的离岗之年，可以说，农业综合开发伴我走完了一生的工作历程。我热爱农发工作，失去的才觉珍贵，尽管没有遗憾，却也恋恋不舍。在即将离岗之际，有太多的情感想流露，太多的心语想诉说——和农发工作有太深太深的感情，真想再干 500 年！谨在农业综合开发实施 25 周年之际，谈点个人的所想所感，与同仁们交流，恭祝农发事业明天更美好！

一、农业综合开发是最大的民心工程，从事这项工作很骄傲

之所以说她"最大"，是因为这项工程持续时间最长，25 年没有间断；范围最大，几乎覆盖了祖国大陆的广大农村；投资不断增加，2003~2012 年，中央财政年度预算年均增长 15.22%，10 年间仅中央财政就投入农业综合开发资金 1519 亿元。之所以说是民心工程，是因为这项开发时刻关注着"三农"，农民既是开发的主体，也是最大受益者。我多年来的最大感受就是农业综合开发根在农村、惠在农民！多年来，国家根据"三农"发展形势和需要，不断调整开发政策，贴近群众，解决农民所急所想所盼，有力地促进了现代农业和新农村建设进程，农民充分享受到了改革发展成果。我到项目（区）中检查工作或搞调研，听到最多的是农民群众对农业综合开发的肯定和赞许，看到最多的是农民的笑脸，这正是我——一个农民儿子的最大满足，也是我没有干够农发工作的动力源泉。

二、搞农业综合开发要把握住"三农"工作大方向，
　　与社会"合拍"才有生命力

农业综合开发不是一个行业或者经济领域，而是在特定形势下国家采取的一项

综合性的支农措施，她因时而"生"，也必因势而"发"，如果开发方向不符合国家大政方针、不适应"三农"大局，必然丧失生命力。同样地，如果各地农业综合开发部门死板地、教条地、孤立地执行上级业务部门的规定和要求，而不能结合当地党委政府中心工作和"三农"发展实际，实事求是地搞创新、求突破，农业综合开发就难以在当地经济社会发展中"立足"，更不能引起领导重视。今后一个时期应突出把握的就是贯彻落实好党的十八大精神，把推进城乡一体化、加快现代农业发展、支持农村新型经营体系建设等作为工作重点。就潍坊而言，一个农业大市，农业基础较好，农业综合开发要把着眼点放在促进农业转型升级、推进跨越发展、再造农业发展新优势上。

三、农业综合开发不断坚持自我完善，事业才有生机

农业综合开发从国家到地方，建立了一套比较完整的制度体系和管理体系，这是农发工作的创造，是区别于其他支农项目的优势。但有些方面政策规定太死，束缚了基层工作创新的手脚。如国家规定地下管道铺设每亩不少于6米，有的地方就不适应；农民自筹资金纳入计划管理，不符合市场经济条件下农民群众的主观意愿。另外，各级开发部门为了拿到好的验收考核名次，执行上级标准不敢走样，甚至搞"质量竞赛"。如管道出水口严格执行50米一个，看上去整齐划一，非常漂亮，但利用率不一定高；格田执行250亩，修路占用农田现象比较普遍；为使农田林网"好看"，有的地方不考虑适地适树，林农矛盾加剧；进地桥不按实际需要布设，而是集中排列在主干道两旁，利用率低，等等。所有这些不啻是"质量竞赛"，也有形象工程之虞。因此，在制度设计上建议采取"顶层重宏观，中层重协调，基层重创新"的新机制。在实际工作中，充分发挥农民的监督作用和专家的评审作用，做到项目规划设计科学，内容符合实际，鼓励"个性化"开发。要重视调动和激发基层农发队伍、农民群众的积极性、创造性，鼓励工作创新，始终保持农发事业的生机活力。

四、要干好工作就得"用真心换民心"

要把农业综合开发工作做到农民心里，首先要用真"心"去做。要把农发工作作为为民服务的手段去珍惜，作为"孝敬"衣食父母的"心意"来呈献。要把群众满意不满意作为检验工作好坏的最终标准，群众满意了，工作就成功了；群众满意了，自己心里就踏实了。做到这一点，我认为要从两个方面把握：一要转变作风，"还权"于民。权力是人民给的，权力行使的好坏，群众说了算，要把群众愿

意不愿意贯穿到农业综合开发工作的始终。搞调查研究是主动迎合农民意愿的最佳途径，搞农发工作这一点尤为重要。所以要把调查研究作为农业综合开发工作的基本功常抓不懈，不搞一阵风，不等靠上级安排，要常态化。二要有奉献之心，体现自身价值。吃着农民的饭长大，干好为民服务的事，才能真正实现自身的价值，才能无愧于己。待到退休时，能够理直气壮地说，我无愧于党、无愧于民、无妄一生——岂不快哉？

五、农发干部要培养"良性循环"的健康心态

我一生的工作体会是：有付出才有成就，有成就心里才满足，心里满足工作才上瘾，这是一个"良性循环"。工作有了成就，领导肯定，同事们尊重，老百姓满意，心里就充实、踏实，就越干越有劲。反之，工作吊儿郎当，人人嗤之以鼻，吾内心空虚。无所事事，丧失信心，虚度光阴，人生还有什么意义？工作要干出成绩，一要树立正确的人生观和价值观，不要被私利所诱惑，不要被不良现象所影响和左右，要保持心存高远、一身正气。二要有不甘落后、积极进取的志气和热情。三要有干到老学到老的恒心，在边干边学、边学边干中提高工作能力和水平。四是要有工作的内在动力，培养工作情趣，始终保持良好的工作状态。

为了大地的丰收

聊城市农发办 李立泰

2012年春天回老家朱老庄，赶上了大西北刮来的沙尘暴。如毛毛细雨飞旋的沙尘，来到我干旱的老家，无疑起到了推波助澜的作用。我老家好说刮黄风。黄风裹挟着枯枝败叶杂草，天地间搅成一锅粥，打着旋、拧着劲儿，浓稠得化不开。

抬头看天，黄。

低头瞧地，更黄。

房屋和树都变成了黄的。

挂在天空的太阳，像刚从黄水里捞出来，鸡蛋黄儿样懒洋洋地闭着眼。

老家老的少的脸上写着：旱！他们眼里缺水，是我给他们打招呼时读出来的。

那几位漂亮的村姑，那一群干净利索的少妇脸儿失去了往常的红润、丰满、亮丽。干旱的风刮起的沙尘，把她们的脸儿磨黑了、刮粗了。我跟他们说话还遮遮掩掩地害羞……

2013年回家前，母亲在电话里说：你会开车了，开车回家吧，你快来看看开发区吧，咱家大变样了。我心里疑惑：母亲还说开发区大变样是咋回事呢？

不看不知道，一看吓一跳。下聊阳公路，迎面耸立起开发区大门：东昌府区朱老庄镇中低产田改造农业综合开发区。好家伙，原来的窄路崎岖坑洼，下雨水泥路晴天扬灰道儿不见了，宽展平坦的沙石路面车跑起来"唰唰"地。水沟上修了新桥、新涵。原来"小三马"都吭吭哧哧，现在是农用车、客车、小轿车畅通无阻。路旁新栽的杨树，热烈鼓掌欢迎我的到来，一片片、一方方、规规矩矩，金黄的麦浪滚滚，一派丰收景象。这才是社会主义新农村形象哩！

我慢行看家乡的变化。

迎面走来一群花枝招展的女人，她们那么水灵、风韵、亮丽。不像去赶集、不像串亲戚，一群人只一人扛张铁锹。嫂子朗润的脸儿放光，在人群里鹤立，我下车。嫂子风风火火的脾气，不跟她们似的那么有礼貌。哎！大干部来了，哈哈哈……嫂子"嘎嘎"地笑起来，来慰问慰问我们农民？

我说：嫂子别讽刺我了，你们这是干啥去？

嫂子看一眼大家：微笑。你猜猜？我看看嫂子姊妹们：我猜不出。嫂子得意地伸手一扬卡：俺们浇菜去。浇地不用拉柴油机水泵啦？

告诉你吧，咱区农业综合开发办，在咱们这儿十三个村搞了万亩农业综合开发。浇地不用油啦！卡一刷，水就出来哗哗地往地里淌！我高兴地说：嫂子，你们成农业工人了。嫂子回应着：快回家吧，咱娘等你哩……

我走进家门。儿子一声"娘——"老母亲那包容世界所有爱的一声"哎——"温暖得我心都动了。母亲拉着我的手，开始说村事。

去年这时候，因为浇地抢机井，您三叔跟三歪打架。今年可没那事了，浇地可省事了，叫什么，刷卡。

你来的路上看见了吧，今年麦子大丰收啊！多亏区里开发办有个叫杜广平的小伙子，他人可好了，见了我还喊老大娘。他带领小赵小王，他的人马几乎吃住在工地上，闹了多半年。

万亩方圆，路修宽了、直了。

机井多了，新打了九十多眼。

修桥闸子一百三十多个。

埋管子百十里地。

修沙石路快四十里。

栽杨树三四万棵，国家拿了八百多万哩！没叫咱老百姓摊一分钱。

娘，你咋知道这么多事啊？

咱地头立着大牌子哩，上边写的清清楚楚，明明白白。娘我白上识字班夜校吗？孬好还认几个字嘛。好事多了去啦。小啊，你一家来县里不是好喊你吃饭啊？你见了县长，得好好地夸夸那个小杜……

娘，不用我夸杜广平主任，区长都知道，是区长安排他这么干的。

娘哦了一声，说：要不这样，咱今年大丰收，你把小杜他们请咱家来吃顿饭行不？得表表俺老太太的心意。

行！娘，我一定办好这件事，把杜主任和他开发办的人马请来。

我的农业综合开发工作十八年

济宁市任城区农发办　薛秀玲

我是1995年3月担任任城区农业综合开发办公室主任的,十八年来农业综合开发工作主宰了我的喜怒哀乐,办公人员从上任时的2个人到现在的12个人,办公条件从一间办公室两张桌子,到现在包括会议室在内九间办公室,一部车,办公设施一应俱全。可以说任城区农业综合开发工作在不断地实现着我的梦想,达成着我的愿望。项目区粮食、瓜果、蔬菜、苗木的茁壮成长以及老百姓对党和政府的感谢就是对我工作的最高褒奖。谢谢农业综合开发这个充满激情的工作,给了我实现人生价值的机会和条件。

一、农业综合开发工作把我变成了一个有成就感的人

十八年来,带领开发办全体人员围绕"支持农业发展,改善农业生产条件,提高农业综合效益,增加农民收入"这一宗旨开展农业综合开发工作,共投入开发资金11992.5万元,改造中低产田25.64万亩,开挖疏浚沟渠1257.2公里,硬化衬砌渠道4公里,建设生产桥涵7397座,新打机井1888眼,配套旧井876眼,建井房1881间,铺设地下管道736.7公里,埋设输电线路391.6公里,改良土壤17.9万亩,深翻整平土地11.04万亩,修机耕路540.5公里,购买仪器设备166台套,示范推广5.04万亩,科技培训19.15万人次,植树170.2万株。共改善除涝面积21.1万亩,新增除涝面积4.54万亩,改善灌溉面积22.1万亩,新增灌溉面积3.54万亩,新增节水灌溉面积15万亩。同时加大了对农业产业化项目的扶持,十八年来投入3177万元扶持了15个产业化项目,发展了接庄红心萝卜合作社、石桥金荷藕业合作社、长沟运河之珠葡萄合作社、李营继发蜂业合作社、北城苗木专业合作社等,扶持了山东华仙甜叶菊股份有限责任公司贷款贴息项目,规划了李营苗木交易市场,形成市场牵龙头、龙头带基地、基地连农户的产业化经营格局。夯实了农业生产基础,加快从传统农业向都市农业转型,拓宽农业增效、农民增收渠道。

二、农业综合开发工作把我变成了一个有荣誉感的人

十八年来,在全体开发办人员的共同努力下,多次在省市检查验收中取得好成绩,2004年度被评为全省农业综合开发先进单位,16次被评为市级农业综合开发先进单位、机关作风建设先进单位、新农村建设先进单位和新农村建设帮扶工作先进单位等。项目管理科连续两年被区委区政府双评活动领导小组评为任城区十佳科室,特别是今年2月以第一名的好成绩荣获任城区最佳科室。本人也先后6次被市、区政府授予先进工作者,2001年4月被省人事厅、财政厅记二等功,2012年3月记区级三等功,2012年3月被市委、市政府授予农村六大重点工程建设工作先进个人。5次被市、区妇联授予"三八红旗手"。先后2次获"市农业综合开发先进个人"称号,2009年、2010年、2011年被任城区委区政府给予嘉奖奖励,先后2次被评为区模范共产党员、优秀共产党员,2010年4月被评选为任城区劳动模范,9次被区级以上单位给予了其他表彰。

三、农业综合开发工作把我变成了一个自我感觉有地位的人

我一个普通女人既是任城区农业综合开发办主任、党支部书记,又是任城区财政局党组成员;既是济宁市任城区政协第八届常委,也是任城区妇女联谊会副会长,区第十一次、十二次、十三次党代表,区第六、七、八届政协委员,省第十二次妇女代表。自当选为党代表以来,充分发挥了党代表的作用,认真学习宣传贯彻党的理论和路线方针政策,自觉维护党的团结和统一,深入基层调研,积极反映基层单位党员和群众的意见和建议。自当选为区政协委员以来,积极参与区政协组织的有关视察活动,运用会议发言、视察、提案、社情民意信息等多种形式,积极建言献策,较好地发挥政协委员的作用,其中《农业综合开发促进农业产业化的发展》、《加强农村农业基础设施建设,推进都市农业发展》两篇提案都被列入重点提案,在政协会上的发言得到了包括区长及几位区领导的高度评价。2007年1月被区政协评为模范政协委员,2011年7月《科技在都市农业中的运用研究》被评为区政协科技创新论坛优秀论文三等奖。自2011年10月当选为省妇代会代表,积极就妇女参政议政、改善妇女就业等问题建言献策。还积极承担社会责任,每年都参与捐款捐助献爱心活动,2008年汶川地震,先后捐款1800元,特殊党费1000元。资助联系贫困儿童、学生,经常给他们送生活、学习用品和助学金,定期看望并经常打电话询问他们的学习生活情况,让孩子们感受到亲情和关爱。

四、农业综合开发工作把我变成了一个有幸福感的人

十八年来,我走过了任城大地的东西南北,认识了很多人,也结交了很多的朋友,受到大家尊重。我参与建设了 23 个土地治理项目和 15 个产业化项目,涉及 8 个乡镇 200 多个行政村,受益人口 20 多万人。按照"开发一处农田,建设一个示范园,培育一个新产业,致富一方老百姓"的目标,通过实施水利、农业、林业、科技综合措施,项目区已建成"田成方、林成网、路相通、沟相连、桥涵闸、井泵房、节水管道和地下电缆相配套"的旱能浇、涝能排的高产稳产田,先后扶持发展了李营苗木基地、长沟葡萄基地、南张甜叶菊、特菜基地、甜瓜基地 5 个有地方区域特色的产业化基地,优势农产品种植面积扩大至 25 万亩,有力地推进了全区优质粮食、苗木、蔬菜和葡萄等主导产业的健康发展,项目区逐步发展成为特色鲜明、主导产业突出、结构效益显著、生态环境优美、农民收入较快增长的特色农业生产基地。如 2012 年万亩高标准项目区建成后新发展西红柿大棚种植面积 2000 亩,新增蔬菜生产能力 1400 万公斤,亩均纯收入达 3 万元左右,实现农业效益 6000 万元。预计 2013 年秋季项目区耕地流转面积将达到 5000 亩,新增产值 2 亿元。项目建成后还较大地节约了生产成本,仅长沟项目区 8 个行政村万亩土地每年就节约用水 45 万方,节省排灌费用 30 万元。产业化项目红枫精品园的建设也带动了合作社社员人均增收 5000 元。开发项目的建设改善了生产条件,美化了当地环境,增加了群众收入,提高了科技种田水平和群众的文明程度,受到了广大干群的欢迎和拥护,农业综合开发工作被老百姓亲切地称为"民心工程"、"德政工程"。

沧海桑田,斗转星移。世间万物,在岁月的长河中,有的转瞬即逝,不留痕迹,有的或深或浅地沉淀在历史的记忆中,但十八年的农业综合开发工作伴随着我走过了昨天、今天,将是我永生的记忆和财富。

我深爱着这片土地

青州市农发办 张敬霖

曾经,我的祖辈日日"面朝黄土背朝天";曾经,我的父辈"锄禾日当午,粒粒皆辛苦"。从小就接受着父辈的教育:"好好学习,跳出'农门',做个'公家人'"。30年前,凭着刻苦地学习、优秀的成绩,我终于如愿以偿,跳出了"农门"。如今,在机关工作20多年后,我的办公桌一半在机关的办公室,一半"搬"到了广阔的土地上、山野里,又成了半个"农家人"。

因为,3年前,我被安排到了农业综合开发的工作岗位上,成了一名"农发人"。

从此,我一年中大部分的时间都在田间地头、在山林荒野,因此又有机会看着一粒种子从埋入泥土,历经孕育、成长、收获,亲历"春种一粒粟,秋收万颗籽"的整个过程;有机会目睹枝头叶萌叶发、花开花落、果实从结成到青涩到成熟的整个过程。春来草自青,秋至果满枝,大地以其母亲一般广博无私的胸怀,不仅容纳着屋宇楼厦、芸芸众生,更长养庄稼果蔬,为众生提供着最滋养的食物。我这"半个农家人",重新建立起与季节、与土地的链接。

因为来到农发岗位,我的很多意识不知不觉中发生着微妙的变化。举一个最简单的例子:以前遇到下雪天,想到的是"路滑难行",现在首先想到的是"瑞雪兆丰年,明年小麦又有好收成了";以前遇到下雨天,想的是"泥泞潮湿真难受",而今脑子里跳出的第一个画面是:庄稼饱吸着雨露,更加欣欣向荣。

以前种地被称为"靠天吃饭"、"土里刨食",真是非常形象。土里长什么,口里吃什么。吃多吃少全看地里长多长少,若遇上天灾,土里不长,甚至得挨饿。农业综合开发的土地治理项目,为农业生产提供了十分便利的条件。灌溉一大片田地,只需要轻轻打开阀门,其余的就可以"坐享其成"了;道路四通八达,从种到收都有赖各种机械,省掉了许多人力和辛劳。回想我的父母亲种地的时候,一镢一镢刨,一镰一镰割,一车一车推。浇地时,需各家各户轮流,轮到自己家时,不定是正午还是半夜。即便是在半夜,也不能有一分睡意,否则,沟里的水说不定在哪冲开一个口子,水就不知跑哪去了。父母辈们种地的辛劳,较之现在可以说是超过千倍万倍。往昔的辛劳在父母亲的身上留下了清晰的印记。再回到家里,看到父母亲满手的老茧、满面的皱纹、满头的白发，心里有一种说不清的酸楚与感恩。

有个词叫做"穷山恶水"。乡亲们守着山、守着水，也等于守着艰难辛劳、守着空空的口袋。山和水，似乎成了贫穷落后的代名词。农业综合开发的山区治理项目，将这一切彻底改换了模样。一条条电线像一根根血管架进了大山，为荒寂千年万年的大山注入了血液和能量；一眼眼机井将大山的血脉打通，一座座水池像一只只清澈的眼睛，望着蓝天、白云、绿树。山，不再"穷"，而是富裕的象征；水，不再"恶"，而变得丰润、驯良。山环水绕，风光无限。有一位项目区的村支书曾激动地对我们说：有了路、有了水、有了电，进出方便，亮亮堂堂，旱不着涝不着，了不起啊，这是几辈子想也想不到的啊！这么好的条件，再像以前那样种地，就种瞎（浪费）了！我们得好好干，从土里多刨出点金子来啊！如今，山里人的日子早已今非昔比了：有机种植、养殖、生态游览、观光采摘……大山里装满了丰收的景象，装满了山里山外人的笑脸和笑声。目睹农业开发为山区带来的变化，我深感国家对农业、农村、农民的殷殷之情，也为自己能参与这份功在千秋、利在当代的工作甚感欣悦，也算是我回报父老乡亲尽自己的一份心力吧。

人们都喜欢把大地比喻为"母亲"，可在当下这个浮躁、功利的社会里，人们对"母亲"的态度却不是恭敬、谦和，而是过度地掠夺、压榨。农药、化肥的不合理使用，使土地不堪其负累，土地的品质在不断下降，依土地而存活的植物、动物的品质也非常令人忧心了。所以，我们在产业化经营项目的选择上，优先考虑那些既可以促进当地经济发展、带动老百姓致富，又能够与大自然友好、亲和的项目。在对产业化经营项目的选择、扶持上，在力所能及的范围内，希望可以起到一定的导向作用，愿大家都来善待"大地母亲"，与大自然和谐相处，以更加生态、自然的方式获取财富，使"万物皆得其宜，六畜皆得其长，群生皆得其命"不仅仅是一个美好的梦想。

有时候，我会到田野里，赤着足，用双脚去感触大地，我称之"接地气"。我们的双脚被禁锢、被隔离与大地的联系已经太久了。土地那么松，那么软，那么暖。我感觉到，大地的能量，通过脚底，源源不断地输送至全身，予我以滋养，更予我以鼓舞：以更多的爱和更大的热情投入到农发工作中去，以更好的成绩回报这片我深爱着的土地。

许身农发不言悔

高密市农发办 张尔志

又是一年小满日，正逢项目竣工时。

2013年5月21日，由农发办、财政局、项目镇、水利勘测设计院、监理公司等单位有关人员组成的验收组，来到位于高密市阚家镇的2012年度中低产田改造项目区，对项目建设内容进行竣工验收。

置身焕然一新的项目区，但见绿油油的麦田，成方成格的一片片绵延展开，黄灿灿的油菜花，白生生的豌豆花，成畦成垅，张扬着初夏的热烈和奔放，盎然的点缀其间，充满着你的视野。新植的黑杨和竹柳一排排一行行，勃发着生机和茁壮，交织成网，错落成带，像英姿飒爽的待阅士兵，精神抖擞地守望着茂盛的田野。16条平整的机耕路，或纵或横一字排开，60座储水方塘挽着配电房，穿起路边500多个白色的给水口，像洒落在碧浪中的串串珍珠，又像五线谱上跳动的音符，勤劳的农民徜徉在麦浪里，尽情弹奏着，让清澈的水潺潺的灌进自家的麦田，把难抑的喜悦和对丰收的憧憬写在幸福的笑容里。

眼前的景象，每年都在同样的时节，缓缓在我面前展开，熟悉而亲切，就这样一次次感动着一个普通农发人的心。

2006年3月，我调往高密市农业综合开发办公室，担任主任职务。面对着一个陌生的岗位，尽管自己有多年农业农村工作的经历，但就农业综合开发工作而言，的确是一个崭新的领域。如何尽快适应业务开展工作，是我面临的首要课题。首先我仔细全面地翻阅了多年来的档案资料，与同事们促膝倾谈，向他们学习，向他们取经，短短10天，我就对农业综合开发工作有了一个大概而直观的了解。然后，我利用半个月的时间，到农业龙头企业，到实施过土地治理项目的乡镇，与乡镇工作人员、村干部、普通百姓座谈了解项目管护和运行情况，面对面、心贴心地倾听他们的所想所盼。身入心入地了解过程，让农业综合开发的概念逐渐在我心里明朗并立体起来。同时，对今后的工作，有了初步的畅想和思路。一个月以后，省审计厅审计组来到高密市集中审计前3年农业综合开发项目与资金。26天的审计活动，领导和专家们朴实的工作作风和严谨的工作态度，给我留下了深刻的印象，与其说是审计，倒不如说是对我进行了一次全面而系统的专业培训，让我对项目的实施和项目资金的管理与使用有了更深入的了解。2006年9月，利用世行贷款加强灌溉农业三期项目开始实施。开发面积8.5万亩、投资3988万元的世行三期项目，在当时是高密实施农业综合开发以来面积最大、投资最多、实施时间最长的土地治理项目，对外资项目的实施更无经验可谈。项目实施伊始，我就与同事们达成了一个共识，就是在学习中实践，在实践中探索，在探索中提升。我们先后到北京、昆明、厦门、西安等地参加国家农发办举办的业务培训班，到湖南、浙江、江苏、宁夏等地考察学习世行二期实施经验。同时，深入项目区大力开展宣传工作，积极发动群众，调动群众支持开发、参与开发的主动性和积极性，夯实项目实施的群众基础。经过四年的辛勤工作，2010年6月，项目建设竣工完成，达到了预期成效并通过了世行和国家办的验收，赢得了各级领导和专家的一致好评，尤其是项目区受益群众的广泛赞誉。往后的几年里，又陆续实施了三个中低产田改造项目和一个高标准农田示范工程建设项目，均顺利通过上级验收并达效。土地治理项目的实施，极大地改善了当地农村的生产条件，提升了农业生产的装备水平，促进了群众的增产增收。

8年农发路，殷殷耕耘心。肩负着使命与责任，经历着风雨与坎坷，我和我的同事们，行进在群众期盼的目光里，用踏实的脚步，丈量着项目区的水田与林路，用辛勤的汗水，分享着项目区的丰收与希望。其中的甜酸苦辣，都已化作满腹的欣慰和惬意，融进了每一片我们用激情拥抱过的土地。我感谢农业综合开发，并由衷地庆幸自己能成为农发队伍的一员，在25年山东农业综合开发的厚重史册上，有我淡淡的一抹绿色，我欣慰并享受着这份荣耀，无怨无悔这段平凡而不平淡的经历，永远铭记这份执着而坦荡的情感。

追逐梦想的岁月

威海市环翠区农发办　王福军

光阴荏苒，山东农业综合开发已走过了 25 年的光辉岁月。25 年，只是人类农耕文明长河中的一瞬间，而对于个人来讲，却是我追逐农业综合开发梦想的全部年华。作为从事农业综合开发工作的基层一员，我以自己的切身经历和不懈追求，见证了山东农业综合开发 25 年的辉煌历程。这样一个值得纪念的特殊日子，心中充满骄傲和自豪，那追逐梦想的苦乐年华历历在目。

一、结缘梦想

我是农民的儿子，小时候亲眼看见了父辈的艰辛，幼小的心灵里总怀揣着一个长大后能够为山村里的父老乡亲做点实事的梦想。1988 年，我从农大毕业，抱着对故土、对农村、对乡亲的深情厚谊，来到了胶东半岛的一处乡镇农技站工作。尽管基层生活条件相对简陋，工作也千头万绪，但这里特有的蓝天碧海、红瓦绿树、淳朴民风，对于一个满怀创业激情的热血青年来说，无疑是个圆梦的好地方。

威海市环翠区地处丘陵地带，土壤瘠薄，十年九旱，农业科技的普及率还较低。当时，粮油平均单产不足 400 公斤，而淄博桓台县已经创造了"吨粮县"，现实的差距成为我努力工作的目标和原动力。恰在这一年，国务院决定设立农业发展基金改造中低产田，拉开了有计划、有组织、大规模的国家农业综合开发序幕。农业综合开发贵在"综合"二字，是对山、水、林、田、路进行综合治理，对农、林、牧、机、渔业资源进行综合利用，对资金、物资、劳力、技术进行综合投入。这对于单纯从事农业技术推广来提高产量的我而言，具有太大的诱惑力。我梦想成为农业综合开发系统中的一员，在广袤的农村大地上有所作为。

二、逐梦之旅

(一) 在鼓舞中期待梦想

乡镇农业技术员,经常面对的是黄土地,在田间地头直接跟农民打交道。那时的我,带着一身书生意气,做着最简单、最基础的农技推广工作。尽管苦中有甜,然而,自己付出的努力总觉得满足不了我理想中的成就感。气候十年九旱,百姓期待治水;山路崎岖难行,群众盼望修路;种田效益太低,农民渴望科技。面临着这诸多的制约因素,我能做的只是向农民一遍遍传授最基础的耕作技术,在三夏三秋中通过自己苦心设计的试验田来示范带动农民的积极性,收效甚微。我因此时常纠结其中,深深感受到了自己的渺小和无助。

1988年开始的全省农业综合开发,潮涌黄淮海,瘠地变良田,像和煦春风给广袤田野带来了无限希望。身处胶东一隅的我不由自主地密切关注着农业综合开发动向。我惊喜地看到,在鲁西平原的农业综合开发项目区,井然有序的路、渠、林带把无垠的原野界格成块块充满生机的方田,使人不禁联想到那首《在希望的田野上》的欢快旋律。短短几年,山东农业综合开发先后完成一期投资12.59亿元、二期投资12.35亿元,涉及耕地和惠及人口均占全省的2/3左右。我做梦都期盼着农业综合开发能够早一天来到我们威海市环翠区。这一盼就是将近10年!

(二) 如愿步入梦想的殿堂

1998年,威海市环翠区列入农业综合开发计划。当我听到区里要成立农业综合开发办公室的消息时,一向沉稳的我,再也坐不住了,在经过彻夜未眠的抉择之后,第二天就找到有关领导要求入列。记得当时领导关切地看着我说:"小王,你在基层工作已经取得了一定成绩,也是站所领导,将来很有前途,到了新的单位又得重新做起,当一名小伙计,你可得三思啊!"我没有多加思考,坚定地说:"我多年来一直关注着农业综合开发,她是彻底改变我区农业现状的重要途径,我能作为其中的一员,发挥自己所学专业特长,将来一定不会后悔!"就这样,我终于如愿以偿开启了人生新的逐梦旅程。

(三) 在汗水和机缘中成就梦想

刚刚成立的农发办,只有一位领导加上我们两个伙计,我们三个人承担起了全区农业继往开来的新使命。农业综合开发是一项新生事物,工作程序复杂,涉及的学科点比较多,一切都得从零开始,但我相信天道酬勤。多年来,我坚持在工作中学习,在学习中积累,努力提高自己的实践经验和理论水平。先后自学了项目管理、水利工程、财会实务等多学科的相关知识,并通过组织上提供的学习机会,借鉴省内许多先进项目区的典型经验指导本区开发实践。在工作中,不畏辛苦,苦中求乐,为了项目长年累月奔波在相关部门和田间地头。每组织实施一个项目,往往要克服重重困难,难的是前期准备阶段群众对耕地调整的不理解;难的是项目立项后各项制度落实的逻辑性和严谨性;更难的是项目实施阶段综合协调的复杂性和责任感。有时候,个别乡镇领导只注重所谓"中心工作",重视项目争取,放松项目建设,这对于季节性很强的开发工程而言,一旦错失工期,耽误的可是一个年度的计划任务啊!遇到这种情况,让我体会到了前所未有的困难和压力,只有告诫自己:农村工作需要耐心和细致,自己认定了的事业再难也要闯下去。只有一遍遍做工作,才能引起领导的重视;只有一趟趟去督导,才能保障工程的进度和质量。每竣工验收一个项目,心中都会有些许成就感。但在此时,心依然不能放下,还要想到老百姓使用的怎么样?以后的管护如何才能落实好?就这样,十几年来,我在从事农业综合开发工作的酸甜苦辣中,展示着自己不平凡的人生。

成功要靠自身努力,更要靠机缘。多年的工作实践证明,国家和省有关农业综合开发政策的不断完善,各级领导的正确指导就是我实现梦想的最大机缘!1999年5月,国家提出了农业综合开发"两个转变"的方针,使农业综合开发从以往追求增加主要农产品产量为主,转到调整结构、依靠科技、发展"高产优质高效"农业上来。正是在这一转折阶段,我们环翠区抓住了两个重点:一个是科技示范,组织实施了10000亩的高新科技示范项目;一个是节水灌溉,组织实施了5万亩土地治理项目,探索总结了我国北方沿海经济较发达缺水地区节水灌溉新模式,使环翠区农业综合开发在起步较晚情况下,快速进入全省先进行列。2001年和2004年,环翠区两次被省政府授予"全省农业综合开发先进单位"称号。2001年6月,国务院副总理温家宝视察了威海高新科技示范项目区,给我梦幻人生留下了永不磨灭的美好记忆。

(四) 真切体味圆梦的甜蜜

回味逐梦的旅程,总有一些难忘的里程碑式的记忆。2005年8月4日,《山东省农业综合开发土地治理项目建设标准》发布,奠定了中低产田改造项目向高标准农田建设转变的坚实基础。8月22日,财政部第29号令颁布了《国家农业综合开发资金和项目管理办法》,标志着农业综合开发管理的制度化、科学化和规范化。伴随着这一进程,环翠区围绕现代农业和新农村建设目标,以土地治理项目为中心,改造中低产田面积10万亩,农产品生产能力显著提高;以产业化经营项目为重点,扶持壮大农业龙头企业和农民合作组织15家,农产品基地建设和质量安全标准显著提升。我所热切期盼的农业综合开发成果终于挂上了威海环翠绿野的枝头。农业综合开发在促进农业基础设施和生态环境建设，推进科技兴农和农村经济结构调整等方面发挥了重要作用，取得了显著的经济、社会和生态效益，为农业增效、农民增收做出了重大贡献。我本人也从一名普通工作人员，一步步成长为区农发办主任，锻炼成为农发工作的"行家里手"，赢得了领导和基层群众的认可，在追逐梦想的岁月里实现了自我超越。

至2008年的20年间，山东开发范围扩展到17个市、123个县（市、区），覆盖全省农业县总数的95%。农业综合开发已经成为广大农民普遍受益的一项好政策。

2008年7月11日，中央电视台《新闻联播》以"国家加大力度改造中低产田 年新增生产能力60亿斤"为题，报道了农业综合开发改造中低产田，提高粮食生产能力的情况。这一天离8月8日很近，看后我眼噙泪花，感觉就像是一个中国人终于圆了百年奥运梦想一样激动万分。

三、放飞梦想

回顾过去，自1988年党中央国务院作出农业综合开发战略决策以来，山东省紧抓机遇，开拓奋进，从起初的中低产田改造到高标准农田建设，到扶持产业化经营，到支持农民合作组织，一步一个脚印、一年一个台阶。2012年，山东农业增加值达到2329.9亿元，连续10年粮食增产，总产登上902亿斤新台阶；农民人均纯收入9446元，连续10年快速增长，比上年增长13.2%；农业产业化省级龙头企业发展到743个，国家重点龙头企业89个，农民专业合作社69880个。数字的背后，农业综合开发功不可没！正如温家宝总理指出的那样，"农业综合开发是社会主义市场经济条件下，国家支持和保护农业的一个有效手段；是巩固和加强农业基础地位的一个重要途径；是提高农业综合生产能力的一项关键措施；是促进农业可持续发展的一个重要推动力量。"

展望未来，山东现代农业发展前景广阔，农发工作依然重任在肩。2009年5月19日，国务院副总理回良玉作出的"两个聚焦"重要指示，为农业综合开发指明了方向。根据国务院批准的《国家农业综合开发高标准农田建设规划》，到2020年，将再造4亿亩高标准农田。机遇难得，未来的项目区将更大范围地实现灌溉节水化、耕作机械化、种植区域化、农田景观化、产出高效化。

生在走向盛世的中国，是我们的幸运，我儿时的愿望也在我的逐梦旅程中点点滴滴地实现着，我决意专心做好自己的梦。因为，实现中华民族伟大复兴的中国梦，需要依靠人人给力，踏实勤干，需要用我的梦编织中国梦，需要凝聚全民族强大合力形成的正能量。千秋家国梦，此时正在圆。用生平作证，我拙笨的笔触也许难以记述未来的发展道路，因为，追逐梦想的岁月总是那样无以言表的甜蜜。

散落田间的记忆

无棣县农发办 丁宝冲

时光流逝，再也无法找回，就像一抹夕阳淹没在夜色之中，只能期待来日再现光芒，在工作生活的点滴里，我们曾经拥有剪不断的记忆，每逢忆起田间往事，我仿佛身临其境，便隐藏不住内心的狂热，那是一种深情的向往，那仿佛就是我的梦想。伴随着每一盏旭日的升起，伴随着每一滴咸涩的汗水，伴随着每一起欢快的笑声，慢慢地，将多少憧憬，多少辛苦，多少美好写入记忆，铭刻在心底，挥之不去。

金秋时节，由于工作调动，我加入了农发行列，在田间的地埂上，在实地勘测的工地上，开始我新的工作正式开始，新业务正式步入学习阶段，新的实践正式迎接我的挑战。

县城与工地不过六十华里的路程，由于实地勘察测量需要，我们便每天早出晚归，往返于城乡之间。从此，我们每天在田间荒地行走，闻着庄稼的芬芳，看着遍地的野花、小草和大树，聆听着鸟鸣鸡叫，呼吸着清新的空气，虽然阳光不作美，但这一切总能让被汗水泡透的我感到神清气爽。每到睡觉的时候，只要我闭上眼睛，就能看见那丰满的果实，闻到那土地的味道，闻着闻着，就会轻轻飘起来，田野的味道就会油然而生。

早晨当雾霭还笼罩着村庄，太阳在东方冉冉升起，村里的鸡叫犬吠还没有催人们起床的时候，我们便一碗玉米粥，两根油条，一碗老豆腐进肚，启程出发了。傍晚当柴草燃烧的清香在烟囱里飘出时，在地里辛苦了一天的乡亲牵着牛羊悠然踏上回家的路，开在路边的豌豆花、长在墙头上的猪耳豆、爬满沟崖的喇叭花，都在争先恐后发出甜绵的幽香。一座老屋，一杯清茶，一缕炊烟……只要你仔细闻闻，这些都是有味道的，或香，或辣，或苦，或甜……它们组合在一起就成了农村的味道。乡村里人感情是真挚的，见面总会打个招呼客套一下，"大叔，你吃了吗"、"二哥，你回来了"。街头上更是交流、谈天、唠嗑、骂架的好地方，不论是叔叔大爷媳妇还是二大娘，嬉笑怒骂的才能都会在这里展现。

无论是早晨，还是中午、傍晚，炊烟都是一道风景，是一道彩虹，是一朵飘逸的白云，是一个家庭的温馨，是一个乡村的祥和。镇政府的内部餐厅有几张桌子，那是我们的公共饭桌,一人端着一大海碗稀饭,往大饼里夹上几根菜,几个人一围,测量的工友们,不论张王李赵都是一家人,柴米油盐海阔天空都是谈论的话题,各自阐述自己的观点,激烈程度不亚于一场跨国辩论大赛,浓浓的感情在这里得到升华,天南海北的绯闻轶事都在这里交流,世界各国的重大新闻也在这里成为谈资,那是一种多么快活和有趣的生活,一天再多的辛苦也都付之东流了。

这时候的我们是最充实的,作为农业开发人,我开始逐渐地感觉到,其实我们每个人都像是田间的一棵树,不管走到哪里,我们的根都深深地扎在了这田间乡村,心系群众,乡村的味道一直伴随着我们。乡村的味道是工作的动力、乡村的情结可以成为战胜一切困难的勇气,催促着我们不畏艰难险阻,在农业开发这条路上不断前进,在人生的路上不断追求、不断努力拼搏。我开始慢慢地热爱这项工作,这是我的骄傲,这是我的自豪,这更是我永远割舍不断的情缘。

我爱农业综合开发,我爱乡间田野的味道,抓一把泥土,摘一个树叶,嗅一嗅都有亲切感。闲时,每次路过乡村,看到经过我们改造过的项目区时,看到这工整而合理的田间工程,我总忍不住静静地回忆那充满着汗水的欢歌笑语……然后欣然敲打着键盘,让心情游走在字里行间。静静地怀念,静静地遐想,听着优美的音乐,品着苦涩的绿茶,触摸着那些莫名的情愫,风景,依然秀丽。

江南在望

寿光市农发办 肖庆臣 李同忠

这是什么地方？一眼望去，柳已成荫，杨已成行，方方田亩，小苗茁壮，塘里莲风送荷香，池边盐坨闪银光，桥架南北，路通八方，自然有序，顿挫抑扬……分明未润江淮水，却疑身处江南乡。原是昔日碱渍地，如今乾坤大转移，问谁"武功"超卓群，国家农业综合开发的惠农政策是首推，农发人是咱寿北农民最贴心的人。

那曾是怎样的一方水土？天苍苍，野茫茫，草不丰，水齁人，庄稼瘦，牛羊弱，地冒白碱，树难成型……这里地广人稀，是老百姓俗称的"兔子不拉屎的地方"。盐碱重的区域地表泛着层层碱圈，连耐碱性极强的龙须菜、曲曲菜、不老花等都退避三舍，就更不用说其他花草树木和庄稼了。地势低洼的地方大都砌成了盐田，碱性稍差一点的被农人们开垦成了田地，这里一小片，那里一见方，零零散散，起早贪黑，勤苦耕耘，最后还得靠天吃饭。旱了无水可浇，涝了无处"泄洪"，劳而无获的年景时遇，血汗白洒的季节常有。"庄稼不收年年种"，老百姓对土地的那份执著如同虔诚的信仰，他们始终坚信生他、养他、祖祖辈辈生活在这里的这片土地是不会舍弃他们的，不是万不得已，他们怎舍得背井离乡！人口还是在增长着，村庄不断地扩大，土地需要为人们的奉献更多，于是，更多的荒地被开采，更多的荒滩变盐田……人们对土地做得最多的是简单的扩张和利用，更多的是索取而非施予。没有长远的规划，没有治本的改良，没有综合的利用，没有因势利导的疏通，不顾及良性的循环，更妄谈可持续发展……日渐贫瘠的土地啊，真有些"气喘吁吁"不堪重负！许多的年轻人对土地失去了信心，义无反顾地走出了碱窝窝。因留恋而留守的农人们也生出了诸多无望的叹息：日子是越来越好了，可再好的生活也离不开土地啊，土地不生产了，就失去根基了，好日子又能支撑多久呢？这些朴素的道理老百姓懂得，国家政府当然从来也不曾忘记过这个穷僻的角落，歉收的年头都有救济粮补给，也常派工作组来指导生产，可救得一时，救不得一世，授人以鱼哪如授人以渔！

农发人来了！带来了国家农业综合开发为民造福的好政策，带来了项目建设的计划和国家财政扶助资金，也带来了寿北农业发展的新春天！踏踏实实一心想为老百姓干实事的农发人很快就打消了当地老百姓的疑虑，不是蜻蜓点水，不是形式主义，不为表功扬名，不为争权谋利……只因农发人最了解寿北人世世代代的疾苦！帮他们做点什么的时候到了，机会来了！于是农发人满腔热忱甩开膀子开始大干了，他们请专家，串农家，学经验，实地查，科学规划，精心设计，细打算，重落实，田间地头、沟头崖岭都成了他们的办公地点，废寝忘食时有发生，让老百姓都看不过：这国家人真不容易，还有这样吃苦受累的……由衷的钦佩和感激让老百姓在工作上积极配合，一呼百应，并主动请缨，脏、累、重活抢着干；在生活中待他们如自家的兄弟和儿女，跟他们拉家常聊心事嘘寒问暖无微不至。农发人总觉到自己做的还很不够啊，可老百姓感到知足很知足！你看，在农发人的领导、组织和资金的扶助下，一座座桥梁建起来了，条条机耕路直达每块田地，一眼眼深水机井抽出了淡水，引水渠在田亩间如"祥云缭绕"，低压输水管道通到每家每户的地头，阡陌纵横的树木是绿色的屏障，固定着水土，改善着生态环境……让寿北人想也想不到的梦在今天实现了：再也不用蹚水过河背庄稼，再也不用走那或坑洼或泥泞的小路，再也不用望机器而兴叹，再也不怕旱不收涝不长，再也不用担心风暴恶天气！种点地还有啥难？想种什么会不成功？何况还有农发人带来的新品种新技术新方法，以及他们手把手地教和对新型农民的培训……

农发人与当地老百姓打成一片，再苦再累心里甜，他们也为实现了一期目标而欢欣鼓舞：田成方，树成网，标本兼治将盐碱的中低产田改造成了高标准的效率田，使寿北项目区成了寿北广袤土地上一颗闪亮的明珠，它点燃了寿北人久久埋在心底的渴望，这星星之火定成燎原之势，寿北必会撑起寿光经济腾飞的半壁江山！

更多的年轻人回来了，家乡天翻地覆的变化让他们如梦如幻，还是站在自己家乡的土地上心里踏实，他们要在这方热土上实现人生的价值。困难不怕，有农发人在呢，这些"上帝派来的天使"（当地老百姓这么说的）不会就此自满，更不会就此止步，他们对自己有更高的要求，也早就定好了二期、三期发展目标……到时，麦浪滚滚，瓜果飘香，林深草茂，兔欢马叫，苇风浩荡，渔歌唱晚，和谐社会，人寿年丰，柳儿轻拂，水波含笑……不是江南，更赛江南！不羡桃源，只愿扎根盐碱做个寿北人气定神闲！

农 发 颂

平原县农发办　李德锋

忆昔望天田，农事惹人怜。举目眺望处，苍茫多荒碱。时有蒹葭①生，狡兔傍地欢。瘠薄差人意，高产成梦幻。遇旱水如油，地裂冒青烟。逢涝雨绵绵，蛙声吵成片。时不与吾待，仰叹奈何天。心无定心丹，焉能不胆寒。祈求风雨顺，上苍保平安。出行心踌躇，羊肠小径颠。骄阳当头照，绿荫则惘然。若遇大风起，黄埃散漫天。日月无颜色，挑灯伴枕衾。岁岁面黄土，朝朝背朝天。仓廪无长进，腰酸背脊弯。对影常自怜：农事多畏艰。安得小康景？庶民翘首盼！

国策重民生，农发送温暖。阴霾迹无踪，拨云见青天。农发人给力，豪气冲霄汉。风萧易水寒，断腕不复返。砥砺亮利剑，重整旧河山。浩气展虹霓，爆竹奏凯旋。任凭风浪起，扬帆冲险滩。黾勉②度寒暑，躬身化春蚕。欲寻宏图计，辗转路八千。喧啾融冷光③，夜寐难成眠。侘傺④无闲暇，憔悴衣渐宽。名岂文章著，何须惜华年！山高勤为径，奋勇来登攀。但求绩业秀，青史谱新篇。民生得意日，方为好儿男。

开发重理念，创新亦求变。规划布局精，方田连成片。运筹于帷幄，统筹谋发展。舆论造声势，宣传要当先。增强凝聚力，领导乃关键。摒弃己私欲，树立大局观。运行科学化，制度须健全：县级报账制，合理且规范；专家评审制，目光极前瞻；项目公示制，百姓心安然；工程合同制，权责便监管。广发英雄帖，招标务人选。标准无觅处，样板做示范。倾力保品质，打造新亮点。开拓新思路，转变旧观念。培训通心窍，雨露润心田。现代大农业，科技化生产。荒草地无踪，变身吨粮田。产业化经营，讲求点带面。产销一条线，组织须完善。基地加农户，安全抗风险。龙头前引路，开辟一片天。

农发结硕果，旧貌换新颜。平面划直线，纵横成方田。休言苦水涩，黄水引甘泉。问渠清如许？人定能胜天。设施建完善，旱涝保丰年。桥如彩虹雨，遍布于田间。何惧风雨狂，牢占结合点。莫道人卑微，俯首意非凡。天堑变通途，孰能不夸赞。阡陌似蛛网，通衢路宽坦。硬化保长久，旦暮出行便。告别烂泥坑，百姓泪潸然。走上致富路，破涕露笑颜。配方肥沃土，高产梦实现。机械显身手，稼穑⑤谈笑间。机电井配套，气定别忧烦。妇孺举手劳，吟赏戏柳烟。绿树村边合，莺歌舞蹁跹。尘沙避三舍，狂歌意阑珊。春风拂绿柳，对月弄丝弦。青山多妩媚，秃笔难复言。才下百衲衣，又披绿地毯。飘飘何所似，喜看麦浪翻。昔日不毛地，今成米粮川。放眼观世界，处处皆江南！

农业生态园，娱乐亦休闲。粼粼波潋滟，秋水日潺湲⑥。晓看红日出，临风听暮蝉。烟柳画桥畔，碧水荡轻帆。稻菽香千里，眷恋意缠绵。绿染苍山翠，客行叹变迁。王谢堂前燕，飞临村舍前。星垂平野阔，蜂蝶绕芳甸⑦。此身今安在？疑梦桃花源。嗟叹景如画，游人醉忘返。情浓春做伴，只惜时日短。

农发廿五载，戮力扭坤乾。昔曾放豪语，幸甚不负言⑧。民感语凝噎，执手看泪眼。孰言青冥⑨阔，不敌尔心宽。纵有千风情，奈何尺素⑩短。礼轻君莫笑，锦旗表心虔。农发如甘霖，党恩大如天。感此心作浪，忘却己悲欢。衣食皆父母，民生记心间。自当鞠躬瘁，戎马冲向前！

注解：
①蒹葭：芦苇。
②黾勉：辛勤努力。
③融冷光：融解了秋天的寒气。
④倥偬：事情繁多的样子。
⑤稼穑：种植和收获，泛指农业生产。
⑥潺湲：水流的样子。
⑦芳甸：长满花草的原野。
⑧不负言：不失约。
⑨青冥：天空。
⑩尺素：古人书写用素绢，多用来指书信。

如果我走了
——从事农业综合开发工作二十年感怀
宁阳县农发办　殷　涛

如果我走了
我想变成一只蜜蜂
盘桓在这片热土
——我挚爱的农发项目区
采最好的花蜜
带回家
献给你
我的母亲

如果我走了
我想变成一朵小花
绽放在这片热土
——我热恋的农发项目区
敞开花瓣
流出花蜜
让蜜蜂带回家
献给你
我的母亲

如果我走了
我想化作一阵春风
徜徉在这片热土
——我千万次深吻的农发项目区
轻轻地吹开花蕾
吹出蜂蜜

让蜜蜂带回家
献给你
我的母亲

如果我走了
我想变成一抔土
撒落在项目区
滋润花木
开出花蕾
让蜜蜂采出花蜜
带给你
我的母亲

如果我走了
我想变成一座山
矗立在你的身后
俯瞰我们美丽的家园
——见证农发项目林茂果丰
我爱你
我的母亲
我的家

……

独爱农发情

临沂市河东区农发办 马 芳

我独爱,
沿着顺畅坚固的防渗渠道,
细细聆听渠水欢乐的交响曲。
是谁让昔日坍塌曲折的土渠,
变成这旱能浇、涝能排的幸福农渠。

我独爱,
沿着笔直平坦的机耕路,
走遍林网间隔方整肥沃的田地,
是谁让昔日贫瘠的中低产田,
变成这田成方、林成网的希望田野。

我独爱,
追寻着那春华秋实的四季变幻,
看那稻麦青又黄,
是谁让昔日靠天吃饭、挥汗如雨的父辈老农,
见证这稳产高产的大地丰收。

是我们求真务实、勇于争先的农发人,
承载着新型农业的中国梦,
铸造了这农业发展史上的里程碑。
科学发展是我们的指导思想,
现代农业是我们的前进目标,
政策扶持是我们的不懈动力,
人民满意是我们的毕生骄傲。

我独爱,
这深深的农发情!

江城子·农业综合开发

威海市农发办　张　禹

修涵铺路建平塘。
田成方，树成行。
土地治理，敝野换新装。
只为农民能致富，笑满面，谷盈仓。

贴息补助架桥梁。
小扶壮，大扶强。
财政兴农，产业塑辉煌。
直挂云帆沧海济，十亿众，奔小康。

开 发 述 怀

章丘市农发办　王延风

那是一九八八年,改革开放都需钱。国计民生长远计,国家成立农发办。单独划出财政款,投入农业促发展。四高八化起点高,四项措施很全面。水利农业林业外,科技措施来助战。

一石激起千重浪,一声春雷声震天。镇村急赶头班车,争先恐后挤向前。政策对路干劲足,处处农田笑语欢。钻机隆隆打新井,铺设管道和电缆。路宽渠畅人勤奋,丰收一年又一年。

我干开发整八年,也有辛苦也有甜。本是农业一老兵,综合开发掀新篇。前辈身教重于言教,边干边学长经验。规章制度定的紧,规划内容不能变。调整变更走程序,千万别碰高压线。

争取工作主动权,立项规划是起点。选址正确干劲足,符合实际最关键。机井配套沟渠连,路网林网展画卷。深耕深翻秸秆留,良种良法落田间。干群齐心又协力,打造农业新明天。

幸福不会从天降,说话容易干事难。沟渠道路和桥涵,都在群众地里边。清障占地布局好,需要逐户把话谈。耐心细致讲道理,大处小处说一遍。群众理解与支持,我们心里最喜欢。

工程作用大与小,质量是条生命线。公开招标走程序,既选队伍又省钱。天天巡查与抽检,不怕酷暑与严寒。施工队伍重利益,偷工减料时常干。批评教育再整改,好话歹话说千遍。

受党教育这些年,深知责任与风险。兢兢业业干工作,生怕犯规与出线。面对压力与期盼,承受委屈肚里咽。别人享受小长假,我们加班又加点。磨破嘴皮与鞋底，一声夸奖心里甜。

　　面对农业新形式，开发迎来新考验。道路标准已过时，面面俱到失重点。资金投入强度低，面广量大很分散。国土农业与水务，都来开发似狼烟。审时度势转思路，迫在眉睫不能缓。

　　物换星移日月转，伟大祖国展新颜。"三农"面临新机遇，开发迎来新春天。大户承包遍地是，农业园区春笋般。一盼政策来扶持，二盼资金来支援。借力发展上规模，迎来春色换人间。

　　从来没有千年策，墨守成规误家园。闭门造车世人笑，调查才有发言权。因地因时制宜好，好钢宜用在刀尖。二十五年成过去，功过自有世人谈。吾辈接棒当自强，与时俱进梦实现。

农 发 人

临朐县农发办　井明伟

脚印，踏在厚实的土地上
你用青春的长度
丈量着山外的边际
汗水，洒落在田野里
你用点滴的深情
滋润了农家快要干涸的希冀
你用黧黑的脸庞
辉映着田间那古铜色的背影
你用不夜的画笔
描绘着现代农业的瑰丽画卷

你是农民的儿子
从降生的那天起
你的根便深深地扎在
这广袤的土地
你的血液里
流淌着父辈们昨日沉重的记忆
曾经的贫瘠
矮化了你拔节的年纪
长年的日晒风霜
锻造了你钢铁般的意志
你用深邃的目光
将祖辈们走过的路
重新审视
你用开阔的思维
将父兄的梦

一点点托起
从平原到丘陵
从山区到滩涂
你的身影
忙碌在
辽阔的齐鲁大地
这就是你啊,千千万万的农发人
生于斯长于斯,信于斯诚于斯
献于斯,留于斯
采花酿蜜
生生不息

农发人之歌

临沭县农发办　景善华　李守鹤

脚踏一方土，
头顶一片天，
为官一任搞好农发工作，
造福一方共筑美好家园。
建好工程尽职责，
心系人民百姓暖，
呕心沥血终不悔，
心底无私天地宽。

晴天一身土，
雨天两脚泥，
任劳任怨忘记了节假日，
清正廉洁把住了质量关。
优质工程得民心，
"三农"政策人人赞，
农民富裕心里乐，
农村发展换新颜。

农业综合开发颂
——为纪念农业综合开发25周年而作

日照市农发办　周加成

一、成　效　篇

齐鲁开发，二十五年。强农富民，成就斐然。
财政扶持，公助民办。统筹规划，持续发展。
优势产业，培植重点。规模推进，效益呈现。
扶贫开发，排忧解难。因地制宜，特色凸显。
治理土地，增收高产。水利设施，能排能灌。
农田道路，纵横相连。田间林网，生态改善。
农业科技，慧智增产。深翻改土，地力挖潜。
筑巢引凤，土地流转。产业经营，优强为先。
补助贴息，各具优点。龙头企业，添翼扬帆。
合作组织，利益均沾。基地培育，企兴民盼。

二、管　理　篇

农发项目，严抓细管；依制依规，运作规范。
申报指南，公开浏览；择优选项，效益优先。
竞争立项，现场答辩；考察评议，专家评判。
规划设计，广纳意见；实地勘察，精测细算。
制定方案，据此承建；计划调整，分级批办。
项目法人，明晰责权；协调推进，真抓实干。
施工单位，招标评选；落实预算，不得擅变。

工程监理，专业从严；特聘百姓，监督旁站。
部门协作，统筹发展；整合资金，优化资源。
项目资金，年度预算；专人专账，报账提款。
部门督导，严格把关；培育典型，树立样板。
竣工验收，综合全面；量化打分，秉情实断。
项目详情，公示展现；阳光运作，打造亮点。
工程管护，移交产权；机制灵活，效益百年。

三、队　伍　篇

农发系统，职能健全。农发队伍，精兵强干。
政治坚定，业务精练。创新思维，高效运转。
力聚心齐，攻坚克难。善于学习，深入调研。
群众路线，工作基点。社情民意，心中了然。
绩效考评，干劲倍添。工程管理，创优争先。
信息宣传，展示风范。日常工作，有序井然。
风险节点，靶向控范。清正廉洁，拒腐防变。

四、展　望　篇

回顾过去，心中欣然。且看今朝，激动难掩：
定位准确，目标高远，方略俱佳，活力彰显。
未来蓝图，壮阔绚烂。光荣使命，就在面前。
农业增效，粮食安全。农综开发，重要一环。
时不我待，任重道远。借得东风，破浪向前。
开拓进取，奋勇争先。再创辉煌，中国梦圆！

大地不会忘记
——献给农业综合开发工作者

新泰市农发办　薛　莲

在这片古老而神奇的土地上
挥斥方遒
指点河山
水土田林路综合治理
谱写复兴新篇章
在这片广袤而美丽的土地上
燃烧激情
放飞青春
沟渠桥涵电全面配套
实干成就中国梦

承载着党和国家的重托
保护农业　支持农业　发展农业
农业综合开发人
使命在身　责任在心
激情满怀　步履铿锵
改造中低产田
建设高标准农田
推进农业产业化
实施农业现代化
建设社会主义新农村

选项、立项、规划、设计科学合理
招标、施工、验收、管护一丝不苟

清晨，迎来第一缕朝阳
黄昏，送走最后一抹晚霞
桃红柳绿的春日
你细细捋过每一寸土地
却无暇拥抱妩媚的春光
迎着夏的骄阳
你的足迹遍布沟沟壑壑
洒一路汗水　播一地希望
秋日的田野
你摇曳成一株红高粱
在方田、沟渠、桥涵、井房间抽穗灌浆
呵一口气搓搓手
将冬日的寒风与暖阳共享
当皑皑白雪漫山遍野
你的身影消失在地平线上

没有盘古开天的利斧
没有夸父逐日的脚步
勤劳智慧的农业开发人
溶理想和信念于大地
奉献满腔光热于人民
富农强农　承诺如山
利民惠民　践诺如天
泰山为证　黄河可鉴
誓叫农村面貌焕新颜
开启农业发展新纪元

25 载耕耘　　天道酬勤
农业开发　　灼灼其华
方田肥沃　　交通纵横
沟渠相连　　桥涵畅通
干旱能灌　　洪涝能排
机械耕作　　科技先行
龙头连基地　基地带社员
生态高效　　物茂粮丰
农业增产　　龙头增利

· 466 ·

财政增效　　农民增收

花香伴鸟语起舞
歌声共笑声飞扬
踏遍神州人未老
风景这边独好

沁园春·颂潍城农发

潍坊市潍城区农发办　宫益东

北海大地，良田万顷，林茂粮丰。
喜鸢都湖水，波光鳞次，潍州内外，松翠柳绿。
土地治理，路通渠畅，和谐平安好景象。
新农村，逢农业开发，民富地壮。

中低产田改造，现代农业建设忙。
看统筹规划，合理布局，精心施工，助推农工。
财政投资，科学发展，绩效考核做保障。
看未来，盼展翅腾飞，潍州梦圆。

沁园春·遥忆农发

曲阜市农发办 王 帅

齐鲁风光，千里平原，万里碧丘。
望良田沃野，茫茫无际，山间林地，鸟宿清幽。
道路林田，仟横交错，高效增收喜入眸。
流年改，赞农发业绩，硕果丰收。

农桥路树兼修，叹过往峥嵘岁月稠。
忆路边断桥，残垣难修，田间弃井，地瘠民忧。
农业开发，贫田改造，复垦扶农唤金秋。
常回首，数良田千万，还看神州。

水调歌头·颂农业综合开发

肥城市审计局 杨瑞波

仙境旧曾晓,
何得遍寻焉?
泰西肥子之国,
世上一桃源。
数载投资几亿,
设施兴修过万,
造化迥先前。
坡野满芳树,
泉隐润良田。

晋人幻,才景盛,
越千年。
抚今追昔,
谁不神虑自怡然。
怎忘农桑新政,
当放高歌相颂,
国泰庶民安。
切盼由来久,
长此在人间。

岁月如歌

——农业综合开发托起"富农梦"

淄博市临淄区农发办　文吉超

祖先曾在这里
随着太阳劳作生息
黄牛犁锄
把希望的种子
撒进这片厚重的土地
汗水流淌灌溉成长
用最醇的粮食酒祈祷
老天
给我一个风调雨顺的丰年
让孩子吃一顿香甜饱饭
希望失望贫穷希望
尘尘风尘中轮回复轮回
一辈又一辈
心底的梦没有迷失
在大地上空逡巡不去

改革的春风
呼啦啦唤醒了
九百六十万沉寂的土地
农业农村农民
再也不能这样过
再也不能这样活
一群人在这里指东画西
这里修条路
这里挖道沟

那里架座桥
再栽上行行绿树吧
他们说这是农业综合开发
从没听过
也没见过

人勤地不欺
壮志换来新天地
田野平坦坦方展展
明丽如画卷
阡陌纵横交织
缠绕着思念
绿林肩并肩
守护着眷恋
红顶蓝墙井房
如童话中的宫殿
五月蔚然天空下
是滚滚涌动的麦浪
十月金风吹过
是农家院里爽朗的欢声和笑语
日子是一壶蜜酿的好酒
醉了星光
醉了月亮

田野放歌
——河口区农业综合开发礼赞

东营市河口区农发办　张学杰

一

漫步在清新、亮丽的田野上
一边使劲地呼吸着给力的沁人心脾的芬芳
一边尽情地欣赏着恬美的、醉人的自然风光
流水潺潺去，行云悠悠来
鸟鸣春风，鹤舞朝阳
蜂蝶传情，天地凝香
这如诗如画一般的田野世界
正勃勃地生长着粮食的味道瓜果的豪情
棉花的絮语、蔬菜的力量
生长着农业综合开发的目标和理想

一片片绿地，一条条沟渠
一朵朵鲜花，一枚枚硕果
用清奇、烂漫和骄傲
高高地扬起了农民群众心中最美的向往

二

河口，这共和国最年轻的土地

· 473 ·

实践与探索

黄河曾在这里入海
在这里沉淀文明、填海造陆
在这里创造奇迹、放怀歌唱
数次改道，留下了数条故道，壮丽、苍茫
那些辉煌的故事，至今灿烂如初
向人们陈述千年沧桑

河口，这富有传奇色彩的土地
本该是最浪漫、最芬芳的生态园
是诗人沉醉、画家忘情的地方
可是，濒临渤海，潮涨潮落
潮落、潮涨，海风吹、海水浸
年复一年、日复一日，盐碱、贫瘠、荒凉
如同残忍的病魔
在破坏、摧毁着人民的幸福和梦想

三

我的土地我做主，我的热情最奔放
贫穷，不是我的专利
奋斗，才是我的渴望
"为有牺牲多壮志，敢教日月换新天"
河口，跨入了农业综合开发的好时光
二十五年啦，风风、雨雨
雨雨、风风，一批又一批
规划、建设队伍深入田间、地头和荒野
一个又一个综合开发项目得到实施和逐级验收
棉田开发、稻田改造、果粮间作
荒碱地开发、上农下渔、中低产田改造
还有"两黄"开发、"三网"绿化、"黄蓝"战略
每一寸光阴、每一处工地
都闪耀着农业综合开发者的形象
那夙兴夜寐的风采
勤劳、无私、坚毅、顽强
晶莹的汗水洒在地上，让幸福发芽，让梦生长

· 474 ·

大地可以作证，农业综合开发是一面旗帜
一面务实、求真的旗帜，它鲜艳、壮美
它征服自然，力大无穷
它造福当代，惠及子孙
它播种文明，收获希望

放眼原野，满地的沟、渠、路、桥、涵
库、管、泵、闸、林
全部成网了、成片了，和谐、精练
全都蓄能、蓄力、抗灾、抗碱
旱可浇，涝可排，路相通，渠相连
昔日一片片盐碱滩，竟治理成了芬芳世界
洋溢着喜悦，洋溢着激情
洋溢着自豪，洋溢着浪漫
且看，桃花红、杏花白，石榴开花灿如海
幸福的农民唱起歌
"今年种下摇钱树，明年俺把星星摘"

四

呵，这耳闻目睹的亲身体验，不是神话
而是活生生的真、活生生的美
这，就是嬗变，是神奇而辉煌的嬗变
变化之大，直让人生疑、惊叹
这嬗变，没有天赐
它，源于因地制宜、科学规划、大胆实干
源于各级财政的慷慨扶持和齐抓共管
改天换地了，我亲爱的河口
改天换地了，我勤劳的人民
"兔子拉屎碱屁股"的历史一去不复返啦
善良、勤劳的河口人
可以怀揣着盼头、怀揣着梦
在充满希望的田野上播种、收获、歌唱
这该是何等的美好、何等的幸福

五

河口，黄河三角洲上的一颗明珠
这该是真正的名副其实啦
在这名副其实的称号里
凝集了祖祖辈辈河口人的朝思暮想
倾注着农发人员披荆斩棘的血汗
汇聚了农业综合开发的巨大能源和力量
盛满了草莓、金杏、桑葚、紫葡萄的美丽
点缀着石榴、西瓜、苹果、水蜜桃的微笑

棉田里的白云、枣园里的清香
牵手的大豆、高歌的玉米
谦虚的水稻、多情的小麦
都铆着劲，在给河口贴上标签、画着颜色
多么给力，多么辉煌，多么灿烂

听，一串又一串歌声在田间响起
欢快、动情、亲切、悦耳
"村村换新貌，家家奔小康"
听，一串又一串笑声像掺了蜜
甜甜的、浓浓的，飘在空中，此起彼落
已听不清是来自枣林、桃林
瓜田、菜田，还是梨园、杏园

望·走过的路

茌平县农发办　祁伟伟

盛夏时节
走进农业综合开发项目区
我看见
田成方　林成网
渠相连　路相通
旱能灌　涝能排
牵着老黄牛的爸爸笑了
手捧粮食的妈妈笑了

回首瞭望
我看见
岁月在田间行走
他——带着七彩之心的农发人
把岁月打发在田地里
每天跟庄稼麦苗低吟半晌
泥土成为他的随从
却从不和太阳　雨水打招呼
春雨过后
他焦急地督促施工
盐碱涝洼跟不上他的步伐
最终化为乌有
秋雨过后
他积极查补修复
高质量始终是他工作的奠基石

农业综合开发——简单而又复杂的工作

他沐浴着改革的春风
踏上惠农政策的快车
一步一个脚印
走过风风雨雨 25 年
涝洼地成了丰产田
低产田成了高标准
小树苗不再摇曳
田间地不再饥渴
生态环境改善了
生产生活提高了
这就是农业综合开发——奉献、朴素、坚韧
耕耘使他沟通世界
使命使他真抓实干
真理从汗水中成长
晨曦从实干中流淌
创新拖起明天的太阳

农业综合开发
你用科学去激活沉寂
你用收获去兑现承诺
是你赋予土地肥沃、纯洁、永恒的生命
灿烂的金币、成长的希望是你的馈赠
春华秋实是你的杰作
农业综合开发
我拿什么回报你
笑容、欣慰、生长是最好的回礼
农业综合开发
我拿什么迎接你
一朵朵的奇葩
一条条平坦路
是最好的迎礼

我想说……

临清市农发办　金增国

我想说是划过的一声鸟鸣擦亮了天空
是路边萌发的两簇新芽让心情提早返青
是金黄的麦田催开了他们的笑容

我想说一只蜜蜂也想托起整个春天飞行
徘徊在百花间
酿一丝蜂蜜润你心田

我想说每枝鲜花都燃起火把，把岁月融化
二十五载开发峥嵘岁月
与大地诉一曲赤诚的恋歌

你看方格田里那生机盎然的禾苗
你听他们丰收时那欢声笑语
仿佛细雨拂去我身上的尘埃

我想说在这里种下永恒的誓言
我想说在这里绘就绚丽的画卷
我想说在这里我无悔无怨

写给东昌府区农发办（外4首）

聊城市东昌府区农发办　孙振春

如果流上一百回汗水
或许感受到生命的豪爽滋味
如果走上九十九道湾
或许感受到梦想的千折百回
捧起一把喷香的泥土
为生命的顺产欢呼
向着太阳高声呼唤
好男儿最恋脚下的热土
躬俯全身向耕耘顶礼
思想和田野已经融为一体
当麦芒扎痛你心尖的时候
你的苦辣酸甜
正在拥抱多情的土地

守望田野

还是那一个熟悉的地方
还是那一位房东大娘
还是那一只筑巢的紫燕
还是那一锅滚热的米汤
我的根儿深扎在这里
和野菜百花一起疯长
我愿意用燕子的呢喃
指点粮麦飘香的方向
我搀扶着春泥从头启步

写给东昌府区农发办（外4首）

我创意乡民致富的雕塑
我站在离繁华最远的地方
向繁华无怨地遥遥祝福
我走在比高楼最矮的地方
无悔地祝高楼好运长久
但是我这里　谁也不敢小看呐
这里是老大的田野啊
是全部生命的全部

信　念

这是一万亩的土地
这是项目区的心脏
一眼望不到边的打拼
有你新添的白发和麦浪
你疲惫的脸上
正爬着一缕疲惫的月光
我真的不相信
你的办公桌竟然长宽一万亩啊
那桌子上鲜红的党旗
正是黎明中冉冉升起的太阳
你的春夏秋冬　你的雨雪风霜
连水沟边的小青蛙都认得你啊
总是朝着你轻轻地歌唱
连麦田边的小鸟也认得你啊
衔来花蕊围绕在你的身旁
你是民以食为天的践行者
你是说到做到的铁打的儿郎
其实　你的信念更是铁打的啊
为了项目区崭新的跨越
你把百姓的幸福高举到天上

我的兄弟

你是我的兄弟

不　你是农发办主任
不　你就是我的兄弟
你的脸庞红红的
你领导的麦子绿绿的
你手下的玉米香香的
你修出的路长长的
你打出的机井甜甜的
你身边的老乡亲亲的
亲人在牵挂你
你在牵挂麦子玉米
他人去外地旅游
你却在田里周游
别人走向飞机
你却走向田埂
别人在穿越气浪
你在穿越麦浪
你累病了
为了田野的不病
你的疼爱
它们都有感觉
你含着微笑
麦子玉米却含着热泪
你是农发办主任
不　你是我的兄弟

广阔的平原

走近你　就想到了很远
这里　生长过一位武状元
从这里向南五里
就是【水浒】的故地
而从这里向北
就是【金瓶梅】的春水
十万年之前
这里是海

写给东昌府区农发办（外4首）

五万年之前
这里是山
后来　海沧了山桑了
再后来　就成了黄河故道的麦地
【水浒】是一粒麦穗
【金瓶梅】是一粒麦穗
东昌府是一粒麦穗
而你和我最多就算是一粒麦子
两千年　也就是七十多万天吧
一块手表上就能走到的距离
湮灭也由它　生成也由它
挥手之间　就亲近了天地
脱下城市的新装
换上原野的泳衣
在谁也说不清的岁月里
看你脚下的平原在怎样地崛起

走在乡间的小路上

菏泽市财政局　刘传轩

走在乡间的小路上
我看到
一座座小房子矗立
一样的大小
一样的身躯
一样的外衣
走近
才看清它的模样
原来是灌溉用的机井房
原来是农业综合开发项目
原来这是为"井"建的别墅区

走在乡间的小路上
我看见
一块块石碑矗立
一样的高矮
一样的胖瘦
一样的字迹
仔细一瞧
原来是优质小麦生产基地、优质棉花生产基地……
原来这也是农业综合开发项目
原来这里是优质高效农业的集聚地

走在乡间的小路上
我看到
一块块牌子竖立
万亩芦笋、万亩花生、万亩山药……

连片成方
一样的垄沟
一样的田畦
一样的青绿
噢!
这就是优势农产品生产基地
这就是标准化生产基地、无公害生产基地……
这又是农业综合开发项目
原来这里早已摆开绿色食品的宴席

走在乡间的小路上
我看到
一排排钻天杨
纵横交错
摆列整齐
一条条河道
舒缓有致
清澈见底
高高的堤岸上
绿草如茵
鸟鸣莺啼
这还是农业综合开发项目
原来这就是农田林网
原来这就是小流域治理

走在乡间的小路上
我看到
一个个喷头挥洒如雨
一样的均匀
一样的细致
一样的距离
原来这就是喷灌
原来这就是人工降雨
拐进农家果园
头上骄阳似火
脚下却温润如泥
滴滴水珠

滋润着土壤
果树正拼命地吮吸
原来这就是滴灌
这就是庄稼的"输液器"
原来这都是节水灌溉
原来这都是农业综合开发项目
农民再也不用靠天吃饭
老奶奶也不再拜佛求雨

那么多项目
这么多工程
这么多基地
怎么数
也数不过来
怎么查
也查不清晰
索性
在路边林荫下小息

沟渠里的水真清
树叶打着旋儿飘下
小鱼儿追着嬉戏
这是哪儿淌来的清泉
抬眼一望
一座座桥涵
怎么这样规矩
一样的形状
一样的姿势
骑着小溪
每座桥涵上
都镌刻着八个金色大字
"农业综合开发项目"
整齐划一

改造中低产田
建设高标准农田
土地治理

农业综合开发项目
提高了农业综合产能
创造了"九连增"、"九连快"的奇迹

支持农业产业化经营
发展水产畜牧养殖基地
建设优质高效农业种植基地
扶持农产品加工及农业生产服务
农业综合开发项目
带动了农民增收
农业、农村经济结构日益规矩

建设农田林网
治理沙化土地
灌区节水改造
小流域治理
农业综合开发项目
改善了农村生态环境
保障了农业发展的可持续

优良品种
先进农业技术
农产品贮藏、加工、保鲜技术推广
农业综合开发项目
促进了农业科技进步
加快了农业产业化步履

农业综合开发
开出了希望的田野
开出了现代农业的崭新天地

农业综合开发
为农业发展插上了腾飞翅膀
为农民点燃了致富的梦想
为农村增加了几多靓丽

农业综合开发
正引领着"三农"展翅高飞

最美农发人

胶州市财政局　陈　岩

春天，走在田间小路上
伴着嫩柳飞扬
我们一起在田间种下希望

夏天，走在笔直沟渠旁
伴着山花芬芳
我们一起在田间灌溉希望

秋天，站在机耕路上
伴着遍地金黄
我们一起在田间收获希望

冬天，立在茫茫雪地上
伴着北风阵阵
我们一起在田间期待下一个希望

我们是最美农发人
我们为农村带来希望
一条条平整的机耕路
一道道笔直的沟渠淌
一块块静卧的水泥晒场
一座座整齐的农机库房
我们是最美农发人
我们为农业开发奉献力量
一组组数据细比对
一遍遍勘测田间忙

一道道验收严把关
一级级规划慎思量

我们是最美农发人
我们见证农民生活大变样
村里轿车一辆辆
村里小楼一幢幢
农民幸福歌声唱
农民快乐笑脸扬

我们是最美农发人
我们见证丰收的饱满粮仓
我们见证新农村的成长
我们见证城镇的崛起
我们见证农村建设的新辉煌

昨天　今天　明天
——农业综合开发侧记

济宁市农发办　王克柱

二十五年前
那片贫瘠的土地
那片荒芜的原野
承载的是父辈们全部的梦想
挥洒的是他们毕生的辛劳
冀盼的是他们不屈的祈望
伫立山头
放眼望去
井无两三眼
地无规整田
沟壑纵横
丘陵片片
涝不能排
旱不能灌
靠的是
仰天吃饭

二十五年沐雨临风
二十五年艰苦征程
当昔日贫瘠的土地变成一块块沃野良田
当那首流传久远的顺口溜成为昨日的歌谣
农发人与群众
用辛勤的耕耘谱写出了传奇篇章
换来了金秋大地展新颜
还是那个山头

置身其中
瓜果累累
满眼灿灿
凝望远方
田成方
林成网
眼眼机井星罗棋布
排排林木茁壮成长
条条农路四通八达
沐浴在党的十八大的和煦阳光里
幸福在农发项目温暖的怀抱中
你可曾想
是谁让昔日的贫瘠山沟
褪去了衰老的容颜
披上了靓丽的新装
我来告诉你
这一切凝聚起的是农发人不屈的意志
不懈的努力和汗水
七月的庄稼地里
夏木荫荫正可人
流水淙淙传妙音
有了农发项目保驾护航
家乡的山将会更绿
水会更清
果会更甜